江苏档案精品选编纂委员会

江苏省明清以来档案精品选

南京卷

江苏人民出版社

《江苏省明清以来档案精品选》
编委会

总 目

序

谢　波

档案馆作为永久保管档案的基地，是人类文化传承的重要载体和思想文化创新的重要源泉。

编纂《江苏省明清以来档案精品选》，是全省档案系统共同开展的一项档案文化建设重点工程，是我省档案部门履行“为党管档、为国守史、为民服务”使命要求，围绕中心、服务大局的一项重要举措，根本目的是整合全省档案精品资源，集中公布江苏档案资源建设的丰硕成果，展示江苏历史、人文的丰厚底蕴，服务社会主义文化大发展大繁荣。

江苏物华天宝，人杰地灵，养育了一代又一代勤劳智慧、心灵手巧的人民，创造出了辉煌灿烂的物质文明和精神文明。自明清以来，江苏的综合实力在中国的省级政区中就一直居于前列。新中国成立后特别是改革开放以来，江苏各项事业高速发展，在经济、政治、社会、文化等各方面均处于全国领先位置，积累了雄厚的经济文化实力。这一领先的进程，真实地定格于档案中，保存于全省各级各类档案馆里。

这些档案，浩如烟海。丰富翔实的档案史料，客观记载了江苏各项事业发展演化的脉络，反映了历史发展变化的内在规律，是我们今天多角度深入了解和研究明清以来江苏政治、经济、军事、文化以及社会情况的第一手珍贵资料。特别是中国共产党成立以来形成和保存下来的大量珍贵档案，再现了江苏人民在党的领导下开展革命斗争、社会主义建设和改革开放，全面建设小康社会、建设美丽江苏的光辉历程，这是国家珍贵的文化财富、民族的宝贵遗产，是我们今天开展党史研究的宝贵资源和党史教育的重要素材。

前事不忘，后事之师。记载着历史真实面貌的档案资料，是续写江苏更加辉煌灿烂历史新篇章的重要参考和借鉴。编纂档案文献资料，留存社会发展的足迹，服务今天的经济社会各项事业，是我国档案界、史学界的优秀传统，是中华文明生生不息、不断进步的重要源泉。也正是这一优秀传统，使得中华文明能够随着历史的发展、社会的进步而不断充实新的内容。通过档案工作者有选择地编纂加工，使海量的档案资源更加有序化，为党和政府重大决策提供参考，为人民群众接触档案、了解档案、利用档案提供便利，是档案工作者的职责所在。正是基于这一要求，全省档案部门集中力量，对各级档案馆中的档案进行梳理，编辑出版了《江苏省明清以来档案精品选》。通过本书的编纂出版，整合全省档案精品资源，发挥规模效应，使江苏历史、人文的丰厚底蕴得到集中展示，使档案存史、资政、育人功能得到更好的发挥，同时为我们大力开展爱党、爱国、爱家乡教育提供丰富的第一手教材。这是我省档案部门围绕中心、服务大局的一项重要工作创新，也是档案部门贯彻落实党的十八大精神、服务文化强省建设的具体举措。同时，《江苏省明清以来档案精品选》的编纂出版，定能为学术界开发利用档案创造便利的条件。通过对明清以来历史档案的开发利用，探寻我省近代以来各项事业发展演化的脉络，把握历史发展变化的内在规律，为当代经济社会各项事业发展服务，为建设美丽江苏书写更加辉煌灿烂的新篇章。

2013年7月

《江苏省明清以来档案精品选·南京卷》

编 委 会

前言

南京是中国著名的古都，山环水抱、钟灵毓秀，自古以来就享有“江南佳丽地，金陵帝王州”的美名。

独特优越的自然禀赋，六朝十代的帝王之都，发达雄厚的经济基础，使勤劳智慧的南京人民得以创造了悠久的历史，蕴育了灿烂的文化。南京有目前世界上最长、保存最完好的明城墙，有世界文化遗产明孝陵，有中国民主革命的先行者孙中山的陵寝中山陵，有南京人文的发源地秦淮河，有江南最大的古建筑群朝天宫等等。历史古迹和现代遗存数不胜数，这里的一砖一瓦都记录了古城的悠悠岁月和沧桑往事，这里的一草一木都是南京文化积淀深厚的重要象征。

南京自古就是中国的富庶之地，鱼米之乡。特别是经过35年改革开放的伟大实践，古城金陵更加生机勃勃、充满活力，呈现出经济转型创新发展、城市建设日新月异、人民生活蒸蒸日上的崭新局面。今天的南京初步构建了以现代服务业为主导，三次产业协调融合发展的新格局。南京是华东地区重要的交通通讯枢纽，基本建立了全方位、立体化、大运量的交通运输网络，拥有现代化的通讯体系；南京是华东地区区域性大商埠，市场发达、商贸流通活跃；南京的道路、桥梁、地铁四通八达，高楼大厦鳞次栉比，城市景象流光溢彩；南京的科教事业人才荟萃，成就骄人；南京人民淳朴、文明、博爱并充满智慧，在这块肥沃的土地上安居乐业、幸福生活。

悠久的历史、灿烂的文化和南京人民努力建设美好家园的伟大实践已经成为南京人民引以自豪的精神财富，它不仅留在了南京人民的心中，更留在了记录南京历史发展轨迹的档案里。

档案是人类一切实践活动的真实记录，是所有文化的母资源。1959年3月成立的南京市档案馆现保存各类档案110万卷（册），主要分为民国档案和新中国成立后档案两大部分。1927年至1949年，南京是中华民国的首都，是中国政治、军事、文化中心，馆藏档案系统反映了这一时期南京各方面的情况。较为珍贵的有民国政府、南京市政府重要工作、重大事件的往来文电；首都规划、首都建设管理、民国政要官邸别墅建造档案；民国时期重大政治、民事、刑事案件司法档案；孙中山先生病逝、安葬、建陵、纪念的中山陵档案；江南汽车公司、永利铔厂等民族工业创建和发展的档案；城市绿化档案；宋庆龄、蔡元培、陶行知等著名的社会活动家、教育家、科学家、企业家的名人档案；以及蒋介石、戴季陶、宋子文等众多的名人手迹。其中不少具有很高的收藏价值和文化价值。

目前，南京市档案馆馆藏档案入选“中国档案文献遗产名录”有2项，入选“江苏省珍贵档案文献名录”有3项。馆藏建国后档案数量众多，内容丰富，全面、真实地记录了新中国成立后南京市在政治、经济、文化、教育、社会发展等方面的丰富实践和取得的巨大成就。馆藏还有数量众多的志书、碑刻拓片、古籍善本。这些珍贵的档案资料在研究历史、知往鉴来、传承文明等方面具有很高的参考利用价值。

2011年，江苏省档案局组织全省13个市档案馆编辑出版《江苏省明清以来档案精品选》，启动了集中开发馆藏资源的浩大工程，南京地区的档案馆积极参与这一重大文化工程，在南京市档案局的组织协调下，全市所有的市、区两级综合档案馆及部分专业档案馆对馆藏进行了认真的梳理，遴选了一部分具有珍贵价值的档案汇辑成《江苏省明清以来档案精品选·南京卷》一书，奉献给所有喜爱南京独特档案文化魅力的人们。

南京市档案馆馆藏档案记录了南京人民在人类文明进程中的每一步足迹，在全国人民共筑美丽的“中国梦”、南京百姓谱写幸福的华彩乐章的今天，档案可以帮助人们借鉴历史，启迪未来，不断创造人类历史发展的新辉煌。

编　者

2013年10月

凡例

一、本书档案史料来源于南京市档案馆、江宁区档案馆。

二、本书分中国档案文献遗产（以申报时间先后顺序排列）和精品档案（以档案形成先后顺序排列）两类。

三、本书档案史料一般以一件为一题，凡属同一事物彼此间有直接联系的以一组为一题。

四、本书所收录的档案史料在进行文字加工时将繁体字改为简体字，遇有可能引起歧义之处，保留原有繁体字。竖排改为横排，同时对原文进行必要的分段、标点和加注。

五、因篇幅所限，本书所收录的档案史料，大多没有全文刊出，只是部分刊登。在加工时遇有缺漏损坏或字迹不清者，以□代之。错字、别字和衍文的校勘以及其他简单注释，均加在正文之内以［ ］说明。增补的字以【 】标明。

目录

Contents

中国档案文献遗产
China Archival Document Heritage

精品档案
A Fine Collection

遷居者　孫中山先生墓地前經孫先生家屬

及葬事籌備委員遵　孫先生遺囑擇定

南京紫金山南坡並經家屬及委員會代表

勘定墓地範圍計山地包括紫金山第一

峯第二峯平[illegible]就山脚為界南以鍾湯

路為界東西以距墓基中心左右各一華

里半之直綫為界（參看孫先生墓地形

勢圖上紅綫範圍）平地面積三華里長約四

中華民國　年　月　日

中山陵档案

保管单位：南京市档案馆

内容及评价：

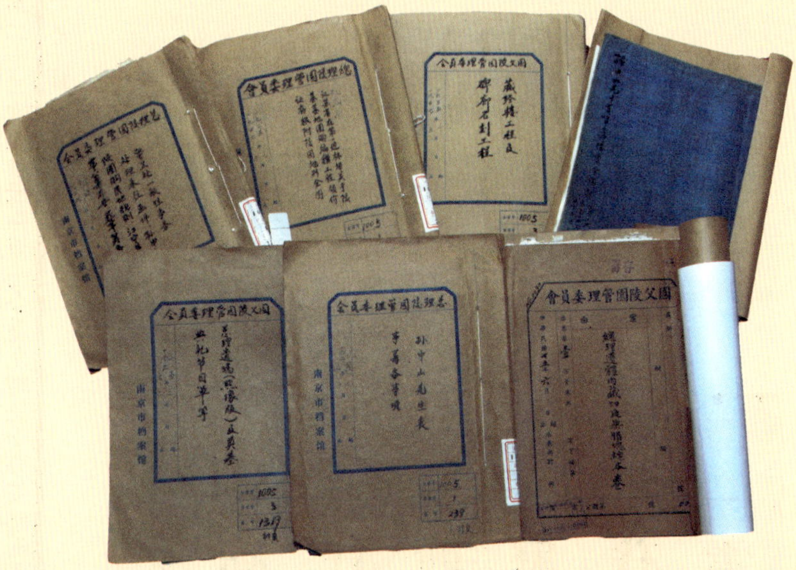

中山陵档案是记载中国近代伟大的政治家、民主革命先行者孙中山先生逝世前的疾病治疗、逝世后的安葬、陵墓建设、陵园管理、纪念活动的档案文献。时间跨度从1925年到1949年，现存文书档案1904卷、照片619幅、三民主义碑文原稿152张及石碑拓片138张。主要包括孙中山先生早期革命活动、就任临时大总统、北上，以及逝世后的治丧记事、北上迎榇、奉安大典、各地追悼活动、中外各界人士谒陵等档案。工程档案包括陵墓选址、建设、建筑等。该档案文献系统、完整、详实，在孙中山研究、近代史研究、中国近代建筑史研究、南京城建史研究方面具有重要的意义，不但是中华民族的宝贵历史遗产，而且是全人类的珍贵文化遗产。入选首批《中国档案文献遗产名录》。

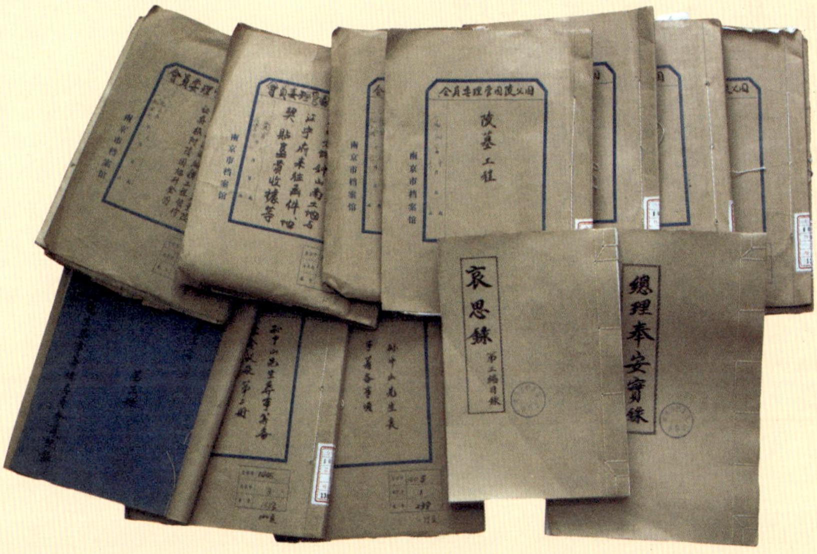

馆藏中山陵部分档案

病逝及悼念

1924年10月，应冯玉祥将军之邀，孙中山先生北上“共商国是”。12月，抱病入京，经协和医院诊治，确诊为肝癌，最终医治无效，于1925年3月12日在北京铁狮子胡同5号逝世。国内社会各界、国外政要都进行了隆重的公祭、悼念活动，以寄托哀思。

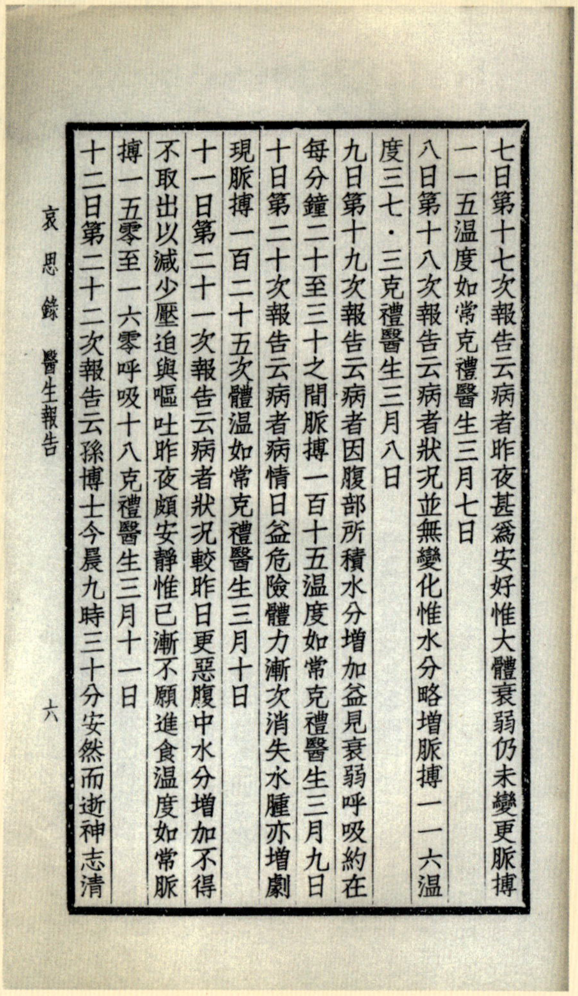
七日第十七次報告云病者昨夜甚爲安好惟大體衰弱仍未變更脈搏一一五溫度如常克禮醫生三月七日
八日第十八次報告云病者狀況並無變化惟水分略增脈搏一一六溫度三七·三克禮醫生三月八日
九日第十九次報告云病者因腹部所積水分增加益見衰弱呼吸約在每分鐘二十至三十之間脈搏一百十五溫度如常克禮醫生三月九日
十日第二十次報告云病者病情日益危險體力漸次消失水腫亦增劇現脈搏一百二十五次體溫如常克禮醫生三月十日
十一日第二十一次報告云病者狀況較昨日更惡腹中水分增加不得不取出以減少壓迫與嘔吐昨夜頗安靜惟已漸不願進食溫度如常脈搏一五零至一六零呼吸十八克禮醫生三月十一日
十二日第二十二次報告云孫博士今晨九時三十分安然而逝神志清

哀思錄 醫生報告 六

孙中山先生病情报告（哀思录第一册）

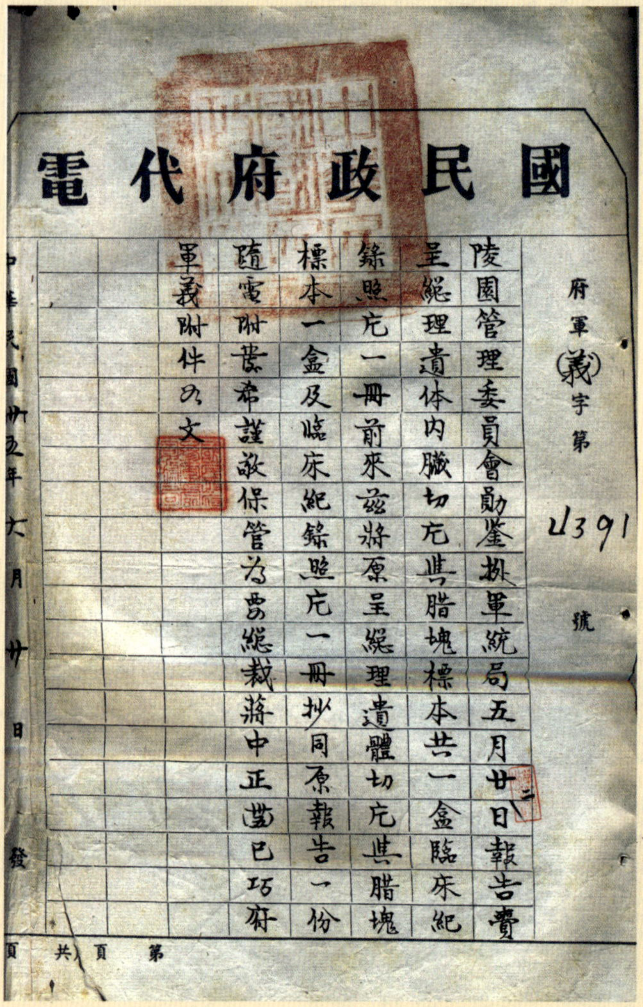
國民政府代電

府軍（義）字第4391號

陵園管理委員會勛鑒據軍統局五月廿二日報告貴呈總理遺体內臟切片與腊塊標本共一盒臨床紀錄照片一冊前來茲將原呈總理遺體切片與腊塊標本一盒及臨床紀錄照片一冊抄同原報告一份隨電附發希謹敬保管為要總裁蔣中正（卅五）巳巧府軍義附件如文

中華民國卅五年六月廿日發

頁 共 頁 第

国民政府给陵园管理委员会关于保存总理遗体切片与腊块的代电

全文：

国民政府代电

府军（义）字第4391号

陵园管理委员会勋鉴：据军统局五月廿二日报告，贵呈总理遗体内脏切片与腊块标本共一盒、临床纪录照片一册前来。兹将原呈总理遗体切片与腊块标本一盒及临床纪录照片一册抄同原报告一份随电附发。希谨敬保管为要。总裁蒋中正（卅五）巳巧府军义附件如文。

中华民国卅五年六月廿日　发

葬事筹备、确定墓址

孙中山先生逝世后，国民党中央执行委员会成立了葬事筹备处，确定人员组成及分工，主持建造中山陵和安葬事宜。遵照先生的遗愿，葬事筹备处确定南京钟山之中茅山为陵墓地址并圈拨墓地。

建陵前的南京钟山中茅山全景，箭头所指处为选定的建陵地址。

全文（节选）：

第一次会议

驻沪葬事筹备处委员共十二人于四月四日由驻京中央执行委员全体会议推定，名单如下：

汪精卫、林焕廷、宋子文、叶楚伧、邵仲辉、林子超、杨沧白、于右任、戴季陶、张静江、陈去病［辞职、陈果夫补］、孔庸之。

四月十八日八时三十分，在上海北成都路广成路430号张静江先生家开第一次会议。到者：孙哲生［家属］、宋子文、杨沧白、叶楚伧、邵力子、林焕廷。张静江因病早退。杨杏佛［治丧处秘书］、沈卓吾。旁听六人……

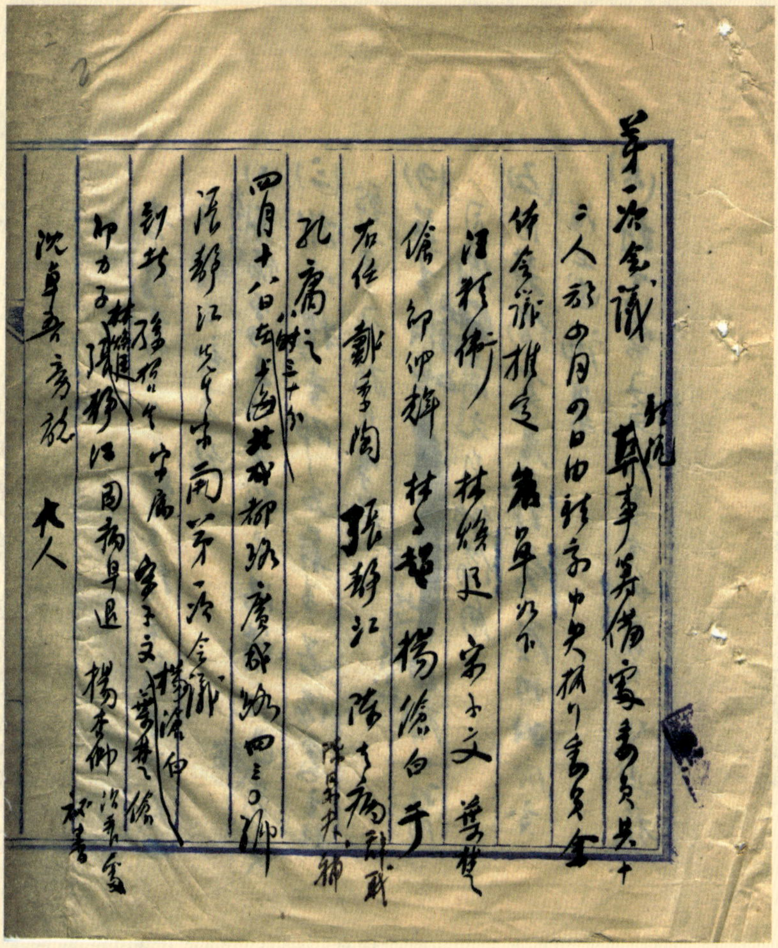

1925年4月18日，孙中山先生葬事筹备处第一次会议确定人员组成及分工。

全文（节选）：

第二次会议

四月二十三日晚八时三十分

左华利爱路29号

出席者：杨沧白、宋子文、叶楚伧、林焕廷、邵力子、孙哲生、杨杏佛公推杨沧白先生为会议主席。

叶楚伧先生报告调查墓地经过：最初得先生拟葬紫金山消息，即有孙姓来书自云为山主人，愿以山捐出为葬地。后至南京乃知山在明陵之西且较低，并□所有权亦有纠葛。继至小茅山半，有两小坡皆高于明陵，皆有树林，个人之意以为墓应在山南公园则宜，包全山与后湖。

孙哲生先生发言谓：择墓地有三点：（一）安全；（二）交通便利为□者来祭之便；（三）墓之附近应有地数百亩，以为建筑纪念品之用。

林焕廷先生报告最近在南京看地之经过，谓：二十一日，夫人与哲生君登小茅山益福寺，在山头曾见紫霞洞上有平台，从上见似颇可用，惟从山下径路崎岖，不易行，且面积太少，故不合用。又云：廖凤舒君云：先生起葬紫金山念头时必在祭明陵时故应在山南。

孙哲生先生谓：曾与夫人谈以为小茅山对安全甚好，惟觉太低，最好择地在小茅山顶，但山顶在军事上有危险，且为建学院计宜在近平阳处……

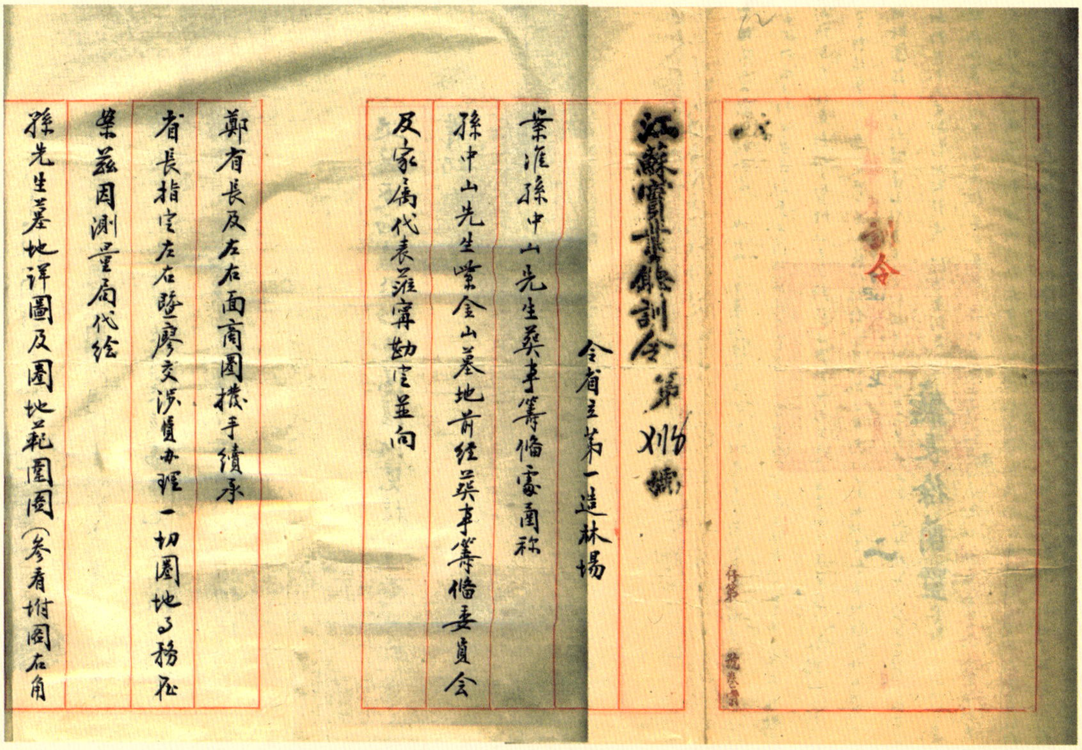
訓令

江蘇實業廳訓令第425號

令省立第一造林場

案准孫中山先生葬事籌備處函稱

孫中山先生紫金山墓地前經葬事籌備委員會

及家屬代表蒞寧勘定並向

鄭省長及左右面商圈撥手續承

省長指定左右暨廖交涉員办理一切圈地事務在

案茲因測量局代绘

孫先生墓地詳圖及圈地範圍圖(參看附圖右角

1925年7月2日，江苏实业厅关于查明墓地圈拨涉及造林场场界之训令。

全文（节选）：

江苏实业厅训令第425号

令省立第一造林场：

案准孙中山先生葬事筹备处函称：孙中山先生紫金山墓地前经葬事筹备委员会及家属代表莅宁勘定，并向郑省长及左右面商圈拨手续。承省长指定左右暨廖交涉员办理一切圈地事务在案，兹因测量局代绘孙先生墓地详图及圈地范围图（参看附图右角……）

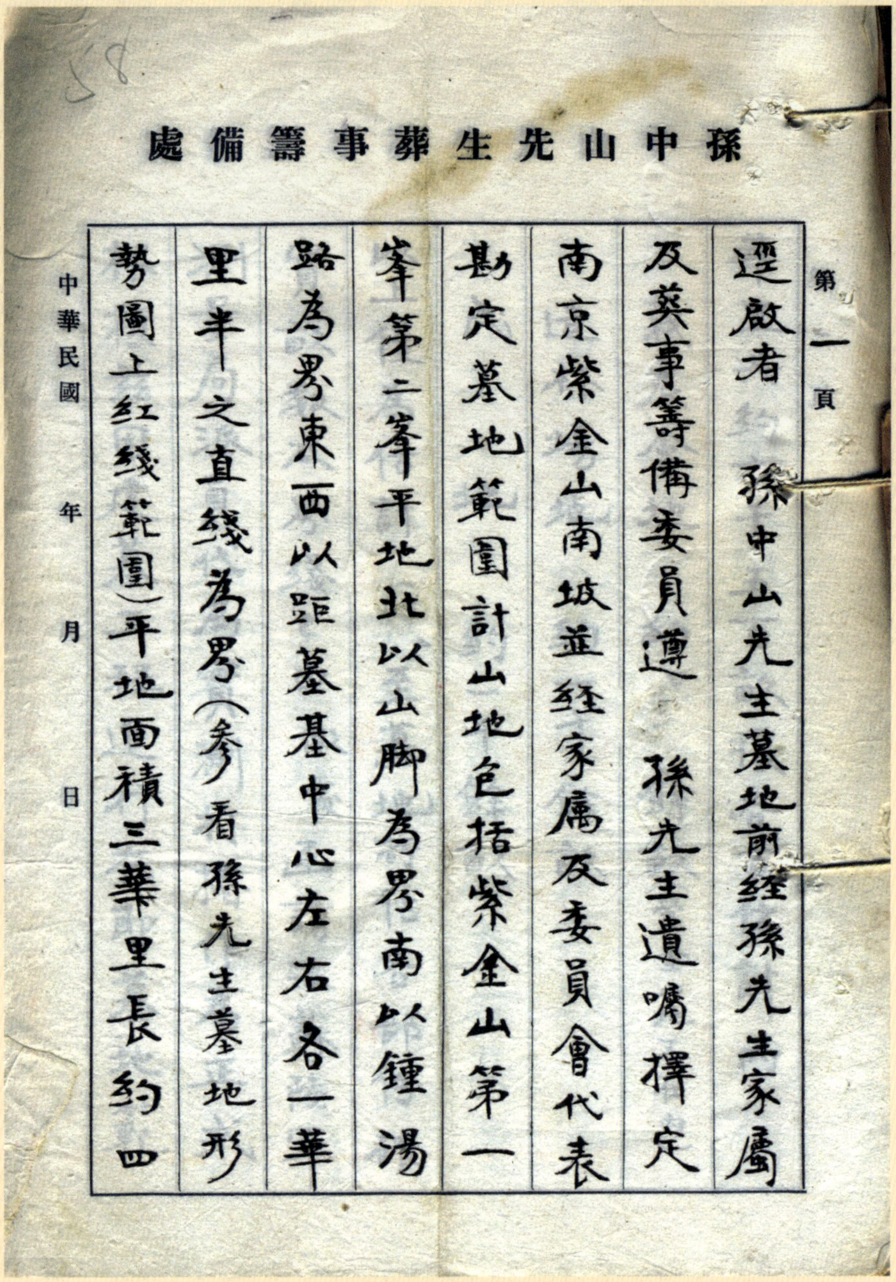
孫中山先生葬事籌備處

第一頁

逕啟者　孫中山先生墓地前經孫先生家屬
及葬事籌備委員遵　孫先生遺囑擇定
南京紫金山南坡並經家屬及委員會代表
勘定墓地範圍計山地包括紫金山第一
峯第二峯平地北以山脚為界南以鍾湯
路為界東西以距墓基中心左右各一華
里半之直綫為界（參看孫先生墓地形
勢圖上紅綫範圍）平地面積三華里長約四

中華民國　年　月　日

1925年7月13日，孙中山先生葬事筹备处关于择定墓地、圈拨墓地致内务部的呈文。

全文（节选）：

逕启者：

孙中山先生墓地前经孙先生家属及葬事筹备委员遵孙先生遗嘱择定南京紫金山南坡，并经家属及委员会代表勘定墓地范围，计山地包括紫金山第一峰、第二峰平地北，以山脚为界，南以钟汤路为界，东西以距墓基中心左右各一华里半之直线为界（参看孙先生墓地形势图上红线范围），平地面积三华里，长约四……

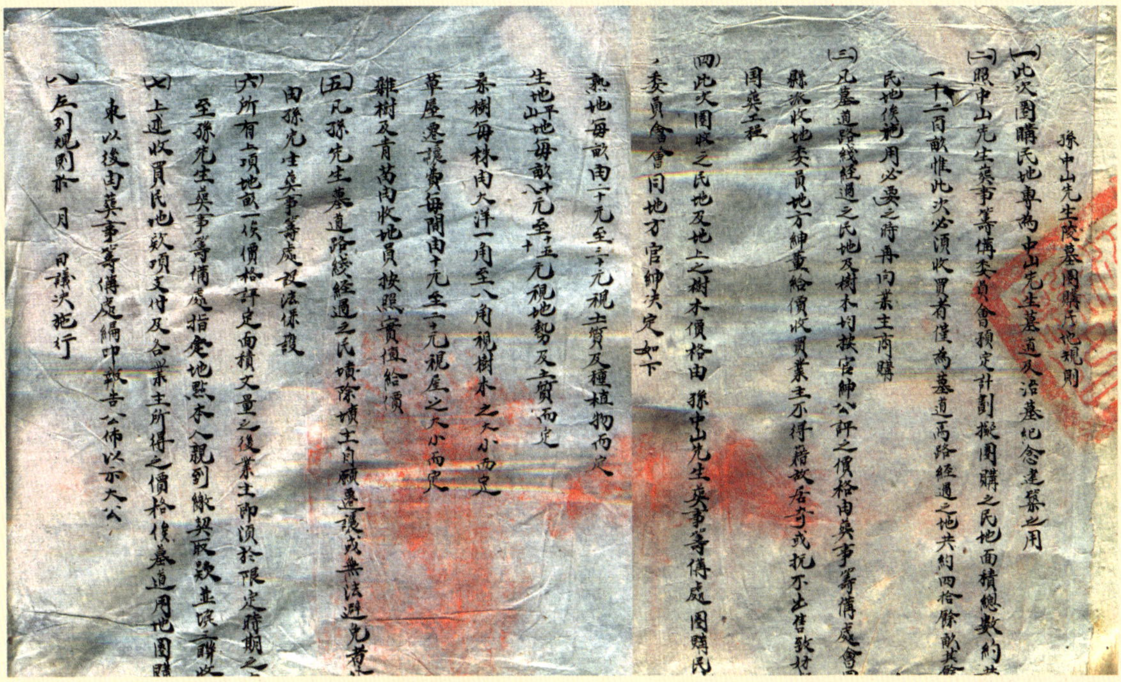

孙中山先生陵墓圈购民地规则

全文：

孙中山先生陵园圈购民地规则

（一）此次圈购民地专为中山先生墓道及沿墓纪念建筑之用。

（二）照中山先生葬事筹备委员会预定计划，拟圈购之民地面积总数约共一千二百亩，惟此次必须收买者仅为墓道马路经过之地，共约四十余亩，其余民地俟施用必要之时再向业主商购。

（三）凡墓道路线经过之民地及树木均按官绅公评之价格，由葬事筹备处会同县派收地委员、地方绅董给价收买，业主不得借故居奇或抗不出售致妨碍国葬工程。

（四）此次圈收之民地及地上之树木价格由孙中山先生葬事筹备处圈购民地委员会会同地方官绅决定如下：

熟地每亩由二十元至三十元，视土质及种植物而定。

生地［平地、山地］每亩十、八元至十五、十元，视地势及土质而定。

桑树每株由大洋一角至八角，视树木之大小而定。

草屋迁让费，每间由十元至二十元，视屋之大小而定。

杂树及青苗由收地员按照实值给价。

（五）凡孙先生墓道路线经过之民坟，除坟主自愿迁让或无法避免者□由孙先生葬事筹备处设法保护。

（六）所有上项地亩一俟价格评定、面积丈量之后，业主即须于限定时期之□至孙先生葬事筹备处指定地点，本人亲到缴契取款，并填三联收□。

（七）上述收买民地款项支付及各业主所得之价格俟墓道用地圈购结束以后由葬事筹备处编印报告公布，以示大公。

（八）左列规则于　月　日议决施行。

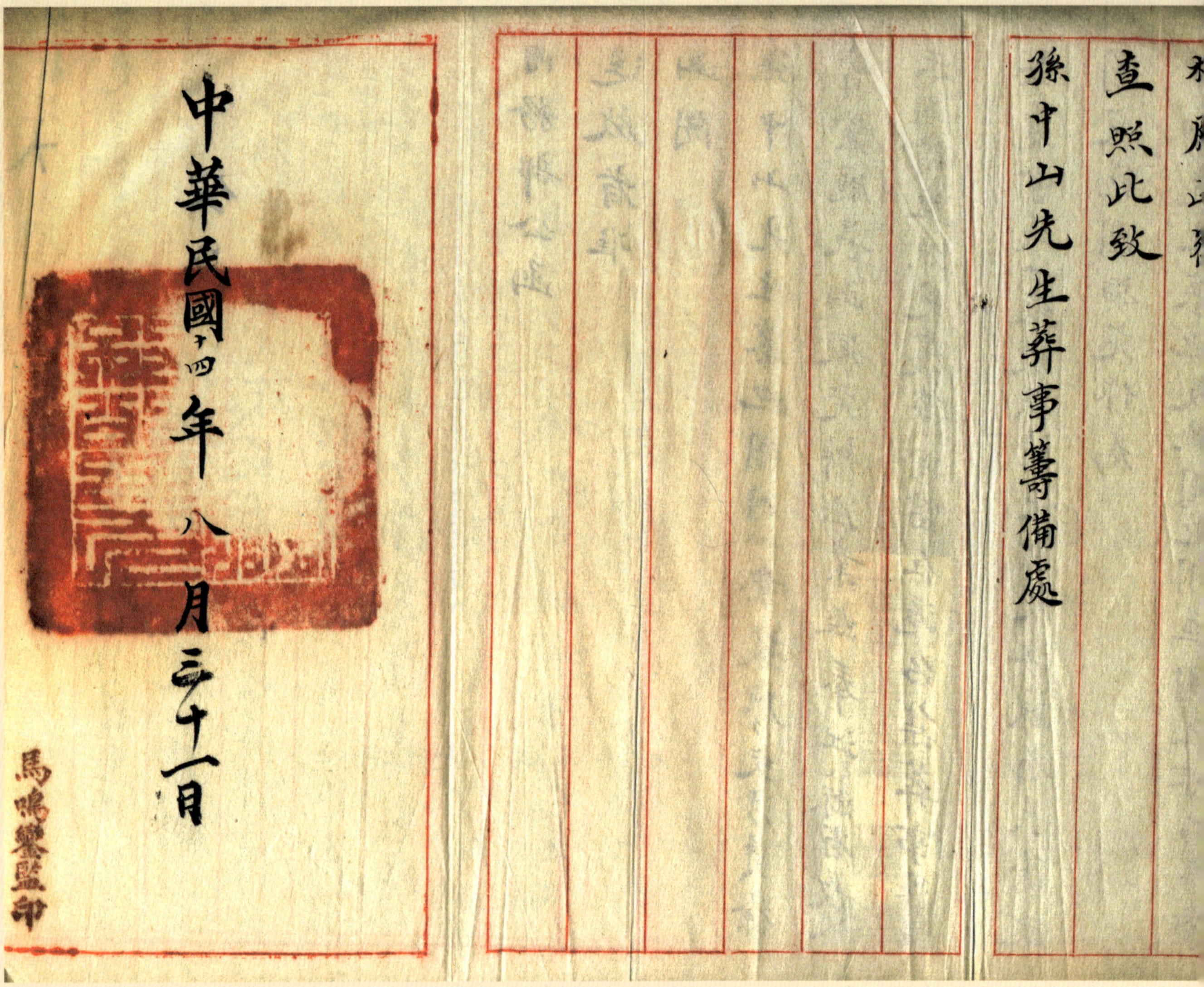
查照此致
孫中山先生葬事籌備處
中華民國十四年八月三十一日
馬鳴鑾監印

1925年8月31日，内务部关于择定墓地、圈拨墓地致孙中山先生葬事筹备处复函。

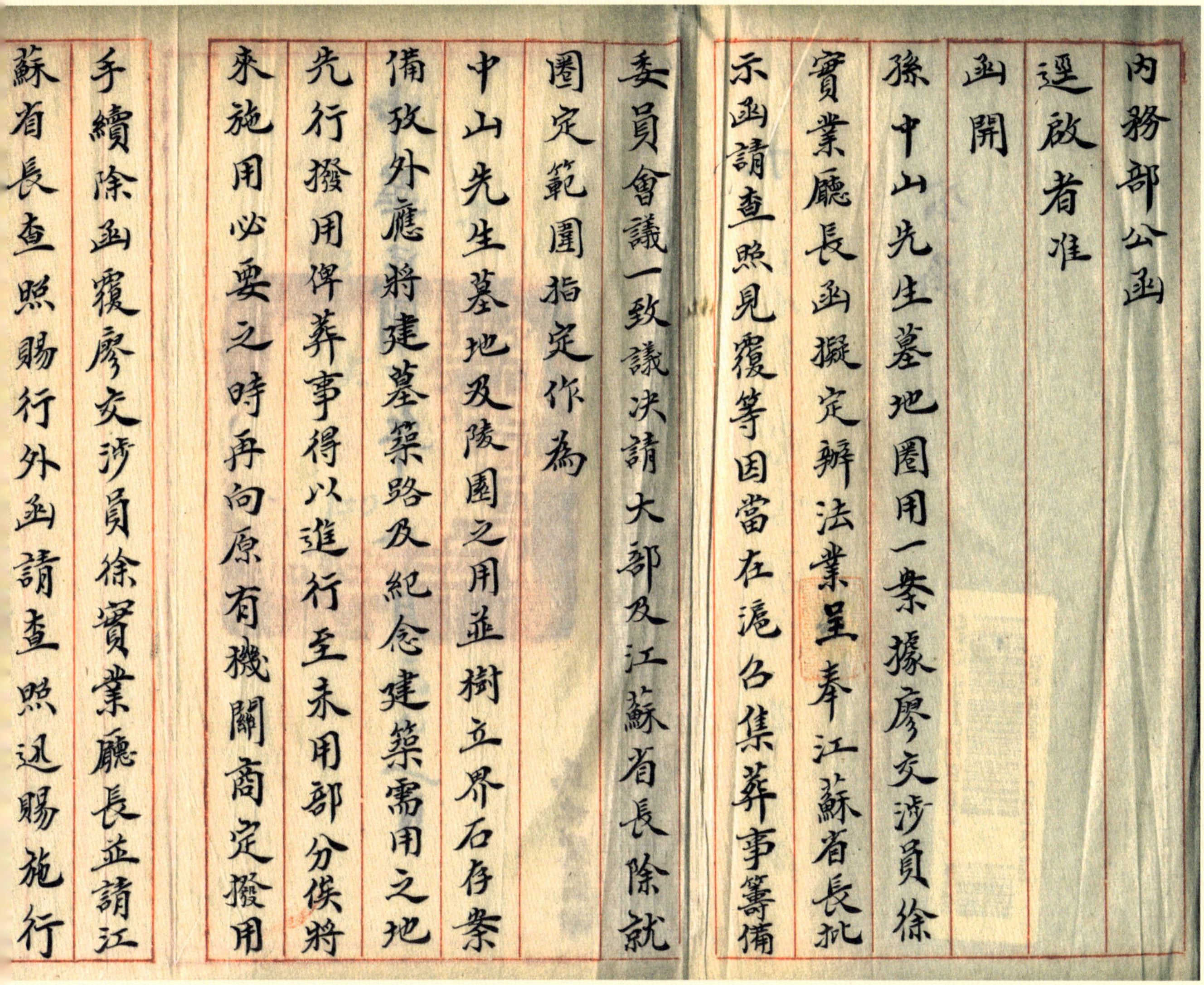
內務部公函
逕啟者准
函開
孫中山先生墓地圈用一案據廖交涉員徐
實業廳長函擬定辦法業呈奉江蘇省長批
示函請查照見覆等因當在滬召集葬事籌備
委員會議一致議決請大部及江蘇省長除就
圈定範圍指定作為
中山先生墓地及陵園之用並樹立界石存案
備攷外應將建墓築路及紀念建築需用之地
先行撥用俾葬事得以進行至未用部分俟將
來施用必要之時再向原有機關商定撥用
手續除函覆廖交涉員徐實業廳長並請江
蘇省長查照賜行外函請查照迅賜施行

全文：

内务部公函

逕启者：

准函开

孙中山先生墓地圈用一案，据廖交涉员、徐实业厅长函拟定办法，业呈奉江苏省长批示函请查照见复等因，当在沪召集葬事筹备委员会议一致议决，请大部及江苏省长除就圈定范围指定作为中山先生墓地及陵园之用，并树立界石存案备考外，应将建墓筑路及纪念建筑需用之地先行拨用，俾葬事得以进行，至未用部分俟将来施用，必要之时再向原有机关商定拨用手续。除函复廖交涉员、徐实业厅长，并请江苏省长查照赐行外，函请查照迅赐施行等因，除咨行江苏省长查照转饬办理外，相应函复查照。

此致

孙中山先生葬事筹备处

中华民国十四年八月三十一日

全文：

本处委员及职员一览表

委员会

委员：汪精卫、林焕庭［廷］、宋子文、叶楚伧、邵力子、于右任、戴季陶、张静江、陈佩忍（辞职）、孔庸之、林子超、杨沧白

主席委员：张静江（请假），现由陈果夫代

家属代表：孙哲生（返粤），现由孙宋夫人代

常务委员：宋子文（工程）、林焕廷（会计）、叶楚伧（文牍）

干事部

干事主任：杨杏佛

驻宁干事：钮师愈，专任文件拟稿、抄录、庶务等事项

驻沪干事：张国权，专任司账，文件收发、保管及拟稿、抄录、剪报等事项

驻沪书记：徐弘士，专任哀思录抄录、校对、剪报等事项

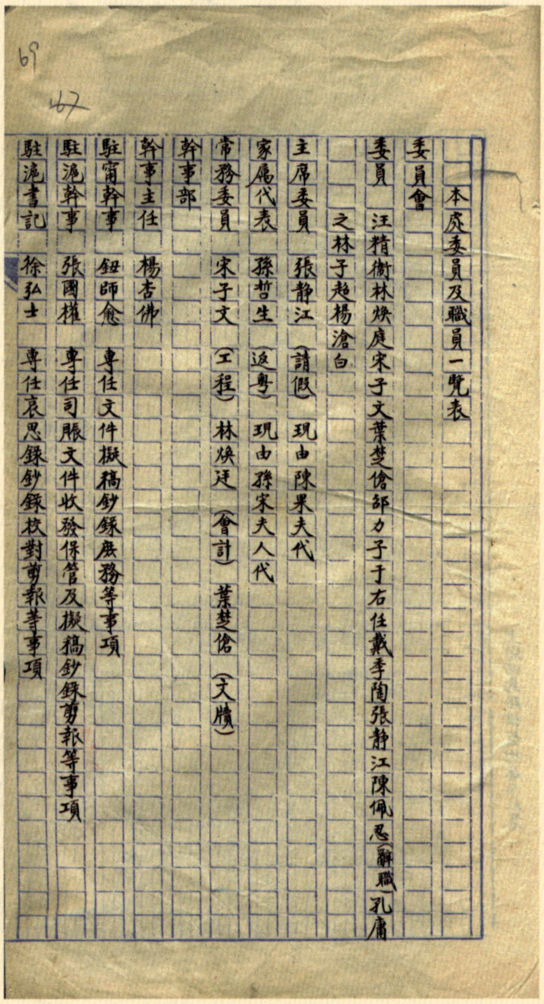
69
67
本處委員及職員一覽表
委員會
委員 汪精衛林焕庭宋子文葉楚傖邵力子于右任戴季陶張靜江陳佩忍(辭職)孔庸之林子超楊滄白
主席委員 張靜江(請假)現由陳果夫代
家屬代表 孫哲生(返粵)現由孫宋夫人代
常務委員 宋子文(工程)林焕廷(會計)葉楚傖(文牘)
幹事部
幹事主任 楊杏佛
駐甯幹事 鈕師愈 專任文件擬稿鈔錄庶務等事項
駐滬幹事 張國權 專任司賬文件收發保管及擬稿鈔錄剪報等事項
駐滬書記 徐弘士 專任哀思錄鈔錄校對剪報等事項

孙中山先生葬事筹备处委员及职责一览表

全文（节选）：

第五次会议

成都路广仁里张静江先生家

五月十三日晚八时半

出席者：张静江、林焕廷、邵力子、孙哲生、杨杏佛

（一）推定邵力子先生主席。

（二）议定用陵墓及祭堂两名称。

（三）通过征求陵墓图案条例。

（四）加“得奖之应征者在实际建筑时是否担任监工由委员会自由决定”一条。又姓名、住址用□封。

（五）孙哲生先生提议将奖金五千元提存银行以昭大信。议决由委员会电记□术先生转执行委员会，请先汇五千元□□备奖金用。

……

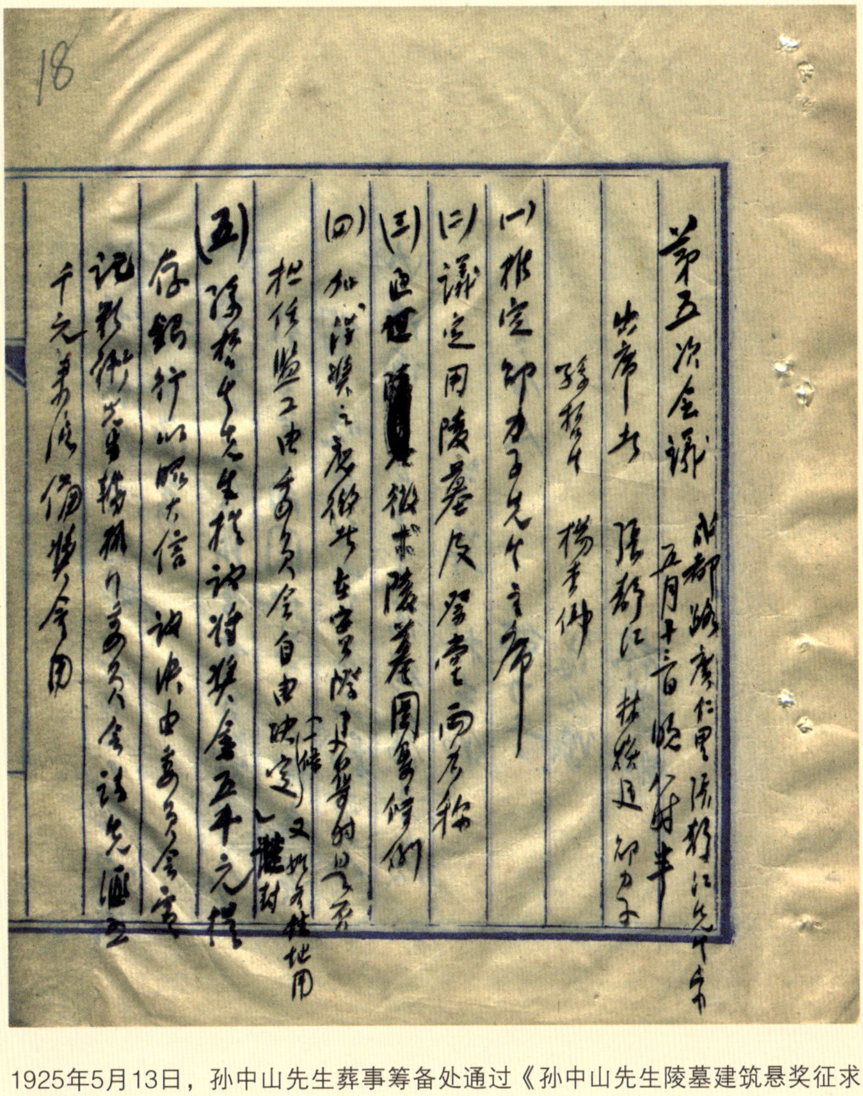

1925年5月13日，孙中山先生葬事筹备处通过《孙中山先生陵墓建筑悬奖征求图案条例》的会议记录。

陵墓设计、建筑

葬事筹备处在确定墓址、圈拨墓地的同时，悬奖征求陵墓图案。1925年9月27日，孙中山先生葬事筹备处评定吕彦直设计的警钟形图案为首奖，并授为陵墓建筑工程师。陵墓工程分三部分，1926年1月15日，第一部分工程破土动工。1931年年底，工程全部完工，历时近六年、耗资二百二十多万元。

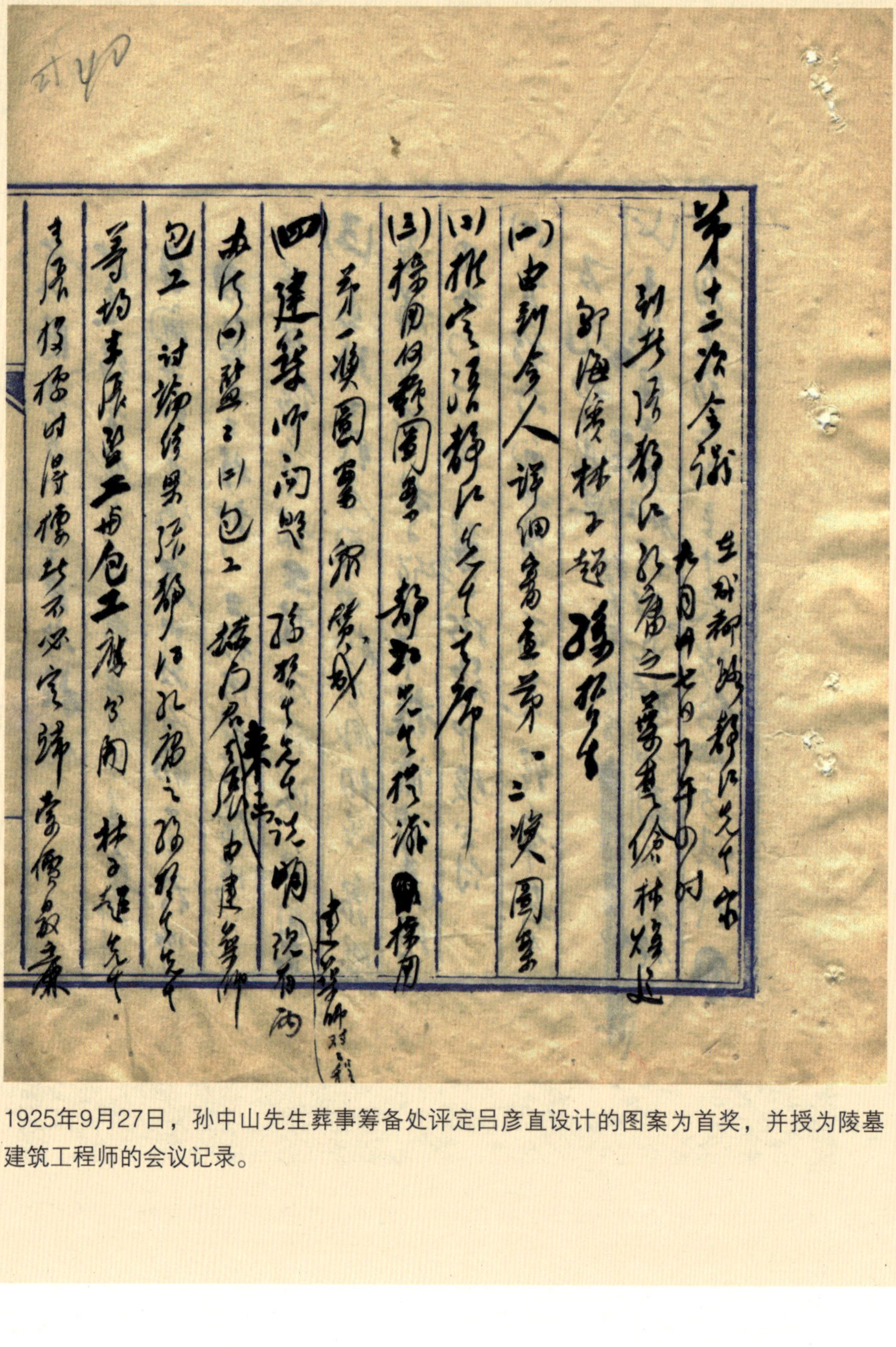

1925年9月27日，孙中山先生葬事筹备处评定吕彦直设计的图案为首奖，并授为陵墓建筑工程师的会议记录。

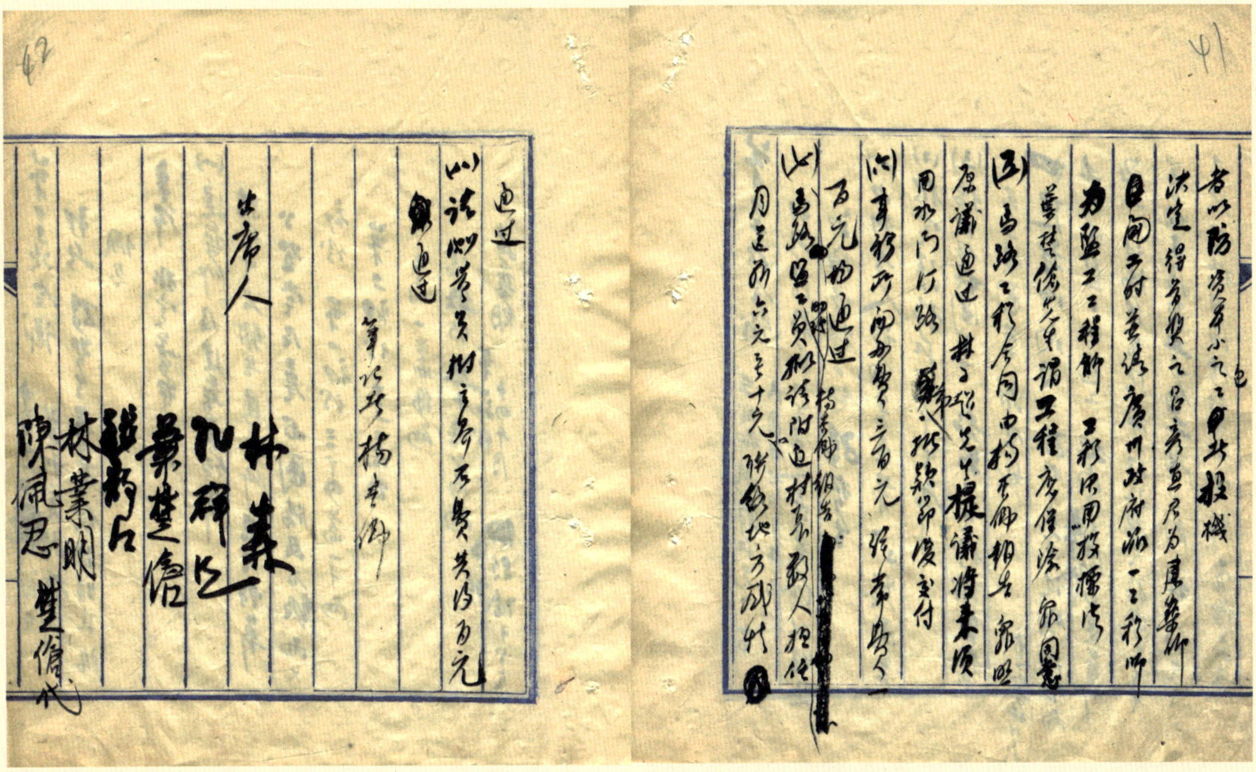

1925年9月27日，孙中山先生葬事筹备处评定吕彦直设计的图案为首奖，并授为陵墓建筑工程师的会议记录。

全文：

第十二次会议

在成都路静江先生家

九月二十七日下午四时

到者张静江、孔庸之、叶楚伧、林焕廷、邹海□、林子超、孙哲生

（一）由到会人详细审查第一、二奖图案。

（二）推定张静江主席。

（三）采用何种图案。静江先生提议采用第一奖图案，众赞成。

（四）建筑师问题。孙哲生先生说明建筑师对工程现有两办法，（一）监工，（二）包工。□□君来函主张由建筑师包工。讨论结果，张静江、孔庸之、孙哲生先生等均主张监工与包工应分开。杜子超先生主张投标时得标者不必定归索价最廉者，以防资本小之包工者投机。

决定得首奖之吕彦直君为建筑师。开工时并请广州政府派一工程师为监工工程师。工程决用投标法。

叶楚伧先生谓：工程应保险。众同意。

（五）马路工程合同由杨杏佛报告，众照原意通过。林子超先生提议将来须用水门汀路，第一批款节后交付。

（六）事务所开办费三百元，经常费百元，均通过。

（七）杨杏佛报告：马路、砌坡监工员拟请附近村长数人担任，月□薪六元至十元以联络地方感情。通过。

（八）请测量员树立界石费，共约百元。通过。

笔记者：杨杏佛

出席人：林森、孔庸之、叶楚伧、张静江、林业明、陈佩忍（楚伧代）

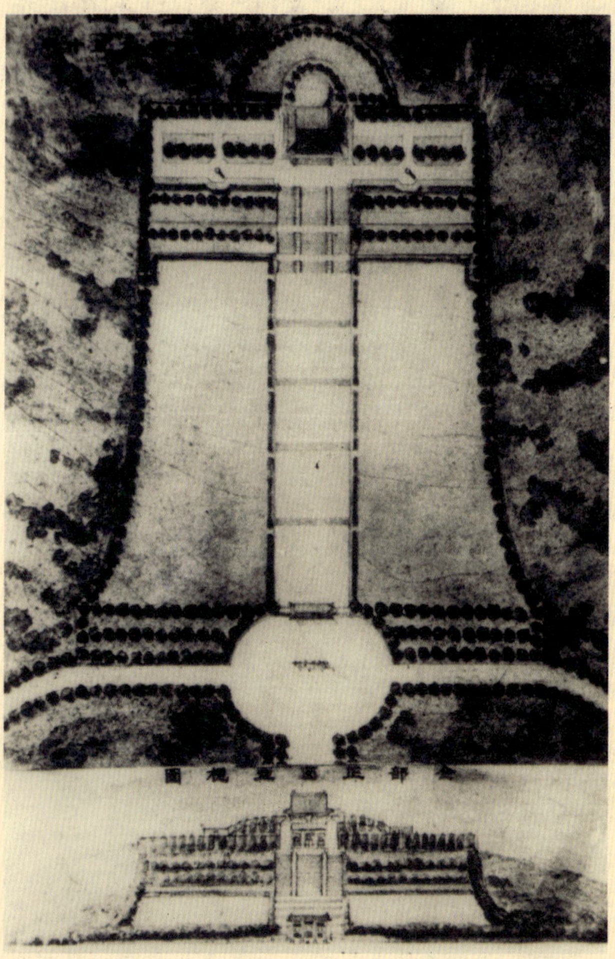

吕彦直设计的全部正面立视图

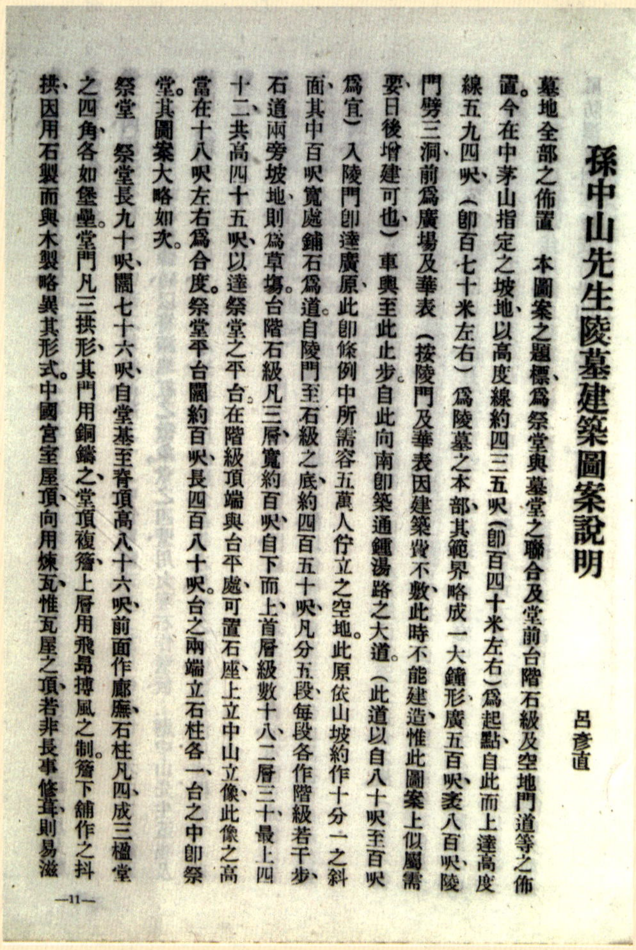

孫中山先生陵墓建築圖案說明

呂彥直

墓地全部之佈置　本圖案之題標、爲祭堂與墓堂之聯合及堂前台階石級及空地門道等之佈置。今在中茅山指定之坡地、以高度線約四三五呎（卽百四十米左右）爲起點、自此而上達高度線五九四呎、（卽百七十米左右）爲陵墓之本部、其範界略成一大鐘形、廣五百呎、袤八百呎、陵門劈三洞、前爲廣場及華表（按陵門及華表因建築費不敷、此時不能建造、惟此圖案上似屬需要、日後增建可也、）車輿至此止步。自此向南卽築通鍾湯路之大道。（此道以自八十呎至百呎爲宜）入陵門卽達廣原、此卽條例中所需容五萬人佇立之空地。此原依山坡約作十分一之斜面、其中百呎寬處鋪石爲道。自陵門至石級之底、約四百五十呎、凡分五段、每段各作階級若干步、石道兩旁坡地、則爲草塲。台階石級凡三層、寬約百呎、自下而上首層級數十八、二層三十、最上四十二、共高四十五呎、以達祭堂之平台。在階級頂端與台平處、可置石座、上立中山立像、此像之高當在十八呎左右爲合度。祭堂平台闊約百呎、長四百八十呎。台之兩端立石柱各一、台之中卽祭堂。其圖案大略如次。

祭堂　祭堂長九十呎、闊七十六呎、自堂基至脊頂高八十六呎、前面作廊廡、石柱凡四、成三楹、堂之四角、各如堡壘。堂門凡三、拱形、其門用銅鑄之、堂頂複簷、上層用飛昂搏風之制。簷下鋪作之抖拱、因用石製而與木製略異其形式。中國宮室屋頂、向用煉瓦、惟瓦屋之頂、若非長事修葺、則易滋

—11—

1925年9月，吕彦直关于《孙中山先生陵墓建筑图案说明》。

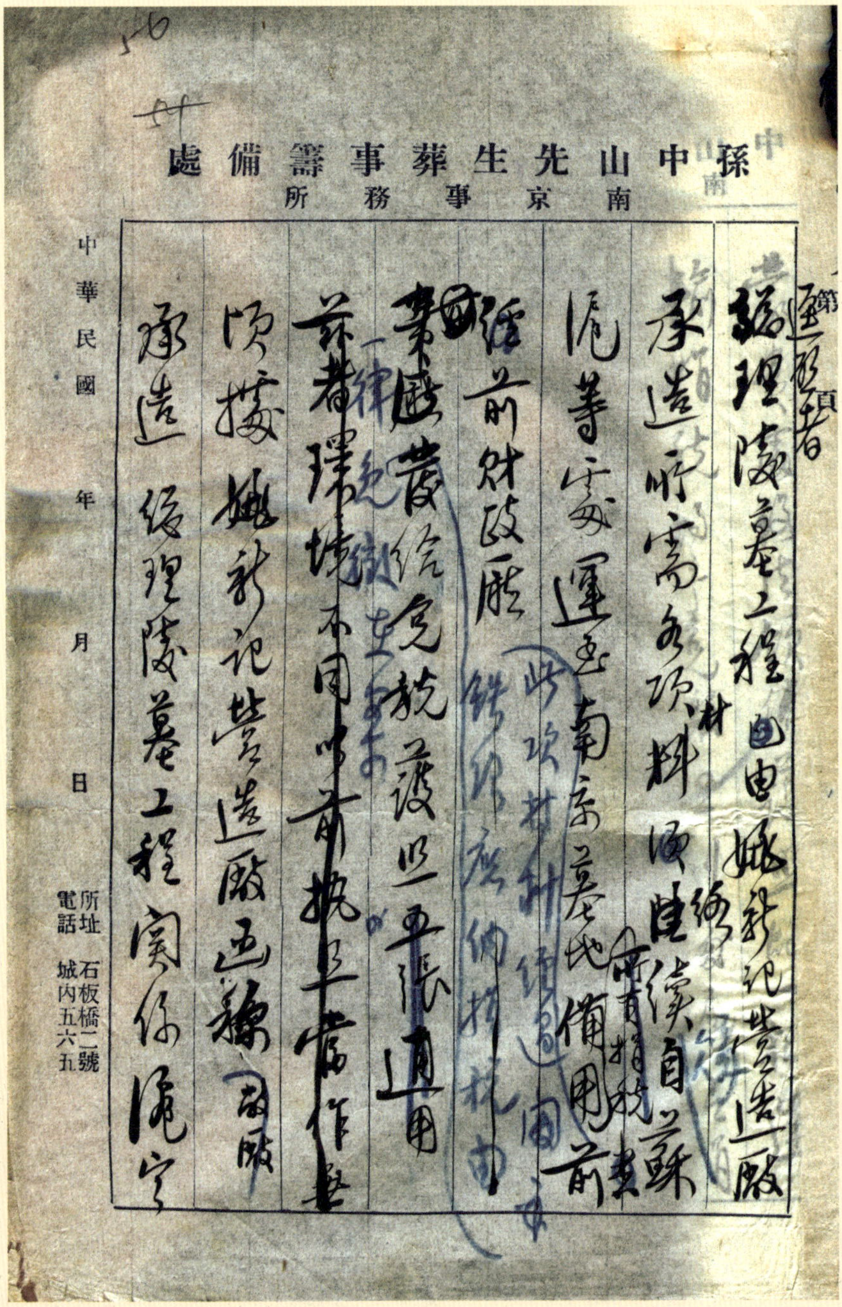

孙中山先生葬事筹备处关于由姚新记营造厂承造陵墓给江苏省财政厅的函

奉安大典

1925年3月12日，孙中山先生逝世，4月2日，灵榇由北京中央公园移往北京西山碧云寺暂厝。1928年12月，南京国民政府派迎榇专员赴北平设立迎榇专员办事处。1929年1月14日，国民政府成立奉安委员会，开展奉安的准备工作。1929年6月1日，隆重举行奉安大典，至此，孙中山先生长眠于南京紫金山。

孙中山先生灵榇通过第二层石级

20世纪30年代的中山陵

陵园管理

1929年6月，奉安大典后，成立了总理陵园管理委员会，具体负责总理陵园的日常管理与保护及各种纪念性建筑物的建造工程。

孙中山先生安葬于中山陵后，社会各界捐钱捐物，在中山陵周围建造了许多纪念性建筑物。1936年，在藏经楼后方建造了2条对称的、各长125米的碑廊，共有138块青石碑，采用了冯玉祥将军捐献的河南嵩山优质青石材。碑上刻印了由14位著名书法家分别书写的孙中山先生的“三民主义”手稿。碑文手稿均为正楷字体，风格各异。

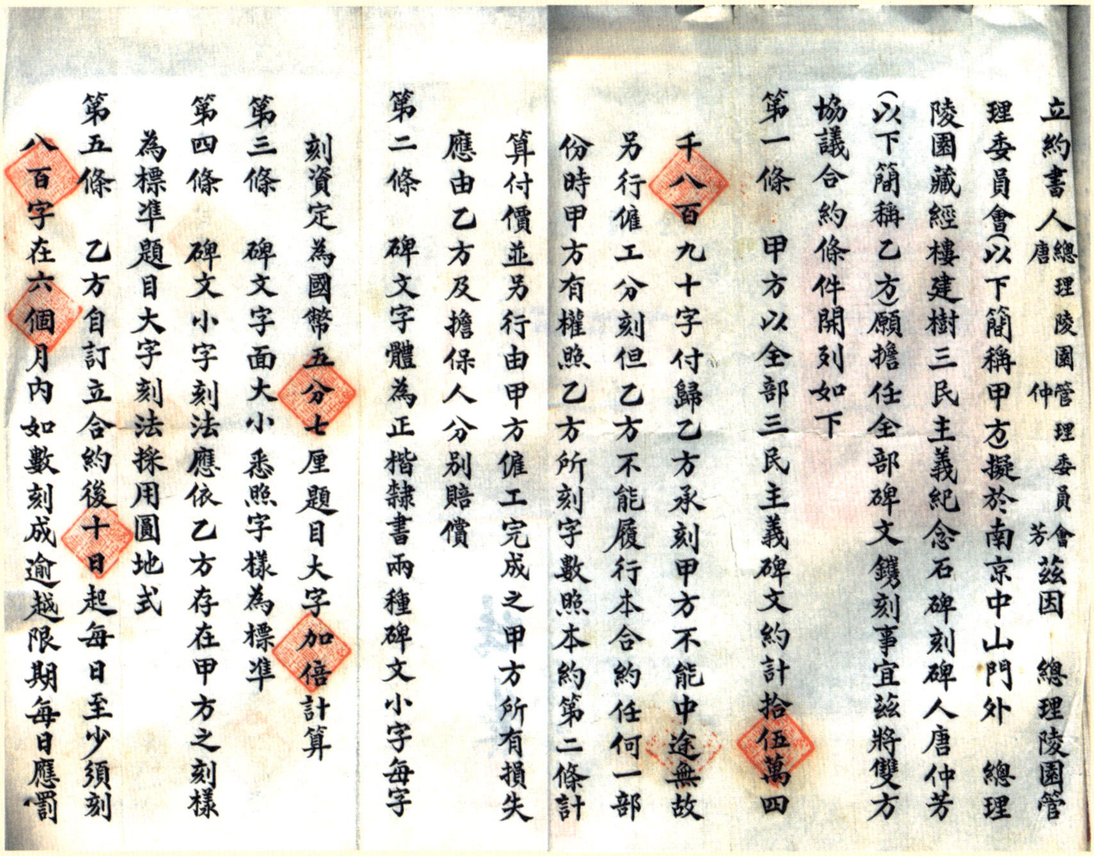
立約書人總理陵園管理委員會唐仲芳茲因總理陵園管理委員會（以下簡稱甲方）擬於南京中山門外總理陵園藏經樓建樹三民主義紀念石碑刻碑人唐仲芳（以下簡稱乙方）願擔任全部碑文鐫刻事宜茲將雙方協議合約條件開列如下

第一條　甲方以全部三民主義碑文約計拾伍萬四千八百九十字付歸乙方承刻甲方不能中途無故另行僱工分刻但乙方不能履行本合約任何一部份時甲方有權照乙方所刻字數照本約第二條計算付價並另行由甲方僱工完成之甲方所有損失應由乙方及擔保人分別賠償

第二條　碑文字體為正楷隸書兩種碑文小字每字刻資定為國幣五分七厘題目大字加倍計算

第三條　碑文字面大小悉照字樣為標準

第四條　碑文小字刻法應依乙方存在甲方之刻樣為標準題目大字刻法採用圓地式

第五條　乙方自訂立合約後十日起每日至少須刻八百字在六個月內如數刻成逾越限期每日應罰

刻印三民主义碑文约书

三民主义碑文手稿

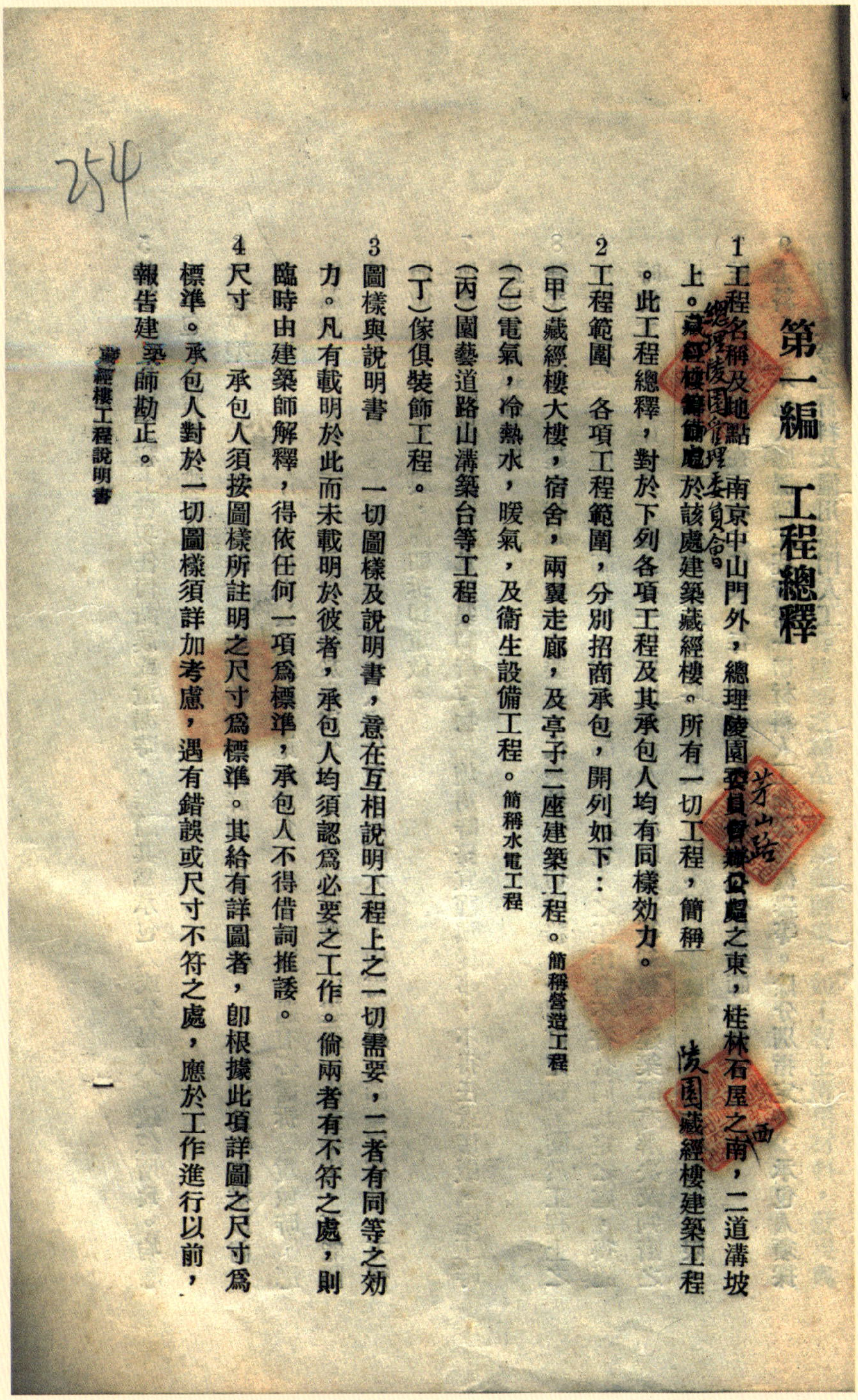

第一編 工程總釋

1 工程名稱及地點 南京中山門外，總理陵園委員會辦公處之東，桂林石屋之南，二道溝坡上。藏經樓籌備處於該處建築藏經樓。所有一切工程，簡稱陵園藏經樓建築工程。此工程總釋，對於下列各項工程及其承包人均有同樣効力。

2 工程範圍 各項工程範圍，分別招商承包，開列如下：

(甲)藏經樓大樓，宿舍，兩翼走廊，及亭子二座建築工程。簡稱營造工程

(乙)電氣，冷熱水，暖氣，及衛生設備工程。簡稱水電工程

(丙)園藝道路山溝築台等工程。

(丁)傢俱裝飾工程。

3 圖樣與說明書 一切圖樣及說明書，意在互相說明工程上之一切需要，二者有同等之効力。凡有載明於此而未載明於彼者，承包人均須認為必要之工作。倘兩者有不符之處，則臨時由建築師解釋，得依任何一項為標準，承包人不得借詞推諉。

4 尺寸 承包人須按圖樣所註明之尺寸為標準。其給有詳圖者，即根據此項詳圖之尺寸為標準。承包人對於一切圖樣須詳加考慮，遇有錯誤或尺寸不符之處，應於工作進行以前，報告建築師勘正。

藏經樓工程說明書 一

陵园藏经楼工程说明书及合同章则

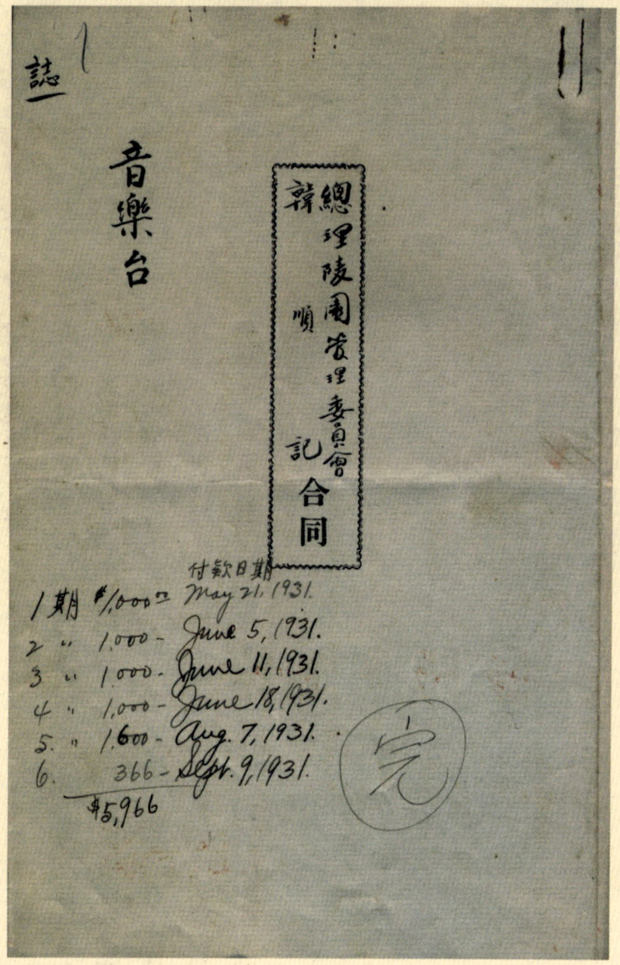
誌

音樂台

總理陵園管理委員會 記
韓順
合同

付款日期
1期 $1,000.00 May 21, 1931.
2 " 1,000 - June 5, 1931.
3 " 1,000 - June 11, 1931.
4 " 1,000 - June 18, 1931.
5 " 1,600 - Aug. 7, 1931.
6. 366 - Sept. 9, 1931.
$5,966

完

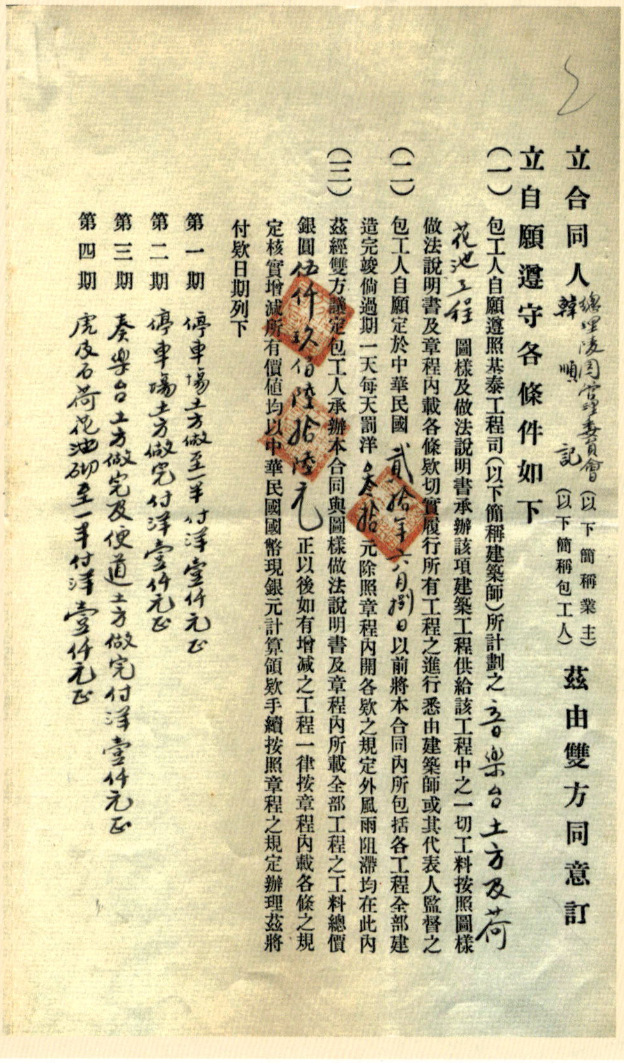
立合同人 總理陵園管理委員會 記（以下簡稱業主） 韓順 記（以下簡稱包工人） 茲由雙方同意訂立自願遵守各條件如下

（一）包工人自願遵照基泰工程司（以下簡稱建築師）所計劃之音樂台土方及荷花池工程 圖樣及做法說明書承辦該項建築工程供給該工程中之一切工料按照圖樣做法說明書及章程內載各條款切實履行所有工程之進行悉由建築師或其代表人監督之

（二）包工人自願定於中華民國貳拾年六月捌日以前將本合同內所包括各工程全部建造完竣倘過期一天每天罰洋叁拾元除照章程內開各款之規定外風雨阻滯均在此內

（三）茲經雙方議定包工人承辦本合同與圖樣做法說明書及章程內所載全部工程之工料總價銀圓伍仟玖佰陸拾陸元正以後如有增減之工程一律按章程內載各條之規定核實增減所有價值均以中華民國國幣現銀元計算領款手續按照章程之規定辦理茲將付款日期列下

第一期 停車場土方做至一半付洋壹仟元正

第二期 停車場土方做完付洋壹仟元正

第三期 奏樂台土方做完及便道土方做完付洋壹仟元正

第四期 虎皮石荷花池砌至一半付洋壹仟元正

音乐台工程合同

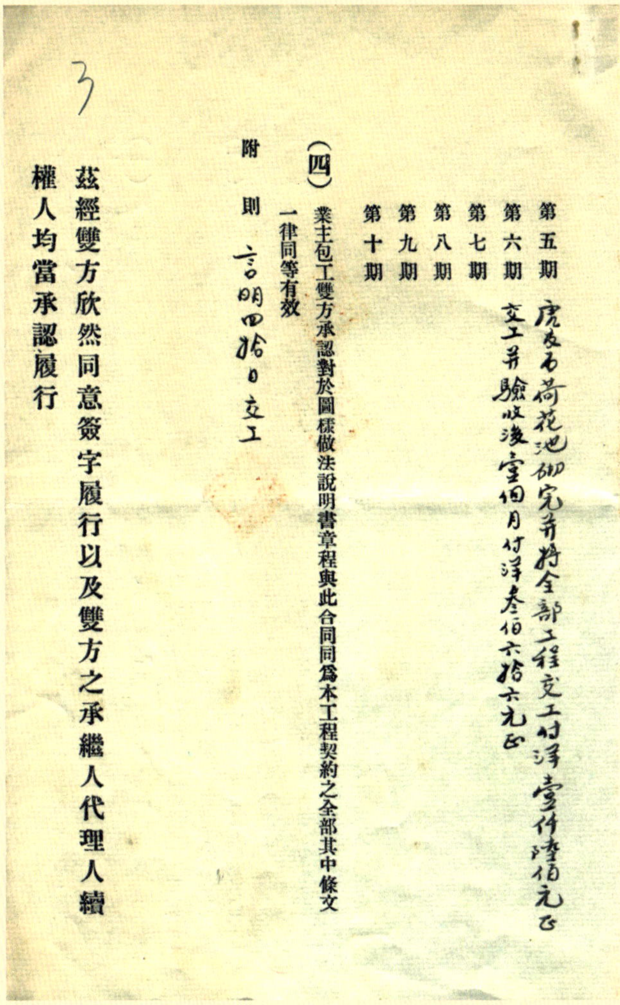
3

第五期 虎皮石荷花池砌完并將全部工程交工付洋壹仟陸佰元正

第六期 交工并驗收後壹個月付洋叁佰六拾六元正

第七期

第八期

第九期

第十期

(四) 業主包工雙方承認對於圖樣做法說明書章程與此合同同爲本工程契約之全部其中條文一律同等有效

附則 言明四拾日交工

茲經雙方欣然同意簽字履行以及雙方之承繼人代理人續權人均當承認履行

音乐台工程合同

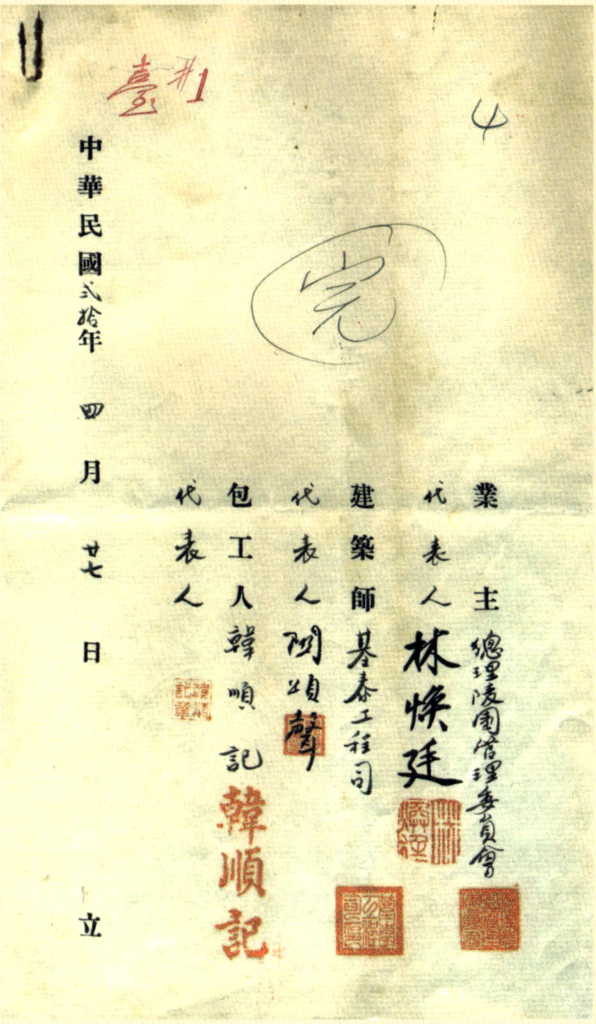
壹#1

4

完

業主 總理陵園管理委員會

代表人 林焕廷

建築師 基泰工程司

代表人 関頌聲

包工人 韓順記

代表人

韓順記

中華民國貳拾年四月廿七日立

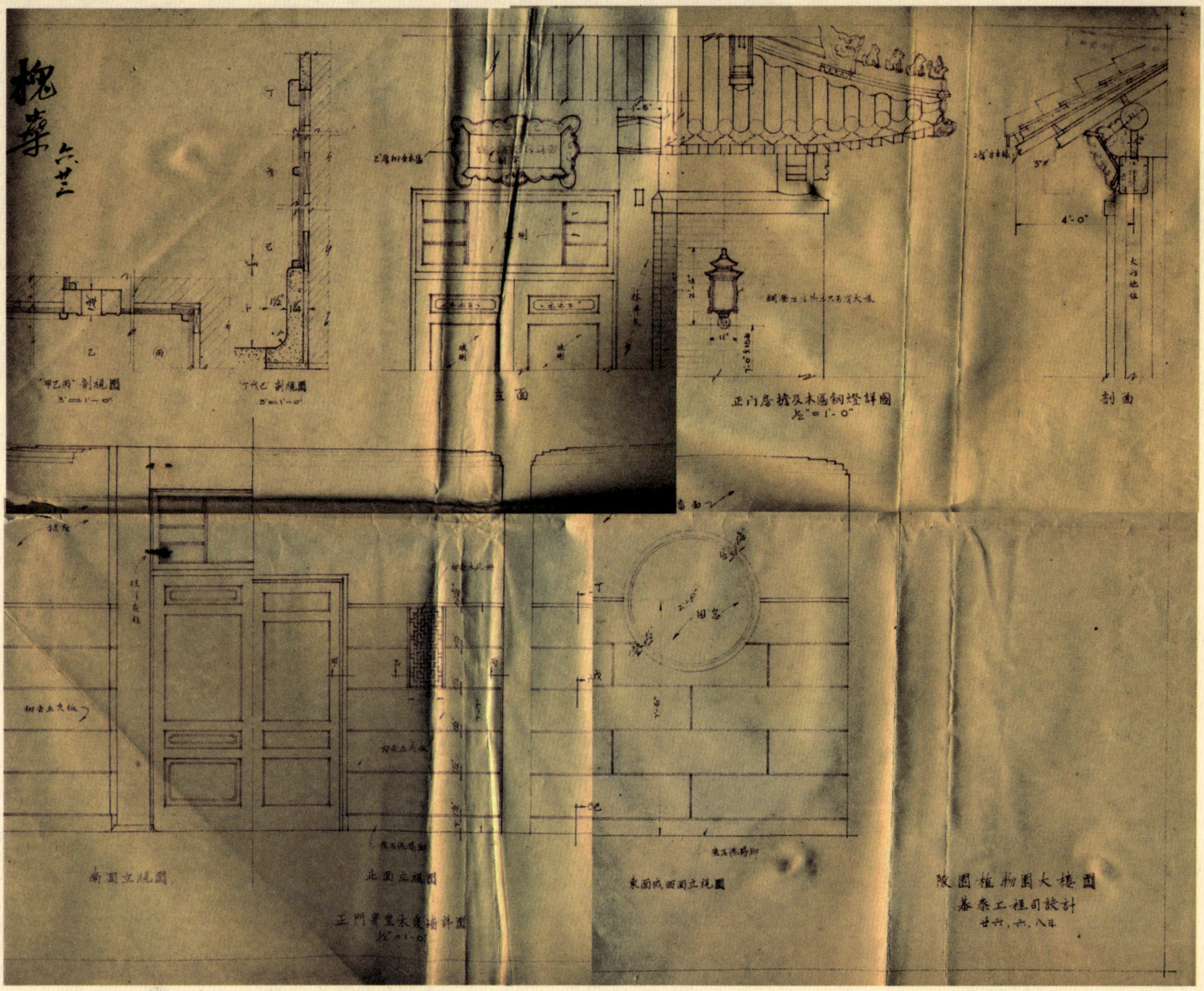

陵园植物园大楼图

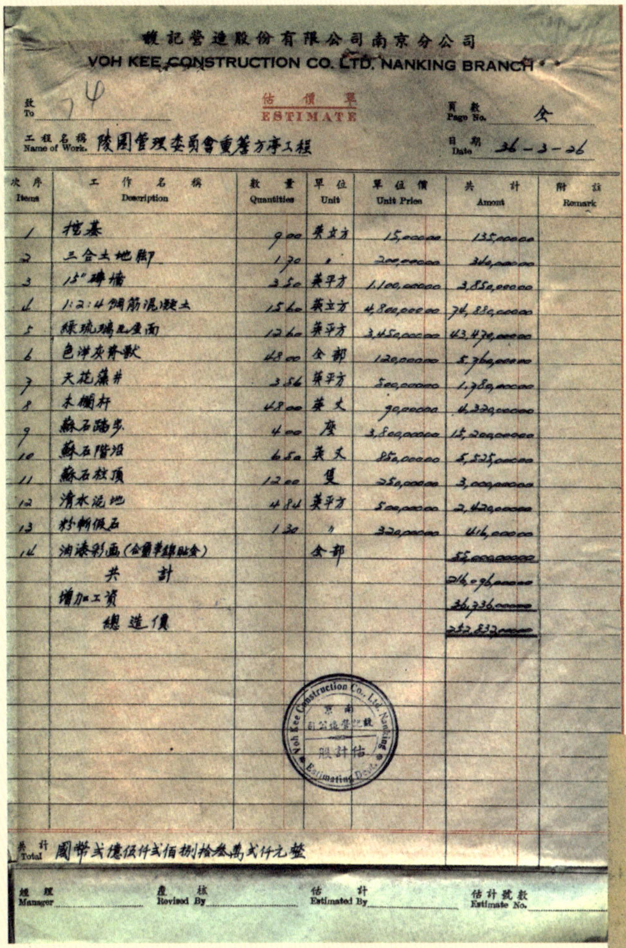

馥記營造股份有限公司南京分公司
VOH KEE CONSTRUCTION CO. LTD. NANKING BRANCH

估價單 ESTIMATE

致 To 74　　頁數 Page No. 全

工程名稱 Name of Work. 陵園管理委員會重層方亭工程　　日期 Date 36-3-26

次序 Items	工作名稱 Description	數量 Quantities	單位 Unit	單位價 Unit Price	共計 Amont	附註 Remark
1	挖基	9.00	英立方	15,000.00	135,000.00	
2	三合土地脚	1.70	〃	200,000.00	340,000.00	
3	15"磚牆	3.50	英平方	1,100,000.00	3,850,000.00	
4	1:2:4鋼筋混凝土	15.60	英立方	4,800,000.00	74,880,000.00	
5	綠琉璃瓦屋面	12.60	英平方	3,450,000.00	43,470,000.00	
6	色泮灰脊獸	48.00	全部	120,000.00	5,760,000.00	
7	天花藻井	3.56	英平方	500,000.00	1,780,000.00	
8	木欄杆	48.00	英丈	90,000.00	4,320,000.00	
9	蘇石踏步	4.00	座	3,800,000.00	15,200,000.00	
10	蘇石階沿	6.50	英丈	850,000.00	5,525,000.00	
11	蘇石拉頂	12.00	隻	250,000.00	3,000,000.00	
12	清水泥地	4.84	英平方	500,000.00	2,420,000.00	
13	粉斬假石	1.30	〃	320,000.00	416,000.00	
14	油漆彩畫(合同單據貼金)		全部		55,000,000.00	
	共計				216,096,000.00	
	增加工資				36,736,000.00	
	總造價				252,832,000.00	

總計 Total 國幣貳億伍仟貳佰捌拾叁萬貳仟元整

經理 Manager　覆核 Revised By　估計 Estimated By　估計號數 Estimate No.

正气亭工程估价单

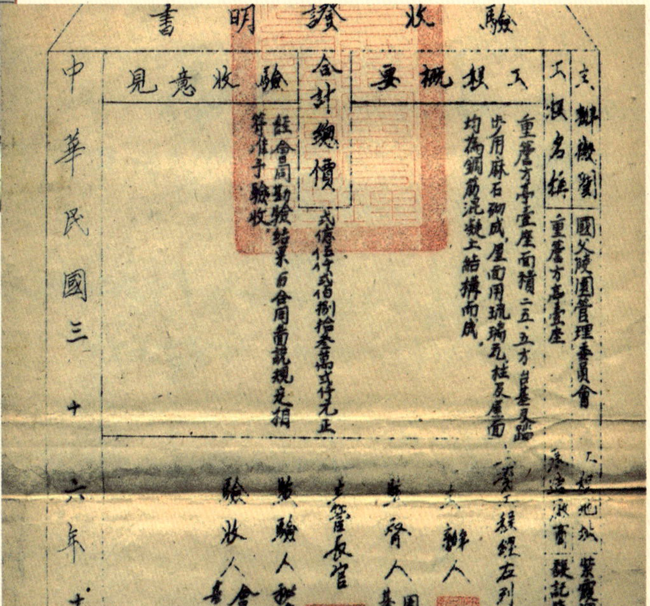

驗收證明書

主辦機關　國父陵園管理委員會
工程名稱　重層方亭壹座
工程概要　重層方亭壹座面積二五.五方 台基及踏步用麻石砌成 屋面用琉璃瓦 柱及屋面均為鋼筋混凝土結構而成
合計總價　貳億伍仟貳佰捌拾叁萬貳仟元正
驗收意見　經會同勘驗結果與合同圖說規定相符准予驗收

工程地址　紫霞洞毛山上
承造廠商　馥記營造廠

主辦人
監督人　基泰工程司
主管長官
監驗人
驗收人　會計室　基泰工程司

中華民國三十六年十二月二十三日

正气亭工程验收证明书

南京大屠杀案市民呈文

保管单位：南京市档案馆

内容及评价：

南京大屠杀案市民呈文档案系抗日战争结束后，南京国民政府对在1937年12月13日至1938年1月的南京沦陷中，侵华日军制造的惨绝人寰的南京大屠杀所做的大量调查统计档案。涵盖了首都警察厅、南京市抗战损失调查委员会、南京市接收委员会等机构从南京市民遭受日军屠杀、房屋焚毁、财物被掠等不同角度进行的深入社会调查，以及南京市市民呈报家人被杀、被奸、财产被抢的申诉等，时间跨度从1945年至1947年。现存市民呈文819件，主要有人口伤亡索赔呈文、查找失踪人员呈文、工商业损失呈文、市民房产财物损失呈文、宗教公益慈善团体财产损失呈文等。这些档案记录了日军肆意屠杀南京市民的惨烈场景，印证了沦陷后南京大屠杀人数之巨的真实状况，也揭露了日军掠夺、焚烧、毁坏南京市民财产的野蛮行径，小至市民居住的棚屋、日常生活的锅碗瓢勺，大到酒店旅社、工厂的机器设备，甚至寺庙财产、医疗慈善机构也难免遭到洗劫。南京大屠杀案市民呈文档案真实地记述了侵华日军在南京所犯下的战争暴行，以及南京大屠杀给南京市民造成的深重灾难和难以抹去的伤痛，是南京市民的血泪控诉。这部分档案为南京大屠杀案的重要档案，在控诉侵华日军南京大屠杀罪行方面具有实证作用。现已入选第三批《中国档案文献遗产名录》。

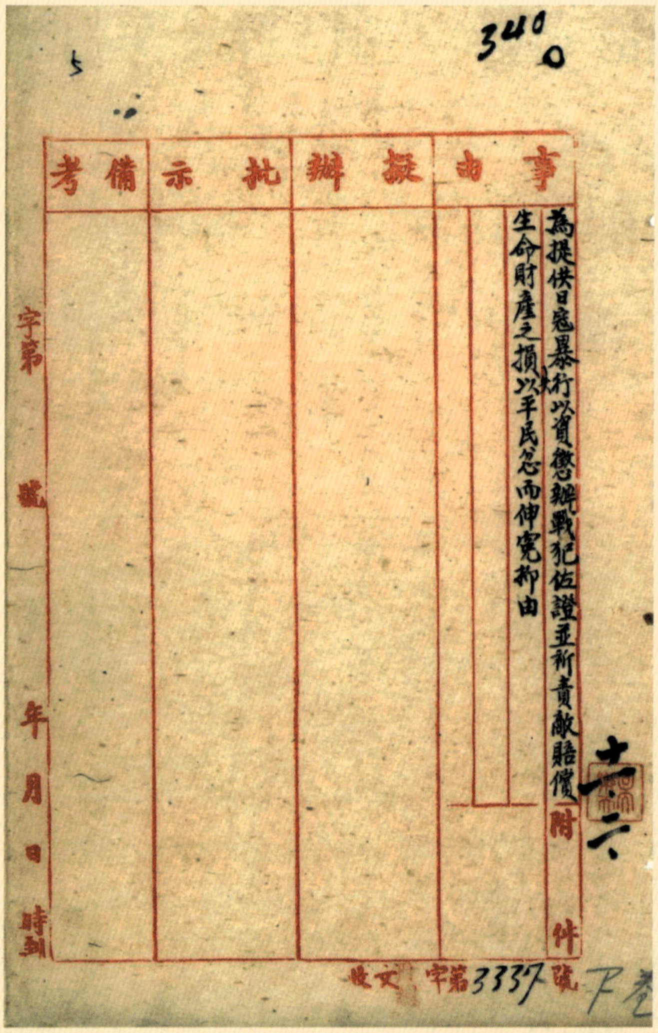

事由	擬辦	批示	備考
為提供日寇暴行以資懲辦戰犯佐證並祈責敵賠償生命財產之損以平民忿而伸冤抑由　附件			字第　號　年　月　日　時到

收文　字第3337號

哈马氏呈1945年11月2日

全文：

窃氏世居门东新路口五号，已产数代于兹，尚堪自给，鼎革时先夫弃世，氏守志扶孤，已成家立业，孙儿女绕膝，足慰晚年。不幸“七七”变作，淞沪战起，首都告急。氏子国栋因妻马氏身怀孕，势将临产，所以不及避入难民区。迨至日寇由雨花门破城而入，假藉搜索中国兵为名，侵入氏家，即指氏子国栋为中国兵，并索取财物，见室内妇女居多，兽行发作，将氏子国栋加以痛欧[殴]，以至腿折肢崩，继向氏媳马氏索取饰物手镯、金项圈、戒簪约数十两，又欲加非礼。氏媳马氏惊极涕[啼]哭，致触其怒，先将氏孙女存子（五岁）用刺刀劈开头颅，次孙女招子则洞穿其腹，继将氏媳马氏刺死，复将氏受伤之氏子国栋枪毙，连同氏媳腹内计大小五口死于非命。其状最惨者莫过同居聂太太全家，男妇老幼九口同时遇害，次女二姑娘，敌将其四肢绑在长方桌之上，纵情轮奸，该女怒骂不绝，敌奸毕则刺其喉舌，裂其腹，尚不足以遂兽行，觅一双妹牌香水瓶塞入阴户之内，以为取乐；其残酷之行为，令人发直［指］心伤也。且氏毕生精神所创之家业，被敌掠劫一空，损失皓[浩]大，无从沽[估]计，至八十高年老妇生活断绝，含辛八载，艰苦备尝。欣逢抗战胜【利】，日月重光，用特胪列前情具文，仰祈钧府鉴核，俯赐准予登记，责敌赔偿生命财产损失，以申冤抑而表忠烈，实为公德两便。

谨呈

南京市政府市长马

八十孀妇哈马氏 泣呈

通询处中华路一三三号

保证号主：哈文波

建邺路六八号

中华民国三十四年十一月二日

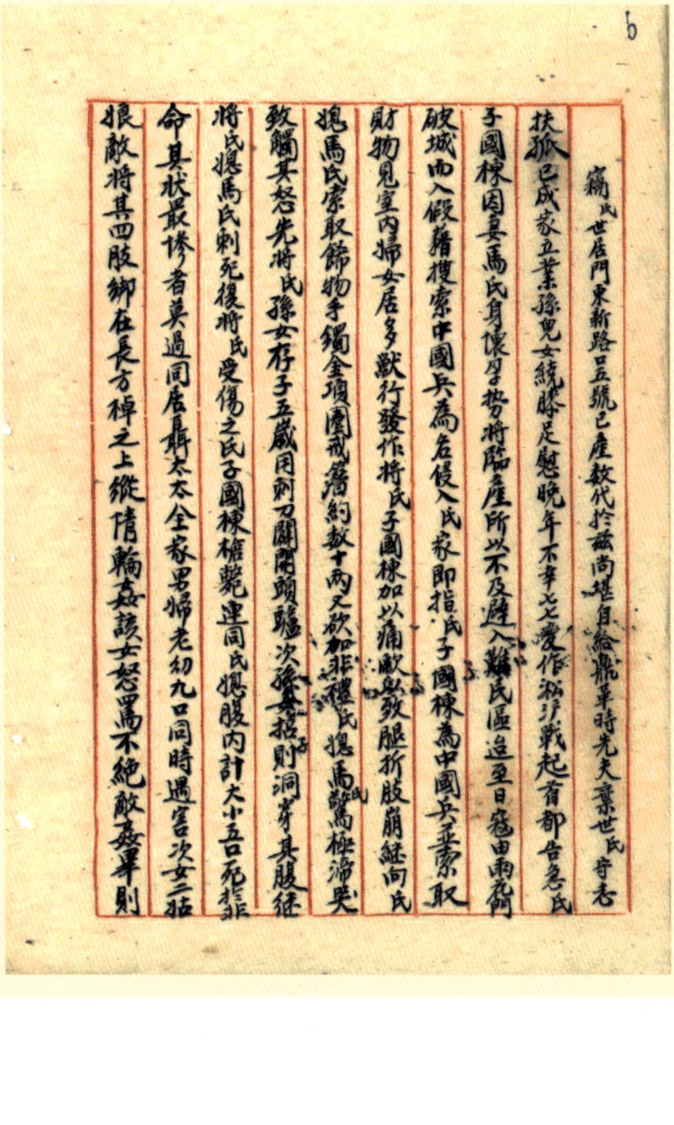

竊氏世居門東新路口五號已產數代於茲尚堪自給鼎革時先夫棄世氏守志扶孤已成家立業孫兒女繞膝足慰晚年不幸七七變作淞滬戰起首都告急氏子國棟因妻馬氏身懷孕勢將臨產所以不及避入難民區迨至日寇由雨花門破城而入假藉搜索中國兵為名侵入氏家即指氏子國棟為中國兵並索取財物見室內婦女居多獸行發作將氏子國棟加以痛毆以致腿折肢崩繼向氏媳馬氏索取飾物手鐲金項圈戒簪約數十兩又欲加非禮氏媳馬氏驚極涕哭致觸其怒先將氏孫女存子五歲用刺刀劈開頭顱次孫女招子則洞穿其腹繼將氏媳馬氏刺死復將氏受傷之氏子國棟槍斃連同氏媳腹內計大小五口死於非命其狀最慘者莫過同居聶太太全家男婦老幼九口同時遇害次女二姑娘敵將其四肢綁在長方棹之上縱情輪姦該女怒罵不絕敵姦畢則

哈马氏呈1945年11月2日

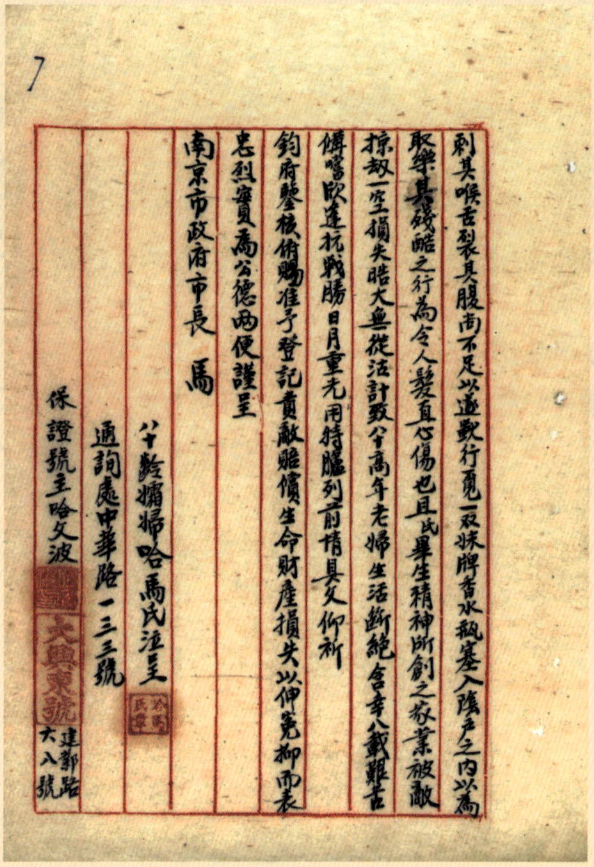

7

剜其喉舌裂其腹尚不足以逞獸行覓一双妹牌香水瓶塞入陰户之内以為取樂其殘酷之行為令人髮直心傷也且氏畢生精神所創之家業被敵掠劫一空損失浩大無從活計致今高年老婦生活斷絕含辛八載艱苦備嘗欣逢抗戰勝利日月重光用特臚列前情具文仰祈

鈞府鑒核俯賜准予登記責敵賠償生命財產損失以伸冤抑而表忠烈實見為公德兩便謹呈

南京市政府市長 馬

八十齡孀婦哈馬氏泣呈

通詢處中華路一三三號

保證號主哈文波 大興東號 建鄴路大八號

哈马氏呈1945年11月2日

8

中華民國三四年十一月 二 日

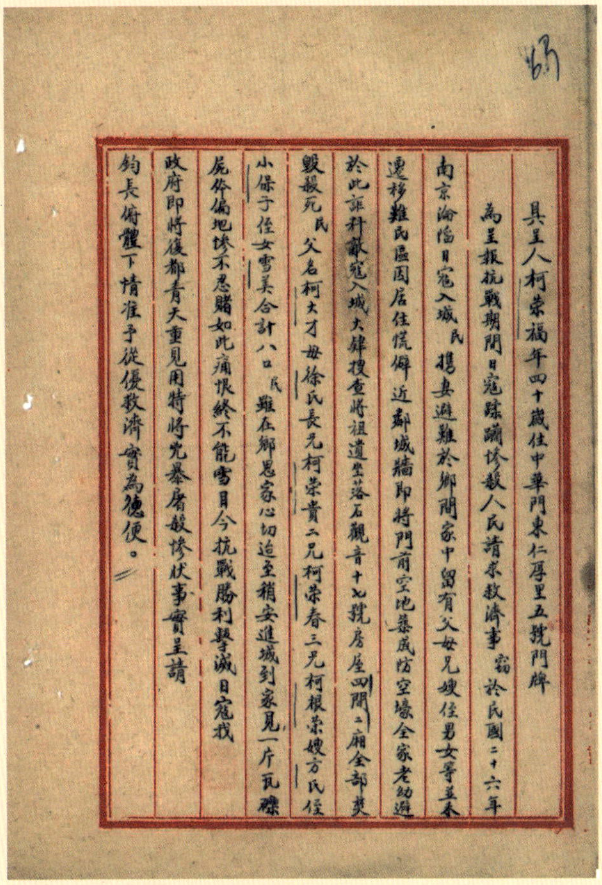

具呈人柯榮福年四十歲住中華門東仁厚里五號門牌
為呈報抗戰期間日寇蹂躪慘殺人民請求救濟事 竊於民國二十六年南京淪陷日寇入城民 攜妻避難於鄉間家中留有父母兄嫂侄男女等並未遷移難民區因居住荒僻近鄰城牆即將門前空地築成防空壕全家老幼避於此詎料敵寇入城大肆搜查將祖遺坐落石觀音十七號房屋四間二廂全部焚毀殺死民 父名柯大才母徐氏長兄柯榮貴二兄柯榮春三兄柯根榮嫂方氏侄小保子侄女雪美合計八口 民雖在鄉思家心切迨至稍安進城到家見一片瓦礫屍体偏地慘不忍睹如此痛恨終不能雪目今抗戰勝利擊滅日寇我
政府即將復都青天重見用特將兇暴屠殺慘狀事實呈請
鈞長俯體下情准予從優救濟實為德便。

呈
事由：為呈報抗戰期間日寇屠殺人民慘狀請予救濟由
擬辦
決定辦法
備考
附件
字第 號 年 月 日 時到
收文 字第3806號

柯荣福呈1945年11月10日

全文：

具呈人柯荣福，年四十岁，住中华门东仁厚里五号门牌。

为呈报抗战期间日寇蹂躏惨杀人民请求救济事。窃于民国二十六年南京沦陷，日寇入城，民携妻避难于乡间，家中留有父母兄嫂侄男女等并未迁移难民区，因居住荒僻，近邻城墙，即将门前空地筑成防空壕，全家老幼避于此。讵料敌寇入城大肆搜查将祖遗坐落石观音十七号房屋四间二厢全部焚毁，杀死民父名柯大才，母徐氏，长兄柯荣贵，二兄柯荣春，三兄柯根荣，嫂方氏，侄小保子，侄女雪美，合计八口。民虽在乡，思家心切，迨至稍安进城到家见一片瓦砾，尸体偏[遍]地，惨不忍賭[睹]，如此痛恨终不能雪。目今抗战胜利，击灭日寇，我政府即将复都，青天重见，用[因]特将凶暴屠杀惨状事实呈请钧长，俯体下情准予从优救济，实为德便。谨呈

南京特别市市长马

市民柯荣福[印] 谨呈

证明人：一区仁厚坊伍保保长马春财[印]

中华民国三十四年十一月十日

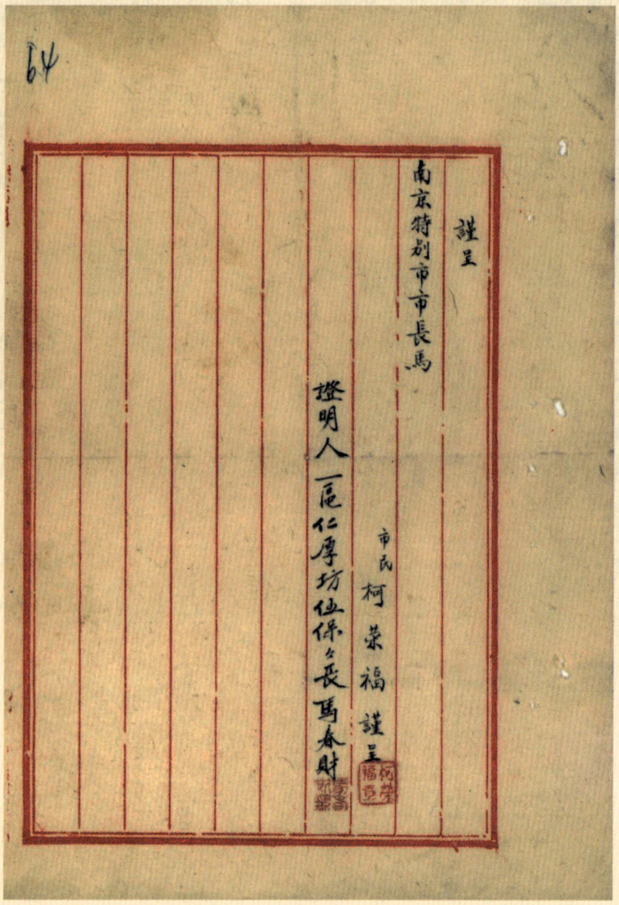
64

謹呈

南京特别市市長馬

市民 柯榮福 謹呈

證明人 一區仁厚坊位保保長馬春財

柯荣福呈1945年11月10日

65

中華民國三十四年十一月十日

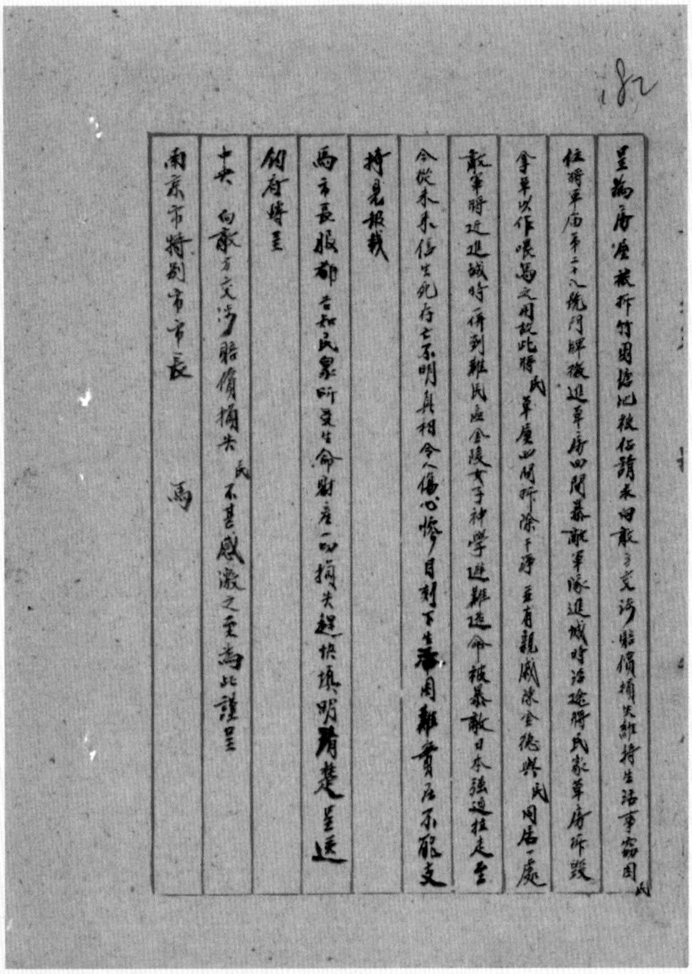

汪恭秀呈1945年9月20日

全文：

呈为房屋被拆竹园塘地被占，请求向敌方交涉赔偿损失维持生活事。

窃因民住将军庙第二十八号门牌，后进草房四间，暴敌军队进城时，沿途将民家草房拆毁拿草以作喂马之用，故此将民草屋四间拆除干净。至有亲戚陈金德与同居一处，敌军将近进城时一并到难民区金陵女子神学【院】避难逃命被暴敌日本强迫拉走，至今从未来信，生死存亡不明真相，令人伤心惨目。刻下生活困难，实在不能支持，见报载马市长收都告知民众，所受生命财产一切损失赶快填明清楚，呈送钧府转呈中央向敌方交涉赔偿损失，民不甚感激之至，为此谨呈

南京市特别市市长马

具呈人：汪恭秀[印]

住三牌楼将军庙第二十八号

中华民国三十四年九月二十日

183

具呈人　汪恭秀

住三牌楼将军庙第二十八号

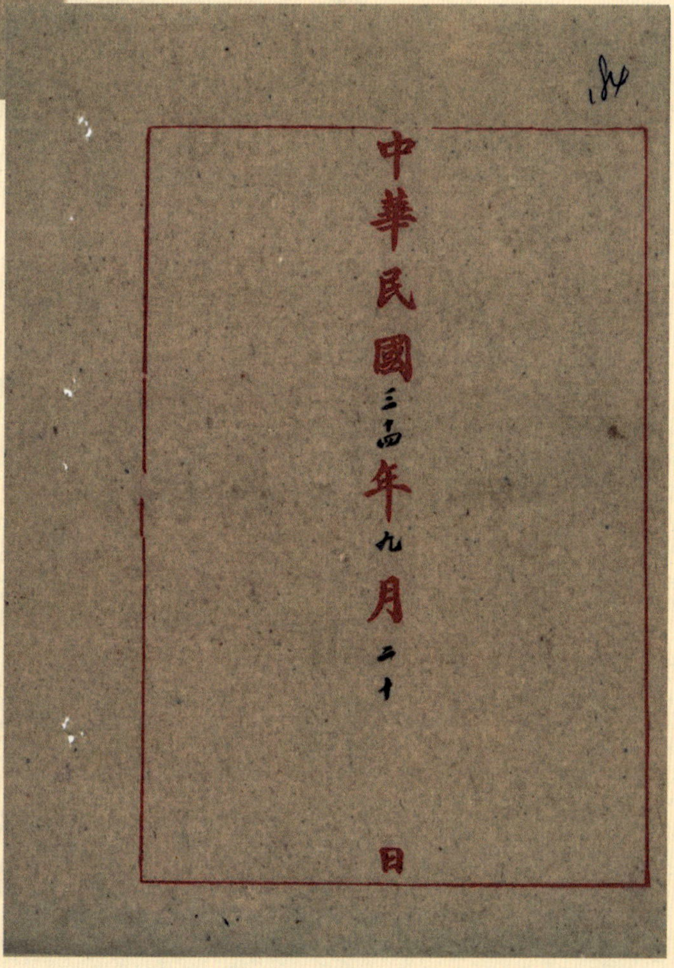

184

中華民國三十四年九月二十日

汪恭秀呈1945年9月20日

全文：

窃民系南京市人，现年六十六岁，居住门西凤游寺四号，于民国二十六年冬迁移国际委员会设立难民区境内鼓楼五条巷十七号避难，于废历冬月十四日下午四时有日本军人四名持携武器搜索，随即带走门内少年难民计二十五名，内有民子张定，年二十八岁（现年三十六岁），代[带]往附近邻难民屋内□情搜索，民追随叩求放释始终未应，后不知去向。今闻钧府办理调查向日本赔偿，惟有仰恳府座以民申雪，恩威再造。理合备文一并呈请，仰祈鉴核，准予以民调查申雪，实为德便。谨呈

市长马

市民张荣生[印] 叩呈

门西凤游寺四号

中华民国三十四年十月八日

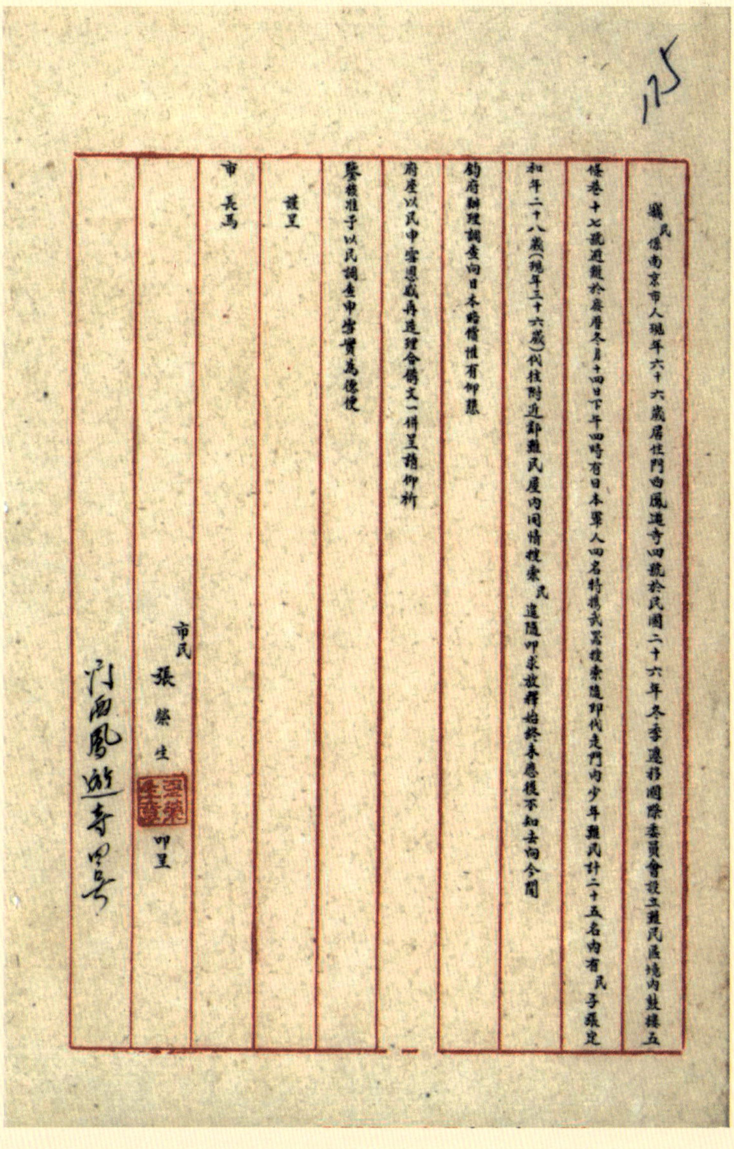

窮民係南京市人現年六十六歲居住門西鳳遊寺四號於民國二十六年冬季遷移國際委員會設立難民區境內鼓樓五
條巷十七號避難於廢曆冬月十四日下午四時有日本軍人四名持携武器搜索隨即代走門內少年難民計二十五名內有民子張定
和年二十八歲（現年三十六歲）代往附近鄰難民屋內同情搜索民追隨叩求放釋始終未應後不知去向今聞
鈞府辦理調查向日本賠償惟有仰懇
府座以民申雪恩威再造理合備文一併呈請仰祈
鑒核准予以民調查申雪實為德便
謹呈
市長馬
市民張榮生 叩呈
門西鳳遊寺四號

张荣生呈1945年10月8日

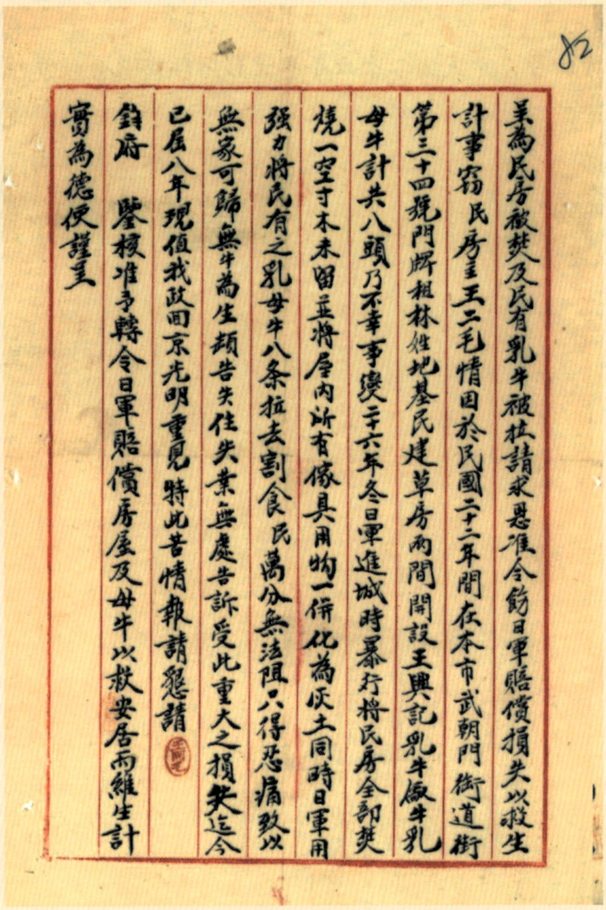

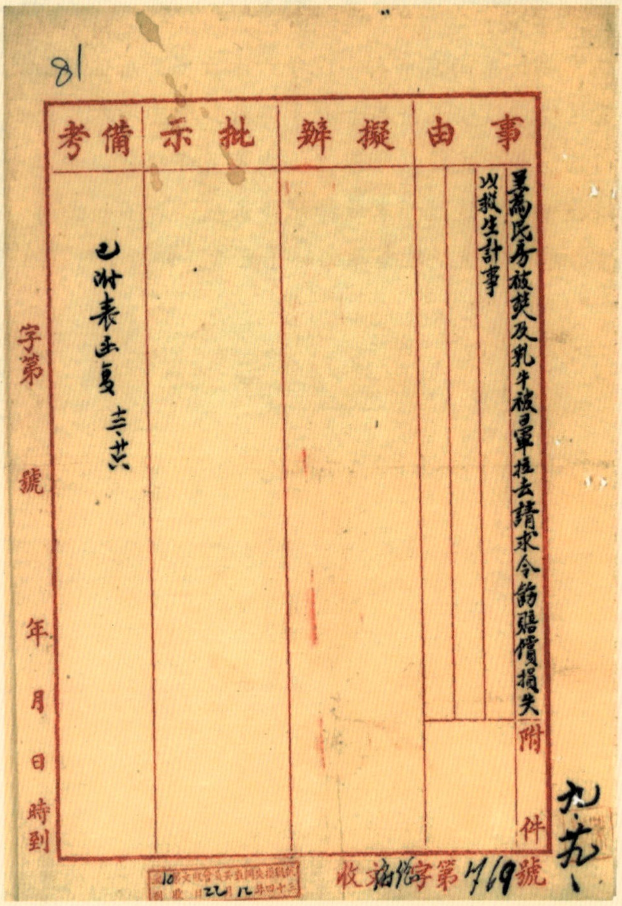

王兴记乳牛厂王阿毛呈1945年9月29日

全文：

呈为民房被焚及民有乳牛被拉，请求恩准令饬日军赔偿损失，以救生计事。窃民房主王二毛情因于民国二十二年间在本市武[午]朝门御道街第三十四号门牌租林姓地基，民建草房两间，开设王兴记乳牛厂，牛乳母牛计共八头，乃不幸事变二十六年冬日军进城时，暴行将民房全部焚烧一空，寸木未留，并将屋内所有家具用物一并化为灰土，同时日军用强力将民有之乳母牛八条拉去割食，民万分无法阻，只得忍痛，致以无家可归，无牛为生，顿告失住失业，无处告诉，受此重大之损失迄今已届八年。现值我政回京光明重见，特此苦情报请恳请钧府鉴核准予转令日军赔偿房屋及母牛，以救安居而维生计。实为德便。谨呈

南京市政府市长马

具呈人：房主王阿毛

现住：本京柏果园四十一号

中华民国三十四年九月二十九日

83

南京市政府市長馬

具呈人房主 王阿毛

現住本京柏果園四十一號

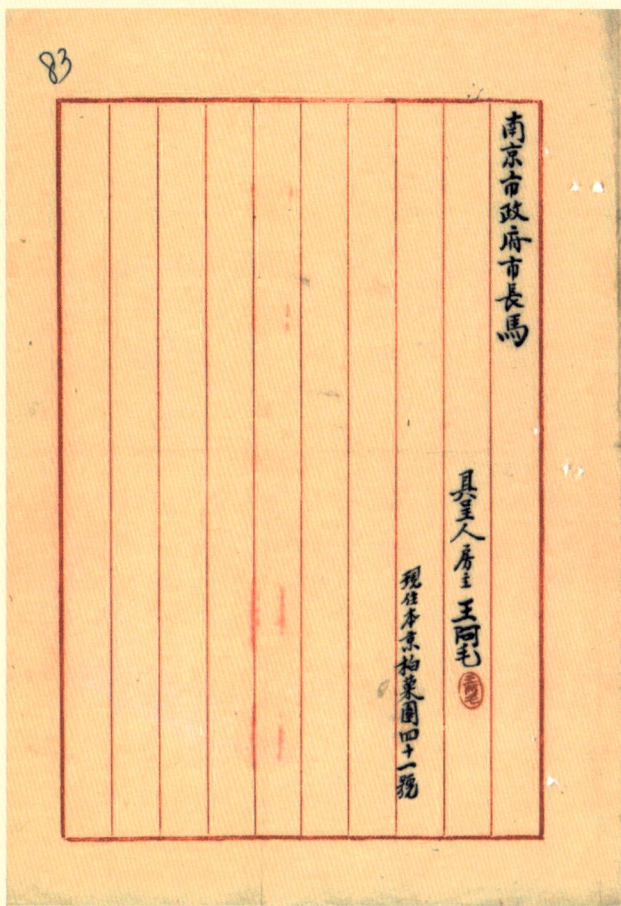

王兴记乳牛厂王阿毛呈1945年9月29日

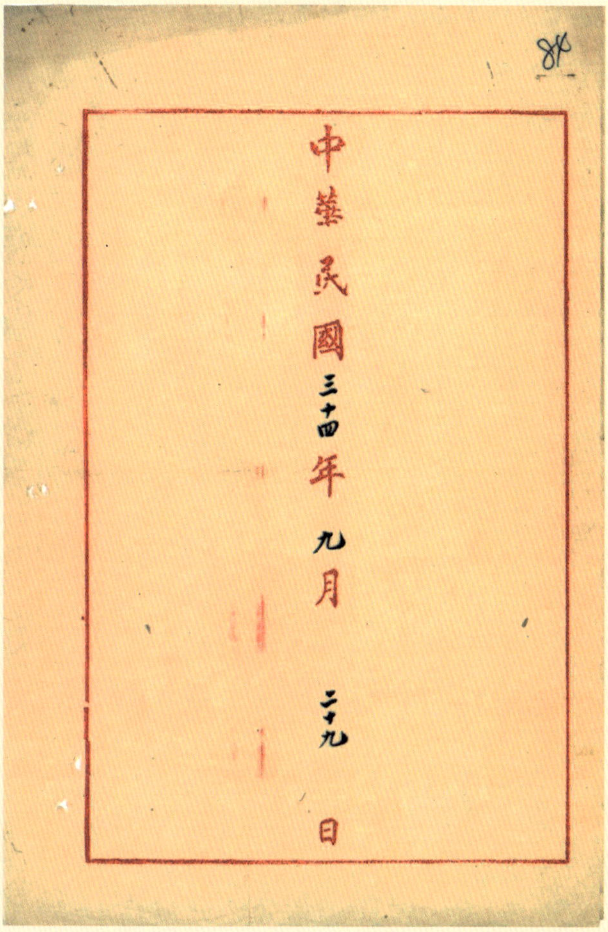
84

中華民國三十四年九月二十九日

全文：

具呈人俞扬获，号玉书，年四十八岁，南京人，商界，住门西金粟庵二十七号。

为呈请申明受敌侮辱，驱逐门外，强占店务，硬行搬运生财货物。目睹车运不敢理论，运毕纵火焚毁房屋，八年悲痛重见天日，恳予昭雪而维登记复业事。窃民于民国二十六年五月间凭中保人许金波，住北门桥鱼市街大华绸布庄内，保长顾洪宝住珠江路第五二九号，各人均皆在场定立合同租约，由民承租到赵茂记木厂名下已有市房一幢，坐落珠江路第545、547、549号三个门牌，开设丽丽木器商号，呈请钧府给照营业在案。讵料营业数月，京中陷落敌手，入城之后大肆抢劫，惨酷暴行，将民硬行赶出门外，含泪远望，用车搬运抢劫货物，复行放火化为一片瓦砾，民其时痛恨以极，啼泪滂沱，铁蹄之下，实难报复。此时瓦砾地上现有隔壁德泰公司搭盖棚屋存放汽车，据云日人化名，况前右邻公大铁工厂现改为德泰公司，前左邻杨长记木厂第553号，不知是何人侵占，民被抢劫，惨烧情形路人皆知，街坊邻里无人不晓，易于调查确情，现时抗战胜利，复见青天白日之下，并阅告民众书不胜喜悦，故敢具呈市长台前，关心民瘼之盛意，仁慈在抱之悲心，恩予饬德泰公司迁让，令日赔偿损害，以昭申雪而维登记复业，实为恩德两便。

谨呈

南京市政府市长马

具呈人：俞扬获号玉书[印]

中华民国三十四年十月四日

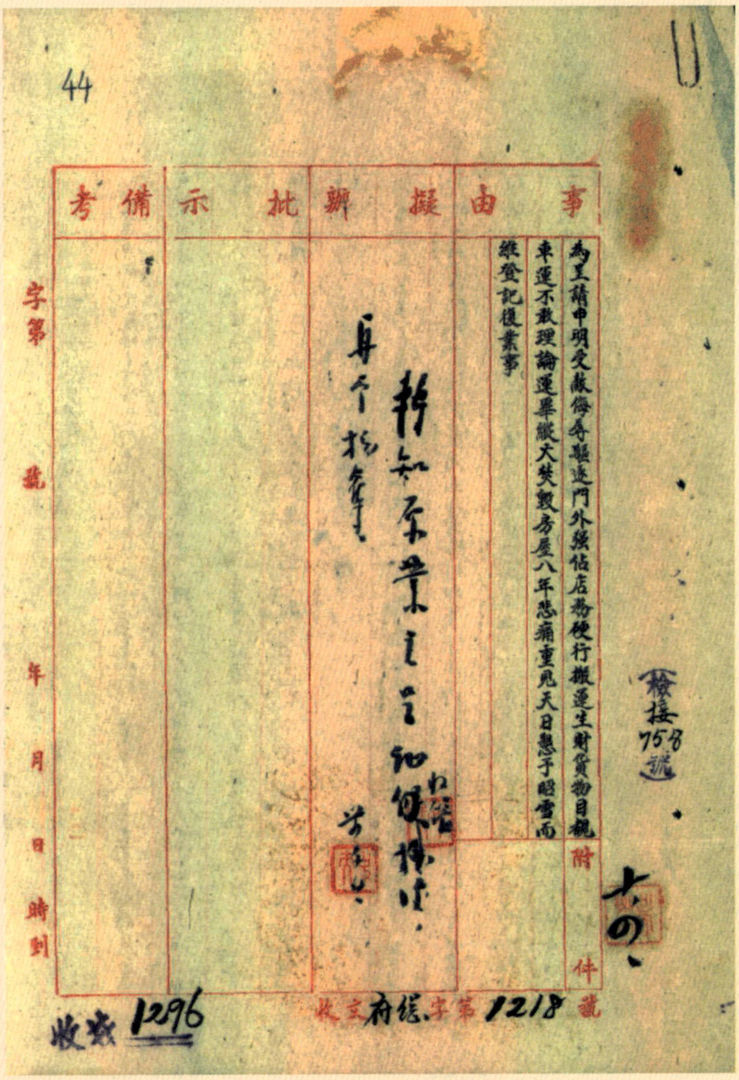
44

事由	擬辦	批示	備考
為呈請申明受敵侮辱驅逐門外強佔店務硬行搬運生財貨物目睹車運不敢理論運畢縱火焚毀房屋八年悲痛重見天日懇予昭雪而維登記復業事			

附　件

字第　號　年　月　日　時到

核接 758 號

收文府侯字第 1218 號

收字 1296

丽丽木器商号俞扬获呈1945年10月4日

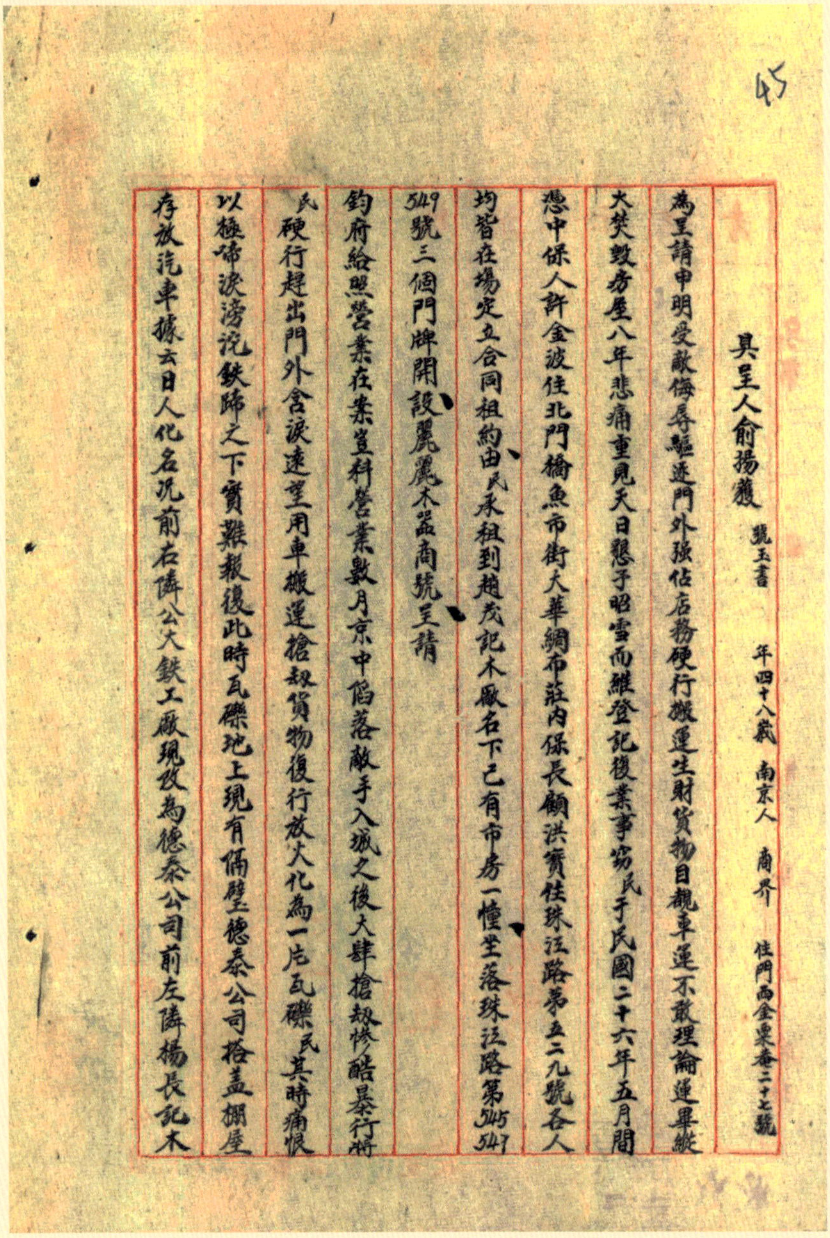
具呈人俞揚獲 號玉書 年四十八歲 南京人 商界 住門西金粟巷二十七號

為呈請申明受敵侮辱驅逐門外強佔店務硬行搬運生財貨物目覩車運不敢理論運畢縱
大焚毀房屋八年悲痛重見天日懇予昭雪而維登記復業事竊民于民國二十六年五月間
憑中保人許金波住北門橋魚市街大華綢布莊內保長顧洪賓住珠江路第五二九號各人
均皆在場定立合同租約由民承租到趙茂記木廠名下已有市房一幢坐落珠江路第545 547
549號三個門牌開設麗麗木器商號呈請
鈞府給照營業在案豈料營業數月京中陷落敵手入城之後大肆搶劫慘酷暴行將
民硬行趕出門外含淚遠望用車搬運搶劫貨物復行放火化為一片瓦礫民其時痛恨
以極啼淚滂沱鐵蹄之下實難報復此時瓦礫地上現有隔壁德泰公司搭蓋棚屋
存放汽車據云日人化名沉前右隣公大鐵工廠現改為德泰公司前左隣楊長記木

丽丽木器商号俞扬获呈1945年10月4日

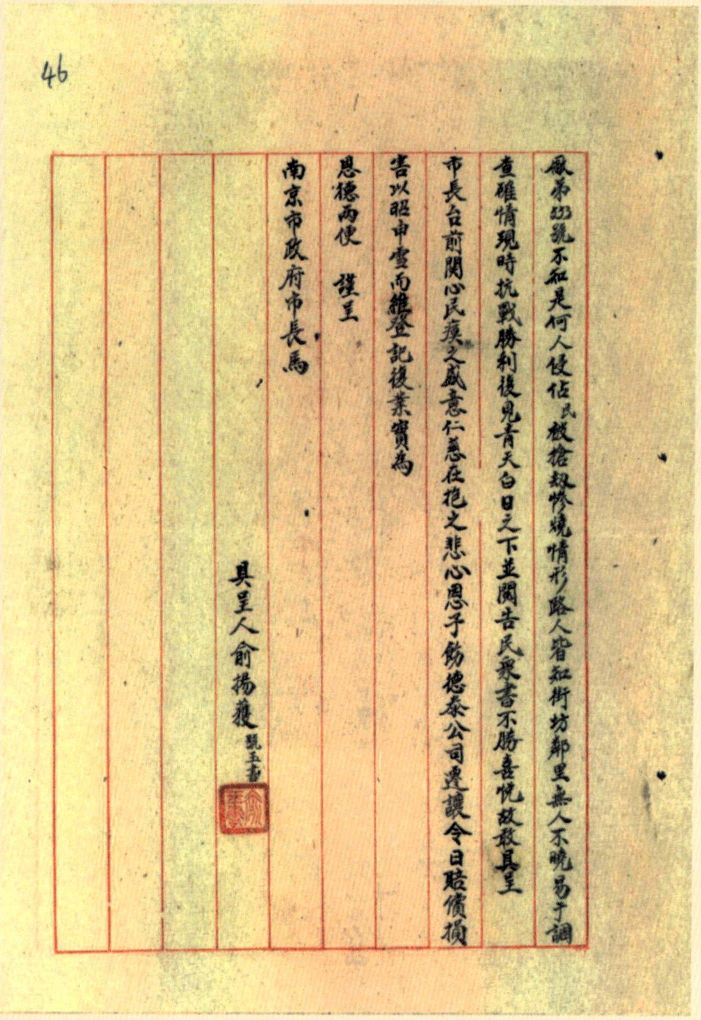

46

屋第533號不知是何人侵佔 民 被搶劫慘境情形路人皆知街坊鄰里無人不曉易于調
查確情現時抗戰勝利後見青天白日之下並聞吾民衆書不勝喜悅故敢具呈
市長台前関心民瘼之盛意仁慈在抱之悲心恩予飭德泰公司遷讓令日賠償損
害以昭申雪而維登記復業實爲
恩德兩便　謹呈
南京市政府市長馬
具呈人俞揚獲 號玉書

47

中華民國三十四年十月四日

丽丽木器商号俞扬获呈1945年10月4日

全文：

窃下关清真寺创设于逊清光绪年间，为下关回教教民祈祷修道之所，数十年来经热心教民陆续捐款修建寺屋日渐完整。十八年曾创立清真义小，拟以回教教民立场略致棉[绵]力于社会事业。嗣以抗战军兴，教民星散，不得不迫而停顿。二十六年冬我军西撤，倭寇抵京在下关大肆焚烧，本寺全部被焚，内部什具藏经及历年教胞捐助图书器皿均成灰烬。八年以来寺基空地为倭寇圈为军用地，任意践踏，不容探视，圣地沦为厕溷，言之痛心。兹幸抗战胜利，倭寇投降，日月重光，万民欢快，我市长重临京市，举市欢腾，恭诵京府第一二八号钧示，谨将被焚经过检同损失清单图状收据一纸，具呈仰祈鉴核查办，汇饬敌寇赔偿，庶下关清真寺早获复兴，教胞得进德修业之所，实为德便。谨呈

南京市市长马

计附呈损失清单一份图状收据（声[申]请文件收据记字第二九四号一纸）

清真寺代理人：李蓬岭[印]

买慕梅[印]

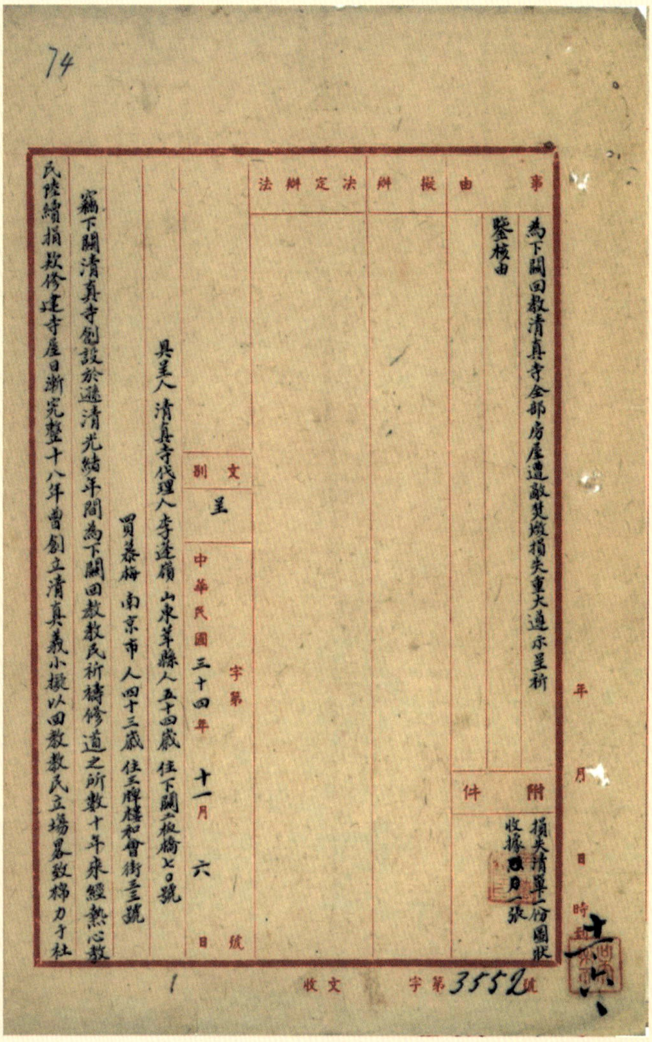
74

事由：為下關回教清真寺全部房屋遭敵焚燬損失重大遵示呈祈
鑒核由

擬辦

決定辦法

附件：損失清單一份圖狀
收據[illegible]一張

年 月 日 時 到

文別：呈

中華民國三十四年十一月六日

字第 號

具呈人 清真寺代理人李蓬嶺 山東莘縣人五十四歲 住下關二板橋七〇號
買慕梅 南京市人四十三歲 住三牌樓和會街三三號

竊下關清真寺創設於遜清光緒年間為下關回教教民祈禱修道之所數十年來經熱心教
民陸續捐款修建寺屋日漸完整十八年曾創立清真義小擬以回教教民立場畧致棉力于社

1

收文 字第3552號

下关回教清真寺代理人李蓬岭等呈
1945年11月6日

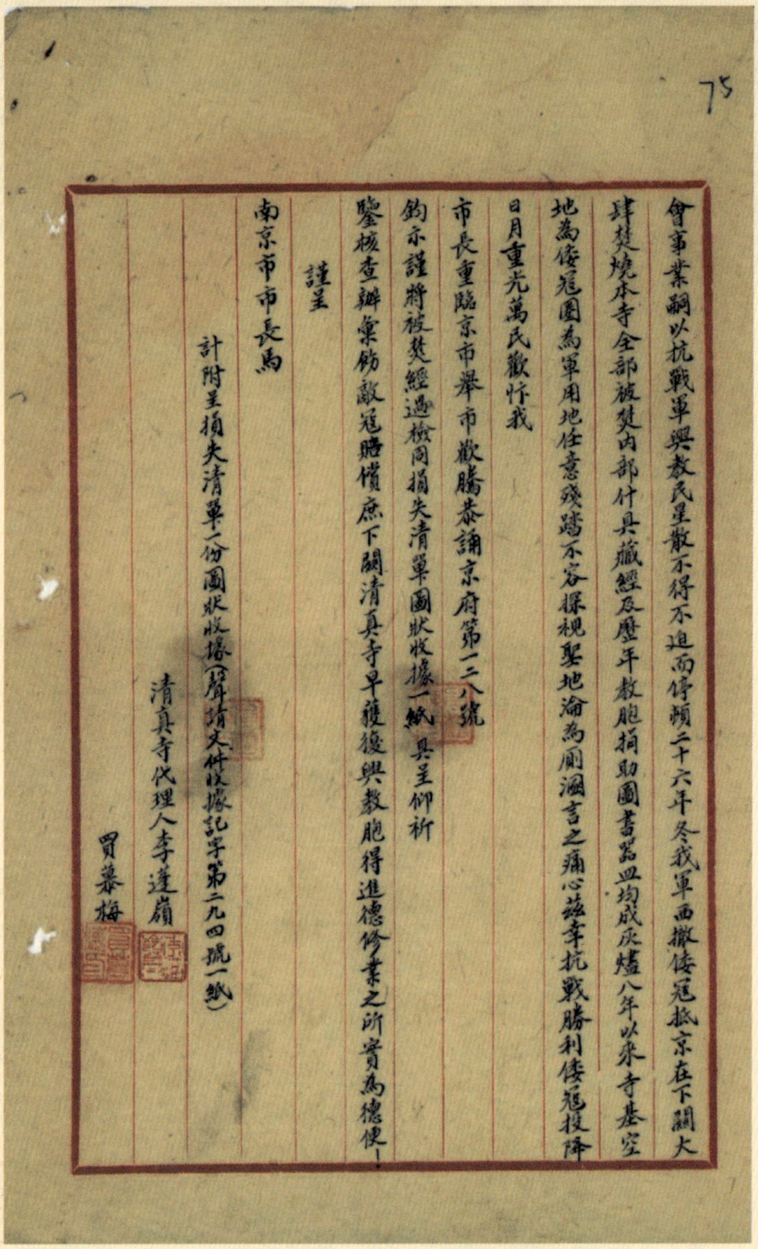
75

會事業嗣以抗戰軍興教民星散不得不迫而停頓二十六年冬我軍西撤倭寇抵京在下關大
肆焚燒本寺全部被焚內部什具藏經及歷年教胞捐助圖書器皿均成灰燼八年以來寺基空
地為倭寇圖為軍用地任意殘踏不容採視聖地淪為廁溷言之痛心茲幸抗戰勝利倭寇投降
日月重光萬民歡忭我
市長重臨京市舉市歡騰恭誦京府第一二八號
鈞示謹將被焚經過檢同損失清單圖狀收據一紙具呈仰祈
鑒核查辦彙飭敵寇賠償庶下關清真寺早獲復興教胞得進德修業之所實為德便
謹呈
南京市市長馬
計附呈損失清單一份圖狀收據(解請文件收據記字第二九四號一紙)
清真寺代理人李蓬嶺
賈慕梅

下关回教清真寺代理人李蓬岭等呈1945年11月6日

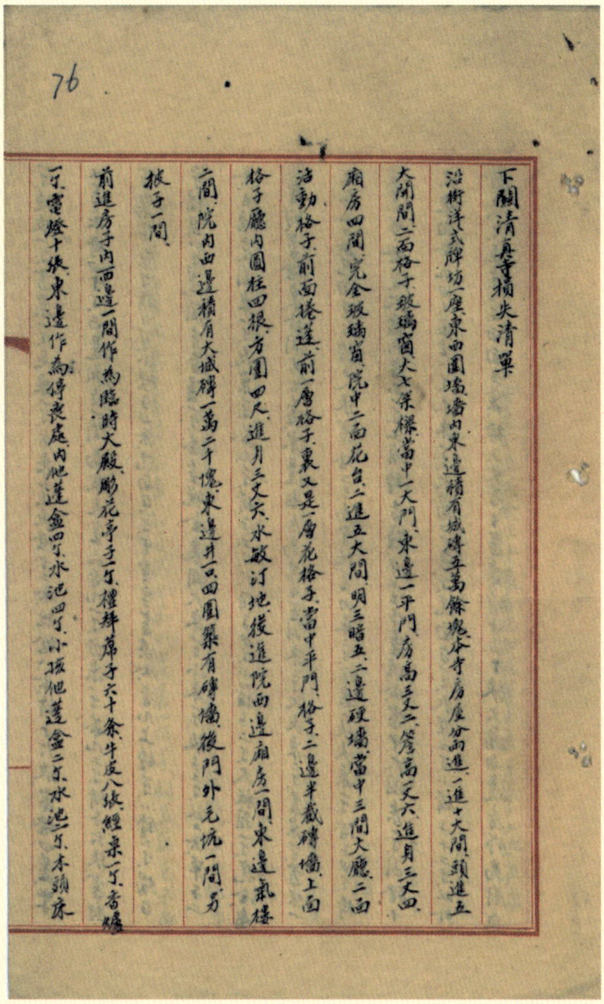
76

下關清真寺損失清單

沿街洋式牌坊一座，東西圍墻，墻內東邊積有城磚五萬餘塊，本寺房屋分兩進，一進十大間，頭進五
大開間，二面格子玻璃窗大七朵樑，當中一大門，東邊一平門，房高三丈二，簷高一丈六，進身三丈四，
廂房四間，完全玻璃窗，院中二面花台，二進五大間，明三暗五，二邊破墻，當中三間大廳，二面
活動格子，前面捲蓬，前一層格子，裏又是一層花格子，當中平門，格子二邊半截磚墻，上面
格子，廳內圓柱四根，方圓四尺，進身三丈六，水敏汀地，後進院西邊廂房一間，東邊亂樓
二間，院內西邊積有大城磚一萬二千塊，東邊井一口，四圍築有磚墻，後門外毛坑一間，另
披子一間。
前進房子內西邊一間作為臨時大殿，雕花亭子一個，禮拜蓆子六十條，牛皮八張，經桌一個，香爐
一個，電燈十張，東邊作為停喪處，內他蓮盆四個，水池四個，小㧺他蓮盆二個，水池一個，木頭床

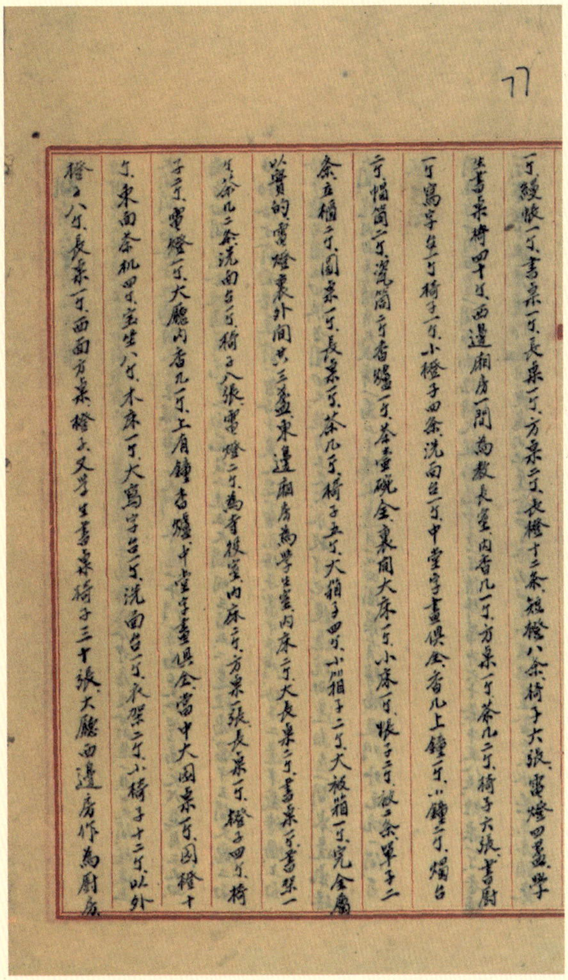
77

一個，經櫃一個，書桌一個，長桌一個，方桌二個，長櫈十二條，短櫈八條，椅子六張，電燈四盞，學
生書桌椅四十個，西邊廂房一間為教長室，內香几一個，方桌一個，茶几二個，椅子六張，書廚
一個，寫字台一個，椅子一個，小櫈子四條，洗面台一個，中堂字畫俱全，香几上鐘一個，小鐘二個，燭台
二個，帽筒二個，瓷筒二個，香爐一個，茶壺碗全，裏間大床一個，小床一個，帳子二個，被二條，單子二
條，立櫃二個，圓桌一個，長桌一個，茶几一個，椅子五個，大箱子四個，小箱子二個，大被箱一個，完全爛
光的，電燈裏外間共三盞，東邊廂房為學生室，內床二個，大長桌二個，書桌一個，書架一
只，茶几二條，洗面台一個，椅子八張，電燈二個，為寄殯室，內床二個，方桌一張，長桌一個，櫈子四個，椅
子二個，電燈一個，大廳內香几一個，上有鐘、香爐，中堂字畫俱全，當中大圓桌一個，圓櫈十
個，東面茶机四個，室生八個，木床一個，大寫字台一個，洗面台一個，衣架二個，小椅子十二個，以外
櫈子八個，長桌一個，西面方桌、櫈子，又學生書桌椅子三十張，大廳西邊房作為廚房

下关回教清真寺代理人李蓬岭等呈1945年11月6日

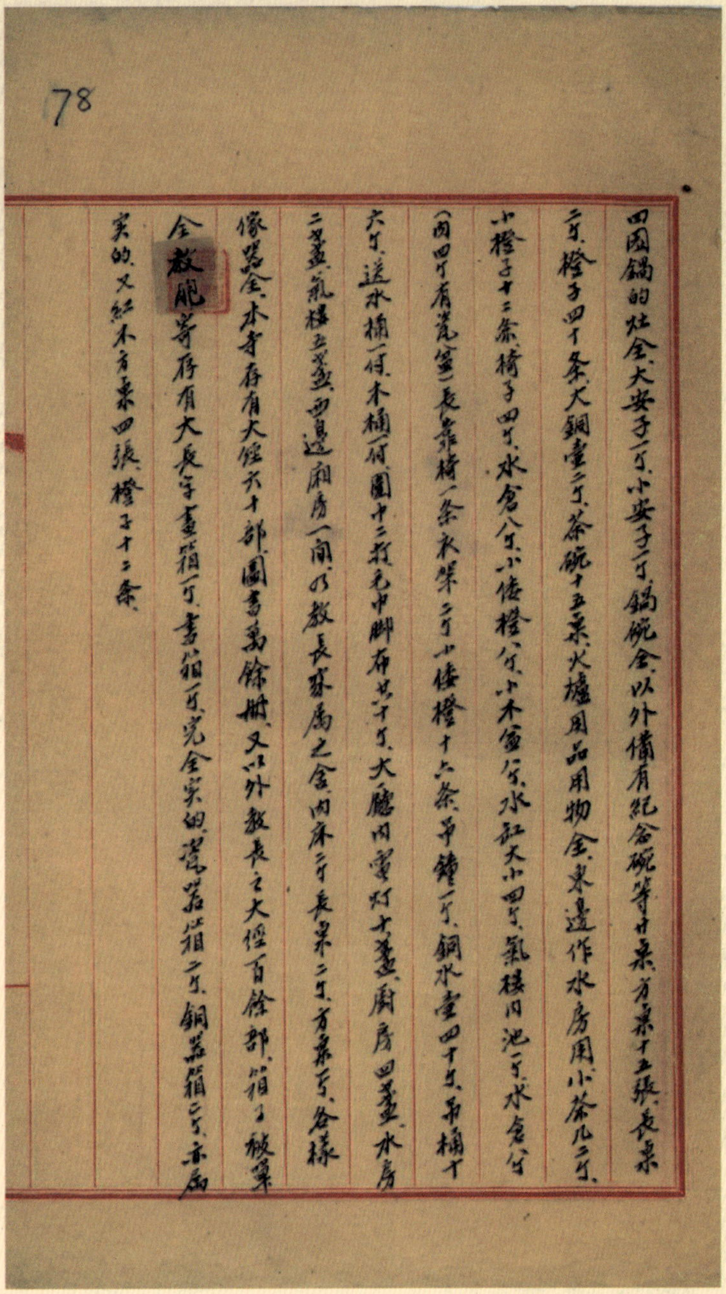

78

四圍鍋的灶全、大安子一个、小安子一个、鍋碗全、以外備有紀念碗等廿桌、方桌十五張、長桌二个、橙子四十条、大銅壺二个、茶碗十五桌、火爐用品用物全、東邊作水房用小茶几二个、小橙子十二条、椅子四个、水缸八个、小條橙八个、小木盆八个、水缸大小四个、氣樣用池一个、水盆八个(因四个有荒篮)長靠椅一条、衣架二个、小條橙十六条、吊鐘一个、銅水壺四十个、吊桶十六个、送水桶一付、木桶一付、圓中二指毛巾脚布廿十个、大廳内電灯十七盞、厨房四盞、水房二盞、氣樣五盞、西邊厨房一间、乃教長家属之全、内床二个、長桌二个、方桌二个、各樣傢器全、本寺存有大經六十部、圖書萬餘册、又以外教長之大經百餘部、箱子被窠全教胞寄存有大長字畫箱一个、書箱一个、完全實的、瓷器箱二个、銅器箱二个、亦属實的、又紅木方桌四張、橙子十二条、

下关回教清真寺代理人李蓬岭等呈1945年11月6日

精品档案

辛亥前后南京司法档案

保管单位：南京市江宁区档案馆

内容及评价：

辛亥前后南京司法档案是指南京市档案馆及其所属江宁、浦口、六合、溧水等区档案馆所藏的以临时政府首都南京为地域范围，在1909年至1913年中产生的数百个司法判案档案。其中以南京市江宁区档案馆所藏最多，现存有司法判案文书近千件，这些案例在范式上基本比较完整，一般都包括起（上）诉、立案、审理、判决等各个法律环节。民国肇建之地南京的司法判案实例，不仅涵有丰富的法律层面和社会层面的内容，而且颇具典型意义与历史意义，这些司法实践可让我们观察到在历史变革与社会转型期中，中国司法制度的演变及近代司法制度的端倪，同时也是法学界研究司法判例的第一手原始素材。这批档案年代久远，保存不易，弥足珍贵。

刑事上诉状封面

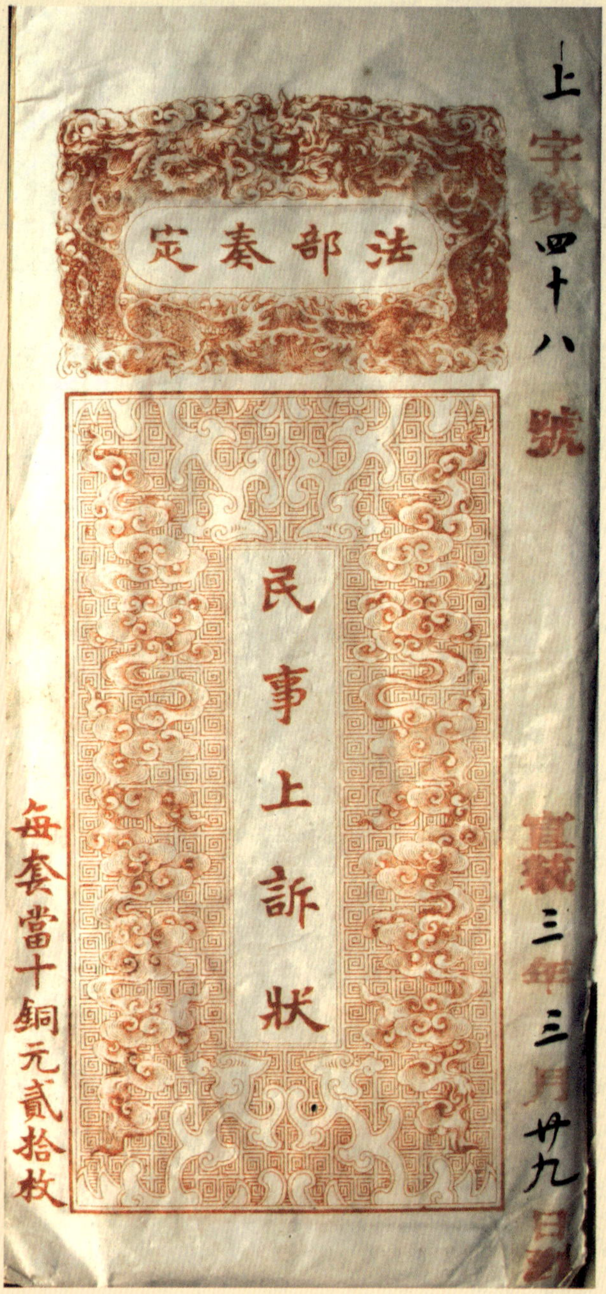

民事上诉状封面

和解状封面

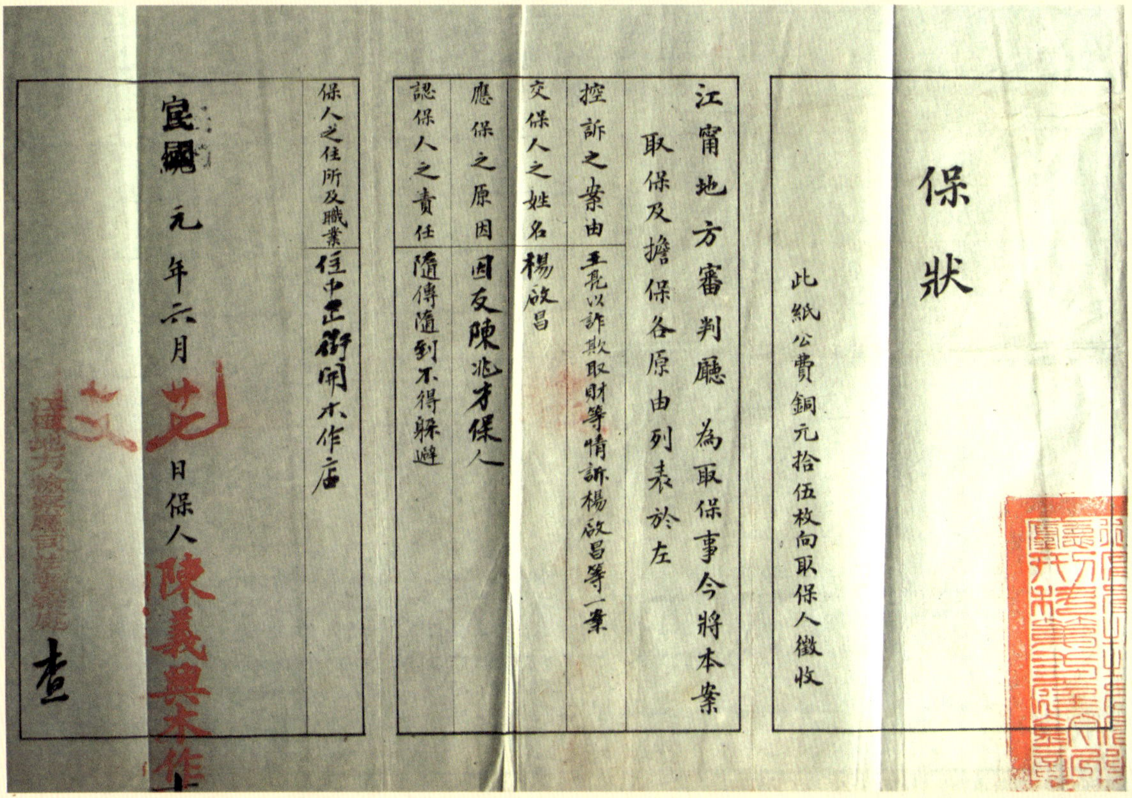

保狀

此紙公費銅元拾伍枚向取保人徵收

江甯地方審判廳 為取保事今將本案取保及擔保各原由列表於左

控訴之案由	王亮以詐欺取財等情訴楊啟昌等一案
交保人之姓名	楊啟昌
應保之原因	因反陳兆才保人
認保人之責任	隨傳隨到不得躲避
保人之住所及職業	住中正街開木作店

宣統元年六月廿日保人陳義興木作[illegible]

查

保状

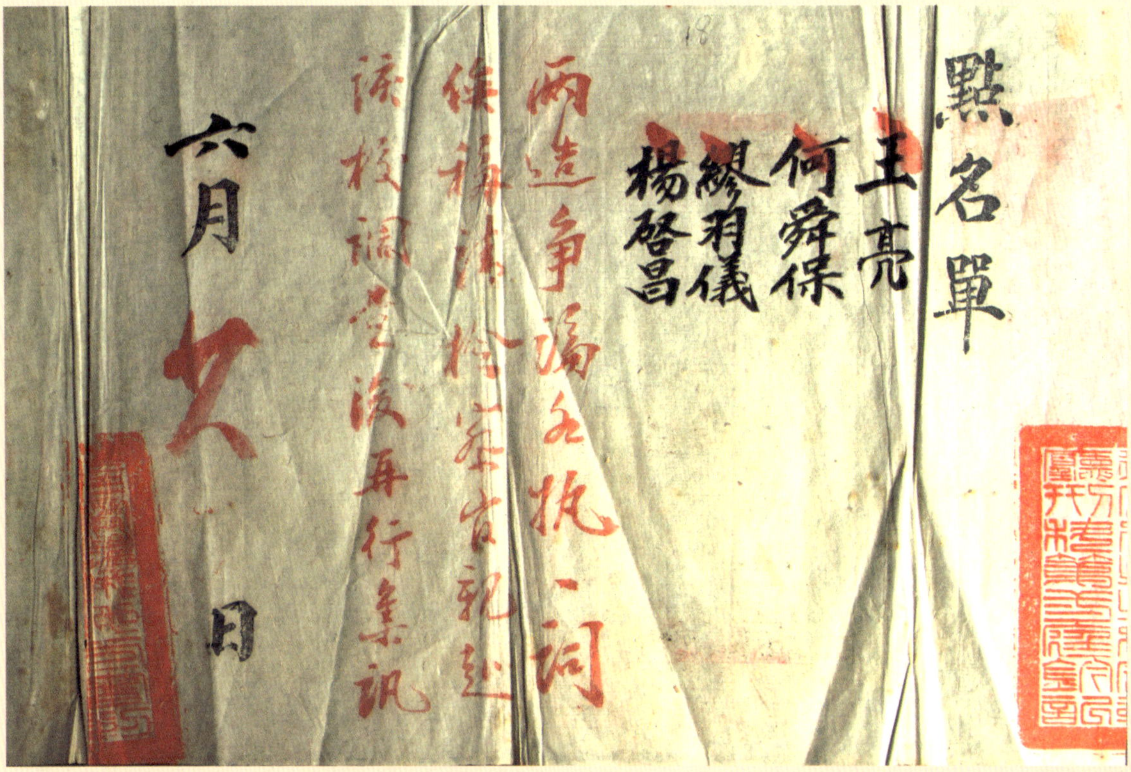

點名單

王亮

何舜保

繆有儀

楊啟昌

兩造爭論各執一詞候補律檢察官親赴該校調查後再行集訊

六月廿日

点名单

全文（节选）：

民事上诉人

姓名：余述瞻

籍贯：江宁县

住所：现住下浮桥孙家巷

年龄：三十二岁

职业：商民

为官怂民讼，偏徇株累，粘抄前案，叩求亲提究办，一案，不服上诉事。窃身向在湖北帮店为伙，有服外族兄仲伦，在金陵城内，以杂货为业，向与汉口杨协堂交共往来，已历多年，身与杨绝无交涉。前年正月，族兄仲掄[伦]与杨结算帐目，除付现银外，揭付杨有期票银壹千两，无期作架票银贰千四佰两。缘族兄生意亏折，至期未付，杨协堂与是冬，遂串同上元县李……（下略）

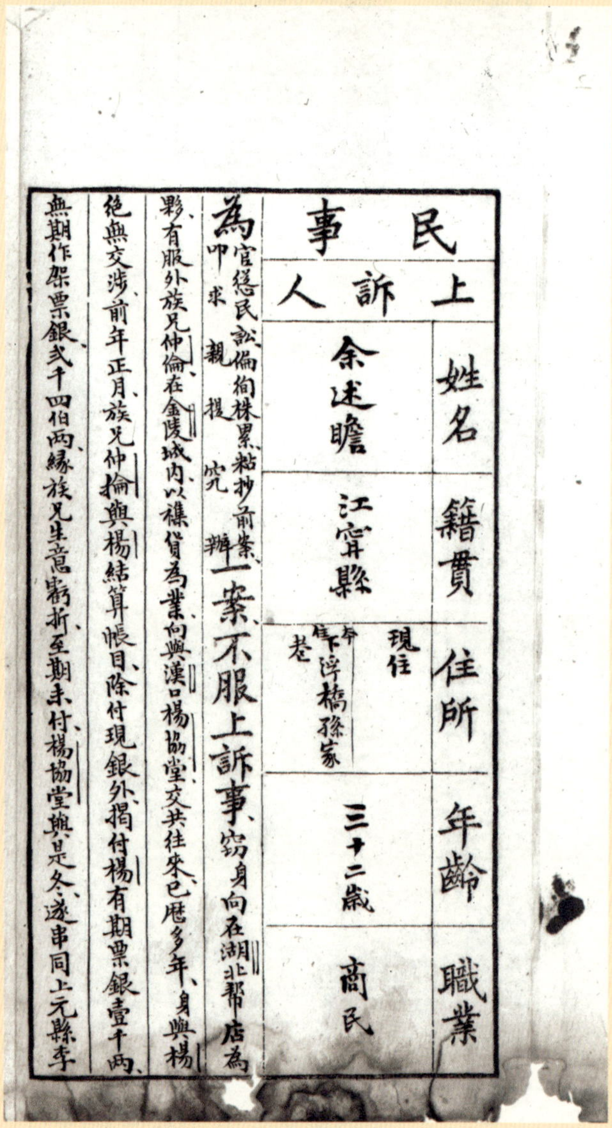
民事上訴人
姓名 余述瞻
籍貫 江寗縣
住所 現住下浮橋孫家巷
年齡 三十二歲
職業 商民
為官慫民訟、偏徇株累、粘抄前案、叩求親提究辦一案、不服上訴事、竊身向在湖北幫店為
夥、有服外族兄仲倫在金陵城內以襍貨為業、向與漢口楊協堂交共往來已歷多年、身與楊
絕無交涉、前年正月、族兄仲掄與楊結算帳目、除付現銀外、揭付楊有期票銀壹千兩、
無期作架票銀弍千四佰兩、緣族兄生意虧折、至期未付、楊協堂與是冬、遂串同上元縣李

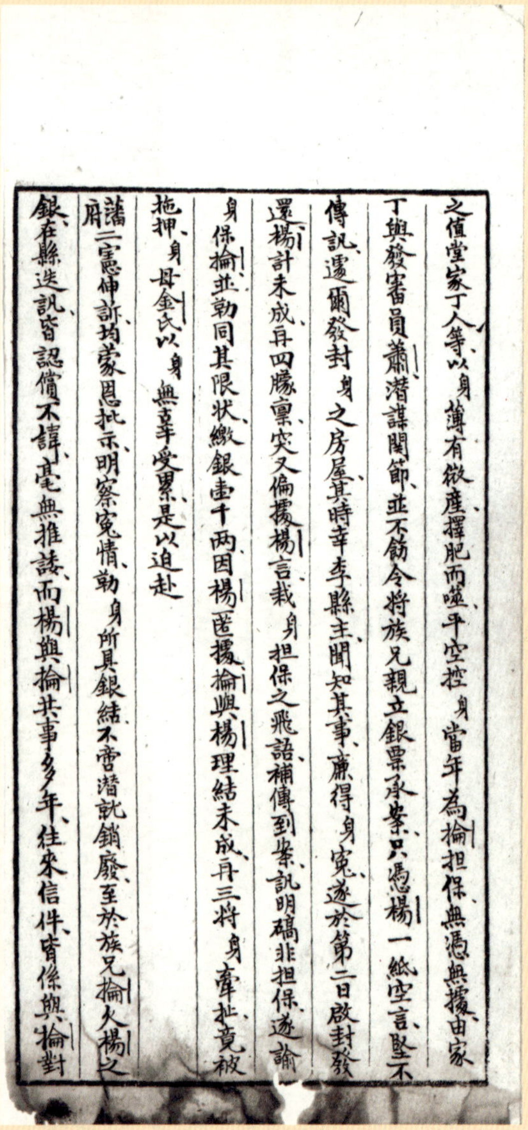
之值堂家丁人等、以身薄有微產、擇肥而噬、平空控身當年為掄担保、無憑無據、由家
丁與發審員蕭潛謀関節、並不飭令將族兄親立銀票承案、只憑楊一紙空言、竪不
傳訊、遽爾發封身之房屋、其時幸李縣主聞知其事、廉得身冤、遂於第二日啟封發
還、楊計未成、再四朦稟、突又偏援楊言、栽身担保之飛語、補傳到案、訊明確非担保、遂諭
身保掄、並勒同具限狀、繳銀壹千兩、因楊匿據、掄與楊理結未成、再三將身牽扯、竟被
拖押、身母金氏以身無辜受累、是以迫赴
藩府二憲伸訴、均蒙恩批示明察冤情、勒身所具銀結不曾潛銷廢、至於族兄掄欠楊之
銀、在縣送訊、皆認償不諱、毫無推諉、而楊與掄共事多年、往來信件、皆係與掄對

余述瞻民事上诉状

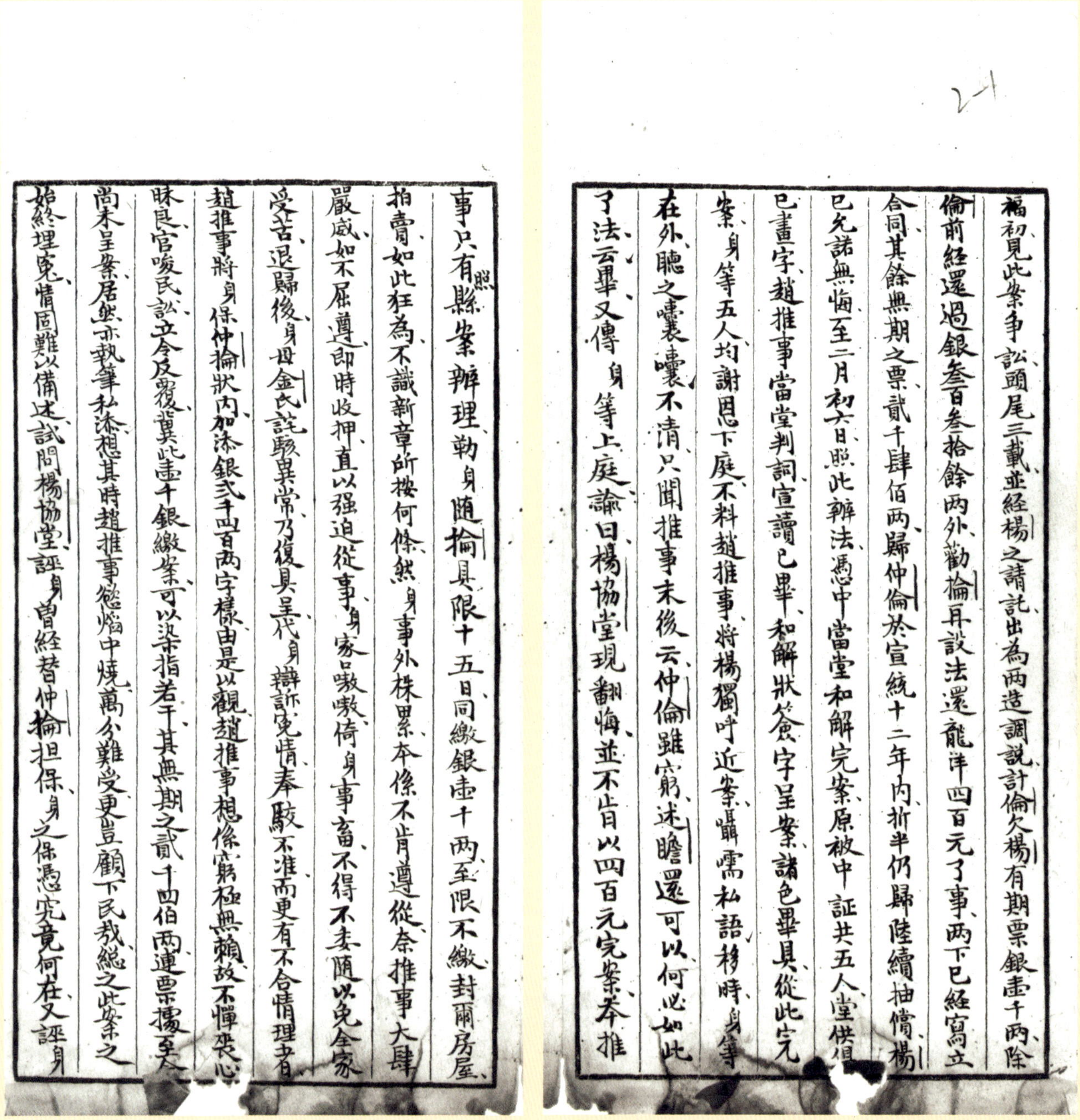

福初覓此案爭訟頭尾三載並經楊之請託出為兩造調說計倫欠楊有期票銀壹千兩除倫前經還過銀叁百叁拾餘兩外勸倫再設法還龍洋四百元了事兩下已經寫立合同其餘無期之票貳千肆佰兩歸仲倫於宣統十二年內折半仍歸陸續抽償楊已允諾無悔至二月初六日照此辦法憑中當堂和解完案原被中証共五人堂供俱已畫字趙推事當堂判詞宣讀已畢和解狀簽字呈案諸色畢具從此完案身等五人均謝恩下庭不料趙推事將楊獨叫近案囁嚅私語移時身等在外聽之囔囔不清只聞推事末後云仲倫雖窮述瞻還可以何必如此了法云畢又傳身等上庭諭曰楊協堂現翻悔並不肯以四百元完案本推事只有照縣案辦理勒身隨倫具限十五日同繳銀壹千兩至限不繳封爾房屋拍賣如此狂為不識新章所援何條然身事外株累本係不肯遵從奈推事大肆嚴威如不屈遵即時收押直以强迫從事身家口嗷嗷倚身事畜不得不委隨以免全家受苦退歸後身母金氏詫駭異常乃復具呈代身辯訴冤情奉駁不准而更有不合情理者趙推事將身保仲倫狀內加添銀弍千四百兩字樣由是以觀趙推事想係窮極無賴故不憚喪心昧良官唆民訟立令反覆冀此壹千銀繳案可以染指若干其無期之貳千四伯兩連票據至今尚未呈案居然亦執筆私添想其時趙推事慾焰中燒萬分難受更豈顧下民哉總之此案之始終埋冤情固難以備述試問楊協堂誣身曾經替仲倫担保身之保憑究竟何在又誣身

余述瞻民事上诉状

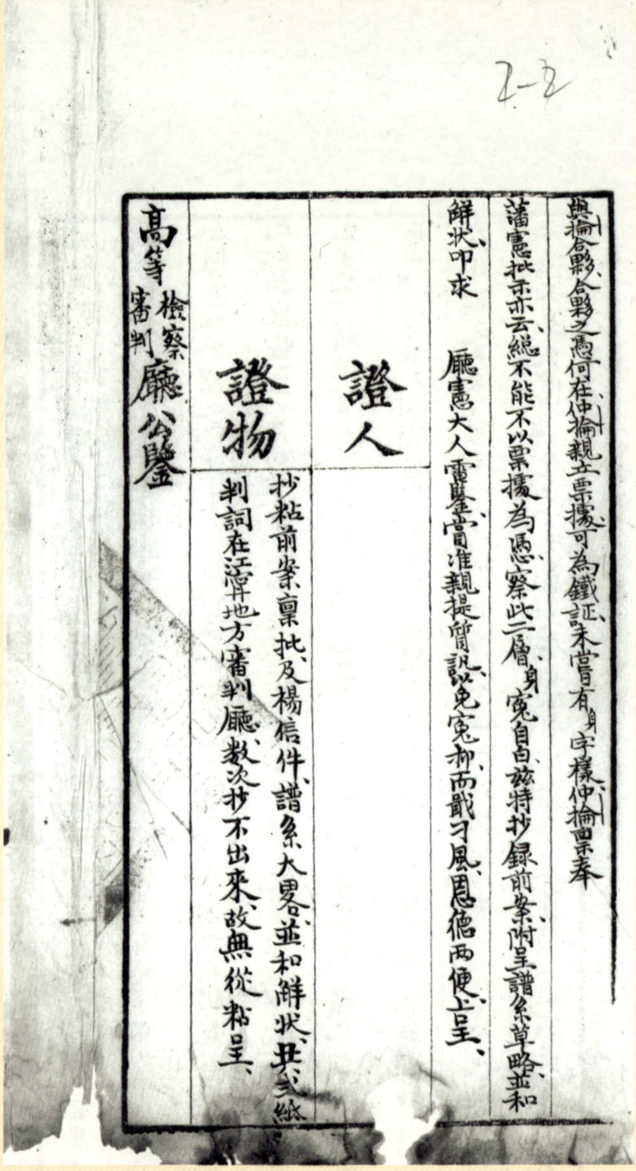

與倫合夥，合夥之憑何在，伸倫親立票據，可為鐵証，未嘗有身字樣，伸倫四呆奉
藩憲批示亦云，總不能不以票據為憑，察此二層，身冤自白，茲特抄錄前案附呈，譜系草略，並和
解狀，叩求
廳憲大人電鑒，當准親提質訊，免冤抑而戢刁風，恩德兩便，上呈，
證人
證物　抄粘前案稟批，及楊信件，譜系大略，並和解狀，共弍紙
判詞在江寧地方審判廳，數次抄不出來，故無從粘呈，
高等檢察審判廳公鑒

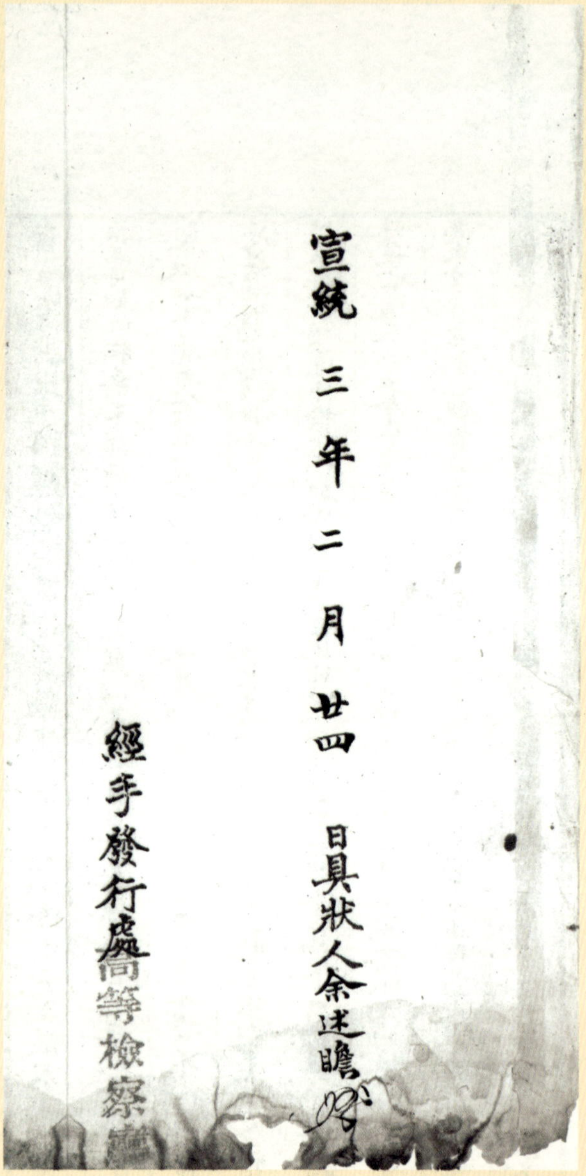

宣統三年二月廿四日具狀人余述瞻
經手發行處高等檢察廳

余述瞻民事上诉状

全文（节选）：

刑事上诉人

姓名：杨天禄、王凤桃、曹允隆

籍贯：丹徒

住所：城内

年龄：三十六、五十一、四十五

职业：机业

为沥情上诉，牵连被押，叩恩鉴原，交保候讯一案，不服上诉事。窃民等籍隶镇江丹徒，绸机为业，以坯市失业，计约有工人五千余名，向隶安康公所，定章工人织花机绸一疋，提存工银一分四厘，素绸一疋八分，归绸庄各东人储存，拨付公所，办工人贫苦善后使用，并由公举民杨天禄为公所经理，民曹允隆、蒋树铨为行首，和衷共济，向无……（下略）

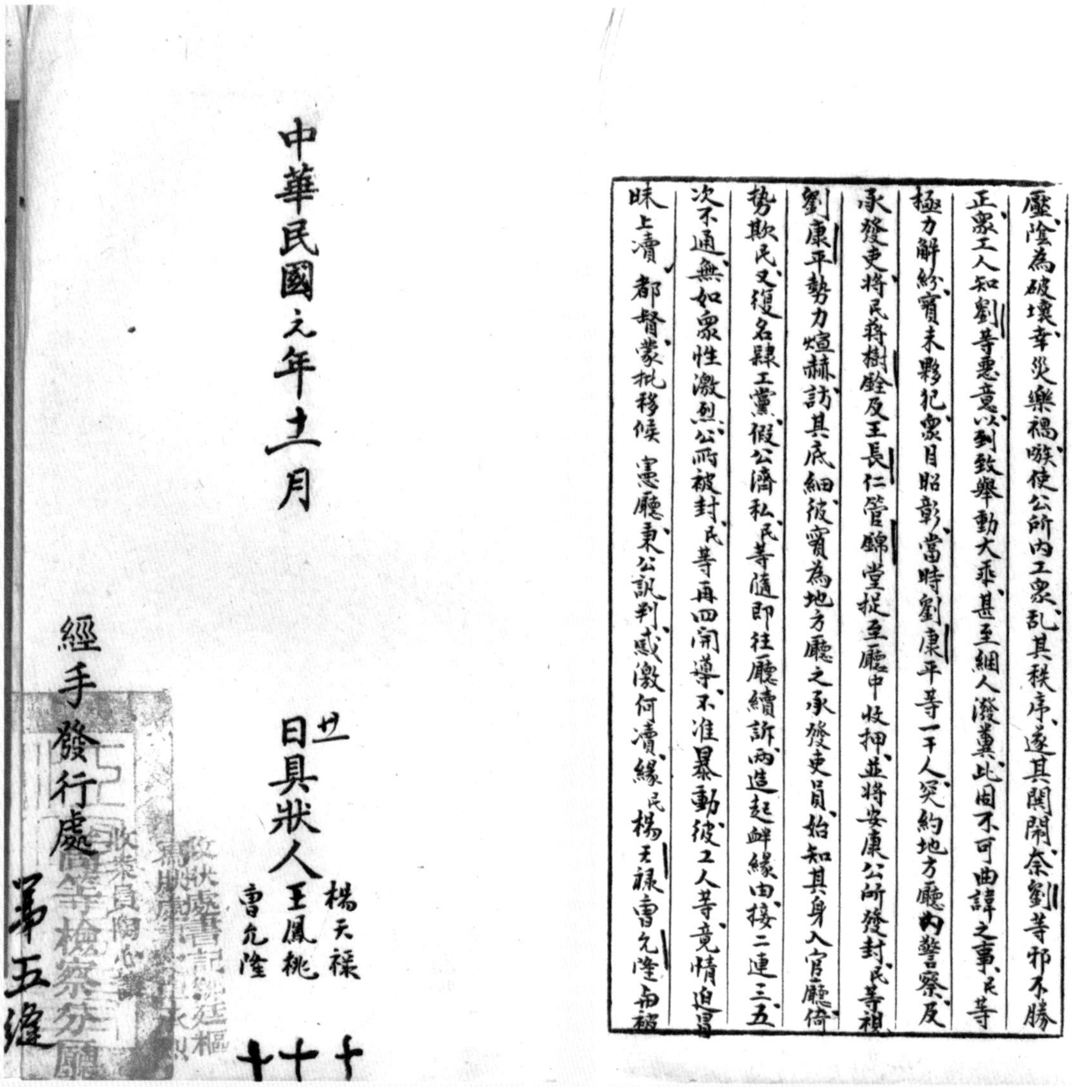
壓陰為破壞幸災樂禍唆使公所內工眾亂其秩序遂其鬨鬧奈劉等邪不勝正眾工人知劉等惡意以致舉動大乖甚至細人滋事此固不可曲諱之事民等極力解紛實未夥犯眾目昭彰當時劉康平等一干人哭約地方廳內警察反承發吏將民蔣樹銓及王長仁管錦堂捉至廳中收押並將安康公所發封民等覩劉康平勢力煊赫訪其底細彼實為地方廳之承發吏員始知其身入官廳倚勢欺民又復名隸工黨假公濟私民等隨即往廳續訴兩造赶鮮緣由接二連三五次不通無如眾性激烈公所被封民等再四開導不准暴動彼工人等竟情迫冒昧上瀆 都督蒙批移候 憲廳秉公訊判或激何瀆緣民楊天祿曹允隆爾稿

中華民國元年十一月廿日具狀人 楊天祿 王鳳桃 曹允隆 十 十 十

經手發行處

第五綫

杨天禄、蒋树铨等因刘景锟逮捕伤害身体妨害公务上诉案（部分）

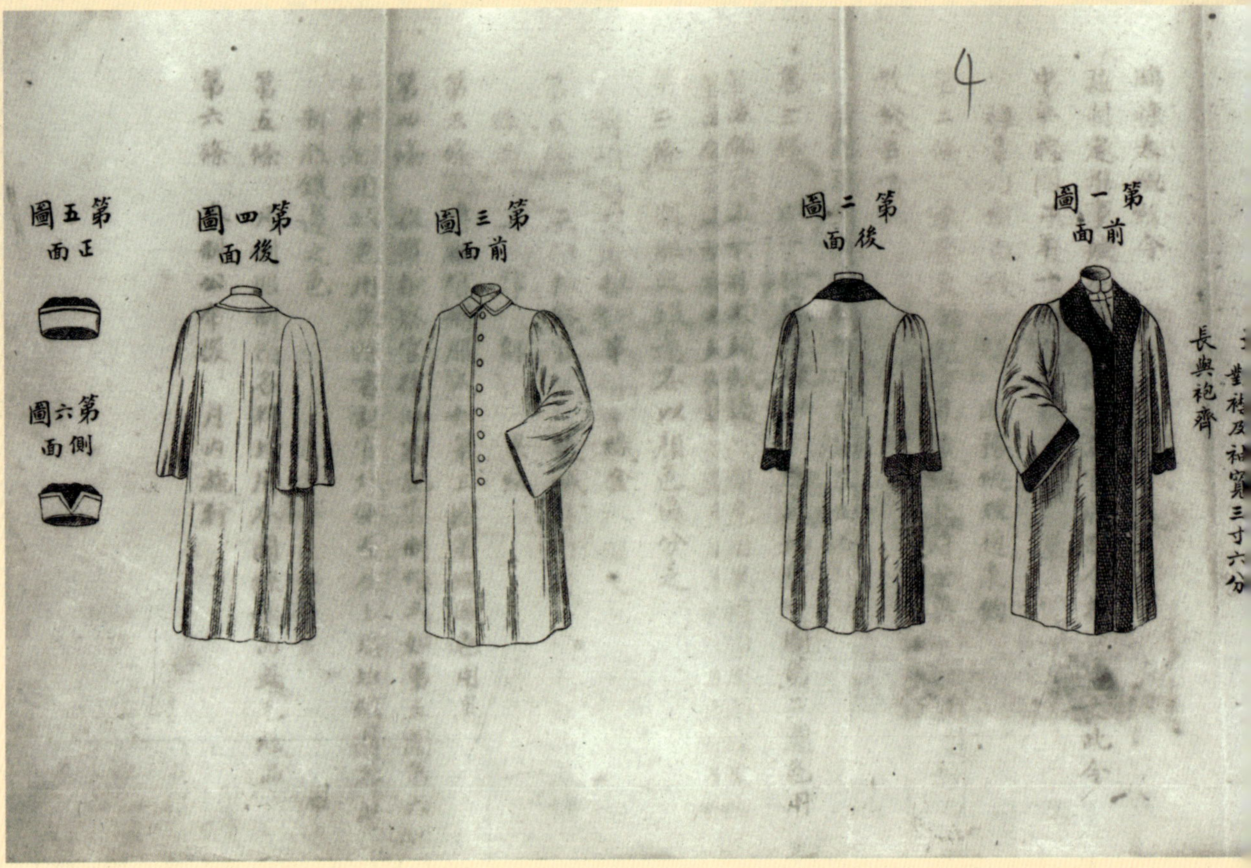

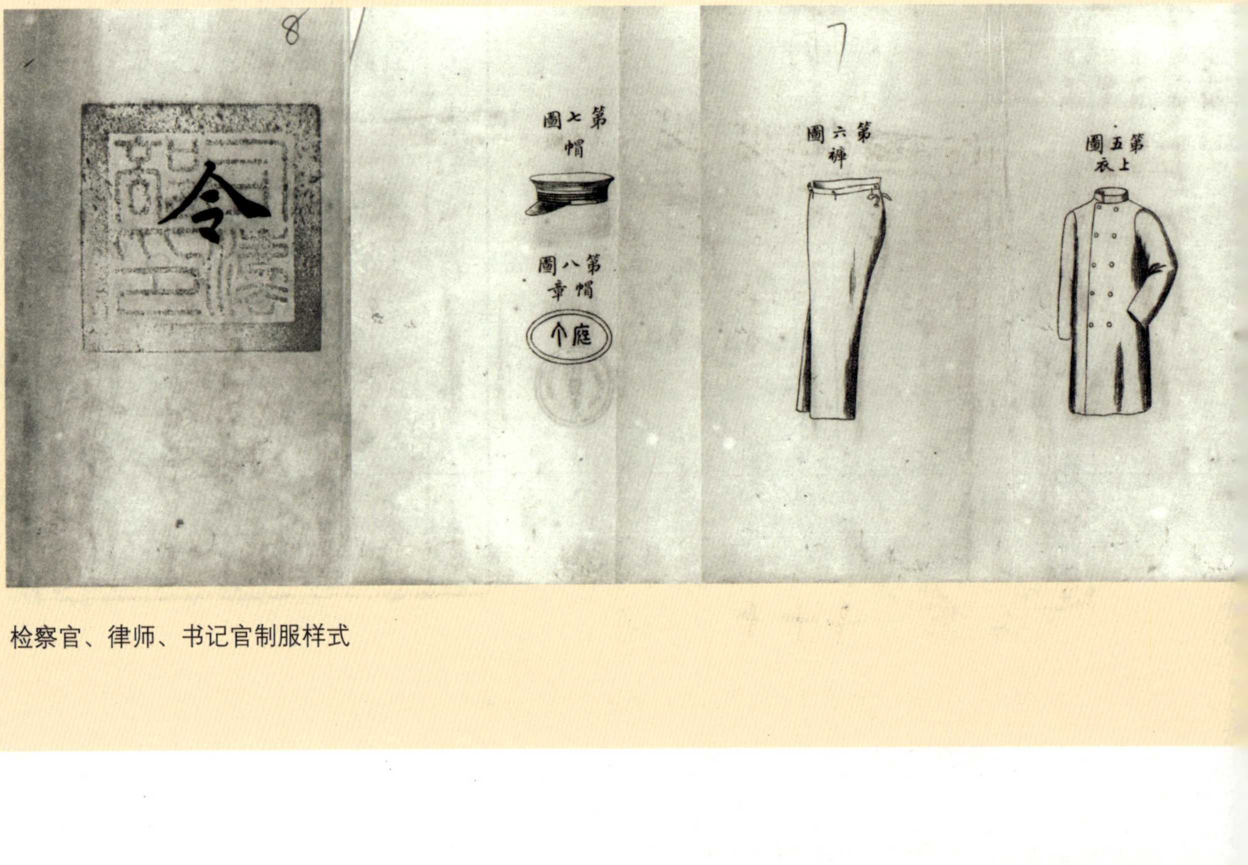

检察官、律师、书记官制服样式

臨時大總統令

兹制定推事檢察官律師書記官服制令特公布之此令

中華民國二年一月六日

國務總理趙秉鈞

司法總長許世英

教令第一號

推事檢察官律師書記官服制令

第一條 推事檢察官律師制服式如第一圖第二圖色用黑領袖及對襟均須鑲邊

第二條 制服之鑲邊各以顏色區分之

一 推事 織金

二 檢察官 紫絨

三 律師 黑絨

第三條 書記官制服式如第三圖第四圖色用黑

第四條 推事檢察官律師書記官制帽式如第五圖第六圖帽沿用絨色用黑除書記官外側面及上端均緣邊各如制服鑲邊之色

第五條 凡制服制帽各料均用本國絲織品或毛織品

第六條 本制公布後一月内施行

司法部部令第二號

承發吏庭丁服制令

第一條 承發吏制服式如第一圖第二圖色用黑袖章及褲章均綴白綫一道

第二條 承發吏制帽式如第三圖色用黑帽沿周圍緣白綫三道

前項制帽須綴銅質帽章如第四圖

第三條 庭丁制服式如第五圖第六圖色用黑

三道

前項制帽須綴銅質帽章如第八圖

第五條 承發吏庭丁制服制帽料均用本國毛織品或棉織品

第六條 制服制帽承發吏庭丁於服職務時用之

第七條 本制自公布後一月内施行

中華民國二年一月十七日

司法總長許世英

第一圖 上衣

第二圖 褲

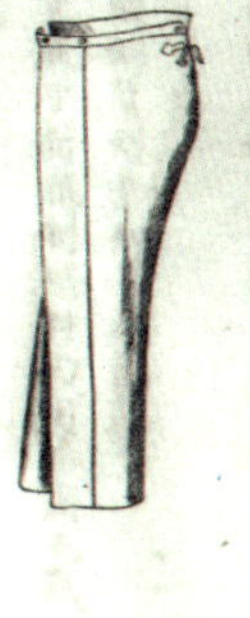

日军侵略南京档案

保管单位：南京市档案馆

内容及评价：

日军侵略南京档案形成于1937年11月至1945年8月。1937年11月，侵华日军占领上海后迅速向中国首都南京推进，12月1日南京保卫战开战，至12月13日南京城陷落，日军随即展开持续六周的南京大屠杀。此后日军为加强对我沦陷区的控制和对国民党中央政府的政治诱降，先后扶植成立伪南京市自治委员会、伪督办南京市政公署。1939年3月又改为南京特别市政府，直属于伪中华民国维新政府，1940年3月直隶于汪伪国民政府，直至1945年8月。日军侵略南京档案，从国民政府、日伪政权、民间社团和南京市民等不同角度，详实完整地记述了日军入侵和占领南京期间的重大事件及各种罪行，真实反映了南京人民经历的八年苦难历程，具有极为重要的史料价值。该档案入选《江苏省珍贵档案文献名录》。

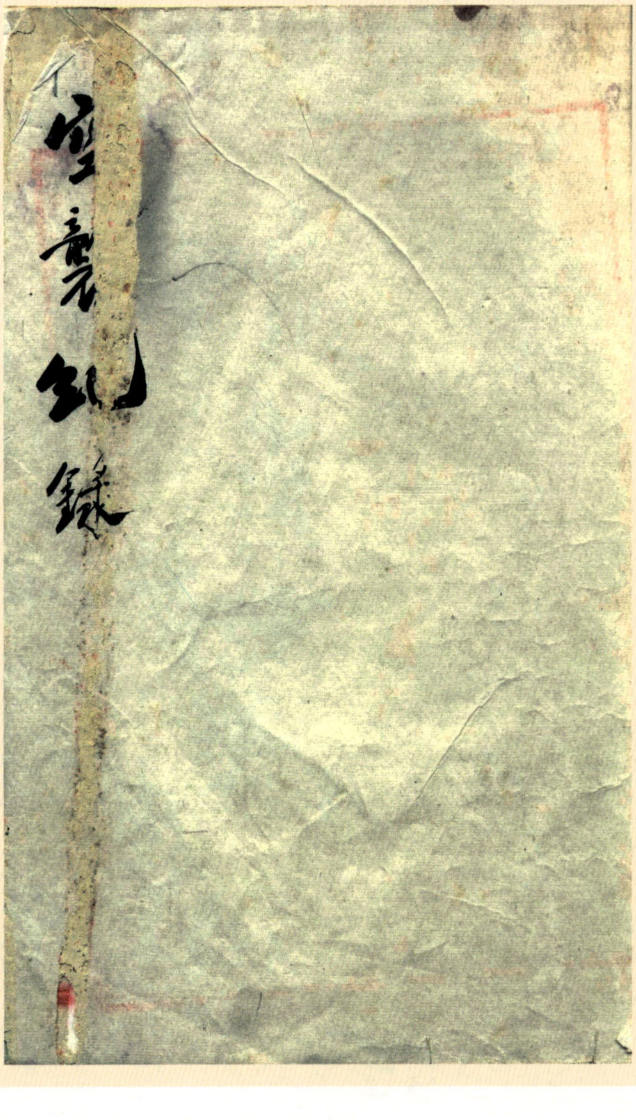

南京市防护团对日机空袭情况的纪录

自1937年8月淞沪会战开始后，日军开始对南京进行空袭，馆藏南京市防护团保留的空袭纪录较完整地反映了自淞沪会战后至南京保卫战打响前夕，日机空袭造成市内民用设施与建筑破坏，以及大量的平民伤亡。

全文：

空袭纪录

九月十九日上午

空袭警报　八时卅分

紧急紧［警］报　九时

解除紧［警］报　十时卅分

有无损失　第四区团二分团兵工厂木厂落弹一爆炸

　　　　　制造局35号后炸平房13间伤妇人一（左腿头部轻伤）

　　　　　八分团樑养德村空地落弹一阔三丈余深二丈余无损失

敌机损失　是日来敌机廿五架进我京市上空计尧化门击落二架板桥一架扬州多架共约七架

补志第十区团报告

一、江东门中央广播电台大门左边落一弹爆炸

二、眠香庙后落二弹庙右落二弹国际电台电线被炸毁

三、陆军监狱左落弹三枚落到水池内

四、大四茶亭西边一及六号各落弹一

五、江东门旁边落两弹炸深三公尺阔一公尺

九月十九日下午

空袭警报　三点十五分

紧急警报　三点卅七分

解除警报　四点五十八分

损失情形　一二区团无损失三区团教敷营十八至廿六号中炸弹一枚民房被炸毁卅余间死伤人已证实者轻伤一重伤三死女一又中华路何陋居李姓房屋被击一弹毁屋廿余间死伤人数未详

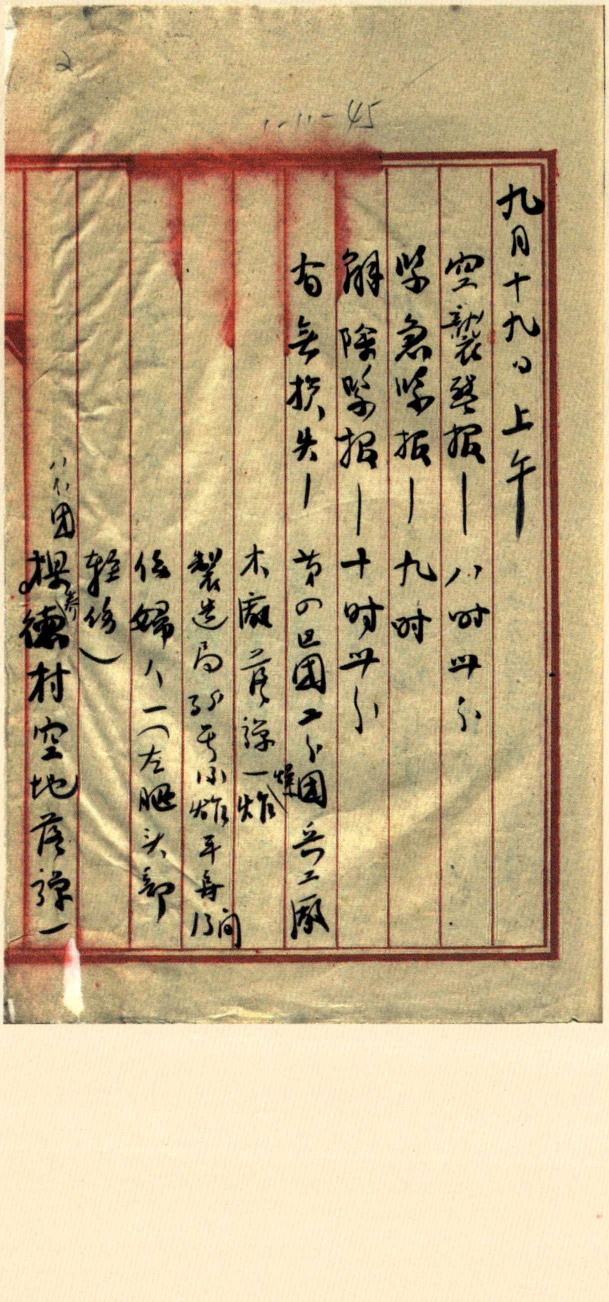
九月十九日上午
空袭警报——八时四十分
紧急警报——九时
解除警报——十时四十分
有无损失——

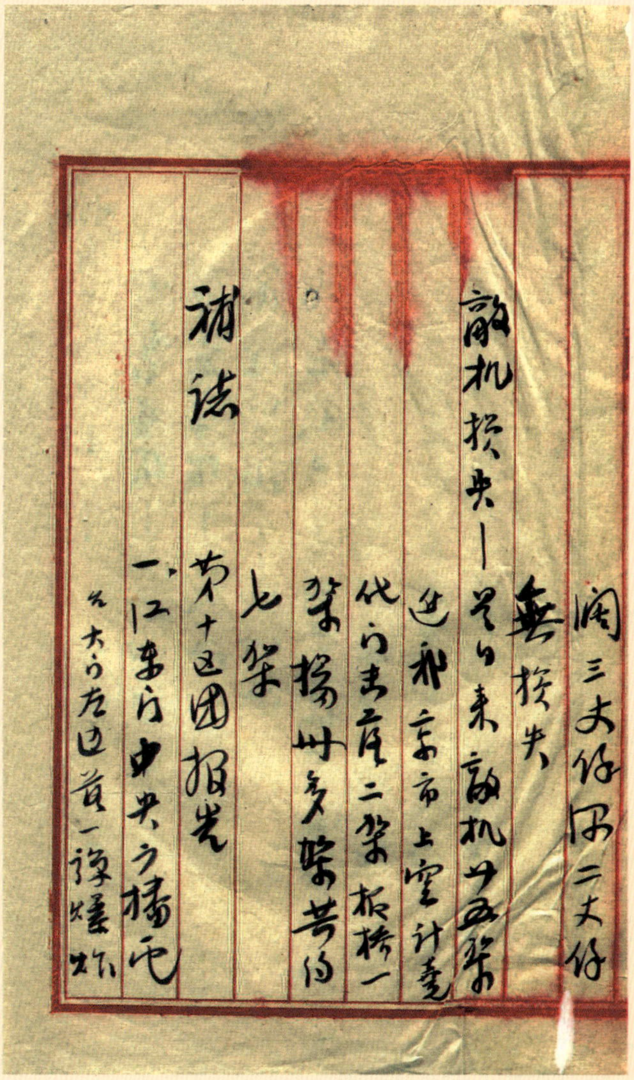
敌机损失——
附注

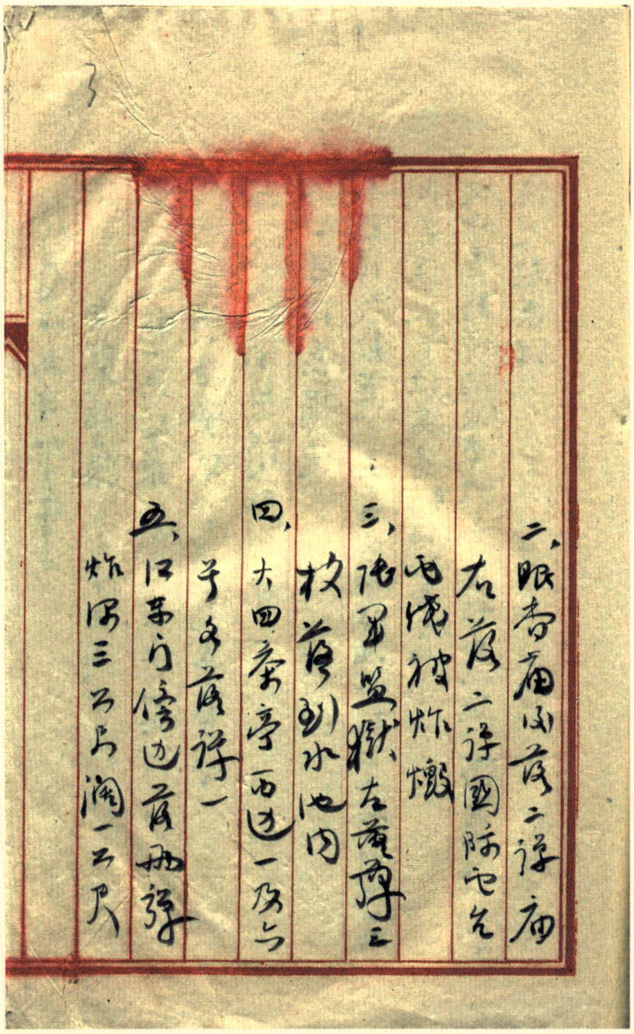
二、眼香庙内落二弹 庙
右落二弹国际电台
电线被炸燬
三、老虎监狱右落弹三
枚落到水池内
四、大四象亭西边一及与
千余落弹一
五、旧东门傍边落两弹
炸坑三公尺 阔一公尺

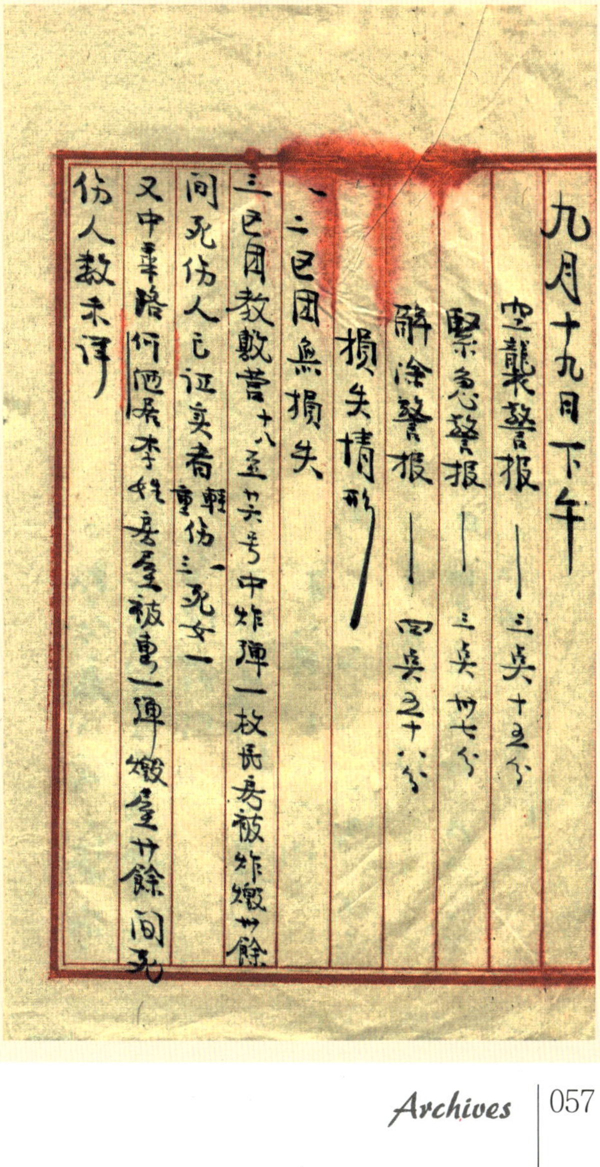
九月十九日下午
空襲警報——三点十五分
緊急警報——三点卅七分
解除警報——四点五十八分
損失情形
一、本团無損失
二、本团教敷营十八至廿号中炸彈一枚民房被炸燬廿餘
间死伤人已证实者 轻伤一 重伤三 死女一
又中華路何园居李姓房屋被中一彈燬屋廿餘间死
伤人数未详

南京市防护团对日机空袭情况的纪录

全文（节选）：

日机侵袭首都情形

本年八月十三日，日本军队有计划的在上海挑起衅端后即出动其所准备侵袭我国后方之空军飞往我内地各都市肆意轰炸。首都自八月十五日起，至十月十五日止，两个月中计空袭六十五次，除有时被我空军中途截击未能进入京市上空或在城区附近，为我高射枪炮射击无法逞其伎俩外，计进入城区轰炸共五十余次，残暴狠毒漫无标的每次对南京城内非军事区域对一般非战斗人员，对文化组织，教育设施，莫不滥施轰炸，即收容病患者之中央医院，亦被投重量炸弹摧毁。每一弹落墙倒壁倾，被炸男女平民，死者血肉横飞，伤者肢体分离，两月以来，惨死日机炸弹之下无辜民众二百五十三人，被炸伤以致断手截足者三百六十七人，平民住宅被投燃烧弹烧毁者十八处，被炸弹炸毁倒塌者千余间……（下略）

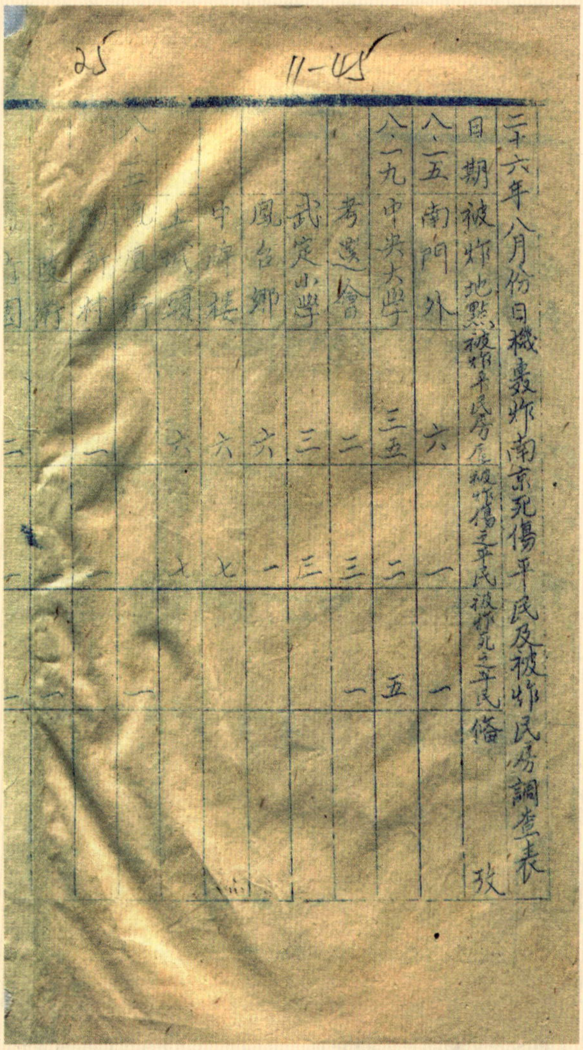
二十六年八月份日機轟炸南京死傷平民及被炸民房調查表

日期	被炸地點	被炸平民房屋	被炸傷之平民	被炸死之平民	備考
八一五	南門外	六	一	一	
八一九	中央大學	三五	二	五	
	考選會	二	三	一	
	武定小學	三	三		
	鳳台鄉	六	一		

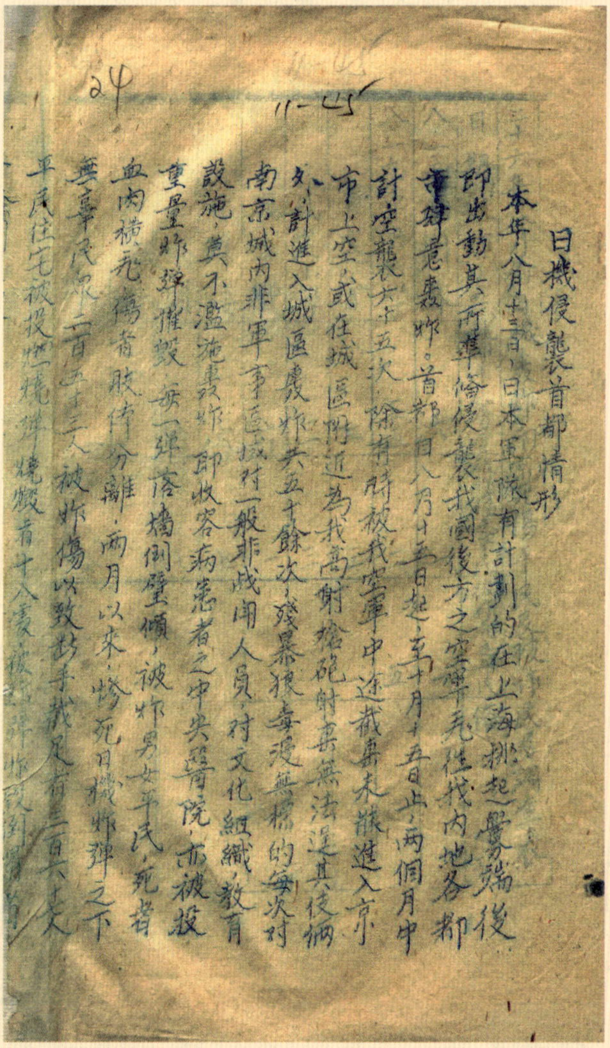
日機侵襲首都情形

本年八月十三日，日本軍隊有計劃的在上海挑起釁端後即出動其所準備侵襲我國後方之空軍飛往我內地各都市肆意轟炸。首都自八月十五日起至十月十五日止，兩個月中計空襲六十五次，除有時被我空軍中途截擊未能進入京市上空或在城區附近，為我高射槍砲射擊無法逞其伎倆外，計進入城區轟炸共五十餘次，殘暴狠毒漫無標的每次對南京城內非軍事區域對一般非戰鬥人員對文化組織教育設施莫不濫施轟炸，即收容病患者之中央醫院亦被投重量炸彈摧毀，每一彈落牆倒壁傾，被炸男女平民死者血肉橫飛，傷者肢體分離，兩月以來，慘死日機炸彈之下無辜民眾二百五十三人，被炸傷以致斷手截足者三百六十七人，平民住宅被投燃燒彈燒燬者十八處……

日机侵袭首都情形

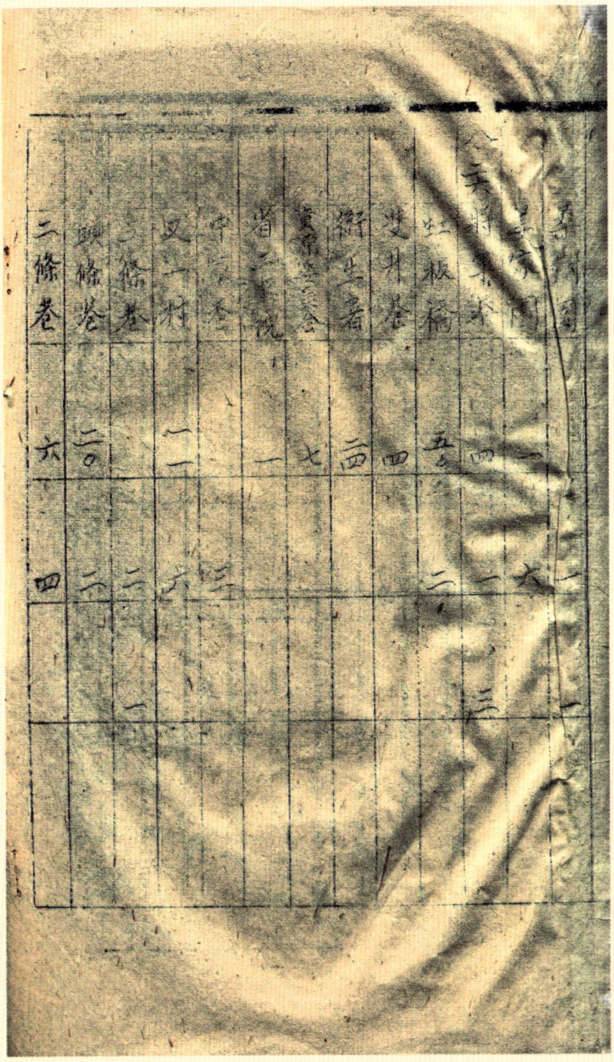

[illegible]園		一	一
[illegible]門	一	大	
美[illegible]	四	一	三
虹板橋	五三	二	
雙井巷	四		
衛生署	四		
[illegible]会	七		
省[illegible]院	一		
中[illegible]巷		三	
又一村	二	六	
三條巷		二	一
頭條巷	二〇	二	
二條巷	六	四	

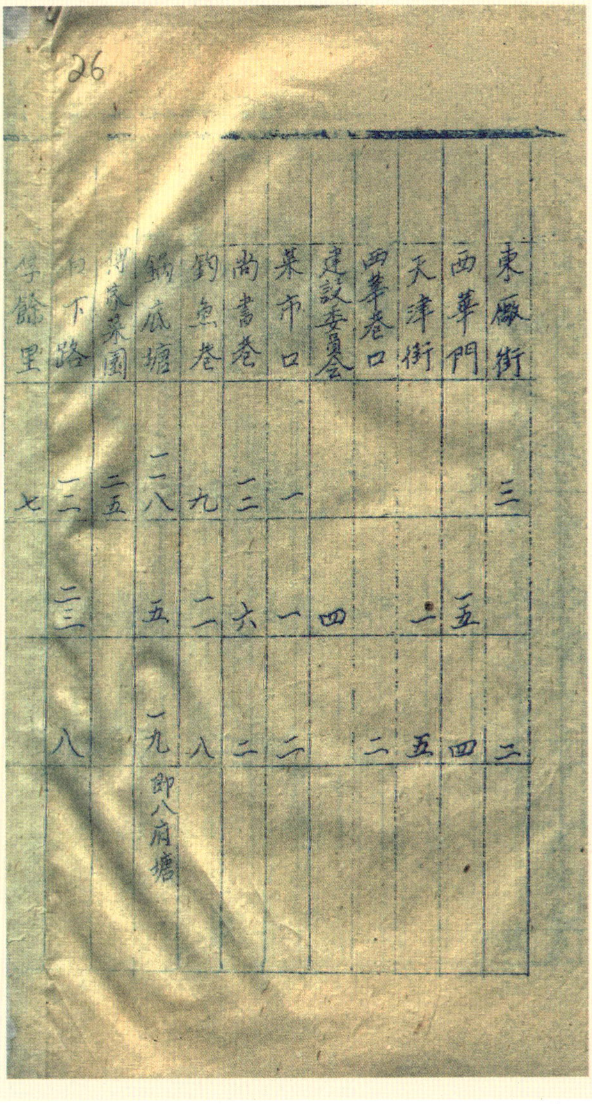

26

東廠街	三		二
西華門		五	四
天津街		一	五
西華巷口			二
建設委員会		四	
菜市口	一	一	二
尚書巷	二	六	二
釣魚巷	九	二	八
鍋底塘	二八	五	一九 即八府塘
沈家菜園	二五		
山下路	二二	三	八
學餘里	七		

日机侵袭首都情形

全文：

南京警备司令部密函

案奉军事委员会本年十一月十七日作亨字第一七九七号篠一作亨代电开："兹特派唐生智为南京卫戍司令长官除分令外仰即知照"等因。奉此，除分令外，相应函达，即希查照，并密饬所属，一体知照为荷。此致

南京市政府

谷正伦

中华民国二十六年十一月廿一日

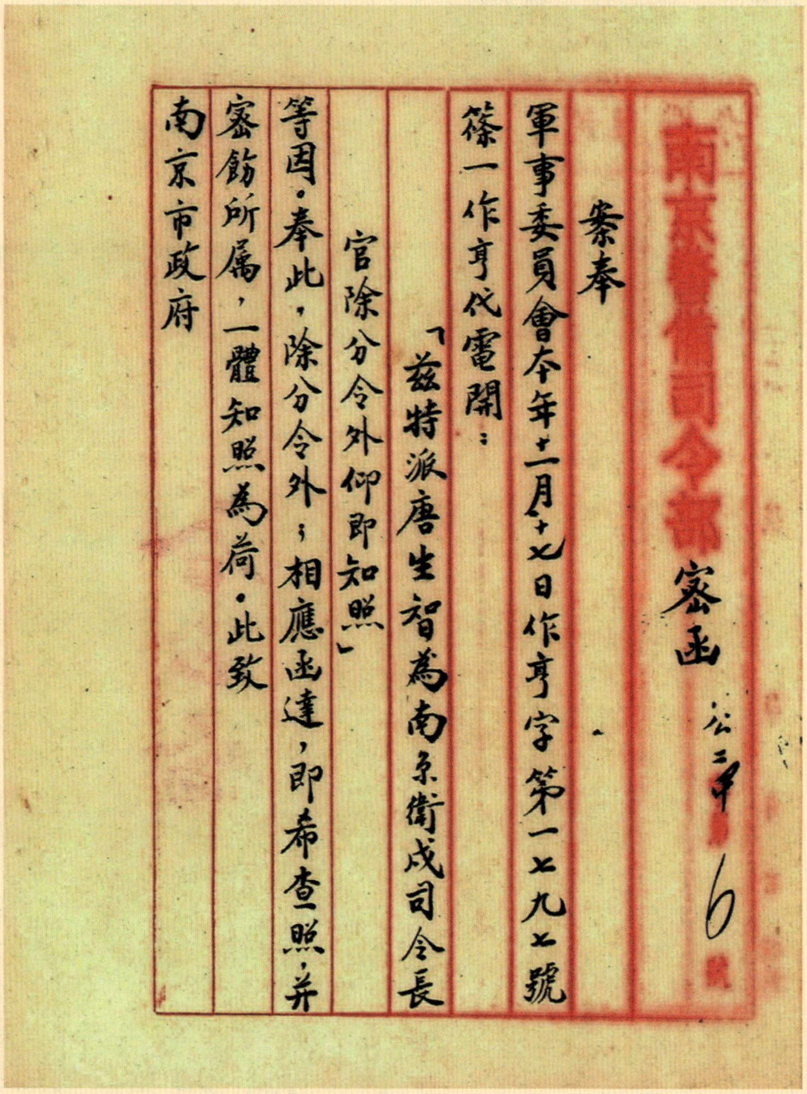
南京警備司令部密函

案奉

軍事委員會本年十一月十七日作亨字第一七九七號篠一作亨代電開：「茲特派唐生智為南京衛戍司令長官除分令外仰即知照」等因。奉此，除分令外，相應函達，即希查照，并密飭所屬，一體知照為荷。此致

南京市政府

军委会任命唐生智为南京卫戍司令长官相应函知由

全文：

密呈第0020号

南京卫戍司令长官唐钧鉴：

近因时局紧张，战线延长，本京附近地带诚恐不免受战事影响，旅京丹麦及德英美各国侨民，拟组织南京难民安全区国际筹备会，建议敌我双方于本京设立安全区域，为市民避难之所。复经各友邦侨民迭次前来接洽，用意甚善，并据函陈意见前来，所请求各点，及拟划区域，是否可行，事关救济，理合缮同原函二件，呈请钧长鉴核迅予训示祇遵，实为公便。

南京市市长马叩

附缮呈南京难民安全区国际筹备会函二件

衔名

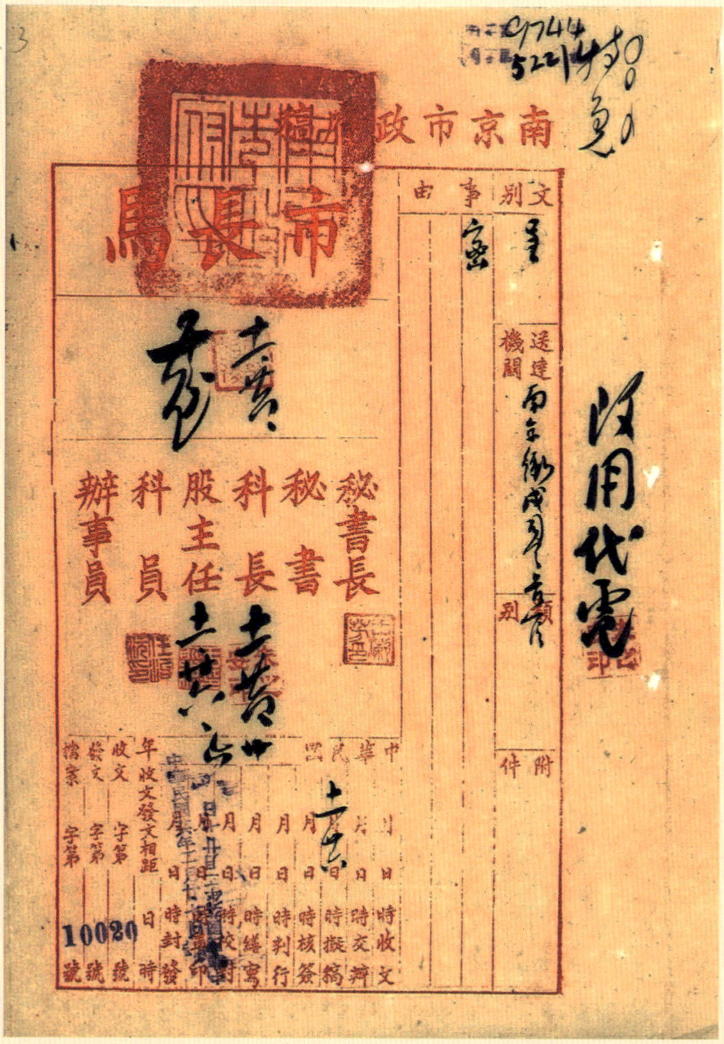

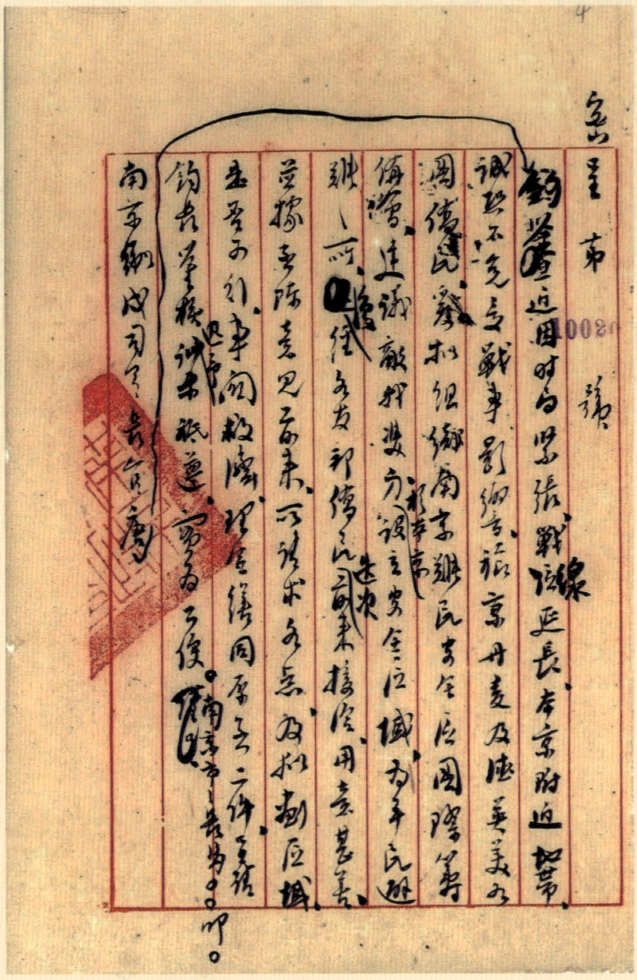

急

呈市第　號

鈞鑒：近因時局緊張，戰線延長，本京附近，如常

識者不免受戰事影響。茲據京丹麥及德英美各

國僑民發起組織南京難民安全區國際籌

備委員會，建議敵我雙方設立安全區域，為平民避

難之所。經各友邦僑民開會來接洽，用意甚善。

並據委員陳君思前來，請求予以協助劃區域

予以救濟，理合據同原呈二件呈請

鈞長鑒核，訓示祇遵。謹呈南京市市長馬。

南京市社會局局長

附原呈南京難民安全區國際籌備會呈二件

銜名

全文：

府公函

府保字第一号

本府因首都失陷，所有人民地产契据及重要公物奉令移送桂林保管。兹经派专员分批押送赴桂，惟以人地生疏，寻觅相当房屋颇感困难，相应函请查照，予以协助，至纫公谊！

此致

广西省会公安局

桂林市政处

（市长马）

民国廿六年十二月十六日

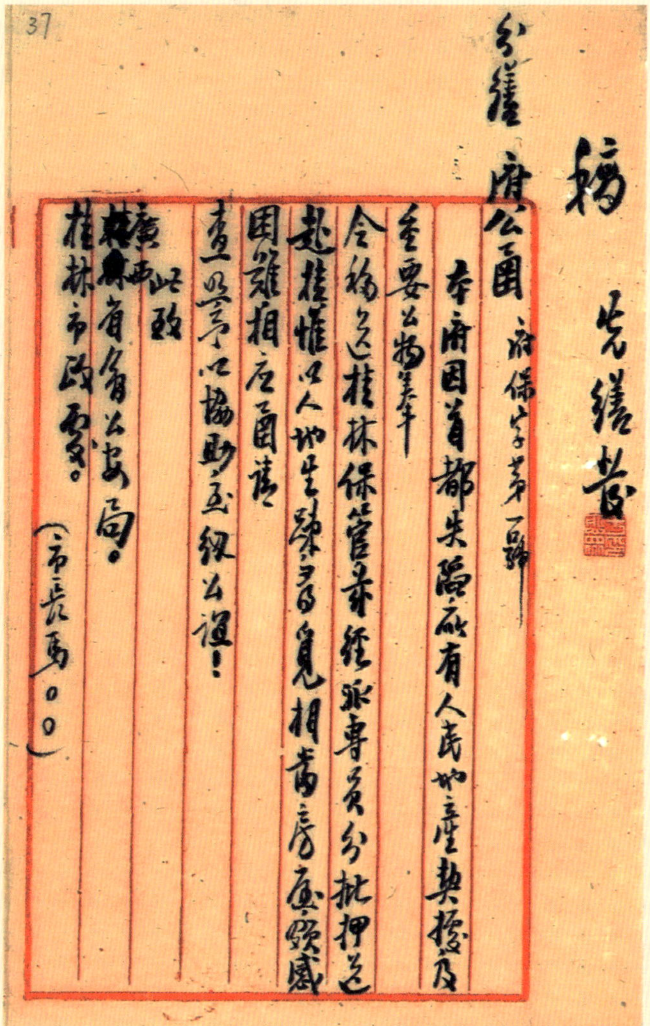

37

稿 先繕

公繕 府公函 府保字第一號

本府因首都失陷所有人民地產契據及重要公物奉令移送桂林保管茲經派專員分批押送赴桂惟以人地生疏尋覓相當房屋頗感困難相應函請查照予以協助至紉公誼！

此致

廣西省會公安局

桂林市政處

（市長馬○○）

1937年11月底，随着日军进逼，南京的失陷迫在眉睫。与此同时，在南京沦陷前后，市政府将市民的地产契据等档案及大批重要公物分批押送桂林，使大批珍贵档案与资料得以保存。

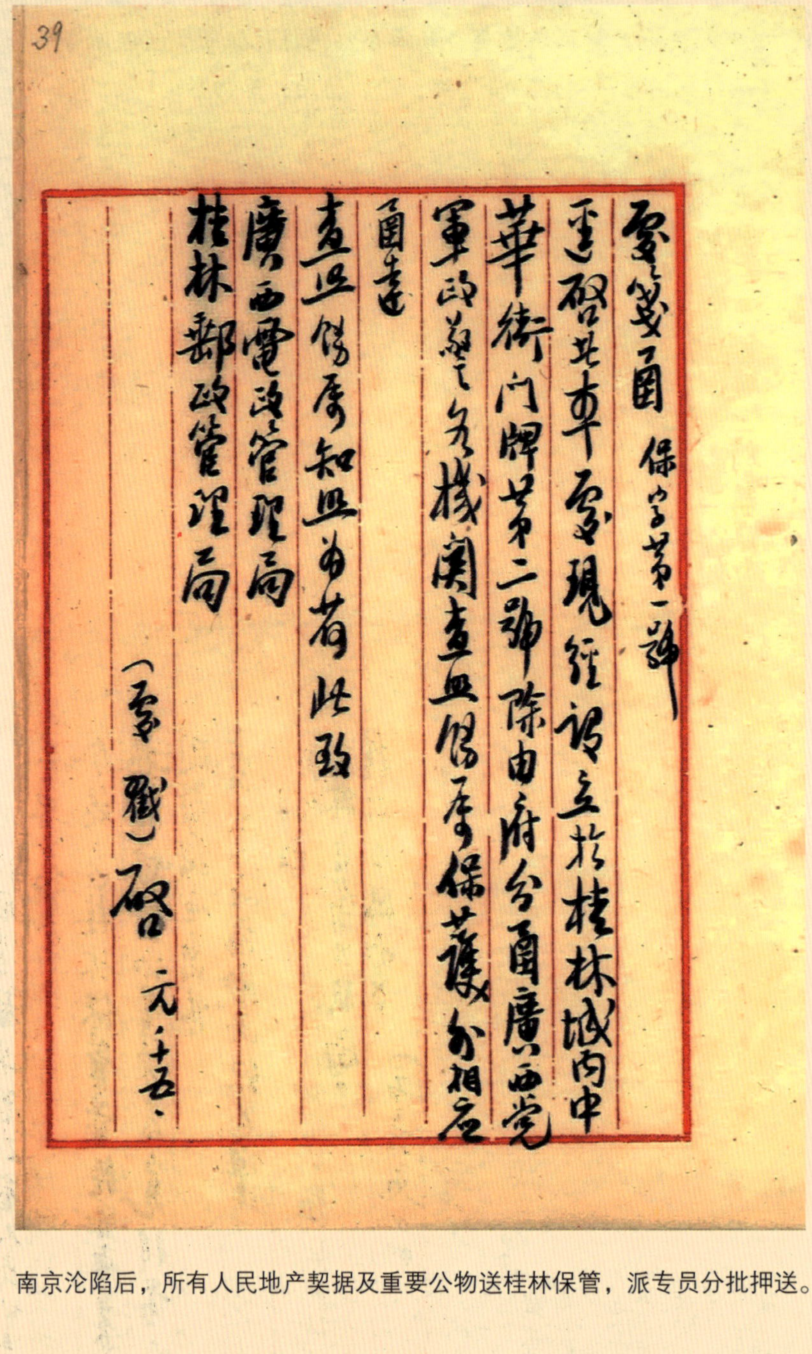
39

處箋函 保字第一號

逕啓者本處現經設立於桂林城內中華街門牌第二號除由府分函廣西黨軍政各機關查照飭屬保護外相應函達

查照飭屬知照為荷此致

廣西電政管理局

桂林郵政管理局

（處戳）啓 元．十五．

南京沦陷后，所有人民地产契据及重要公物送桂林保管，派专员分批押送。

全文：

中国红十字会南京分会关于救济下关难民事致【伪】自治委员会函

查南京发生战事以来，受祸最烈者当首推下关，房屋被焚毁者几占全埠十分之八九，而无法迁出之难民至今尚逗遛［留］和记洋行及三岔河、八卦洲、七里洲一带者至少当有二万人。昔日繁华场所，如今变成一片瓦砾，白昼几为鬼市，荒凉满目不忍卒睹。昔日安居乐业之良民，而今无分贫富，不拘老小，一律成为丧家之犬。以视难民区内之攘来熙往者，其苦乐大不相同。敝分会曾将以上情形报告南京难民区国际委员会，请求设法救济，以免此辈难民尽成饿殍。乃该会藉口下关非难民区域，且又因日军不许国际委员会之西人出城，拒绝救济。查下关难民之急需救济其情形迫切，实较难民区域内远出万倍，若长此坐视，不加救济，恐未死于锋［烽］火之余生，亦必为饥寒所杀毙。故敝分会拟请贵会向南京难民区国际委员会婉商，如该会西人不愿冒危险直接救济下关难民，不妨拨款若干交由贵会办理，则敝分会及其他慈善团体，自当从旁协助竭力服务。总期此辈难民能早日得救济，免除若干死亡，则不但挽浩劫于沉沦，亦所以显示贵会能务其所急，将来感戴之同胞必永志于勒铭矣。除备函代为请求外，兹再派敝分会总干事郭子章君趋前接洽，即祈查照，见复为荷。

此致

南京市自治委员会

中国红十字会南京分会启

一月四日

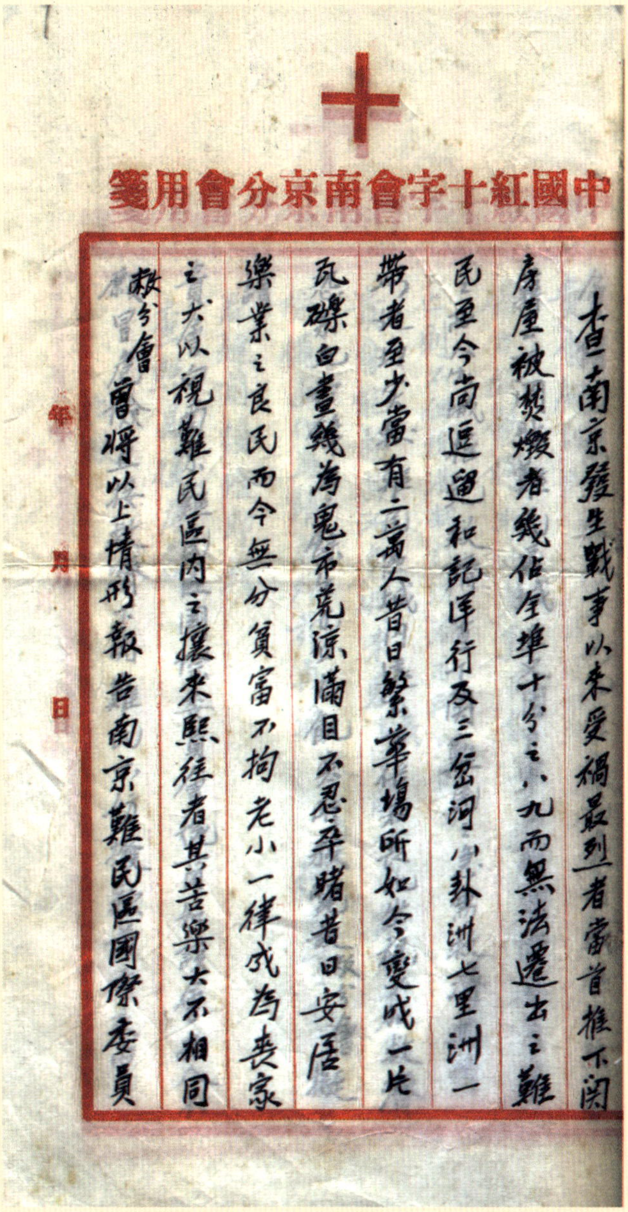

中國紅十字會南京分會用箋

查南京發生戰事以來受禍最烈者當首推下關
房屋被焚燬者幾佔全埠十分之八九而無法遷出之難
民至今尚逗遛和記洋行及三岔河八卦洲七里洲一
帶者至少當有二萬人昔日繁華場所如今變成一片
瓦礫白晝幾為鬼市荒涼滿目不忍卒睹昔日安居
樂業之良民而今無分貧富不拘老小一律成為喪家
之犬以視難民區內之攘來熙往者其苦樂大不相同
敝分會曾將以上情形報告南京難民區國際委員

年 月 日

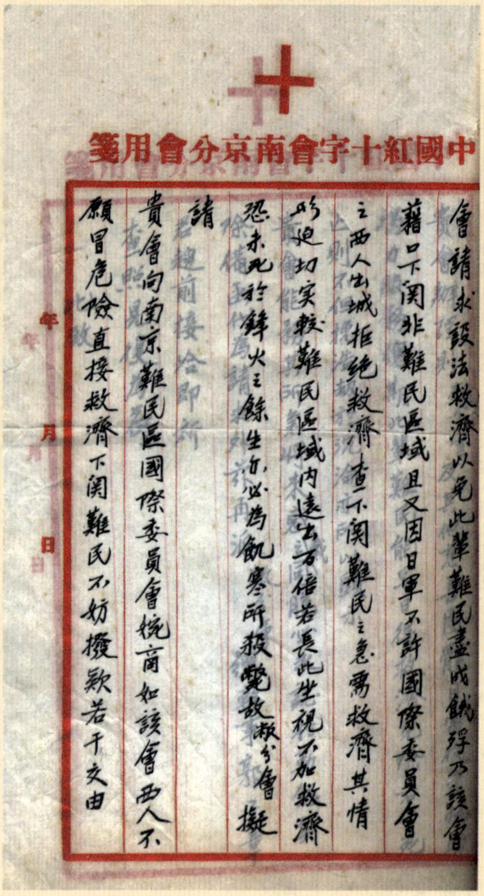

中國紅十字會南京分會用箋

會請求設法救濟以免此輩難民盡成餓殍乃該會藉口下關非難民區域且又因日軍不許國際委員會之西人出城拒絕救濟查下關難民之急需救濟其情形迫切實較難民區域内遠出百倍若長此坐視不加救濟恐未死於鋒火之餘生亦必為飢寒所殺斃敝分會擬

請

貴會向南京難民區國際委員會婉商如該會西人不願冒危險直接救濟下關難民不妨撥款若干交由

年 月 日

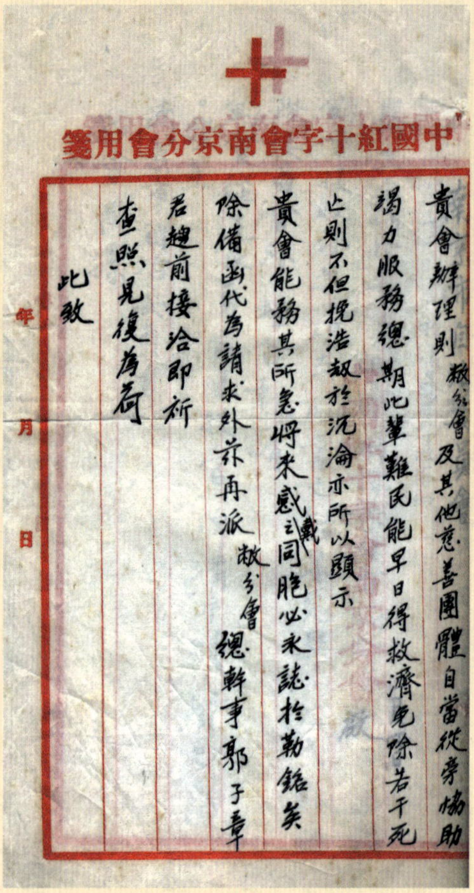

中國紅十字會南京分會用箋

貴會辦理則敝分會及其他慈善團體自當從旁協助竭力服務總期此輩難民能早日得救濟免除若干死亡則不但挽浩劫於沉淪亦所以顯示

貴會能務其所急將來感戴之同胞必永誌於勒銘矣除備函代為請求外並再派敝分會總幹事郭子章

君趨前接洽即祈

查照見復為荷

此致

年 月 日

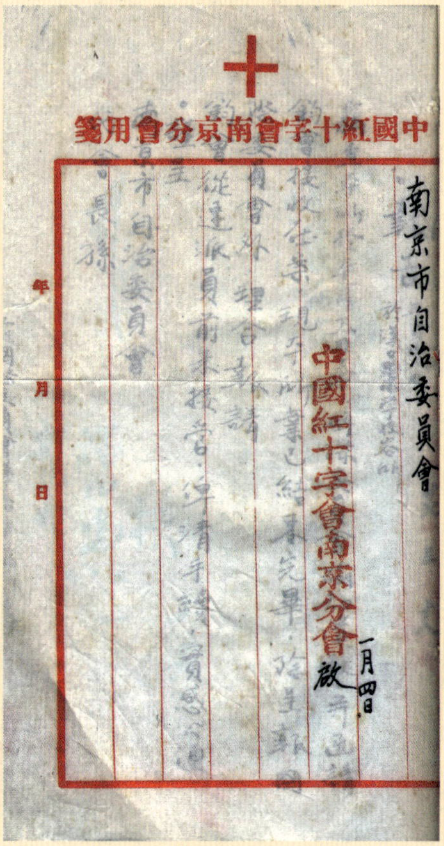

中國紅十字會南京分會用箋

南京市自治委員會

中國紅十字會南京分會 啟

一月四日

年 月 日

中国红十字会南京分会关于救济下关难民事致伪自治委员会函

全文：

南京市自治委员会下关区公所区长关于掩埋尸体事呈文

为呈报各组长工作之前后经过情形祈鉴核备案事。窃据户籍组长毕正清、救济组长王科弟、宣传组长郑宝和呈称：呈为呈报事。前奉钧座面谕，饬将南京事变下关之前后情形列表备查，等因；奉此。自应遵办。兹将当日职等目击及亲办情形陈请察核。溯于民国二十六年十二月十三晚，日军抵达三汊河，即开始战争。枪声至十四晚十二时许方止。迨十五日清晨，郑宝和由放生院避难室出至木桥及街头河边等处，则见尸体横陈，约有七百余具。而街上行人绝迹，十室无声，而零星战毙之尸亦约有二三百具之多。如此正在设法掩埋之际，忽见沈桂森立在门前，当即共同设法取得木门一块，郑宝和抬头，沈桂森抬尸脚，搬到门上，逐一送到空地掩埋。约二时之久，妙净和尚亦来相助。至下午三时即来日军十余名，内有一位身穿便衣者，自称下关司令委来查察情形，业经查看下关一带，并不见土人一个，不料到此竟有你等热心公益，慈善可嘉。临行时并云明日再来，请你们到下关工作。伊自称姓阴，次日（即十六）上午九时，彼果同日军十余名，嘱雇工人同到下关清扫工作，如此即返放生院，同心净和尚及王科弟率领难民八十四名，而阴先生谕着即到下关工作，当时沈桂森及心净和尚因管理难民未及同行。迨抵下关，即蒙阴先生指定郑宝和、王科弟二人为代表，又至中途，遇见华正清加入为代表。惟未即时到工耳，于此即行编队。而阴先生带到碇泊场司令部会见南出先生，蒙司令允准发给良民符号八十四张，即开始分班工作，计由中山码头沿江边清扫及将尸体掩埋，是日约埋三四十具。至下午五时，蒙南出先生发给米盐油菜等，即令分别返回住所。次日（十七）毕正清同来而工作，如前至二十五日止，二十六日因搬运三汊河内及各空屋内之尸体，尚有四百余具须要掩埋清楚，故是日未到下关。二十七日仍率领难民百余名，复蒙南出先生补发符号二十张，如此每天均到下关认真努力清扫工作。因此南出先生面谕，着从速复兴市面。当时因种种困难，确属有心无力。至二十七年元旦，沈桂森、心净和尚等同到铃木司令部祝贺新年，又到南出先生处恭贺。当时又奉南出先生面谕，着从速设法恢复市面，其时避往各处之难民尚未多返，而地方经济亦感困难。但于[余]返住所时，顺道经过扬子饭店，为刘连祥先生所见，如此各人均崇刘先生德行，又是华丰裕之经理，於复兴商场大有可能，因此同往相见。而高玉珊亦在座，均请刘先生维持下关市面，并邀同前往谒见南出先生，导谒司令及最后晋谒碇泊场司令及兵站司令（由高玉珊作英语通译）。奉谕定一月十四日假念佛堂开会，是日出席商民代表六人，公推刘连祥为下关及三汊河、宝塔桥总代表，迨一月二十一日登记后即行筹备自治委员会之工作。此乃工作之前后经过情形，合将经手掩埋尸体约三千二百四十具，呈请察核，实为公便。等情；查各组长所称一月份工作之前后经过情形，并将经办掩埋 尸体数目理合具文呈报，仰祈鉴核备案，实为公便。谨呈

南京市自治委员会

南京市自治委员会下关区公所区长 刘连祥

中华民国二十七年元月三十日

1938年1、2月间，时值南京沦陷，城市由日本军队及日伪机关控制，各类机关机构慈善团体为掩埋尸体、清理街面、市民伤亡及财产损失等事宜所递呈文，从侧面反映了南京大屠杀给南京城市造成的破坏，给市民造成的灾难及损失。

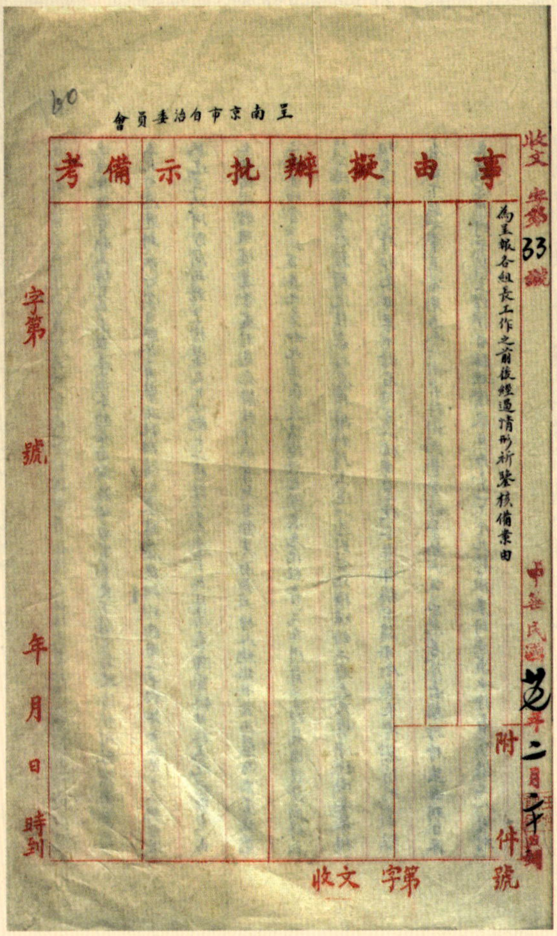

呈南京市自治委員會

收文 字第33號

事由：為呈報各組長工作之前後經過情形祈鑒核備案由

擬辦

批示

備考

中華民國二十七年二月二十日

附件

收文 字第 號

字第 號

年 月 日 時到

南京市自治委员会下关区公所区长关于掩埋尸体事呈文

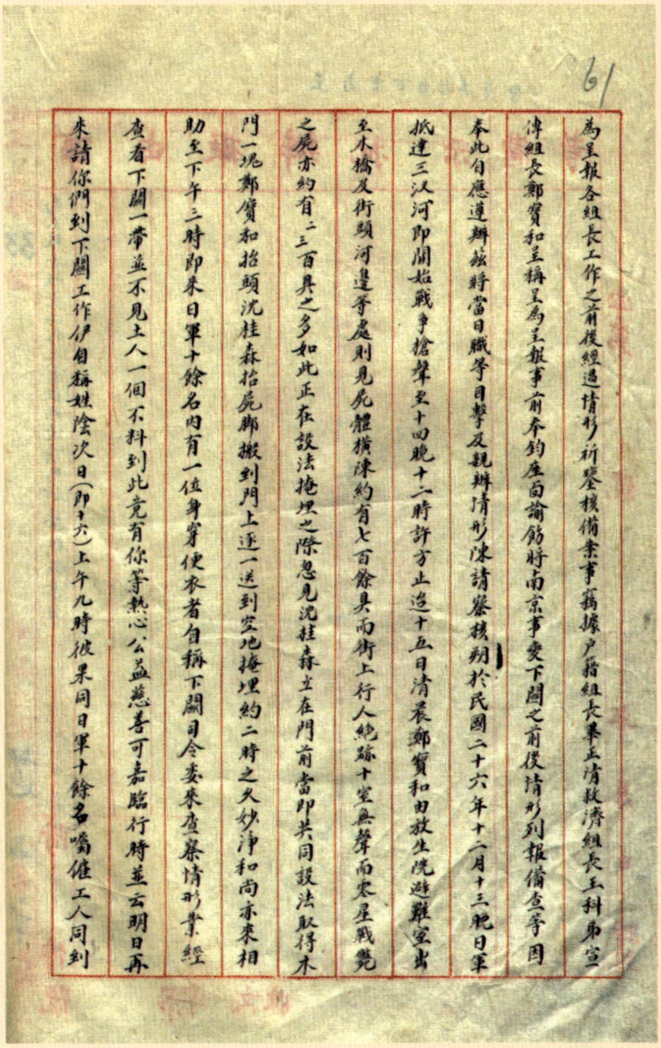

為呈報各組長工作之前後經過情形祈鑒核備案事竊據戶籍組長畢正清救濟組長鄭賓和呈稱呈為呈報事前奉鈞座面諭飭將南京事變下關之前後情形列報備查等因奉此自應遵辦茲將當日職等目擊及親辦情形陳請察核竊於民國二十六年十二月十三晚日軍抵達三汊河即開始戰爭槍聲至十四晚十二時許方止迨十五日清晨鄭賓和由救生港避難室出至木橋及街頭河邊等處則見死體橫陳約有七百餘具而街上行人絕跡十室無聲而寒星戰甓之屍亦約有二三百具之多如此正在設法掩埋之際忽見沈桂森立在門前當即共同設法取得木門一塊鄭賓和抬頭沈桂森抬屍腳搬到門上逐一送到空地掩埋約二時之久妙淨和尚亦來相助至下午三時即來日軍十餘名內有一位身穿便衣者自稱下關司令委來查察情形業經查看下關一帶並不見土人一個不料到此竟有你等熱心公益慈善可嘉臨行時並云明日再來請你們到下關工作伊自稱姓陰次日（即十六）上午九時彼果同日軍十餘名嚮僱工人同到

62

下關清掃工作如此即返放生院同心淨和尚及王科弟率領難民八十四名而陰先生諭着即到下關工作當時沈桂森及心淨和尚因管理難民未及同行追抵下關即蒙陰先生指定鄭寶和王科弟二人為代表又至中途遇見畢正清加入為代表惟未即時到工耳於此即行編隊而陰先生帶到碇泊場司令部會見南出先生蒙司令允准發給良民符號八十四張即開始分班工作計由中山碼頭沿江邊清掃及將屍體掩埋是日約埋三四十具至下午五時蒙南出先生發給米盐油菜等即令分別返回住所次日(十七)畢正清同來而工作如前至二十五日止二十六日因搬運三汊河內及各空屋內之屍體尚有四百餘具須要掩埋清楚故是日未到下關二十七日仍率領難民百餘名復蒙南出先生補發符號二十張如此每天均到下關認真努力清掃工作因此南出先生面諭着從速復興市面當時因種種困難確屬有心無力至二十七年元旦沈桂森心淨和尚等同到鈴木司令部祝賀新年又到南出先生處恭賀當時

63

又奉南出先生面諭着從速設法恢復市面其時避往各處之難民尚未多返而地方經濟亦感困難但於返住所時順道經過揚子飯店為劉連祥先生所見如此各人均崇劉先生德行又是華豐裕之經理於復興商場大有可能因此同往相見而高玉珊亦在座均請劉先生維持下關市面並邀同前往謁見南出先生導謁司令及最後晋謁碇泊場司令及兵站司令(由高玉珊作英語通譯)奉諭定一月十四日假念佛堂開會是日出席商民代表六人公推劉連祥為下關及三汊河寶塔橋總代表迨一月二十一日登記後即行籌備自治委員會之工作此乃工作之前後經過情形合將經手掩埋屍體約三千二百四十具呈請察核實為公便等情查各組長所稱一月份工作之前後經過情形並將經辦掩埋屍體數目理合具文呈報仰祈

鑒核備案實為公便謹呈

南京市自治委員會

南京市自治委員會下關區公所區長劉連祥

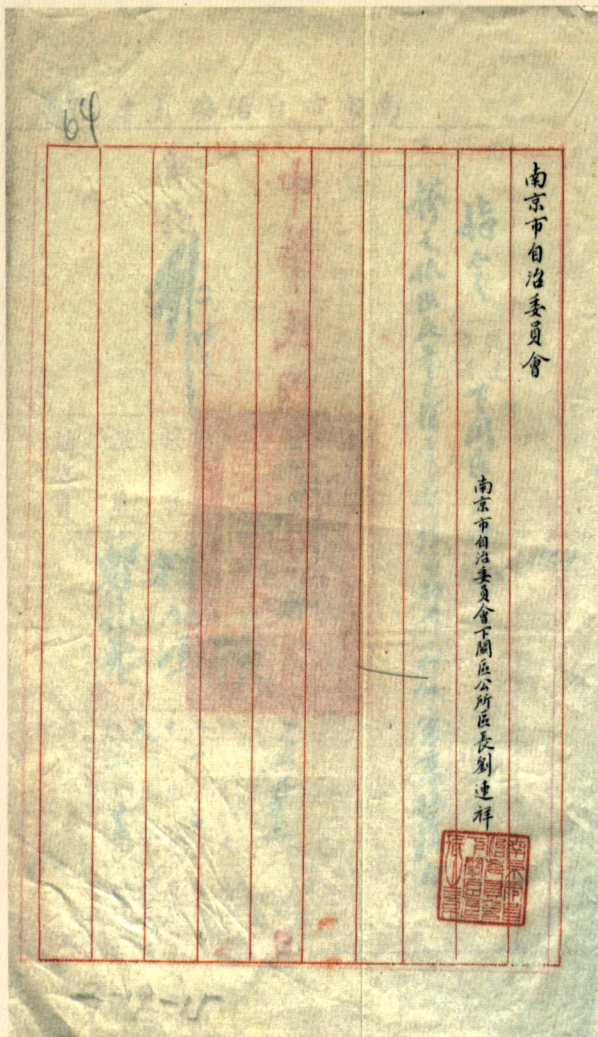

南京市自治委员会下关区公所区长关于掩埋尸体事呈文

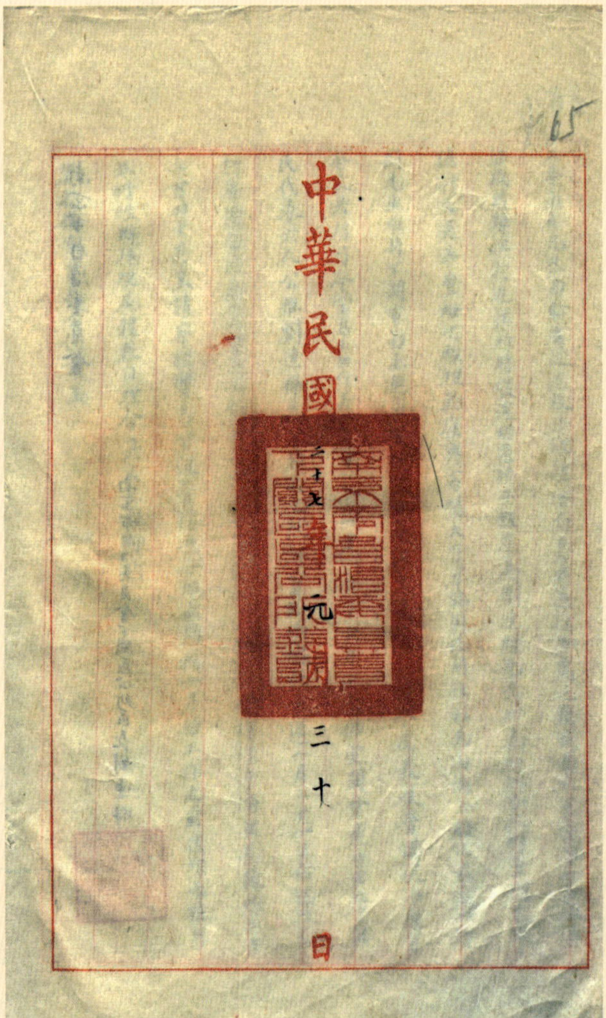
中華民國

元

三十

日

全文：

祝　辞

南京市自治委员会成立本日举行开会式并发表宣言，可谓适宜之处置。本职对于自治会能理解其使命，在出于纯正之行动范围内明言不吝支持其工作且援助之。以代祝辞。

昭和十三年一月一日

南京警备司令官

陆军少将佐佐木到一

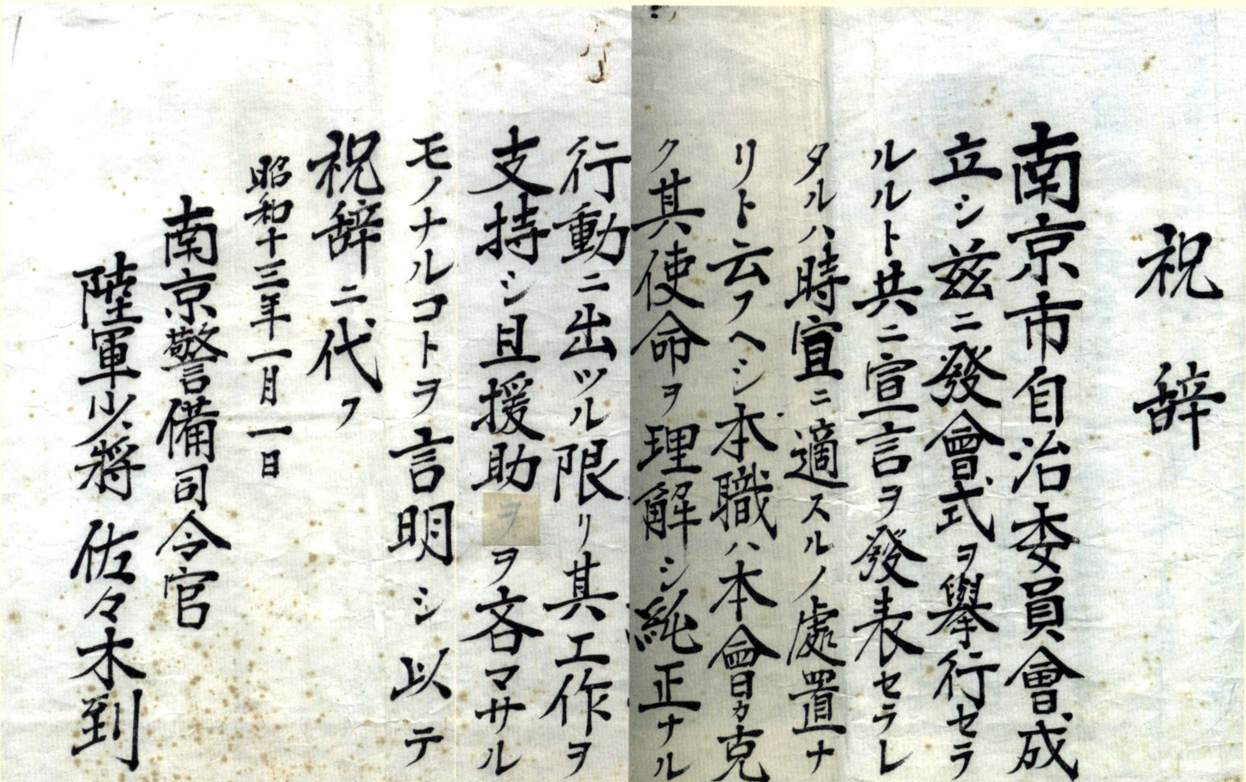

祝辭

南京市自治委員會成立シ茲ニ發會式ヲ擧行セラルルト共ニ宣言ヲ發表セラレタルハ時宜ニ適スルノ處置ナリト云フヘシ本職ハ本會ガ克ク其使命ヲ理解シ純正ナル行動ニ出ツル限リ其工作ヲ支持シ且援助ヲヲ吝マサルモノナルコトヲ言明シ以テ祝辭ニ代フ

昭和十三年一月一日

南京警備司令官

陸軍少將 佐々木到一

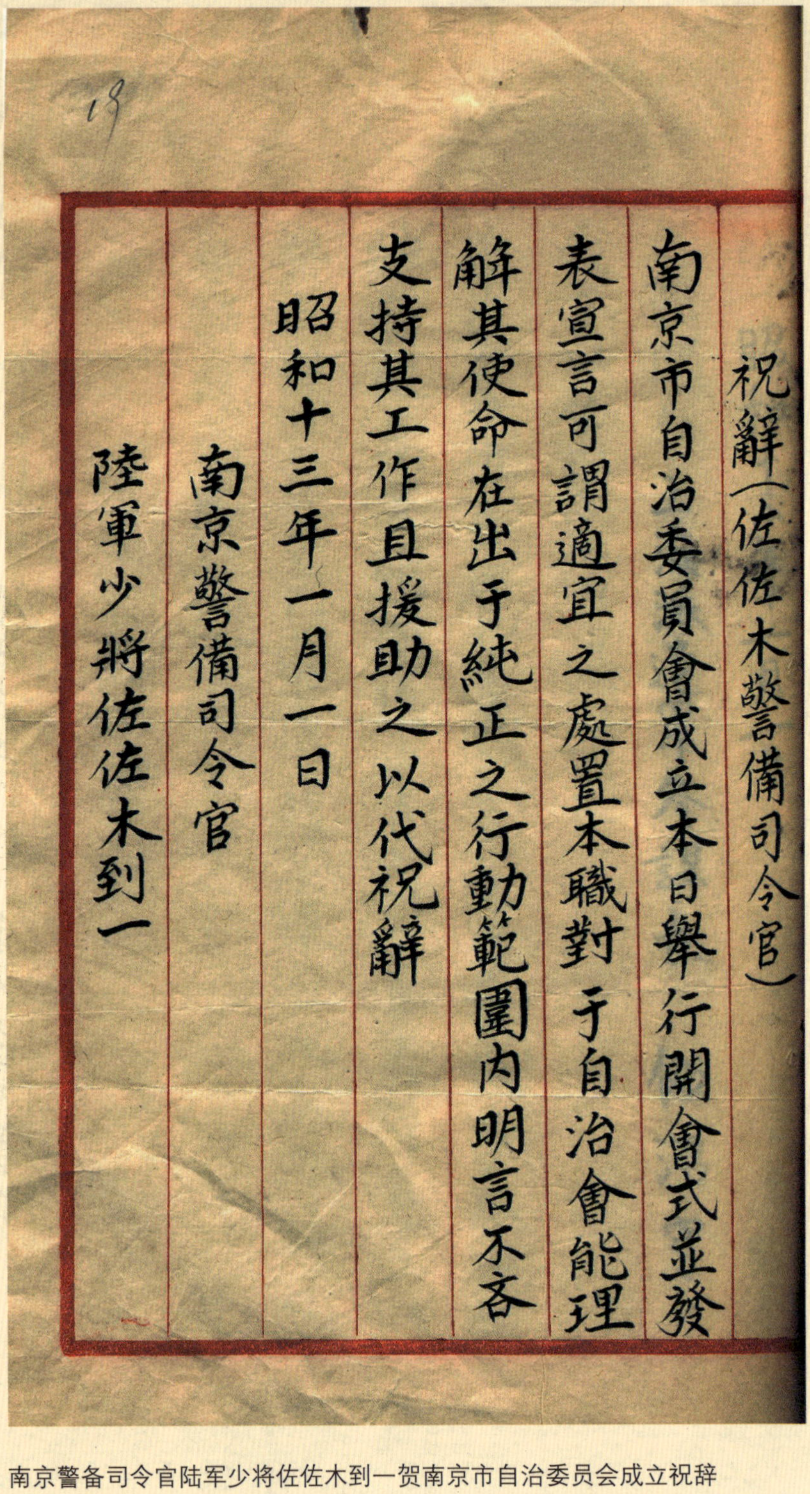

祝辭（佐佐木警備司令官）

南京市自治委員會成立本日舉行開會式並發表宣言可謂適宜之處置本職對于自治會能理解其使命在出于純正之行動範圍内明言不吝支持其工作且援助之以代祝辭

昭和十三年一月一日

南京警備司令官

陸軍少將佐佐木到一

南京警备司令官陆军少将佐佐木到一贺南京市自治委员会成立祝辞

全文：

逕启者：

本日致江苏浙江省公署及督办上海市政公署代电文曰：自事变以来，蒋政权所谓焦土抗战业遭彻底的惨败，各地相继陷落，战局之归趋已可判明，战地民众所受之痛苦非言语所能尽。战局愈扩大，民众之痛苦愈甚。尤其最近溃决黄河，为天人共愤，实系一种野蛮行为，足以表现与全中国民众为敌。吾人前曾声明与蒋政权绝缘兹惟有促其早日崩溃，专电奉达，伏希一致主张等语，除分函外相应函达即请查照。此致

督办南京市政任援道

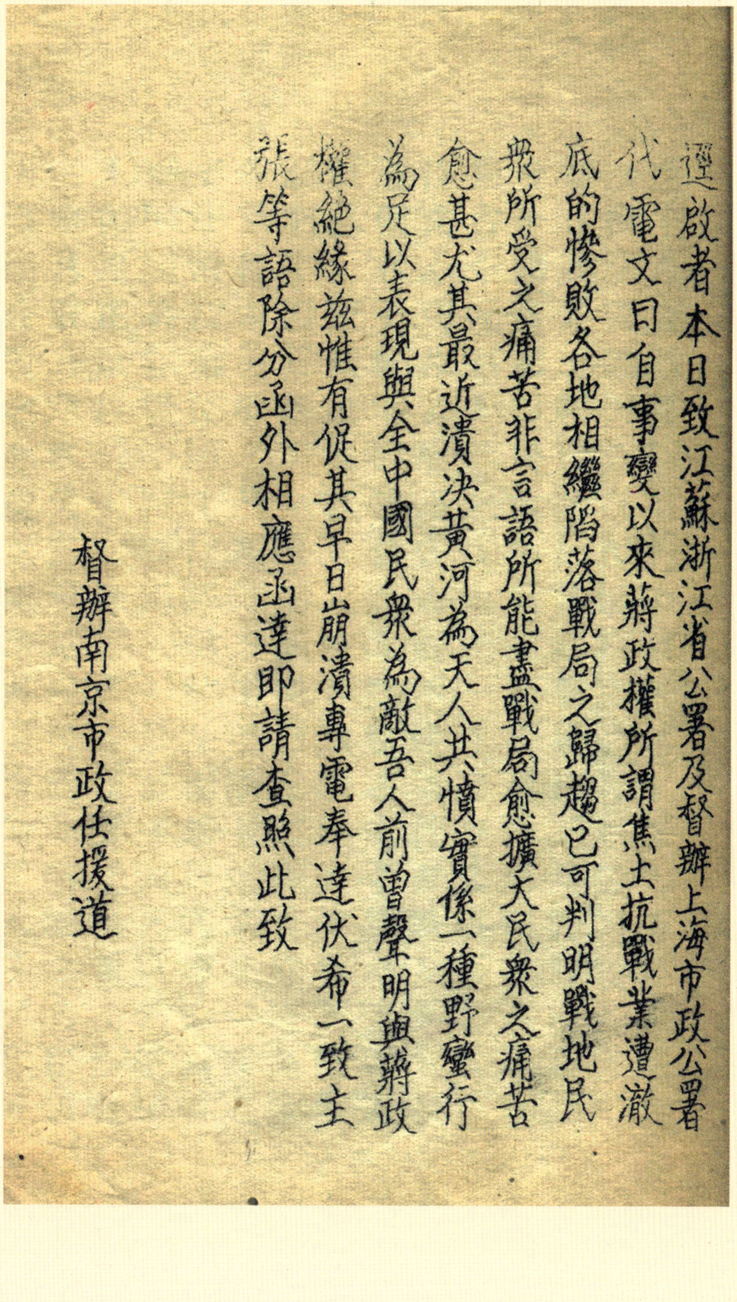

逕啟者本日致江蘇浙江省公署及督辦上海市政公署代電文曰自事變以來蔣政權所謂焦土抗戰業遭澈底的慘敗各地相繼陷落戰局之歸趨已可判明戰地民衆所受之痛苦非言語所能盡戰局愈擴大民衆之痛苦愈甚尤其最近潰決黃河為天人共憤實係一種野蠻行為足以表現與全中國民衆為敵吾人前曾聲明與蔣政權絶緣兹惟有促其早日崩潰專電奉達伏希一致主張等語除分函外相應函達即請查照此致

督辦南京市政任援道

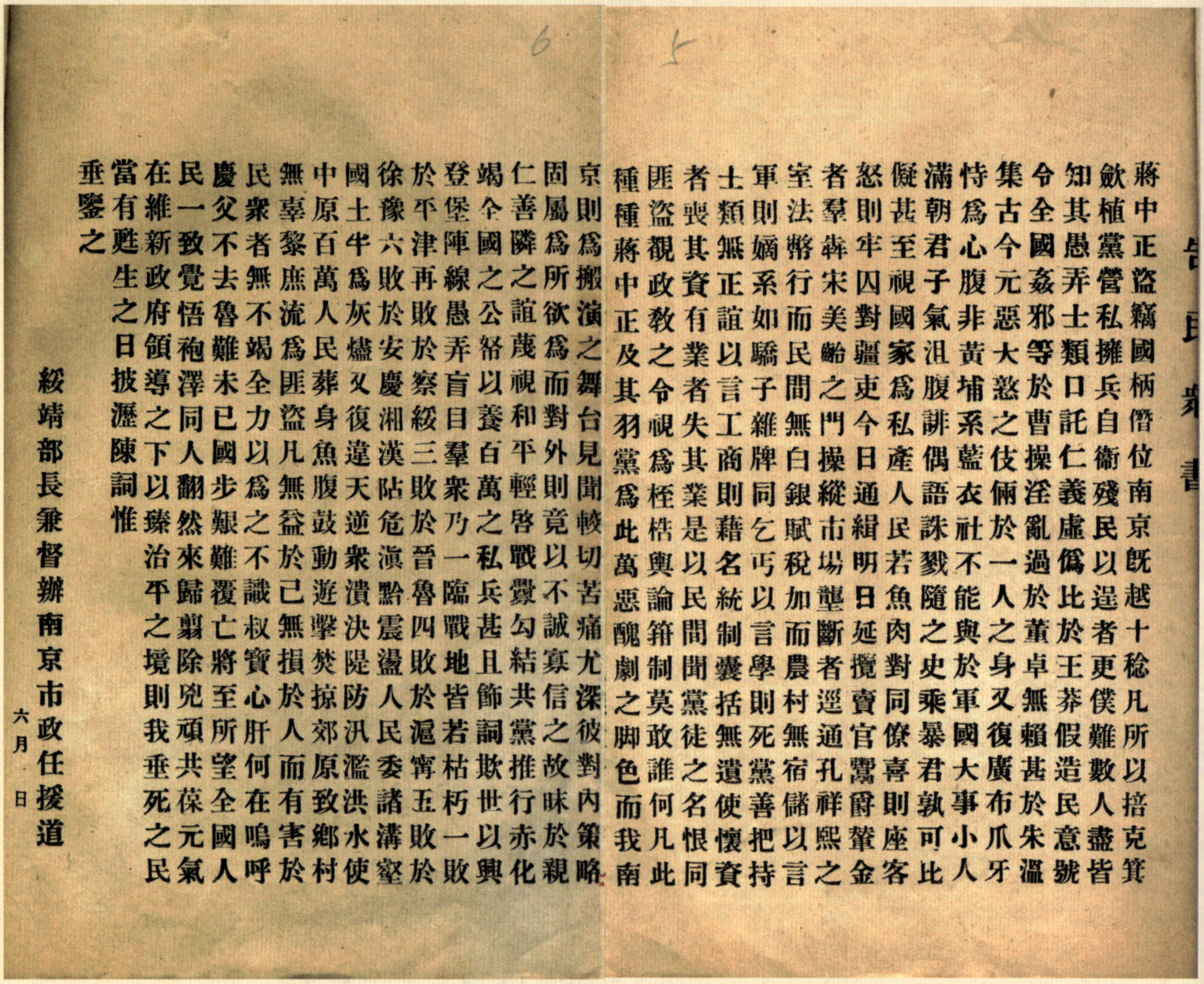

告民衆書

蔣中正盜竊國柄僭位南京既越十稔凡所以掊克箕斂植黨營私擁兵自衛殘民以逞者更僕難數人盡皆知其愚弄士類口託仁義虛僞比於王莽假造民意號令全國姦邪等於曹操淫亂過於董卓無賴甚於朱溫集古今元惡大憝之伎倆於一人之身又復廣布爪牙恃爲心腹非黃埔系藍衣社不能與於軍國大事小人滿朝君子氣沮腹誹偶語誅戮隨之史乘暴君孰可比擬甚至視國家爲私產人民若魚肉對同僚喜則座客怒則牢囚對疆吏今日通緝明日延攬賣官鬻爵輦金者羣犇宋美齡之門操縱市場壟斷者逕通孔祥熙之室法幣行而民間無白銀賦稅加而農村無宿儲以言軍則嫡系如驕子雜牌同乞丐以言學則死黨善把持士類無正誼以言工商則藉名統制囊括無遺使懷資者喪其資有業者失其業是以民間聞黨徒之名恨同匪盜視政教之令視爲桎梏輿論箝制莫敢誰何凡此種種蔣中正及其羽黨爲此萬惡醜劇之脚色而我南京則爲搬演之舞台見聞較切苦痛尤深彼對內策略固屬爲所欲爲而對外則竟以不誠寡信之故昧於親仁善隣之誼蔑視和平輕啓戰釁勾結共黨推行赤化竭全國之公帑以養百萬之私兵甚且飾詞欺世以興登堡陣線愚弄盲目羣衆乃一臨戰地皆若枯朽一敗於平津再敗於察綏三敗於晉魯四敗於滬寧五敗於徐豫六敗於安慶湘漢阽危滇黔震盪人民委諸溝壑國土半爲灰燼又復違天逆衆潰決隄防汛濫洪水使中原百萬人民葬身魚腹鼓動遊擊焚掠郊原致鄉村無辜黎庶流爲匪盜凡無益於己無損於人而有害於民衆者無不竭全力以爲之不識叔寶心肝何在嗚呼慶父不去魯難未已國步艱難覆亡將至所望全國人民一致覺悟袍澤同人翻然來歸剷除兇頑共葆元氣在維新政府領導之下以臻治平之境則我垂死之民當有甦生之日披瀝陳詞惟

垂鑒之

綏靖部長兼督辦南京市政任援道

六月　日

公署督办任援道声明与蒋政权绝缘并促其早日崩溃一事给江苏浙江公署及上海市政公署代电及江苏上海公署复电

全文：

内政部快邮代电

南京市政公署任督办援道兄勋鉴：

敬代电诵悉，履新伊始，念切痌瘝，策画进行，有条不紊，无任佩慰，伫展宏猷，定臻上理，特电驰贺。

弟　陈群叩艳

中华民国二十七年四月二十九日上午　点　分送邮

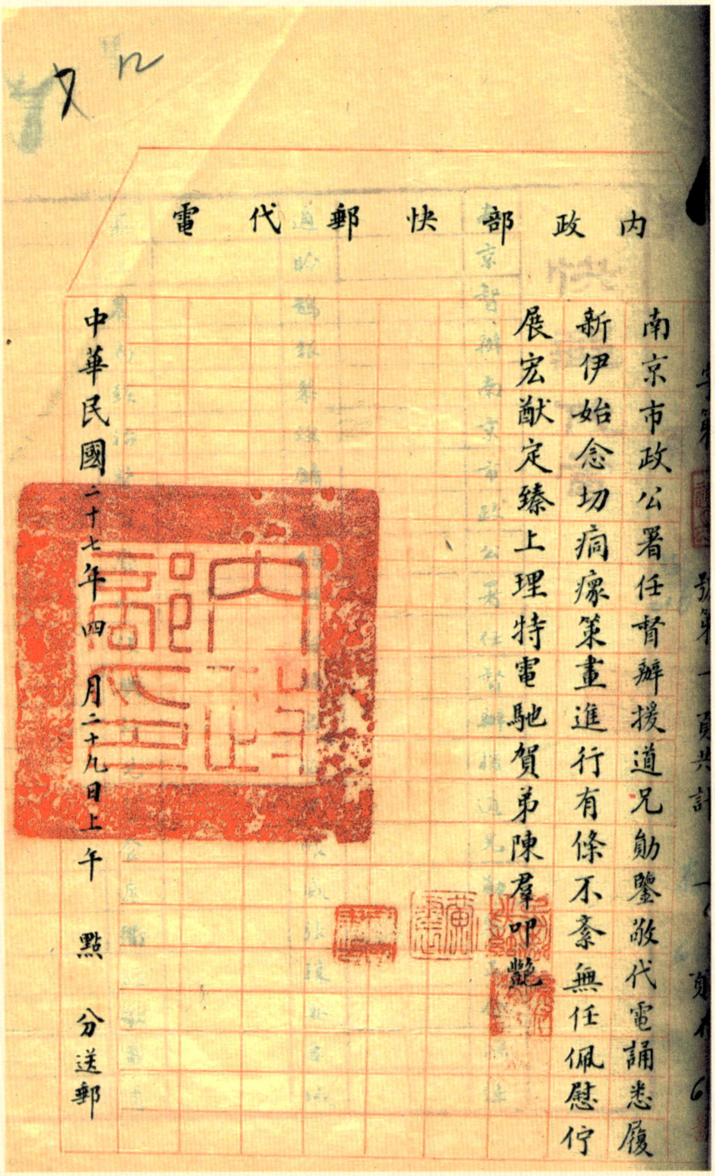

文 12

內政部快郵代電

南京市政公署任督辦援道兄勛鑒敬代電誦悉履新伊始念切痌瘝策畫進行有條不紊無任佩慰佇展宏猷定臻上理特電馳賀弟陳羣叩艷

中華民國二十七年四月二十九日上午　點　分送郵

陈群祝市政公署成立电文

全文：

南京特别市市政府训令

秘字第一号

为训令事。本月三日奉行政院第五二九号训令内开：“为训令事本月二日奉中华民国维新政府令特任高冠吾为南京特别市市长此令。等因；除分令外合行令仰遵照此令”等因；奉此，遵于即日先行视事，择期补行就职典禮。除分别呈报暨函知布告并分行外，合行令仰知照并饬属知照此令。

市长　高冠吾

中华民国二十八年三月四日

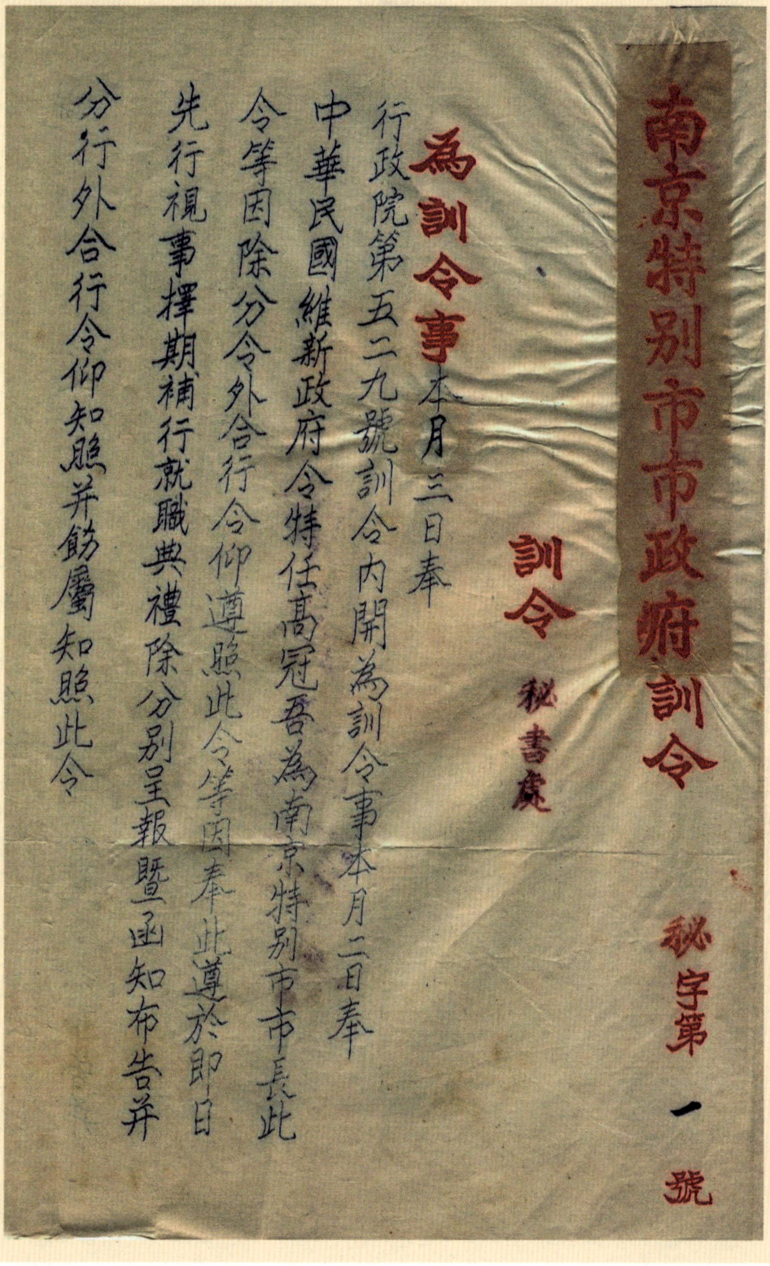
南京特別市市政府訓令
秘字第一號
訓令 秘書處
為訓令事本月三日奉
行政院第五二九號訓令內開為訓令事本月二日奉
中華民國維新政府令特任高冠吾為南京特別市市長此
令等因除分令外合行令仰遵照此令等因奉此遵於即日
先行視事擇期補行就職典禮除分別呈報暨函知布告并
分行外合行令仰知照并飭屬知照此令

日军侵占南京后，于1938年1月扶植成立伪南京市自治委员会，旋于1938年4月24日撤销，成立伪督办南京市政公署，任援道任督办。任援道公开声明“与蒋政权绝缘兹惟有促其早日崩溃”，以博取日军的赏识。除日军和各地伪政权表示祝贺外，举国上下对这种卖国求荣的行径无不义愤填膺。1939年3月，督办南京市政公署改为南京特别市市政府，直属于伪中华民国维新政府，后直隶于汪伪国民政府。先后担任伪南京特别市市长的有高冠吾、蔡培和周学昌。

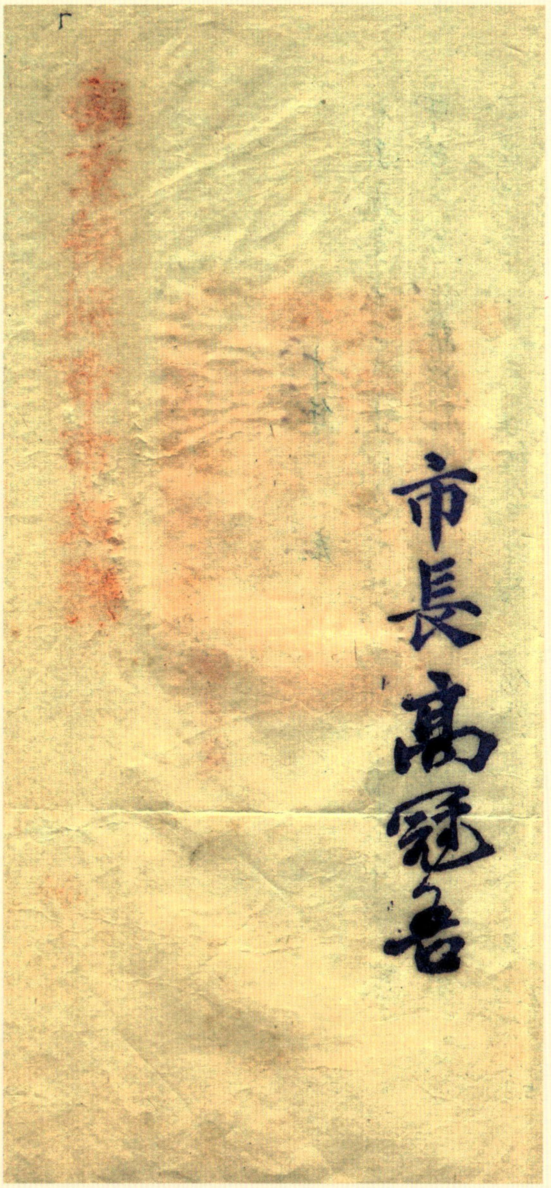
市長高冠吾

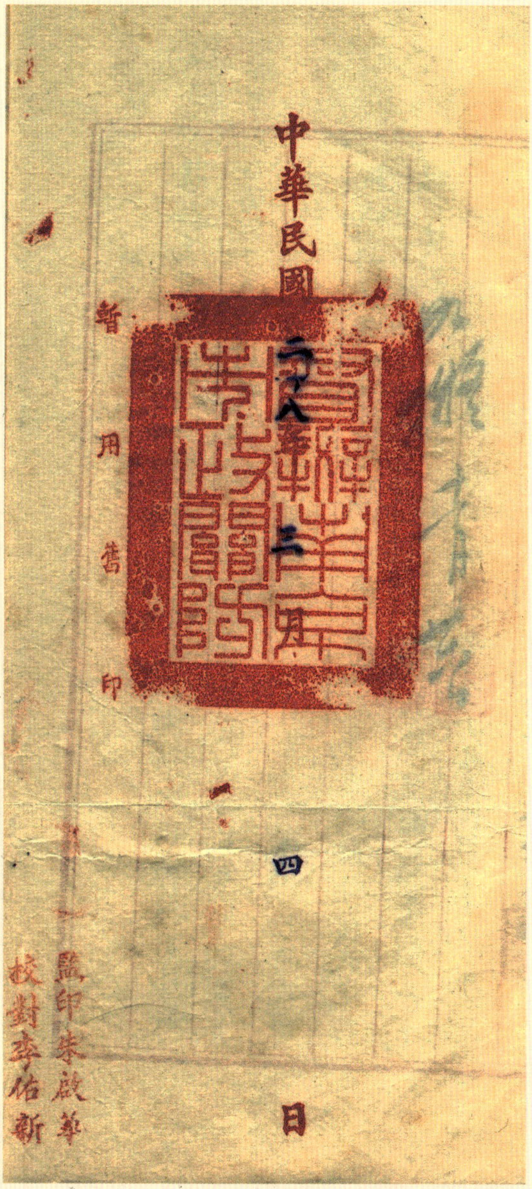
中華民國二十八年三月四日
暫用舊印
監印朱啟華
校對李佑新

伪中华民国维新政府任命高冠吾为南京特别市市长令

全文：

呈（转函特务机关并批示）

呈为申述木业遭遇惨况，恳求救济，而维商艰事。窃商等客春采购上江各种木质，于夏秋之季，先后陆续运抵上新河堆积江滩，正在销售畅达之际，而军事突兴，木业以致顿告停滞。且商等住地均临江岸作战区域必经之所，不得不率眷逃避远方。据闻钧会成立后即布告周知商民等各归住所，各安营业，商等均急于归里，料理业务，而整商容。至地查看，不幸江滩货木，始遭风险漂流，复被焚劫之苦，遭遇惨况，目不忍睹。商等拟于联合到会请示办法，正拟办间，忽于本月十四日有大日本军率带汽船数日间搬运货木约千余根，已去之货，无法维护，现存货木求生之源若常此以往，运货无价，商等前途限于绝境，实迫不得已，不得不呈请钧会，转呈当局饬令禁止维持营业，而济商艰。所陈是否有当，恳祈指示祗遵。

谨呈南京市自治委员会

南京市上新河木业代表　昌光前

徐泽菴

刘金和

刘荣榜

中华民国二十七年二月二十日

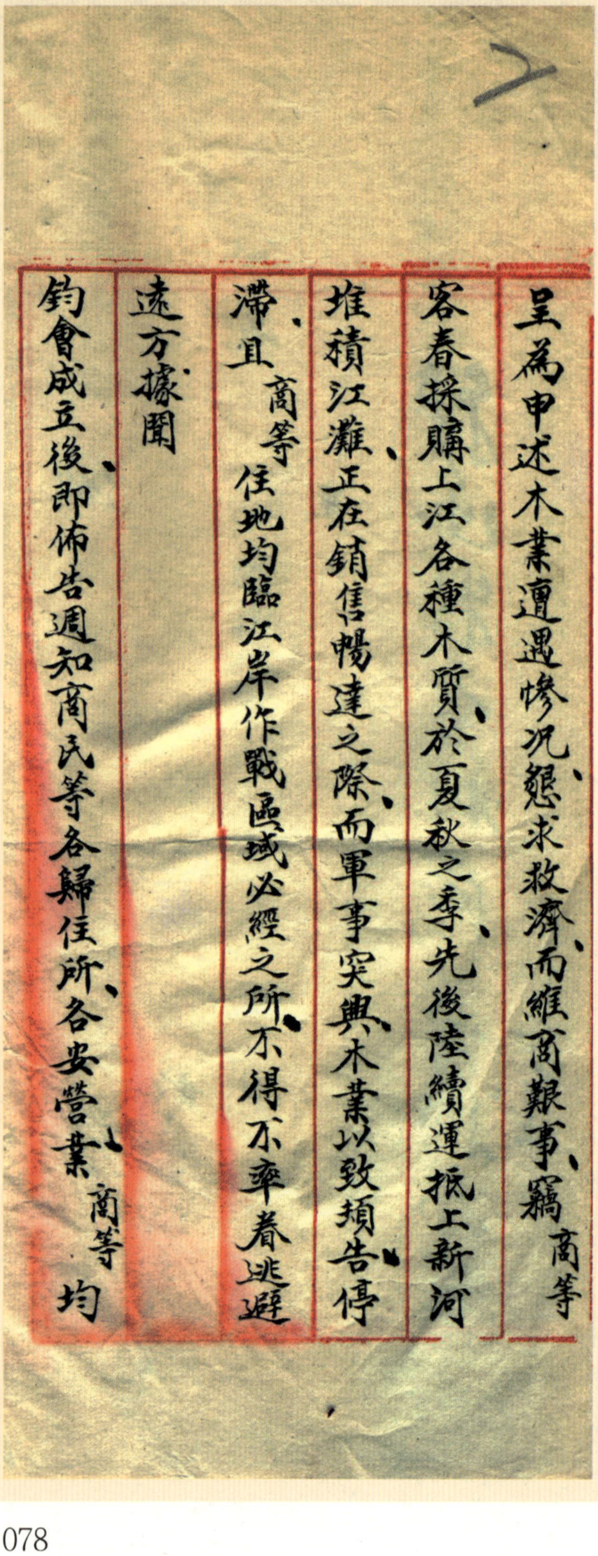
呈為申述木業遭遇慘况、懇求救濟、而維商艱事、竊 商等
客春採購上江各種木質、於夏秋之季、先後陸續運抵上新河
堆積江灘、正在銷售暢達之際、而軍事突興、木業以致頓告停
滯、且 商等 住地均臨江岸作戰區域必經之所、不得不率眷逃避
遠方、據聞
鈞會成立後、即佈告週知商民等各歸住所、各安營業、 商等 均

3

急于歸里料理業務、而盤商容至地查看、不幸江灘貨木、始遭
風險漂流、復被焚劫之苦、遭遇慘況、目不忍睹、商等擬于聯合到
會請示辦法、正擬辦間、忽於本月十四日有
大日本軍率帶汽船數日間搬運貨木約千餘根、已去之貨無法
維護、現存貨木求生之源、若常此以往、運貨無價、商等前途限於絕
境、實迫不得已、不得不呈請

4

鈞會、轉呈
當局、飭令禁止、維持營業、而濟商艱、所陳是否有當、懇祈
指示、祇遵、謹呈
南京市自治委員會
南京市上新河木業代表昌光前（昌光前章）
徐澤菴 押

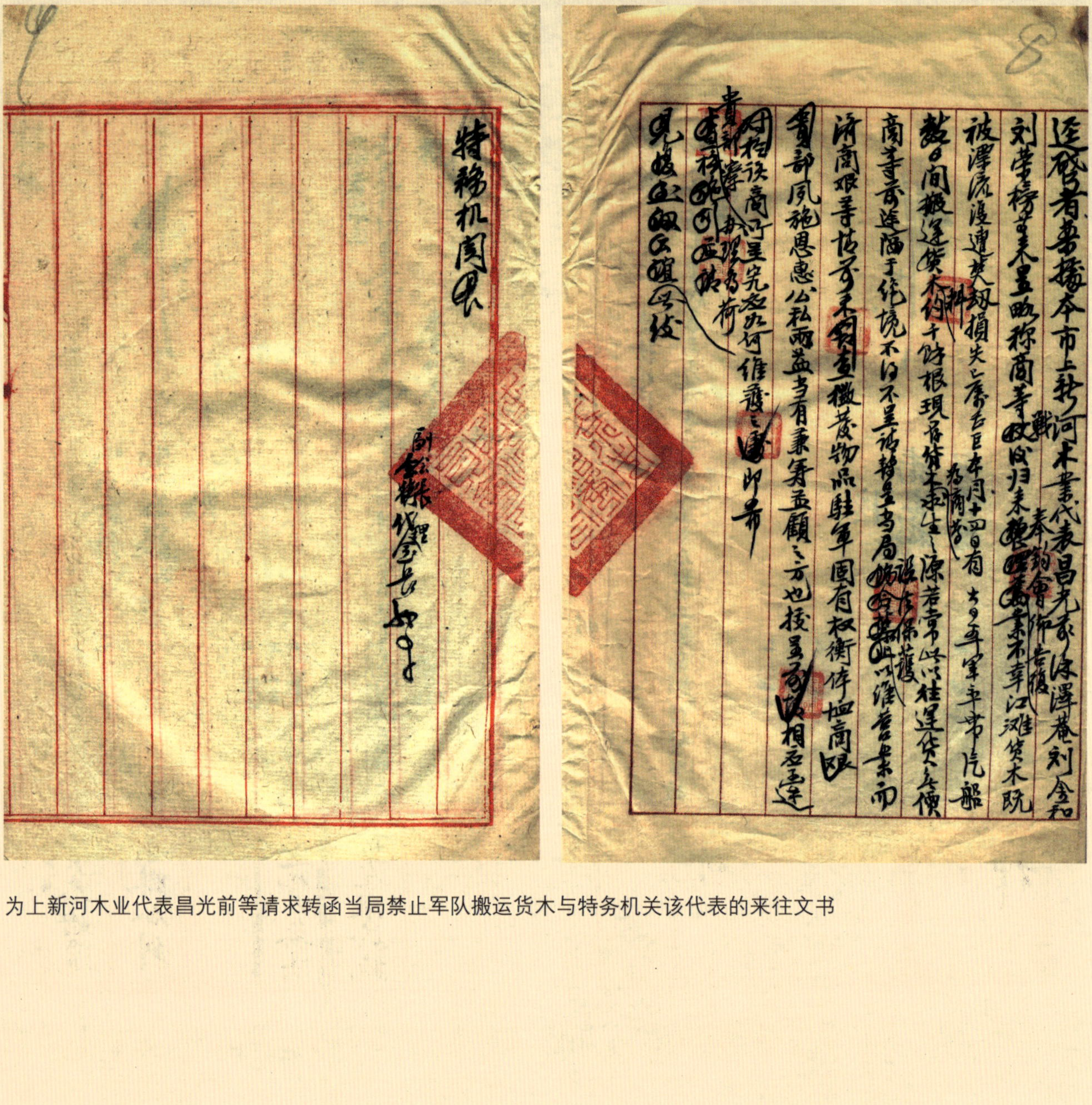

为上新河木业代表昌光前等请求转函当局禁止军队搬运货木与特务机关该代表的来往文书

全文：

据保安队呈报五老桥住户常有成被日军人刺死一案呈报鉴核由

为呈报事案据保安警察队呈称据第三分队队长潘佑发报称：本月二十四日据利济巷口岗警蒯轩有报称王老桥十三号内昨夜发生日军人刺死居民常有成情事，当即前往查勘。据死者之侄常敬发声称，二十三日下午一时许突有日军人两名冲门入室，酒气醺醺，言语不通，竟用刺刀将民叔常有成刺死。该死者年四十九岁，淮安人，卖水果为业，口部腰部各伤一处。出事时由房主方学文奔向中央饭店宪兵队派出所报告，经宪兵追捕至民业公司附近已获凶手一名，带往该队讯办。后至十二时由特务机关司法室验明饬其家属自行收殓。为此报告前来，据经复查无异理合备文呈报仰祈鉴核备查。等情；到厅除分呈暨分函宪兵队特务机关查明法办及优予抚恤并指令知照外，理合具文呈报，仰祈俯赐鉴核。谨呈督办南京市政高

南京市警察厅厅长　徐仲仁

中华民国二十七年十二月二十八日

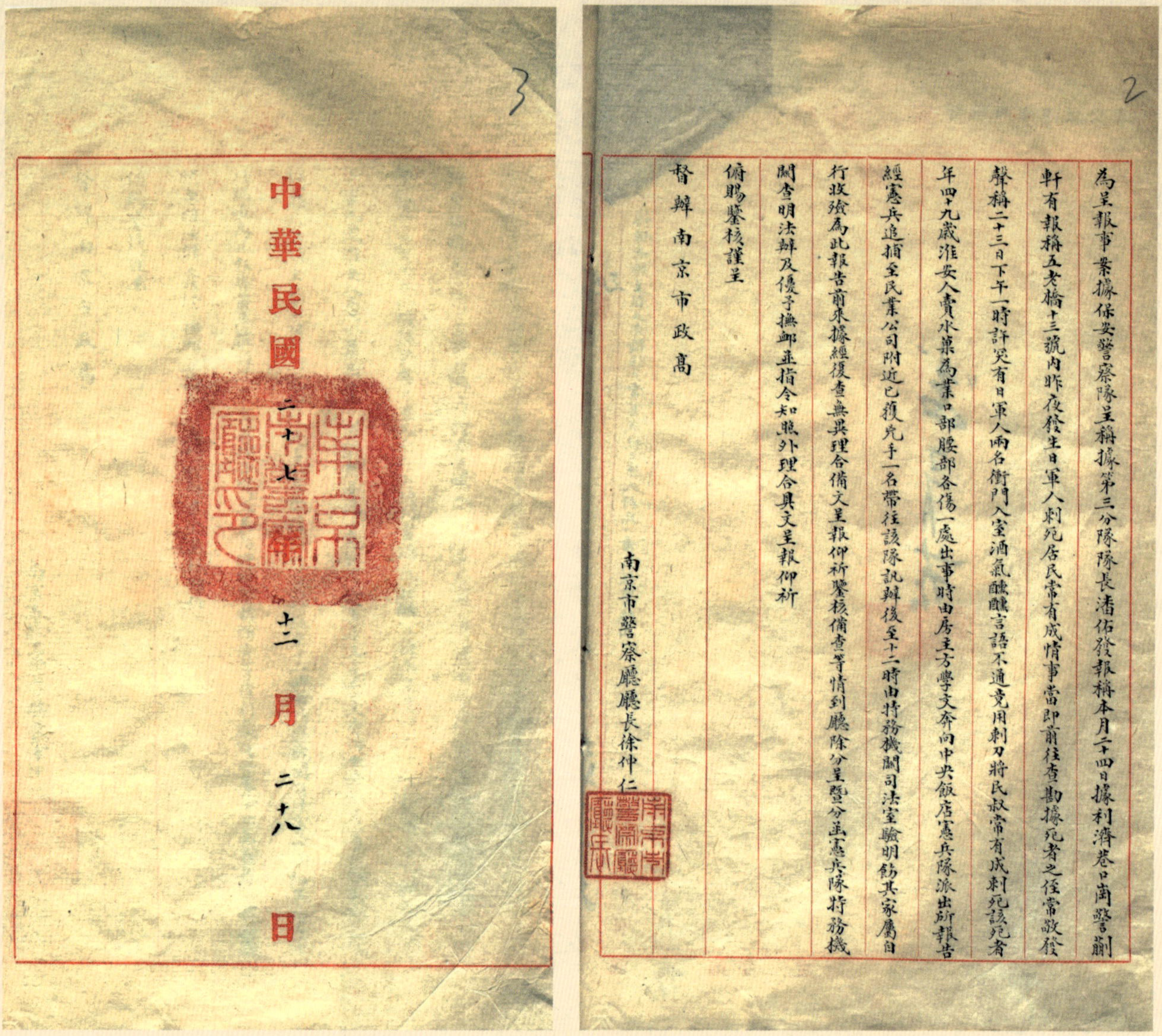

3

中華民國二十七年十二月二十八日

2

為呈報事案據保安警察隊呈稱據第三分隊隊長潘佑發報稱本月二十四日據利濟巷口崗警蒯
軒有報稱五老橋十三號內昨夜發生日軍人刺死居民常有成情事當即前往查勘據死者之侄常啟發
聲稱二十三日下午一時許突有日軍人兩名衝門入室酒氣醺醺言語不通竟用刺刀將民叔常有成刺死該死者
年四十九歲淮安人賣水菓為業口部腰部各傷一處出事時由房主方學文奔向中央飯店憲兵隊派出所報告
經憲兵追捕至民業公司附近已獲兇手一名帶往該隊訊辦後至十二時由特務機關司法室驗明飭其家屬自
行收殮為此報告前來據經復查無異理合備文呈報仰祈鑒核備查等情到廳除分呈暨分函憲兵隊特務機
關查明法辦及優予撫卹並指令知照外理合具文呈報仰祈
俯賜鑒核謹呈
督辦南京市政高

南京市警察廳廳長徐仲仁

据保安队呈报五老桥住户常有成被日军人刺死一案呈报鉴核由

全文：

为呈报事。三月七日下午据中山陵园办事处管理员张锦臣呈称：窃于三月四日下午准横山部队本部附苏通译带同灵谷寺帐房王一林来处，云现因部队缺乏燃料需要树柴二十卡车，拟在灵谷寺附近拣取弯曲小树伐作柴薪。该处在陵区内，奉命特来通知等语。兹查该部队业已雇工在阵亡将士纪念塔后开始砍伐，事关友军军需，未便阻止，应如何应付俾臻妥协之处等语前来。事涉取伐林木，攸关友军军需，究应如何应付，除分呈外理合具文呈报，伏乞鉴核，迅赐指示转饬遵行。谨呈南京市保护森林委员会

园林管理所所长　卢东林

中华民国二十九年三月八日

日军占领南京期间，除进行长达六周的大屠杀外，平日在城内占用民居、抢夺民财、无故伤人，横行霸道。日军甚至砍伐中山陵园内的树木以充军用。南京市的伪傀儡政府忍气吞声，对市民的申诉除形式性的与日军交涉一下，多不了了之，公文备案而已。

34

為呈報事三月七日下午據中山陵園辦事處管理員張錦臣呈稱竊於三月四日下午准橫山
部隊本部附蘇通譯帶同靈谷寺賬房王一林來處云現因部隊缺乏燃料需要樹柴二十卡車
擬在靈谷寺附近揀取彎曲小樹伐作柴薪該處在陵區內奉命特來通知等語茲查該部隊
業已催工在陣亡將士紀念塔後開始砍伐事關友軍軍需未便阻止應如何應付俾臻妥協之處
等語前來事涉取伐林木攸關友軍軍需究應如何應付除分呈外理合具文呈報伏乞
鑒核迅賜指示轉飭遵行謹呈
南京市保護森林委員會

園林管理所所長盧東林

35

中華民國二十九年三月八日

为日军砍伐阵亡将士纪念塔后树木致函护林会

全文：

督办南京市政公署工务局公函

工字第43号

迳复者：

案准来函略以实业部订于本月内召集矿产水电蚕丝等企业有关各省市主管长官举行圆桌会议等由，函请将本市水电情形查明并派出席人员姓名一并见复等由。准此，查本市水电系由华中株式会社管理，如须本局派员出席时，俟接到通知再行指派，相应函复查照为荷。此致实业局

局长　赵谨

中华民国二十八年二月十四日

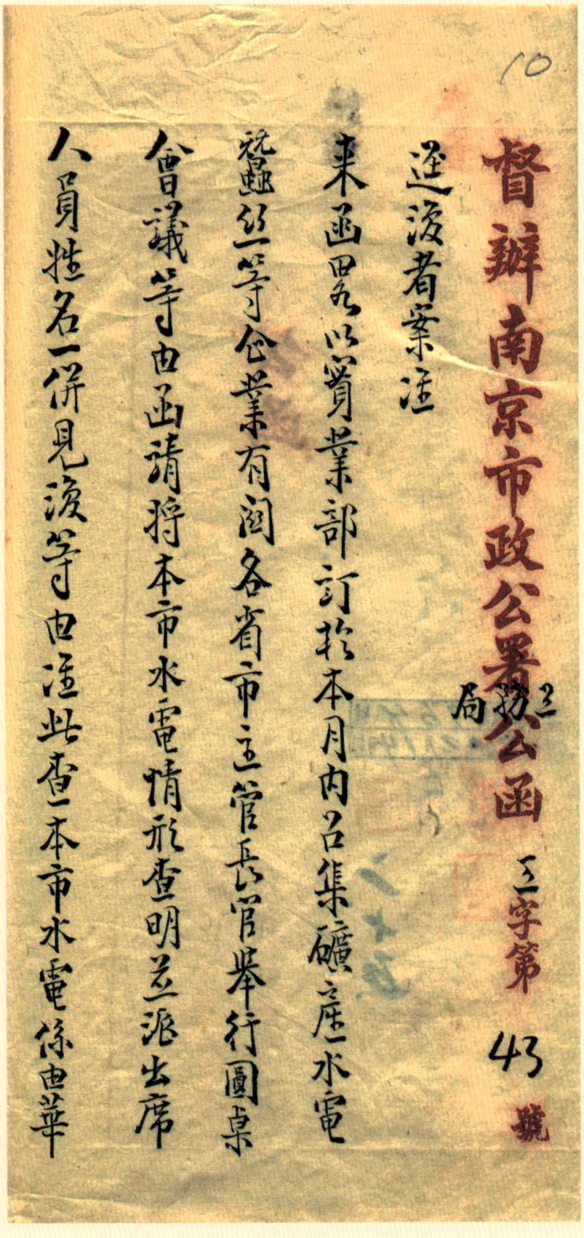
10

督辦南京市政公署工務局公函　工字第43號

逕復者案准
來函略以實業部訂於本月內召集礦產水電
蠶絲等企業有關各省市主管長官舉行圓桌
會議等由函請將本市水電情形查明並派出席
人員姓名一併見復等由准此查本市水電係由華

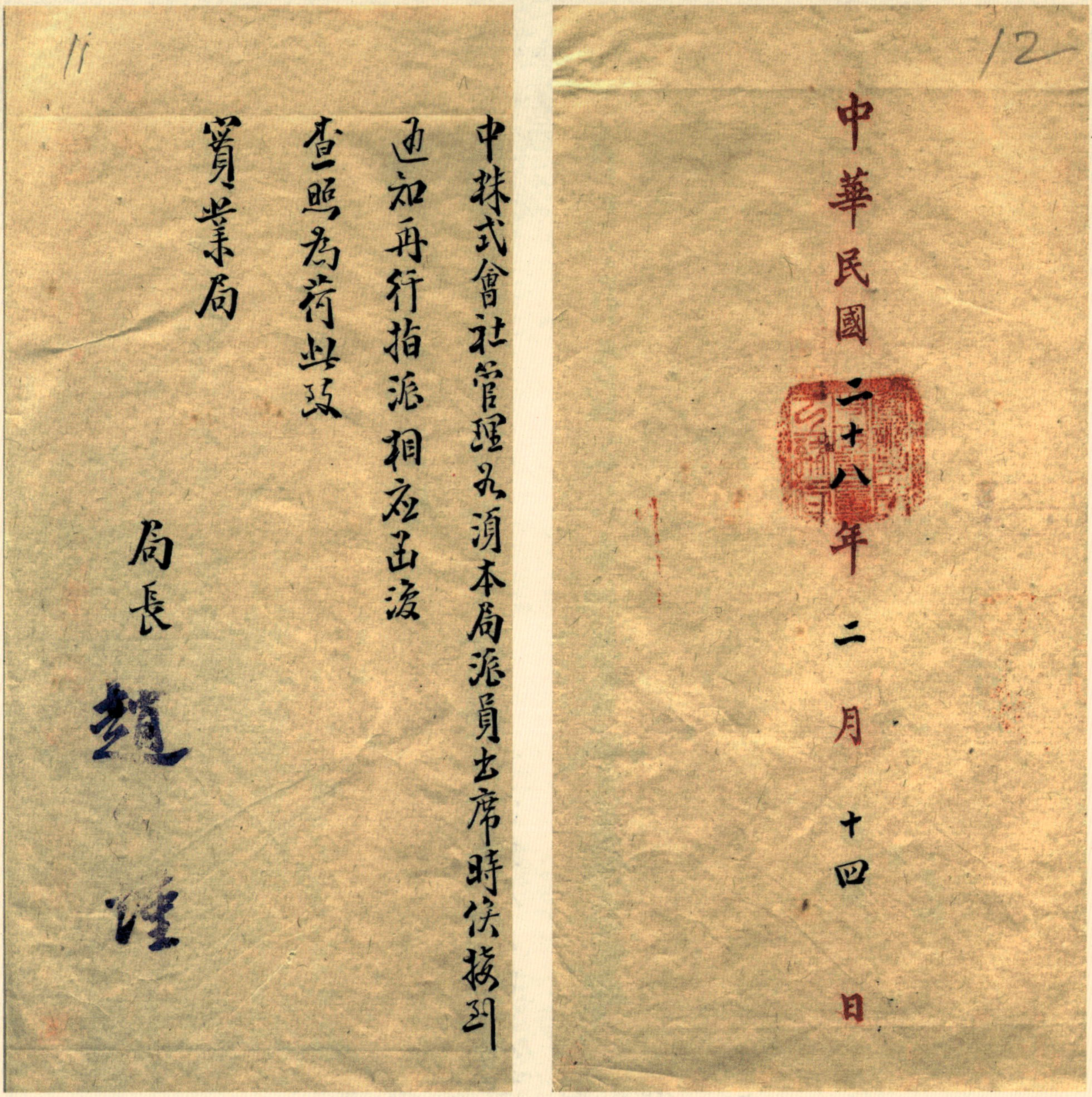

11

中株式會社管理且須本局派員出席時俟接到

函知再行指派相應函復

查照為荷此致

實業局

局長 趙[illegible]

12

中華民國二十八年二月十四日

关于本市水电系由华中株式会社管理给实业局的函

全文：

为函请仍旧填发货物搬入许可证以利商民搬运希见复由

迳启者：

查商民货物搬运许可证，向有搬出与搬入两种，商民交称便利，惟搬入证自七月廿六日贵机关暂告停发以来迭据各该商民陈述困难情形，其要点为：（一）、各处特务班或驻军向凭搬入证而换发搬出证，或就所持之搬入证上加盖戳记，便可运行，现无此项搬入证，各该处之特务班难以置信，致每有货已购齐，因无证而不能运走者。（二）、携带资金前往他埠，沿途军警盘查，向以搬入证为凭，今无此证，则所携资金，于盘查时，极易发生误会。因此两点，凡往他埠购运货物者，相将裹足，纷纷请求设法救济前来，又查关于石炭之搬入证，原系本府煤炭评价委员会专业决议，并经贵机关许可发给石炭搬入证俾煤商持证前往近郊产煤之区购运，以济京市燃料要需。此证业经填发多次，现亦不予发给，尤感困难。以上两种搬入证，若长此停发，则京市货物来源，益形艰涩，货价将更见增高，影响市民生计，实匪浅显。拟请贵机关体念商民疾苦及生计需要，仍旧填发搬入证，抑或改发一种与搬入证有同等效力之许可证，俾本市商民得以持往外埠或近郊，购办货物，以利运行。至商民申请时向有铺保作证，除饬本府代办所此后格外郑重办理外，相应据情函达至希察照见覆，以便饬遵为荷。此致南京特务机关

市长　高

中华民国二十八年八月

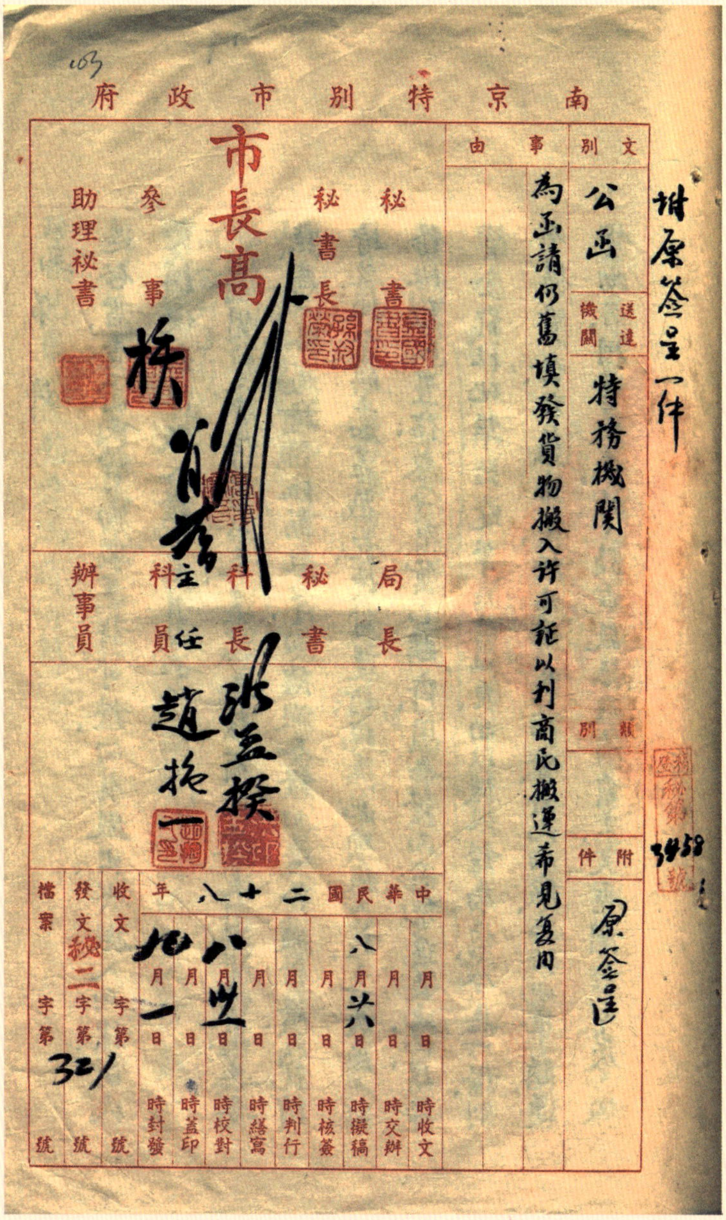
南京特別市政府
文別　公函
事由　為函請仍舊填發貨物搬入許可証以利商民搬運希見復由
送達機関　特務機関
附件　原签呈
附原簽呈一件
市長高
秘書長　秘書　參事　助理秘書
局長　秘書　科長　科員　主任　辦事員
中華民國二十八年　八月廿六日
收文　字第　號
發文　秘二字第321號
檔案　字第　號
收文　交辦　擬稿　核簽　判行　繕寫　校對　蓋印　封發

日军除对南京的军事占领外，还在经济上加强掠夺与控制。市内的水电、铁路、公共交通都由日本的株式会社独占。商业贸易货物必须凭日军特务机关的搬入搬出许可证方可进出城。

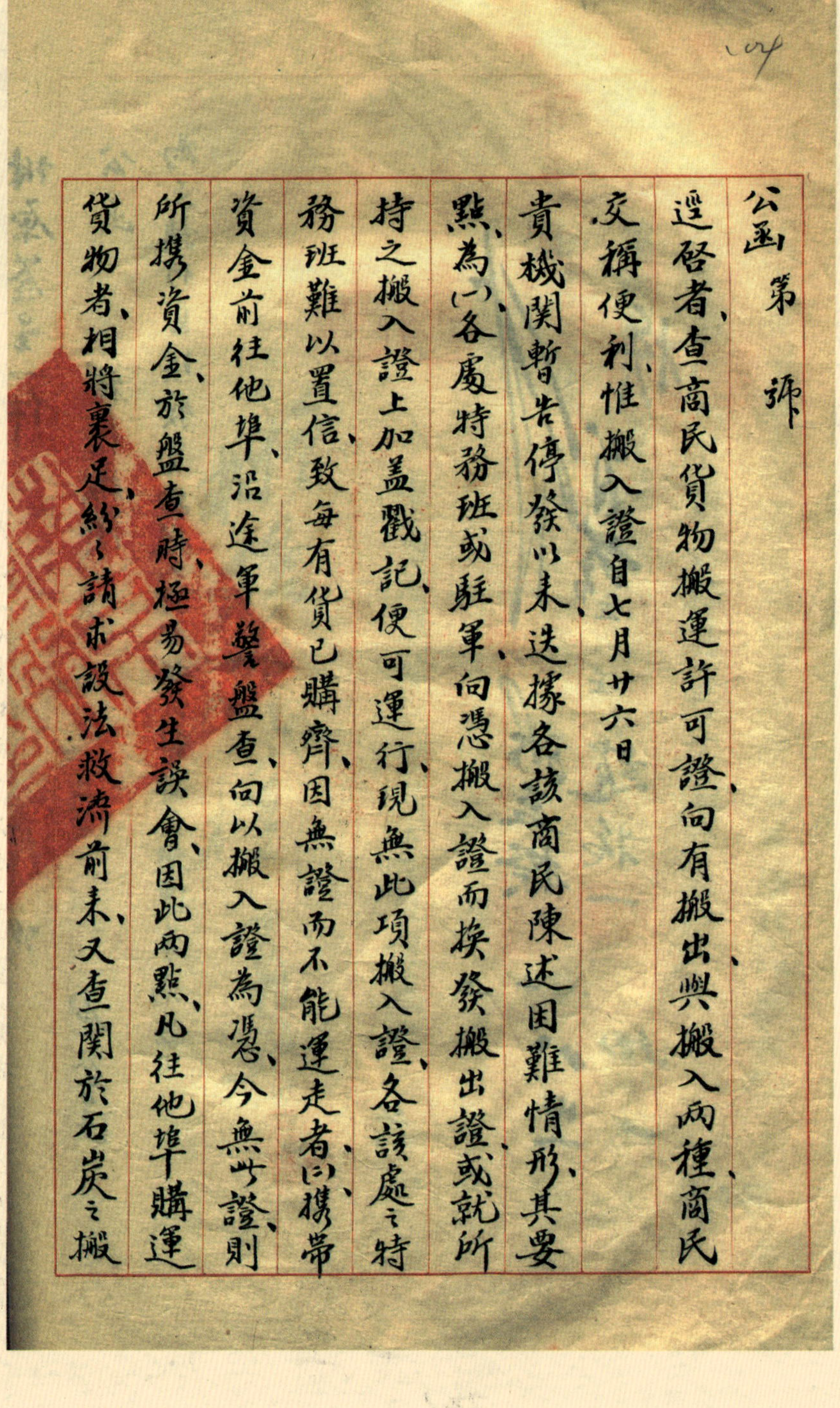

104

公函第　號

逕啓者、查商民貨物搬運許可證、向有搬出與搬入兩種、商民交稱便利、惟搬入證自七月廿六日貴機關暫告停發以來、迭據各該商民陳述困難情形、其要點、為(一)各處特務班或駐軍向憑搬入證而換發搬出證、或就所持之搬入證上加蓋戳記、便可運行、現無此項搬入證、各該處之特務班難以置信、致每有貨已購齊、因無證而不能運走者、(二)攜帶資金前往他埠、沿途軍警盤查、向以搬入證為憑、今無此證、則所攜資金、於盤查時、極易發生誤會、因此兩點、凡往他埠購運貨物者、相將裹足、紛紛請求設法救濟前來、又查關於石炭之搬

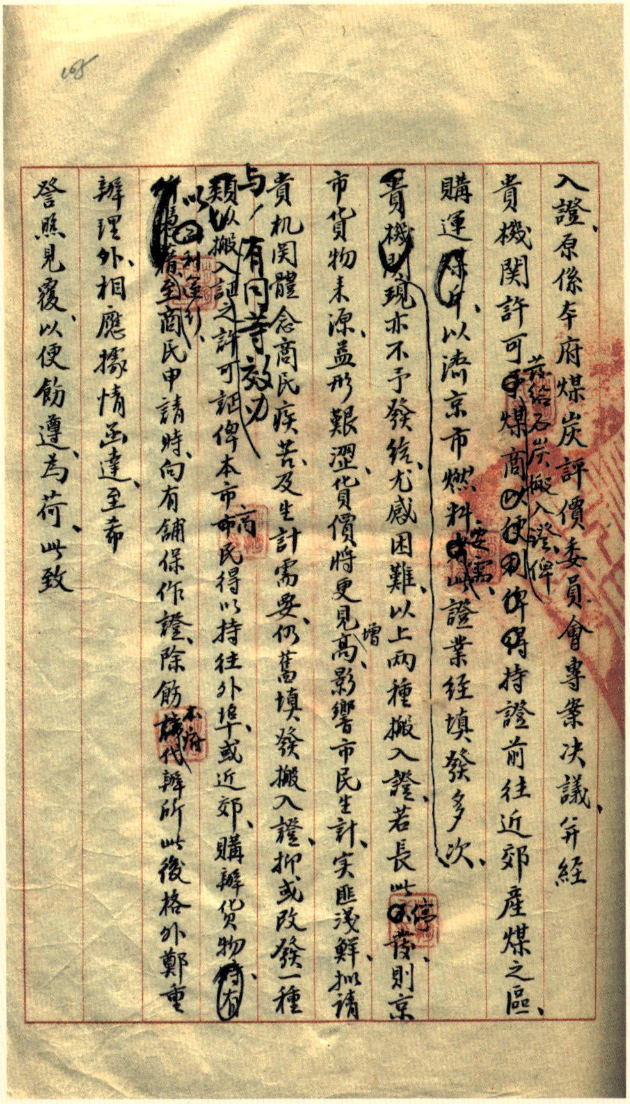

入證、原係本府煤炭評價委員會專案決議、并經
貴機關許可、簽給石炭搬入證俾煤商使用持證前往近郊產煤之區、
購運、以濟京市燃料之需、此證業經填發多次、
貴機關現亦不予發給、尤感困難、以上兩種搬入證若長此停發則京
市貨物來源益形艱澀、貨價將更見高、影響市民生計、實匪淺鮮、擬請
貴机関體念商民疾苦及生計需要、仍舊填發搬入證抑或改發一種
與搬入證有同等效力之許可證、俾本市商民得以持往外埠或近郊、購辦貨物、
以利運輸、至商民申請時、向有舖保作證、除飭本府代辦所此後格外鄭重
辦理外、相應據情函達至希
察照見復、以便飭遵為荷、此致

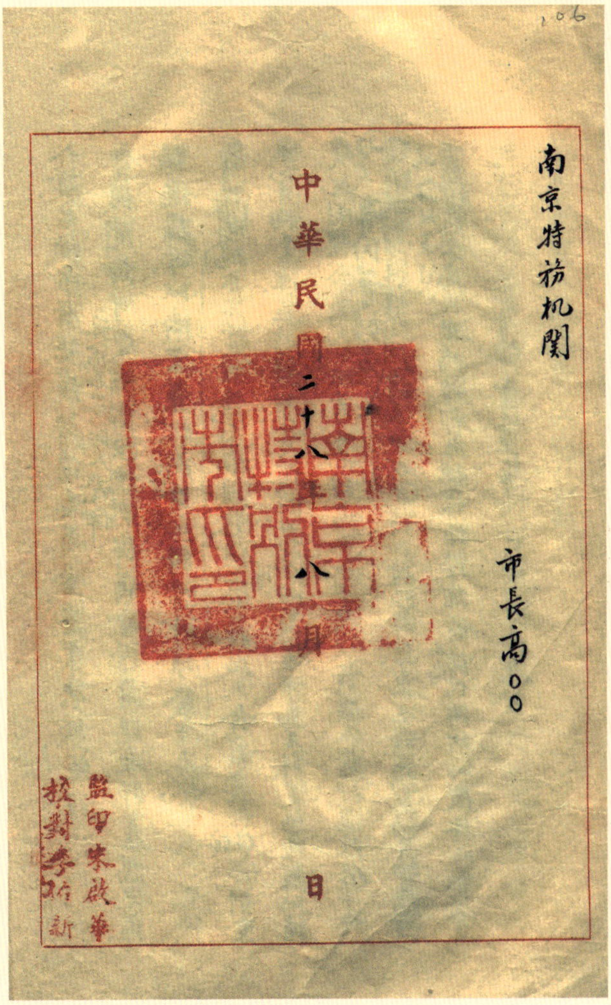

南京特務机関

市長高〇〇

中華民國二十八年八月 日

監印朱啟華
校對李欣新

高冠吾为商业贸易货物搬入搬出许可证事
致南京特务机关函

全文：

南京特别市政府训令

府保甲字第148号

案奉行政院院字第九一八八号训令内开“现奉国民政府三十四年二月二十六日第七六号训令内开：查大东亚战争已进入决胜阶段，正中日两大民族生死存亡之紧要关头，凡我中日军民亟应彻底提携，同仇敌忾，以期大东亚战争最后胜利与我国独立自由之早日获得。惟我国海岸线绵亘七千余里，敌美海军或不免伺隙思逞，兹为农隙之际，政府为未雨绸缪计关于军事设施亟待完成以防不虞而策万全，同时遇有盟邦军队在我国各处构筑阵地时，凡我国民更应具利害与共之观念抱同生共死之决心一体协力勇跃参加，并供给其相当住所以尽参战国家应尽之职责。倘有妄造谣言或意图逃避，一经查获定即依法严惩决不姑宽。除分令外合亟令仰该院遵照并转饬所属一体遵照为要此令。等因；奉此自应遵办除分令外合亟令仰该府遵照并转饬所属一体遵照”等因；奉此除分令外合亟令仰该处遵照并转饬所属一体遵照此令

市长　周学昌

中华民国三十四年三月廿一日

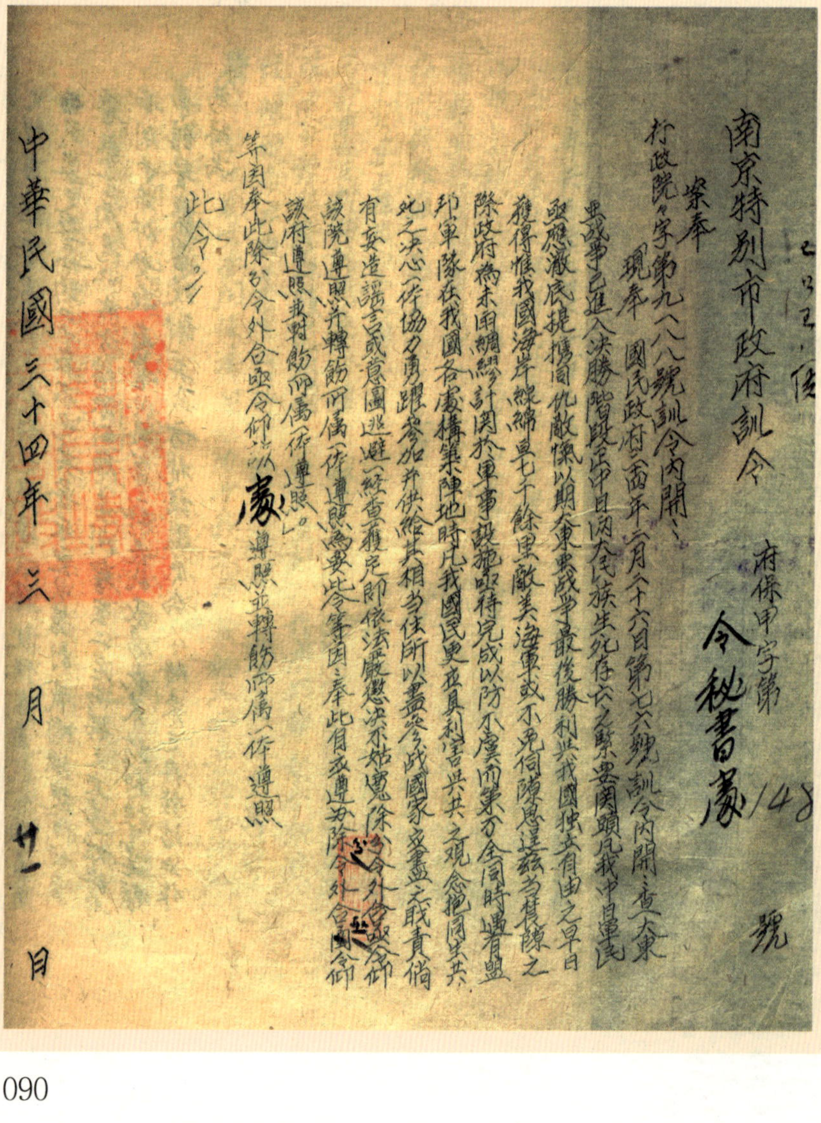

南京特別市政府訓令　府保甲字第148號
令秘書處
案奉
行政院院字第九一八八號訓令內開：「現奉國民政府卅四年二月廿六日第七六號訓令內開：查大東亞戰爭已進入決勝階段正中日兩大民族生死存亡之緊要關頭凡我中日軍民亟應澈底提攜同仇敵愾以期大東亞戰爭最後勝利與我國獨立自由之早日獲得惟我國海岸線綿亙七千餘里敵美海軍或不免伺隙思逞茲為農隙之際政府為未雨綢繆計關於軍事設施亟待完成以防不虞而策萬全同時遇有盟邦軍隊在我國各處構築陣地時凡我國民更應具利害與共之觀念抱同生共死之決心一體協力勇躍參加並供給其相當住所以盡參戰國家應盡之職責倘有妄造謠言或意圖逃避一經查獲定即依法嚴懲決不姑寬除分令外合亟令仰該院遵照並轉飭所屬一體遵照為要此令。等因；奉此自應遵辦除分令外合亟令仰該府遵照並轉飭所屬一體遵照」等因；奉此除分令外合亟令仰該處遵照並轉飭所屬一體遵照
此令
中華民國三十四年三月廿一日

南京特别市政府训令：要求全国与日军配合共抗盟军

1945年春，世界反法西斯战争已经进入最后阶段，日军在太平洋战场上节节败退。被日军绑在同一战车上的汪伪政府按照日军的要求，训令在其管辖区域内的民众与日军配合，加强沿海防御，作困兽之斗。

全文：

南京特别市政府训令

现在时值重要转变，各局处长均应尽地方官之职责，个人虽有去留关系，但须知在职一日即应为人民服务一天，举凡教育工程卫生经济财政地政等等一切进行未了之事业，或已企划之业务，均应继续办理，不得随意停滞。除分令外合行令仰该秘书长遵照并饬所属一体遵照勿违为要。

此令

市长　周学昌

中华民国三十四年八月十七日

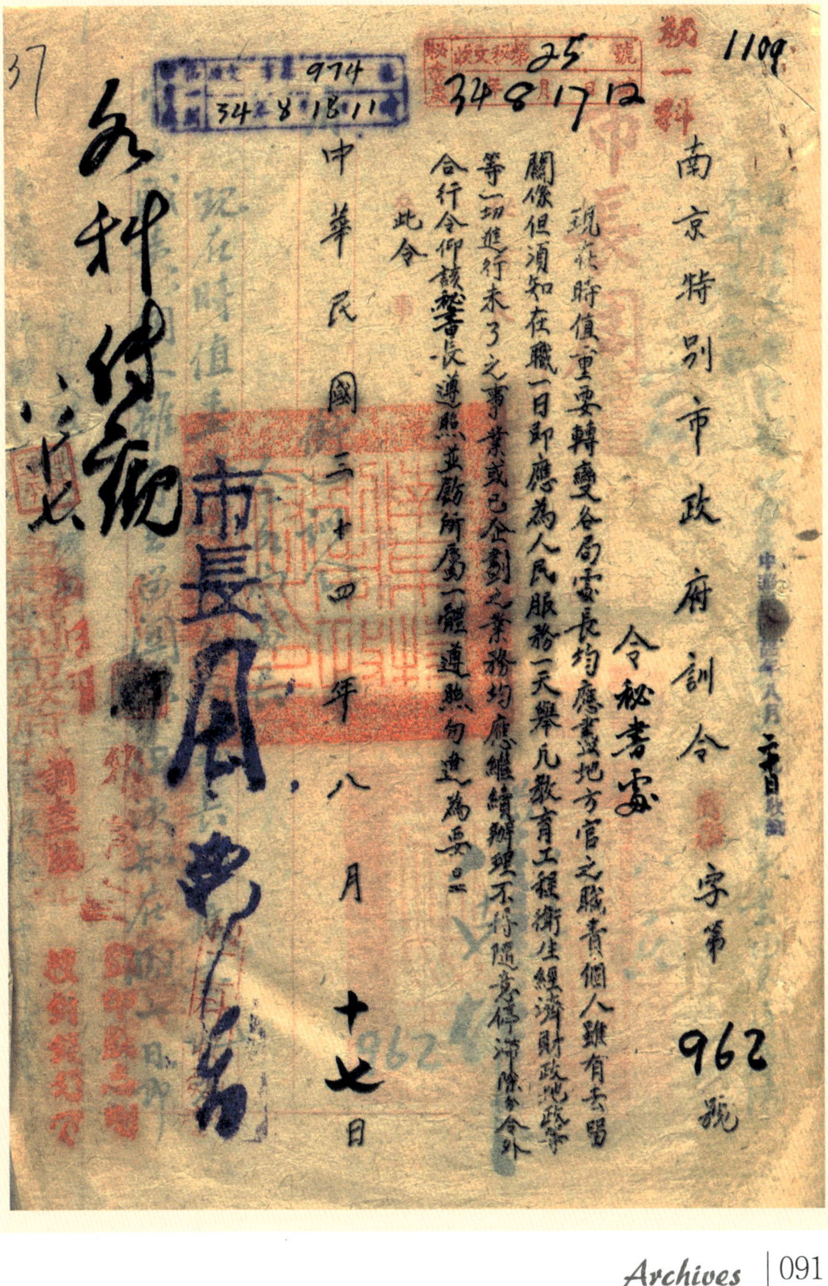

南京特別市政府訓令

令秘書處　字第962號

現在時值重要轉變各局處長均應盡地方官之職責個人雖有去留關係但須知在職一日即應為人民服務一天舉凡教育工程衛生經濟財政地政等等一切進行未了之事業或已企劃之業務均應繼續辦理不得隨意停滯除分令外合行令仰該秘書長遵照並飭所屬一體遵照勿違為要

此令

市長　周學昌

中華民國三十四年八月十七日

1945年8月15日，日本无条件投降，汪伪政府随即土崩瓦解。在此件档案中，伪南京市长周学昌训令各局处长“应尽地方官之职责”，各项业务均需“继续办理”，可见当时市内的汉奸和各级伪官吏心中惶恐不安，去留不定。一纸空文，徒留笑柄。

全文（节选）：

永利公司卸甲甸硫酸铔厂硝酸工厂设备被劫经过述要

永利公司硫酸铔厂于民【国】二十六年十二月首都陷落当时被敌军占领，因日本三井财阀蓄意侵略我国经济市场，对我化学肥料工业之建设向甚注意，在战争发生前即曾命令三井物产会社上海支店从事调查，故三井对永利铔厂创设经过知之甚详。日军占领该厂后不久于民【国】廿七年春，三井物产及三井投资之东洋高压随向日军部申请经营该厂，并由东洋高压于民【国】廿七年三月派员实地调查，旋于四月七月两次派出工作人员约百名着手该厂之复工。民【国】廿八年四月由三井矿山、三井物产、东洋高压之首脑干部开会集议创设永礼化学会社问题。民【国】廿八年五月八日在日军特务机关及兴亚院援助下举行创立会，该社遂告成立。经过情形均详载该社取缔后守田良太郎及管原龟太郎编纂之永礼化学株式会社史志。兹将该志内容题要如下：

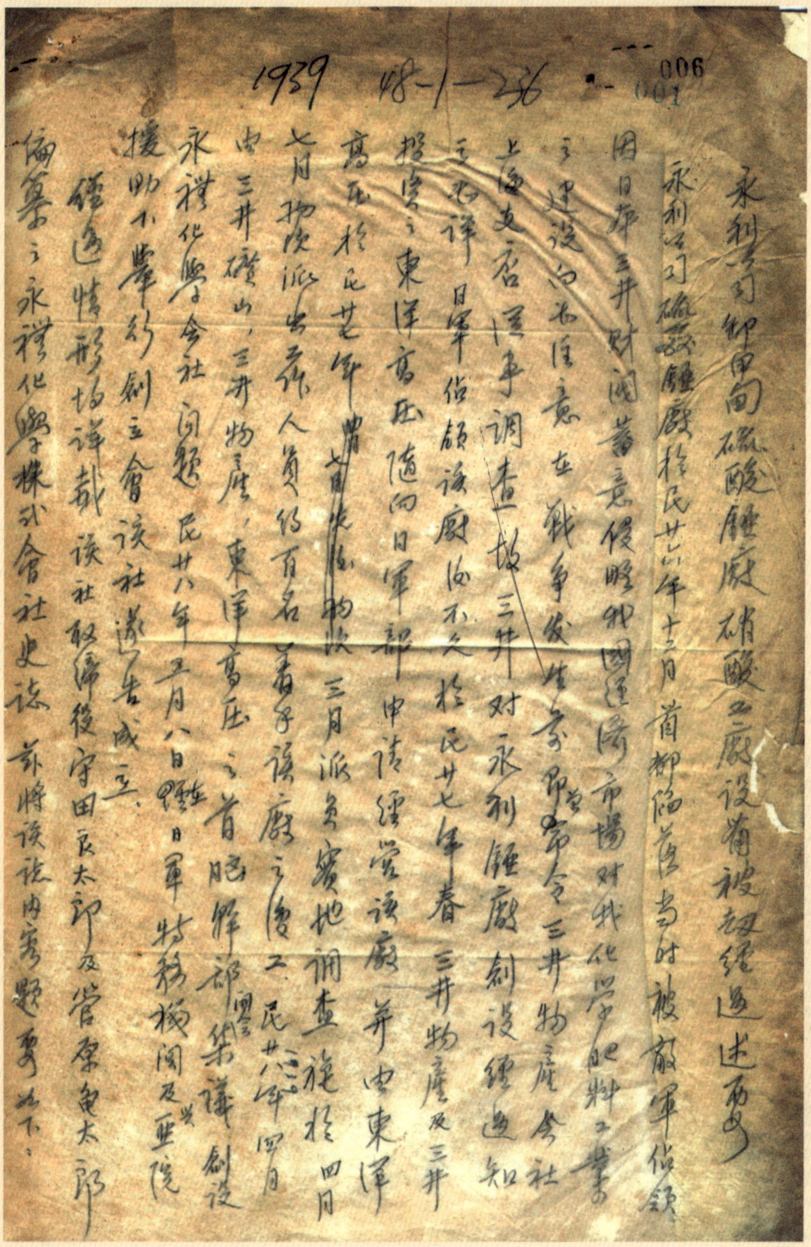
1939 18-1-236
006
永利公司卸甲甸硫酸錏廠硝酸工廠設備被刧經過述要
永利公司硫酸錏廠於民廿六年十二月首都陷落當時被敵軍佔領
因日本三井財閥蓄意侵略我國經濟市場對我化學肥料工業
之建設向甚注意在戰爭發生前即曾命令三井物產會社
上海支店從事調查故三井對永利錏廠創設經過知
之甚詳日軍佔領該廠後不久於民廿七年春三井物產及三井
投資之東洋高壓隨向日軍部申請經營該廠並由東洋
高壓於民廿七年三月派員實地調查旋於四月
七月兩次派出工作人員約百名着手該廠之復工民廿八年四月
由三井礦山三井物產東洋高壓之首腦幹部開會集議創設
永禮化學會社問題民廿八年五月八日在日軍特務機關及興亞院
援助下舉行創立會該社遂告成立
經過情形均詳載該社取締役守田良太郎及管原龜太郎
編纂之永禮化學株式會社史誌 茲將該誌內容題要如下

于民【国】廿八年十月正式复工开始生产硫酸铔，同年该社利用原有硝酸厂制造设备更着手火药工场之建设计划，由日本政府兴亚院、陆军兵工厂及当时南京日本特务机关之指导及援助做成年产硝酸铵炸药四千吨之具体计划着手建设。后因战事关系，物资缺乏，未能完成。后因日本急需增产硝酸加强火药生产，乃于一九四二年三月在日军指导监督之下，以伪永礼会社名义将硝酸厂制造设备盗卖与日本东洋高压会社……（下略）

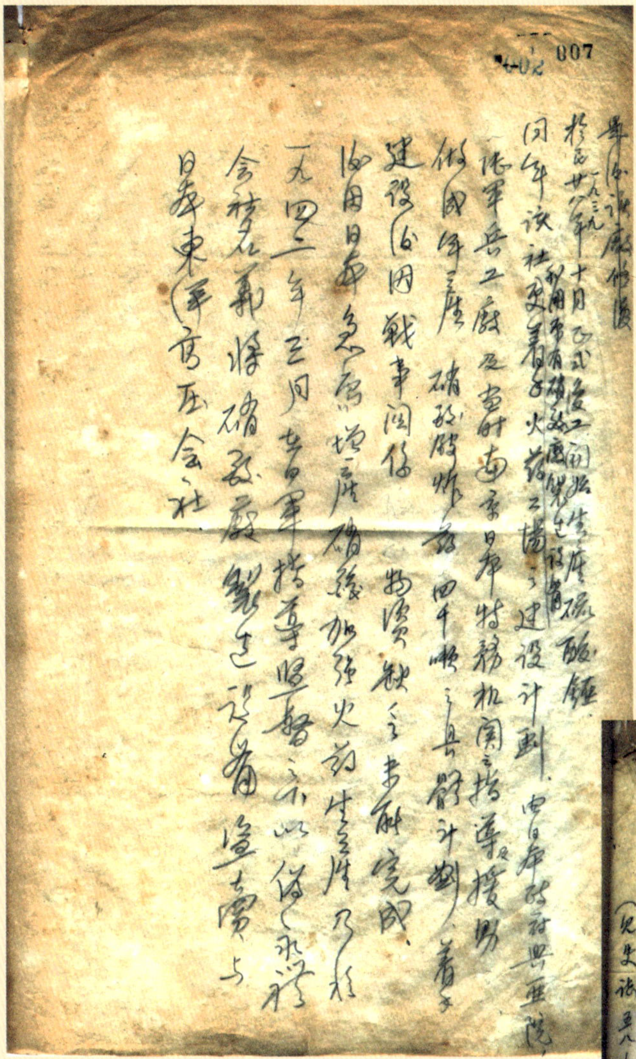

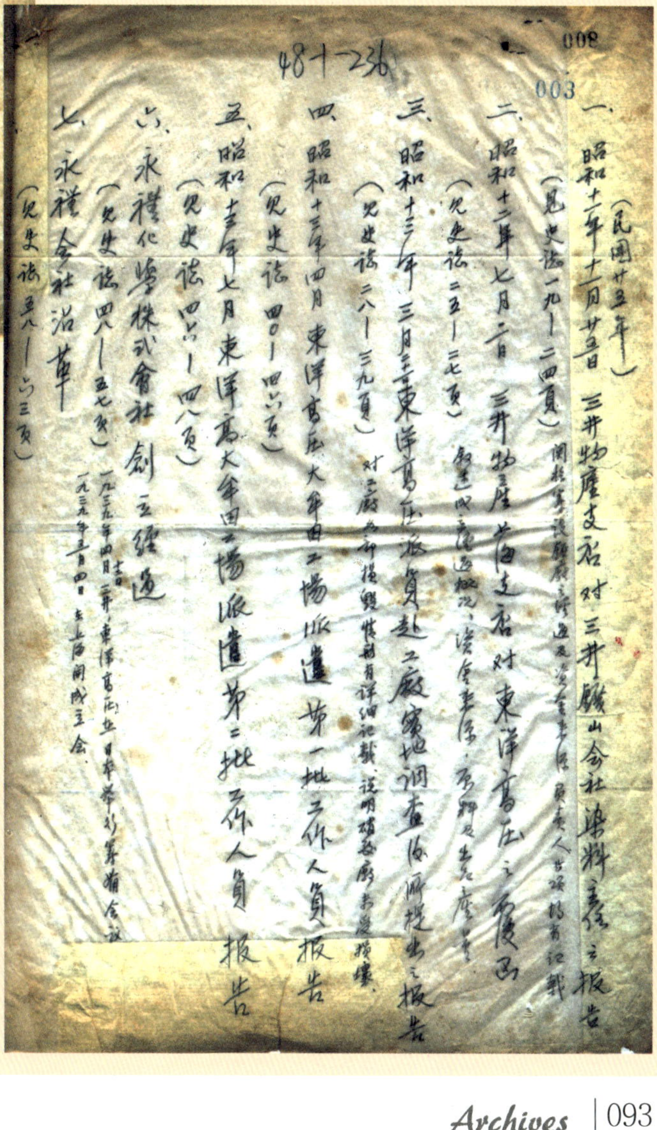

008

003

481-236

一、昭和十一年十一月廿五日（民国廿五年）三井物産支店对三井鑛山会社原料之报告（见史誌一九一二四页）

二、昭和十二年七月二日 三井物産芦西支店对東洋高压之报告（见史誌二五一二七页）

三、昭和十三年三月三十日東洋高压派员赴工厂实地调查后所提出之报告（见史誌二八一三九页）

四、昭和十三年四月東洋高压大牟田工場派遣第一批工作人员报告（见史誌四〇一四六页）

五、昭和十三年七月東洋高压大牟田工場派遣第二批工作人员报告（见史誌四六一四八页）

六、永礼化学株式会社創立經過（见史誌四八一五七页）

七、永礼会社沿革（见史誌五八一六三页）

永利公司卸甲甸硫酸铔厂硝酸工厂设备被劫经过述要

全文：

錏总字第三五二号

迳启者：

此次日本归还劫夺敝厂物资硝酸厂全套机件设备，荷蒙鼎力交涉，关顾周至，得以顺利接收。隆情厚谊，无任感篆。查该项归还机件计共一四八二件（据装箱清册），业由日本大牟田三池港装海鄂轮于本年四月十一日安抵敝厂，刻正按照装箱清册清查点收中。除清册中第四项在日本失窃之白金网一张，以系主要并贵重机件之一，仍须续请贵会惠予交涉追还原件或责令日本按照原件赔偿外，特此奉闻，并致谢忱。敬祈察照，为荷。

此致

中华民国驻日代表团、日本赔偿及归还物资接收委员会

永利化学工业公司錏厂启

一九四八年五月三日

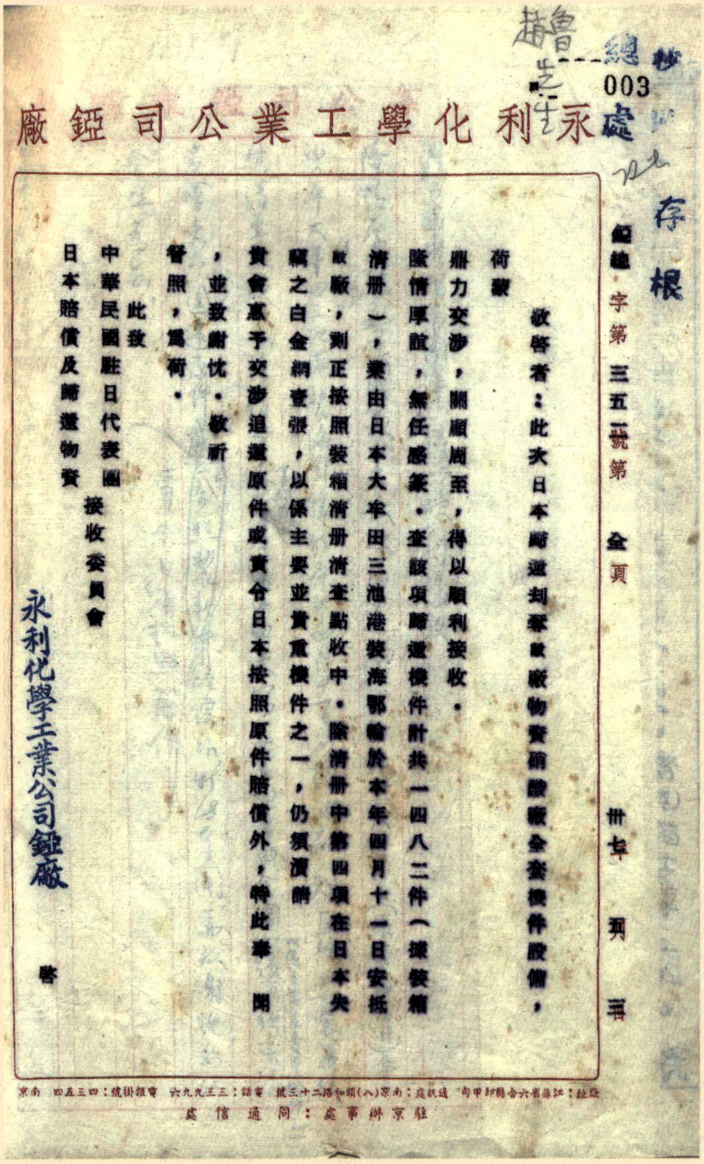

永利化學工業公司錏廠

錏總字第三五二號 第 全 頁

敬啓者：此次日本歸還刼奪敝廠物資硝酸廠全套機件設備，荷蒙鼎力交涉，關顧周至，得以順利接收。隆情厚誼，無任感篆。查該項歸還機件計共一四八二件（據裝箱清冊），業由日本大牟田三池港裝海鄂輪於本年四月十一日安抵敝廠，刻正按照裝箱清冊清查點收中。除清冊中第四項在日本失竊之白金網壹張，以係主要並貴重機件之一，仍須續請貴會惠予交涉追還原件或責令日本按照原件賠償外，特此奉聞，並致謝忱。敬祈督照，為荷。

此致

中華民國駐日代表團

日本賠償及歸還物資接收委員會

永利化學工業公司錏廠 啓

卅七年 五月 三日

永利錏厂与中华民国驻日代表团、日本赔偿及归还物资接收委员会有关日本劫夺永利公司硝酸厂全套机件设备督运回国的函

全文：

呈为硫酸铔厂内硝酸设备被日人拆卸运走恳祈追还事。窃敝公司在江苏省六合县卸甲甸硫酸铔厂曾奉钧署令派人接收，除接收情形当俟整理完毕另行呈报外，兹据侵占敝厂之“永礼化学工业株式会社”负责人玉置丰助氏云：“原有硝酸制造设备曾于民国三十年一月间经日本驻华军部大使馆日本国内之设备营团与当时之南京伪政府实业部四者协议后，命敝社在原状之下全套拆卸运往日本九州大牟田市东洋高压会社（该社即永礼股东之一）。因此遵于同年三月间拆卸完毕，装箱委托日本军用舰船陆续运往指定地点，该项搬运直至同年八月方始完竣，货款之数依据当时审定合日币四十一万余元。上述设备因战时曾受飞机轰炸之影响及无人管理期间窃盗之损害，并非完全无缺者，运日以后业经修复完善，迄最近消息闻该设备在东洋高压工场连续工作每日生产量达二十吨云。如上所陈，贵公司如欲收回该项装置设备，尚希及早与大牟田工场开始谈判，因闻三井近被解散，东洋高压会社既为三井傍系公司之一，恐一旦逸失时机将来不易收回也”等语。查该项硝酸设备本为敝厂之一部，兹既查明下落，自应原物收回。惟目前交通状况，运回该项机器非短期内所能办理，今当三井解散之时，而东洋高压会社又为三井傍系公司之一，理合呈请钧署转呈经济部与驻日盟军总部接洽，先行备案，俟交通状况许可时再行拆卸运回，所有一切费用以及机件损害，应保留向日索还赔偿之权。此呈经济部苏浙皖特派员张

具呈人　永利化学工业股份有限公司

上海办事处代表人李倜夫

地址：上海梅白格路九三号

中华民国三十四年十一月

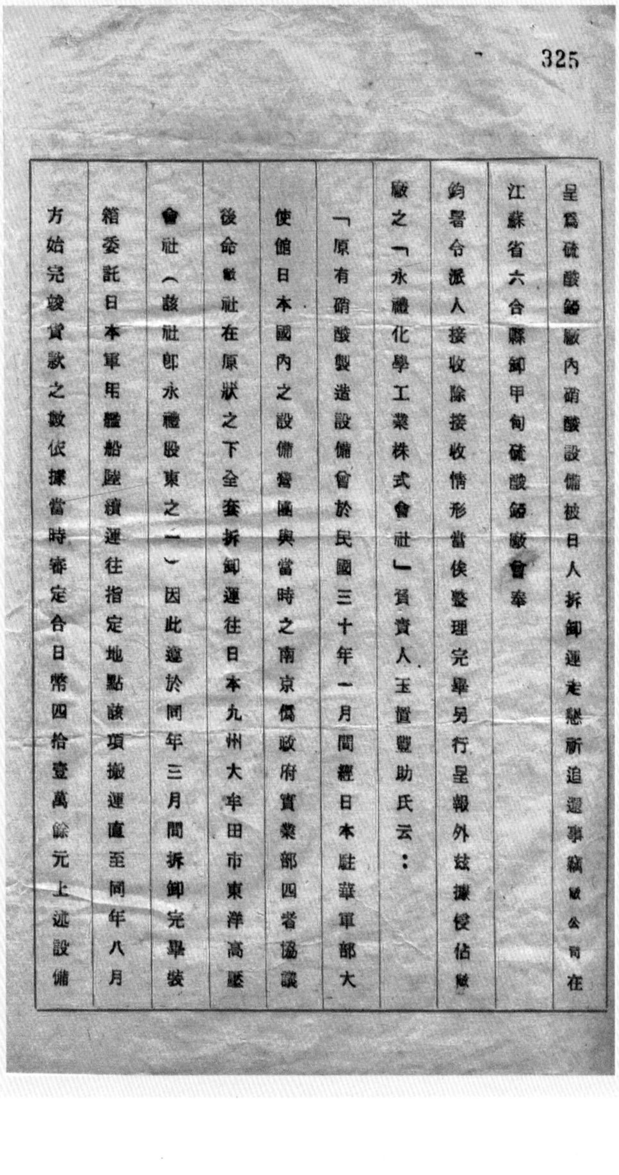

325

呈爲硫酸錏廠內硝酸設備被日人拆卸運走懇祈追還事竊敝公司在
江蘇省六合縣卸甲甸硫酸錏廠曾奉
鈞署令派人接收除接收情形當俟整理完畢另行呈報外玆據侵佔敝
廠之「永禮化學工業株式會社」負責人玉置豐助氏云：
「原有硝酸製造設備曾於民國三十年一月間經日本駐華軍部大
使館日本國內之設備營團與當時之南京僞政府實業部四者協議
後命敝社在原狀之下全套拆卸運往日本九州大牟田市東洋高壓
會社（該社即永禮股東之一）因此遵於同年三月間拆卸完畢裝
箱委託日本軍用艦船陸續運往指定地點該項搬運直至同年八月
方始完竣貨款之數依據當時審定合日幣四拾壹萬餘元上述設備

永利铔厂系著名实业家侯德榜、范旭东先生创建，于1937年2月建成投产，主要设备自美国和德国进口，当时号称“远东第一大厂”。日军占领南京后，铔厂被日本三井特产会社夺占，其硝酸厂全部设备被拆运至九州大牟田，至1948年方交涉收回。这也是日本方面对中国工业掠夺与破坏的重要证据。

因戰時曾受飛機轟炸之影響及無人管理期間竊盜之損害並非完
全無缺者運日以後業經修復完善迄最近消息聞該設備在東洋高
壓工場連續工作每日生產量達二十噸云
如上所陳貴公司如欲收回該項裝置設備尚希及早與大牟田工場
開始談判因聞三井近被解散東洋高壓會社既爲三井傍系公司之
一恐一旦逸失時機將來不易收回也」
等語查該項硝酸設備本爲敝廠之一部玆既查明下落自應原物收回
惟目前交通狀況運回該項機器非短期內所能辦理今當三井解散之
時而東洋高壓會社又爲三井傍系公司之一理合呈請
鈞署轉呈

324

經濟部與駐日盟軍總部接洽先行備案俟交通狀況許可時再行拆卸
運回所有一切費用以及機件損害應保留向日索還賠償之權此呈
經濟部蘇浙皖特派員張

具呈人永利化學工業股份有限公司
上海辦事處代表人李倜夫
地址：上海梅白格路九三號

呈为硫酸铔厂内硝酸设备被日人拆卸运走恳祈追还由

战后审判档案

保管单位：南京市档案馆

内容及评价：

抗战胜利后，国民政府于1945年11月、12月颁布了《处理汉奸条例》、《惩治汉奸条例》，并开始对汪伪汉奸罪行进行审判，南京的各级法院先后审理了两万五千多个汉奸，产生了大量的战后审判档案。

南京市档案馆馆藏有民国首都地方法院、伪首都地方法院、首都高等法院、首都高等法院检察处、伪首都高等法院、伪首都高等检察署、首都高等法院特种刑事法庭、伪民国政府特别法庭、最高法院、江苏高等法院、伪首都警察总监署（警察厅）、首都警察厅司法档案8万卷近15万宗，其中很多是战后审判汉奸档案。这些战后审判汉奸档案从一个侧面记载了日军侵华期间，中国发生的一系列重大事件，如伪冀东防共自治政府、伪临时政府、伪维新政府的组建，汪精卫“和平运动”的过程，日汪密约的谈判，汪伪头面人物历次访日活动经过，伪国民政府“还都”前夕日本帝国主义对中国政治、经济、军事、文化的侵略，汪伪政权内部的倾轧与争斗，汪伪巨奸与重庆政府暗通声气、密谋联合反共等等。南京市档案馆馆藏民国战后审判档案所涉及的汉奸多为直接参与叛国投敌活动的人物，有些人地位虽不显赫，但其档案史料具有一定价值。这些档案对研究日本侵华罪行，汪伪政权的性质及日、汪、蒋的关系均具有重要意义，是研究中华民国史特别是抗日战争史不可多得的档案史料。

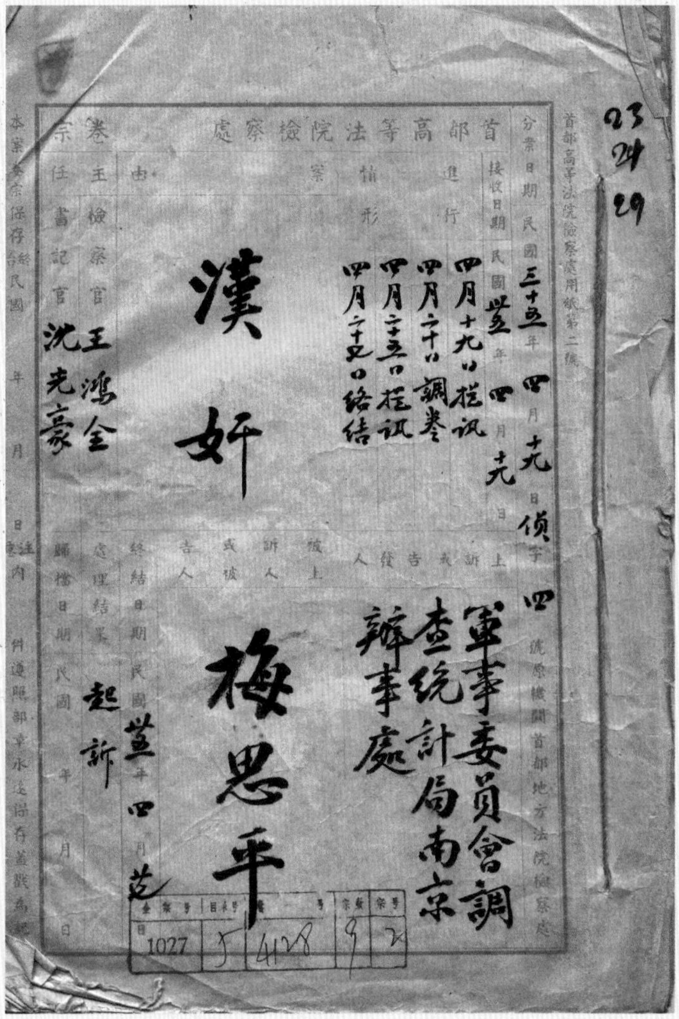
首都高等法院檢察處 卷宗
漢奸 梅思平
軍事委員會調查統計局南京辦事處
王鴻全
沈光豪

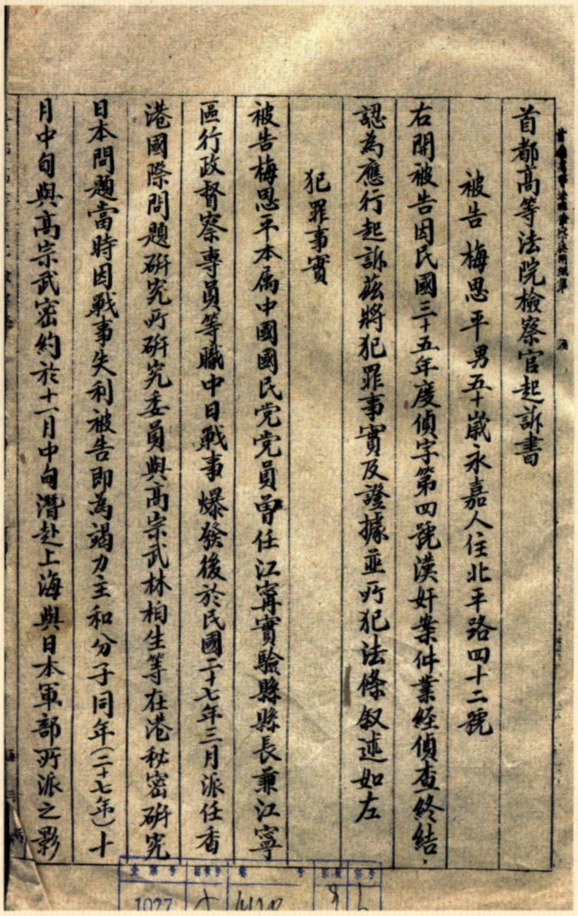
首都高等法院檢察官起訴書
被告 梅思平 男五十歲永嘉人住北平路四十二號
右開被告因民國三十五年度偵字第四號漢奸案件業經偵查終結，
認為應行起訴茲將犯罪事實及證據並所犯法條敘述如左
犯罪事實
被告梅思平本係中國國民党党員曾任江寧實驗縣縣長兼江寧
區行政督察專員等職中日戰事爆發後於民國二十七年三月派任香
港國際問題研究所研究委員與高宗武林柏生等在港秘密研究
日本問題當時因戰事失利被告即為竭力主和分子同年(二十七年)十
月中旬與高宗武密約於十一月中旬潛赴上海與日本軍部所派之影

梅思平起诉书（部分）

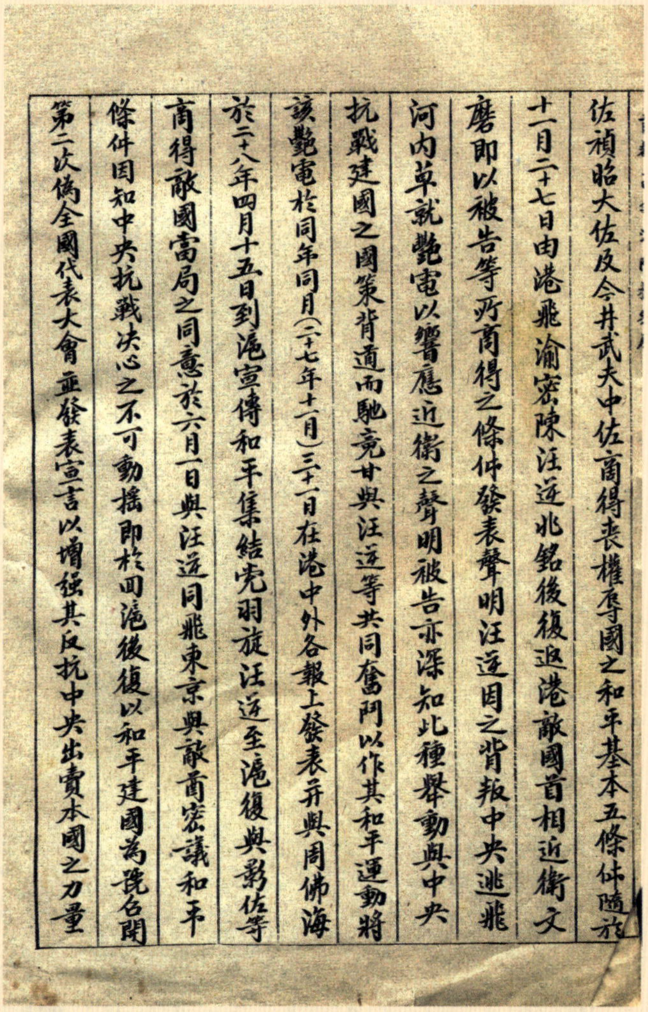
佐禎昭大佐及今井武夫中佐商得表權李國之和平基本五條件隨於
十一月二十七日由港飛渝密陳汪逆兆銘後復返港敵國首相近衛文
磨即以被告等所商得之條件發表聲明汪逆因之背叛中央逃飛
河內草就艷電以響應近衛之聲明被告亦深知此種舉動與中央
抗戰建國之國策背道而馳竟甘與汪逆等共同奮鬥以作其和平運動將
該艷電於同年同月(二十七年十二月)三十一日在港中外各報上發表并與周佛海
於二十八年四月十五日到滬宣傳和平集結党羽旋汪逆至滬復與影佐等
商得敵國當局之同意於六月一日與汪逆同飛東京與敵商密議和平
條件因知中央抗戰決心之不可動搖即於回滬後復以和平建國為號召開
第二次偽全國代表大會並發表宣言以增強其反抗中央出賣本國之力量

人物链接：

梅思平：1896年生，浙江永嘉人。抗战前曾任中央大学、中央政治学校教授，江宁实验县县长，江宁区行政督察专员。1937年任国民党中央政治委员会内政委员，军事委员会第二部专员。1938年派赴香港，任国际研究所委员，年底和高宗武在上海与日军部代表影佐祯昭密商投敌卖国条约。1939年8月，任汪伪国民党中央执行委员会常务委员兼中央党部组织部长。翌年3月，任伪中央政治委员会委员、伪国民政府工商部部长，后兼粮食委员会委员长。1941年秋任实业部部长，其后又历任伪浙江省政府主席、伪内政部部长，直至抗战胜利。1945年9月，梅思平被军统局逮捕，1946年5月9日首都高等法院判处其死刑，同年9月14日在南京被枪决。

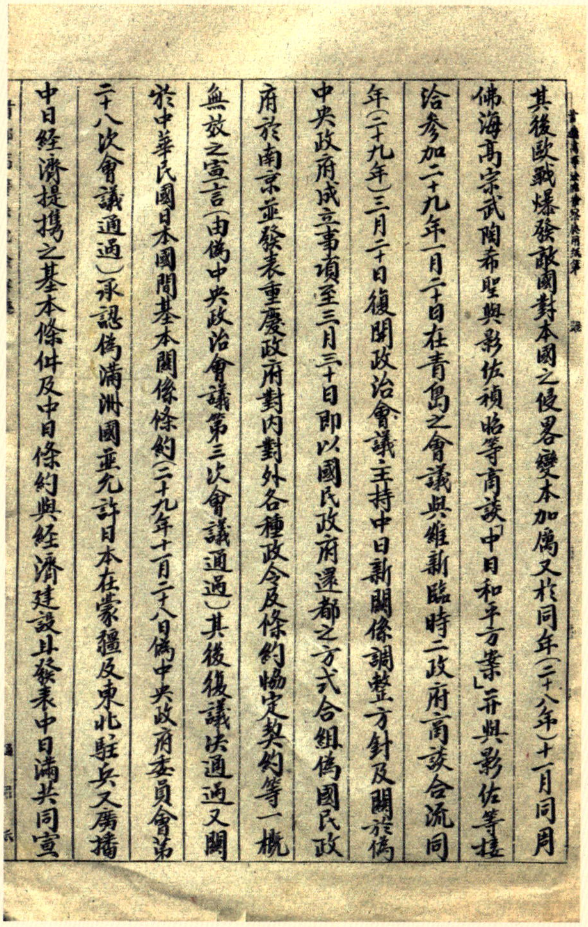

其後歐戰爆發敵國對本國之侵略變本加厲又於同年（二十八年）十一月同周
佛海高宗武陶希聖與影佐禎昭等商談「中日和平方案」并與影佐等接
洽參加二十九年一月二十日在青島之會議與維新臨時二政府商談合流同
年（二十九年）三月二十日復開政治會議主持中日新關係調整方針及關於偽
中央政府成立事項至三月三十日即以國民政府還都之方式合組偽國民政
府於南京並發表重慶政府對內對外各種政令及條約協定契約等一概
無效之宣言（由偽中央政治會議第三次會議通過）其後復議決通過又關
於中華民國日本國間基本關係條約（二十九年十一月二十八日偽中央政府委員會第
二十八次會議通過）承認偽滿洲國並允許日本在蒙疆及東北駐兵又廣播
中日經濟提攜之基本條件及中日條約與經濟建設且發表中日滿共同宣

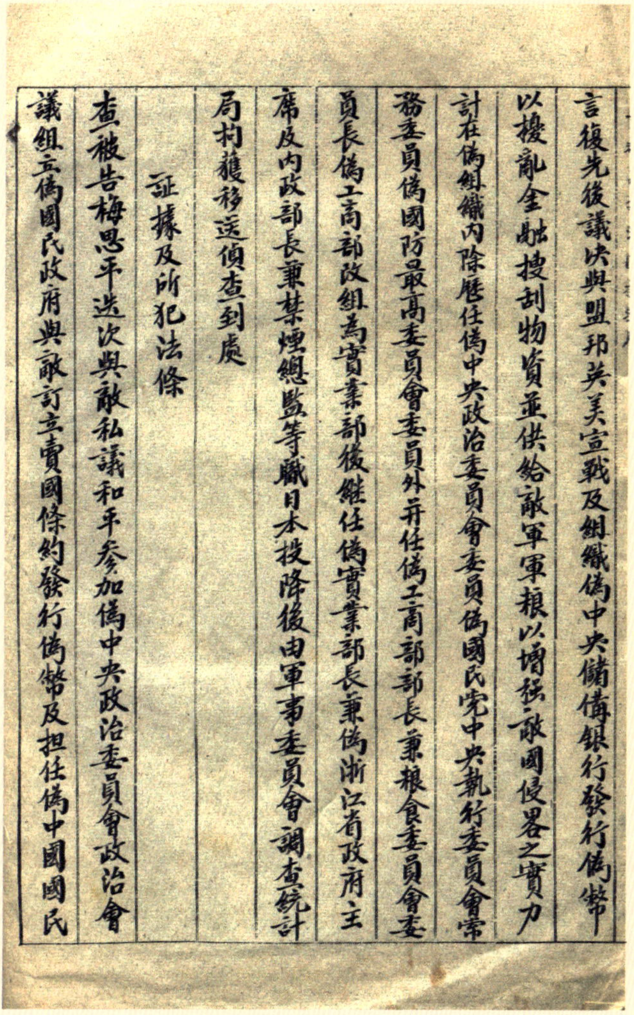

言復先後議決與盟邦英美宣戰及組織偽中央儲備銀行發行偽幣
以擾亂金融搜刮物資並供給敵軍軍糧以增強敵國侵略之實力
討在偽組織內除歷任偽中央政治委員會委員偽國民党中央執行委員會常
務委員偽國防最高委員會委員外并任偽工商部部長兼糧食委員會委
員長偽工商部改組為實業部後繼任偽實業部長兼偽浙江省政府主
席及內政部長兼禁煙總監等職日本投降後由軍事委員會調查統計
局拘獲移送偵查到處

證據及所犯法條

查被告梅思平迭次與敵私議和平參加偽中央政治委員會政治會
議組立偽國民政府與敵訂立賣國條約發行偽幣及担任偽中國國民

價在三十年一月內不出一百元比較各地最為低廉從三十年春我們又將蘇北區收回(日軍糧只限蘇松常一帶採辦)所以杭州鎮江蚌埠揚州南通一帶民食糧委會均得配給以上所說蕪湖米五六千噸交與日軍一節是收回產米區的條件如果無此條件那末蕪湖蘇北二區都不能收回中國各地民食無從調節尤為痛苦如調查詳細情形請查糧食委員卷宗宣傳報告不足為憑的

問 你做浙江省政府主席所指揮的軍隊有多少

答 那時候(民國三十年)省政府主席既不兼綏靖主任又不兼保安司令所以沒有指揮的軍隊

問 南京政府成立後抽壯丁服兵役有沒有的

答 始終沒有

問 南京政府沒有抽壯丁的命令嗎

答 沒有的請查卷情報是靠不住的

問 在淪陷區域內和平隊伍很多是如何產生的呢

答 十之八九是淪陷區內抗戰部隊與中央失了聯絡所以受南京政府指揮的據我所知只有警衛師三師約一萬五千人是北方招募來的亦不是强迫抽丁詳情請查軍委會及陸軍部檔卷本人因不管軍事無從說明

問 發行儲備銀行鈔票經過中央政治會議議决過的嗎

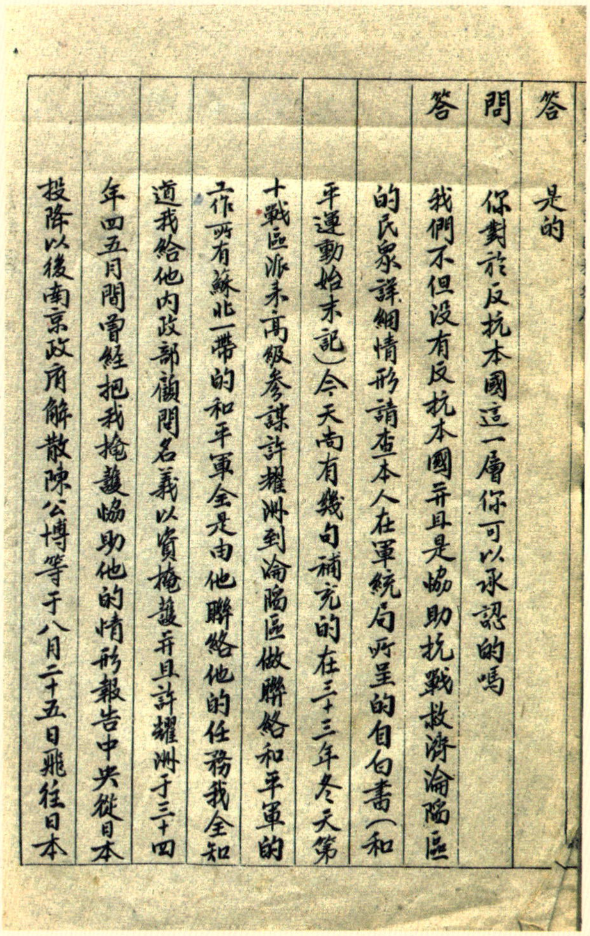
答　是的
問　你對於反抗本國這一層你可以承認的嗎
答　我們不但沒有反抗本國并且是協助抗戰拯救淪陷區
的民衆詳細情形請查本人在軍統局所呈的自白書(和
平運動始末記)今天尚有幾句補充的在三十三年冬天第
十戰區派來高級參謀許耀洲到淪陷區做聯絡和平軍的
工作所有蘇北一帶的和平軍全是由他聯絡他的任務我全知
道我給他内政部顧問名義以資掩護并且許耀洲于三十四
年四五月間曾經把我掩護協助他的情形報告中央從日本
投降以後南京政府解散陳公博等于八月二十五日飛往日本

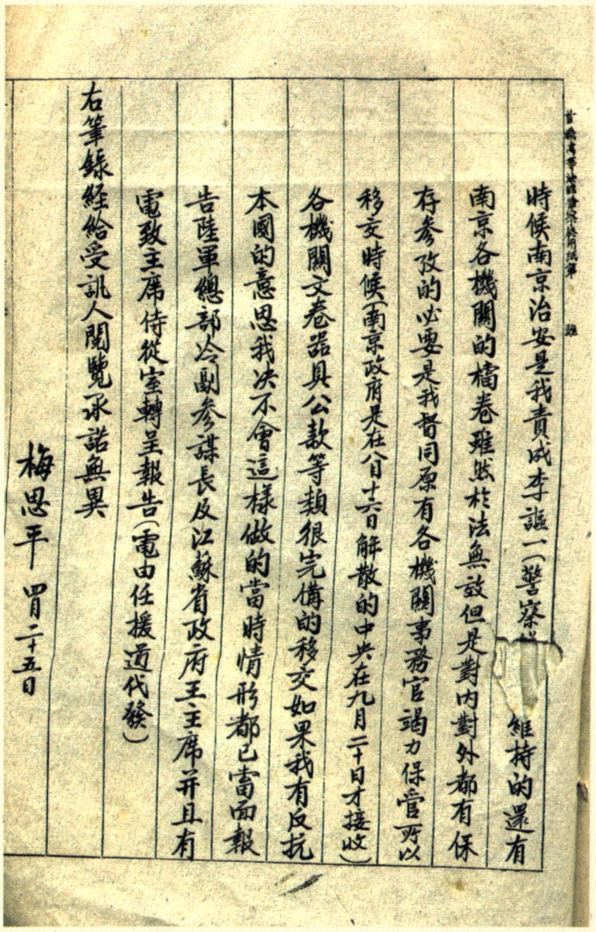
時候南京治安是我責成李謳一(警察[illegible]維持的還有
南京各機關的檔卷雖然於法無效但是對内對外都有保
存參攷的必要是我督同原有各機關事務官竭力保管所以
移交時候(南京政府是在八月十六日解散的中央在九月二十日才接收)
各機關文卷器具公款等類很完備的移交如果我有反抗
本國的意思我決不會這樣做的當時情形都已當面報
告陸軍總部冷副參謀長及江蘇省政府王主席并且有
電致主席侍從室轉呈報告(電由任援道代發)
右筆錄經給受訊人閱覽承諾無異
梅思平　四月二十五日

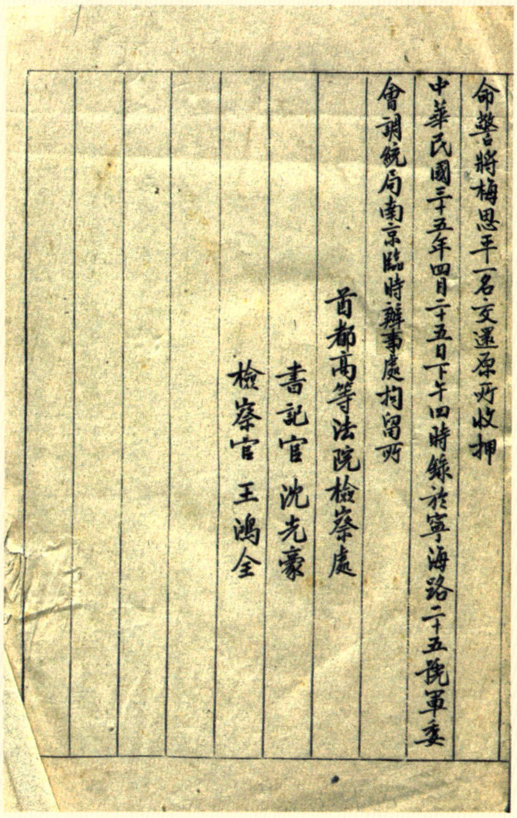
命警將梅思平一名交還原所收押
中華民國三十五年四月二十五日下午四時錄於寧海路二十五號軍委
會調統局南京臨時辦事處拘留所
首都高等法院檢察處
書記官　沈光豪
檢察官　王鴻全

梅思平讯问笔录（部分）

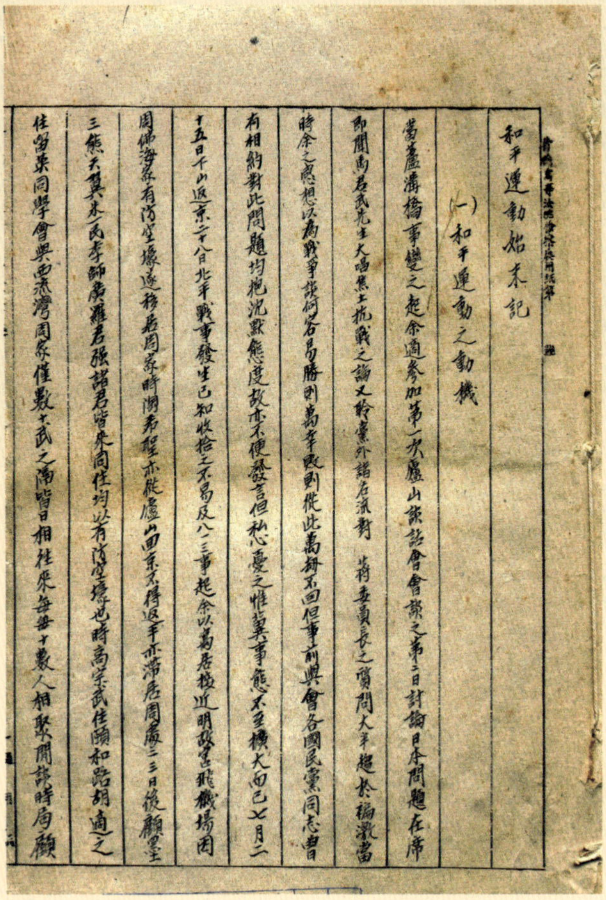

和平運動始末記

(一)和平運動之動機

當蘆溝橋事變之起，余適參加第一次廬山談話會，會談之第三日討論日本問題，在席即聞馬君武先生大唱焦土抗戰之論，又聆黨外諸君對 蔣委員長之質問，大半趨於偏激。當時余之感想以為戰爭若何容易，勝則萬幸，敗則從此萬劫不回。但事前與會各國民黨同志曾有相約，對此問題均抱沉默態度，故亦不便發言，但私心憂之，惟冀事態不至擴大而已。七月二十五日下山返京，二十八日北平戰事發生，已知收拾之不易。及八一三事起，余以為居極近明故宮飛機場，因周佛海家有防空壕，遂移居周家。時陶希聖亦從廬山回京，不得返平，亦滯居周處。二三日後，顧墨三、熊天翼、朱民李、師廣、羅君強諸君皆來同住，均以有防空壕也。時高宗武住頤和路，胡適之住留美同學會，與西流灣周家僅數十武之遙，皆日相往來，每每十數人相聚，閒談時局，顧

梅思平撰写的《和平运动始末记》（部分）

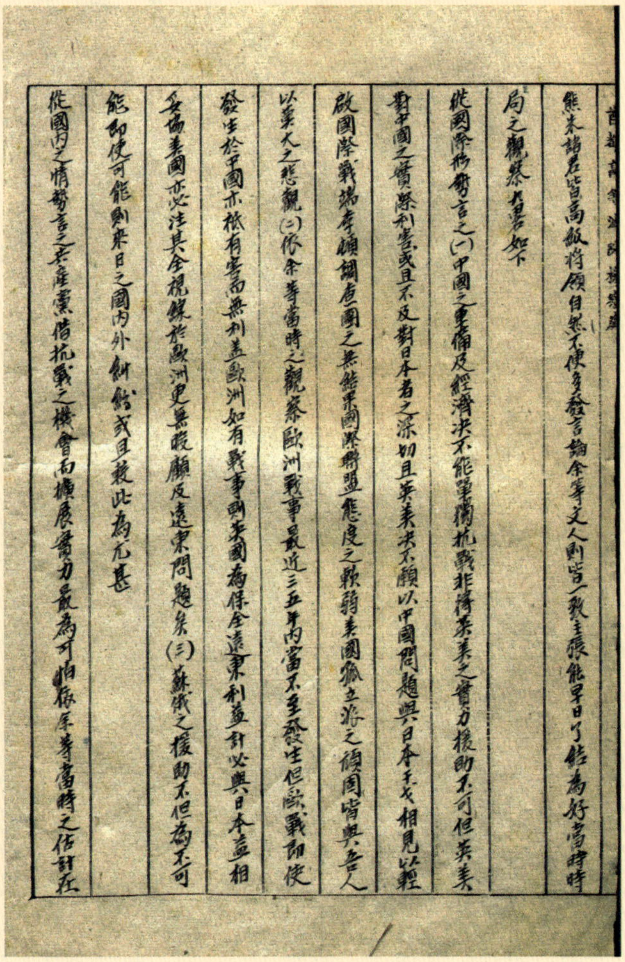

熊朱諸君皆高級將領，自然不便多發言論，余等文人則皆一致主張能早日了結為好。當時時局之觀察大略如下：

從國際形勢言之：(一)中國之軍備及經濟決不能單獨抗戰，非得英美之實力援助不可，但英美對中國之實際利害或且不及對日本者之深切，且英美決不願以中國問題與日本干戈相見，以輕啟國際戰端。李頓調查團之無結果，國際聯盟態度之軟弱，美國孤立派之頑固，皆與吾人以莫大之悲觀。(二)依余等當時之觀察，歐洲戰事最近三五年內當不至發生，但歐戰即使發生，於中國亦祗有害而無利，蓋歐洲如有戰事，則英美國為保全遠東利益，計必與日本益相妥協，美國亦必注其全視線於歐洲，更無暇顧及遠東問題矣。(三)蘇俄之援助不但為不可能，即使可能，則來日之國內外糾紛或且較此為尤甚。

從國內之情勢言之：共產黨借抗戰之機會而擴展實力，最為可怕，依吾等當時之估計，在

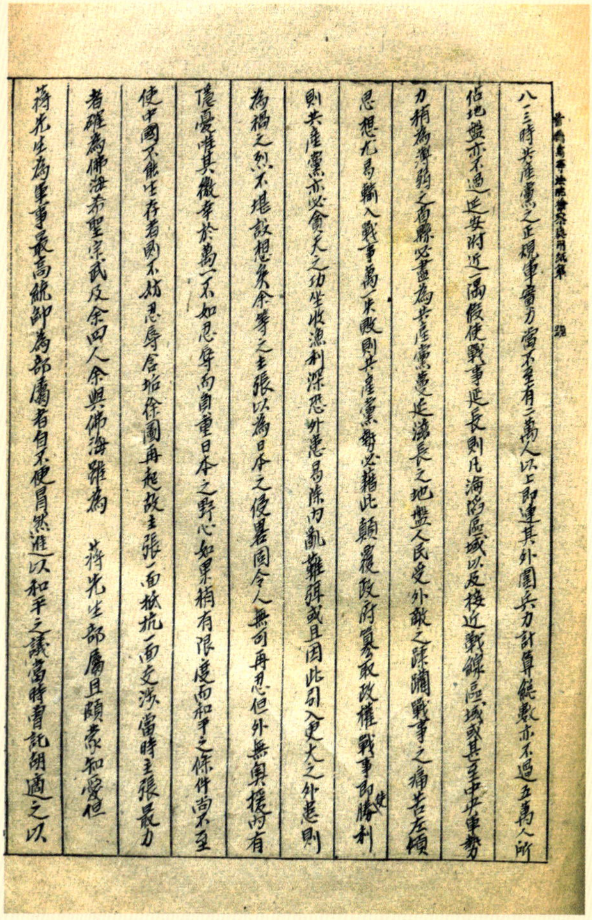

八一三時共產黨之正規軍實力當不至有三萬人以上即連其外圍兵力計算總數亦不過五萬人所佔地盤亦不過延安附近一隅假使戰事延長則凡淪陷區域以及接近戰線區域或甚至中央軍勢力稍為薄弱之省縣必盡為共產黨蔓延滋長之地盤人民受外敵之蹂躪戰事之痛苦左傾思想尤易輸入戰事萬一失敗則共產黨勢必藉此顛覆政府篡取政權戰事即使勝利則共產黨亦必貪天之功坐收漁利深恐外患易除內亂難弭或且因此引入更大之外患則為禍之烈不堪設想矣余等之主張以為日本之侵略固令人無可再忍但外無與援內有隱憂惟其徼幸於萬一不如忍辱而負重日本之野心如果稍有限度而和平之條件尚不至使中國不能生存者則不妨忍辱含垢徐圖再起故主張一面抵抗一面交涉當時主張最力者雖為佛海希聖宗武及余四人余與佛海雖為　蔣先生部屬且頗蒙知愛但　蔣先生為軍事最高統帥為部屬者自不便冒然進以和平之議當時曾託胡適之以

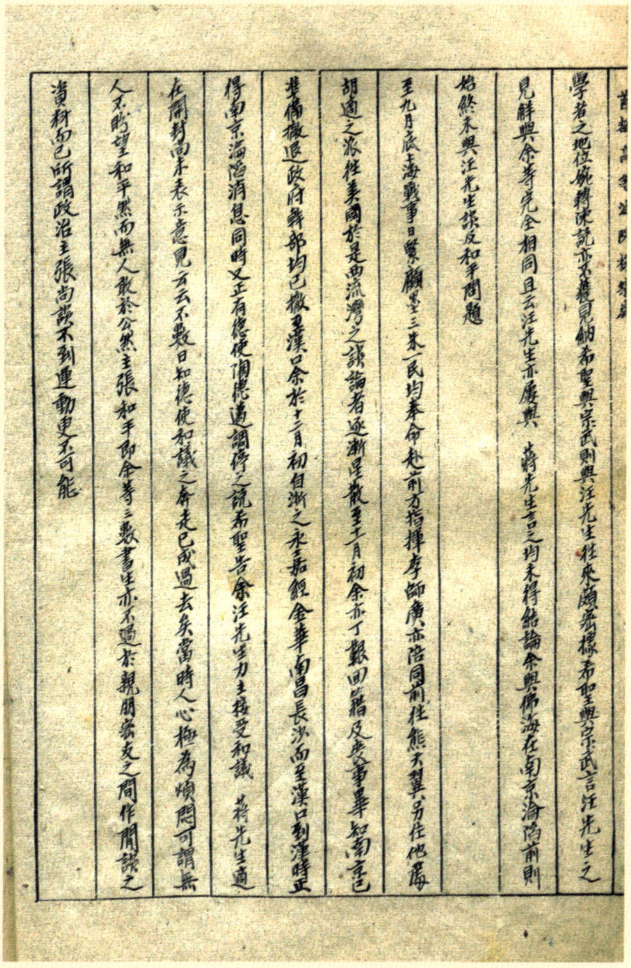

學者之地位婉轉陳說亦不獲見納希聖與宗武則與汪先生往來頗密據希聖與宗武言汪先生之見解與余等完全相同且云汪先生亦屢與　蔣先生言之均未得結論余與佛海在南京淪陷前則始終未與汪先生談及和平問題

至九月底上海戰事日緊顧墨三朱一民均奉命赴前方指揮李師廣亦陪同前往熊天翼另往他處胡適之派往美國於是西流灣之談論者逐漸星散至十月初余亦丁艱回籍及喪事畢知南京已準備撤退政府各部均已撤至漢口余於十二月初自浙之永嘉經金華南昌長沙而至漢口到漢時正得南京淪陷消息同時又正有德使陶德曼調停之說希聖告余汪先生力主接受和議　蔣先生適在開封尚未表示意見方云不數日知德使和議之奔走已成過去矣當時人心極為煩悶可謂無人不盼望和平然而無人敢於公然主張和平即余等三數書生亦不過於親朋密友之間作閒談之資料而已所謂政治主張尚談不到運動更不可能

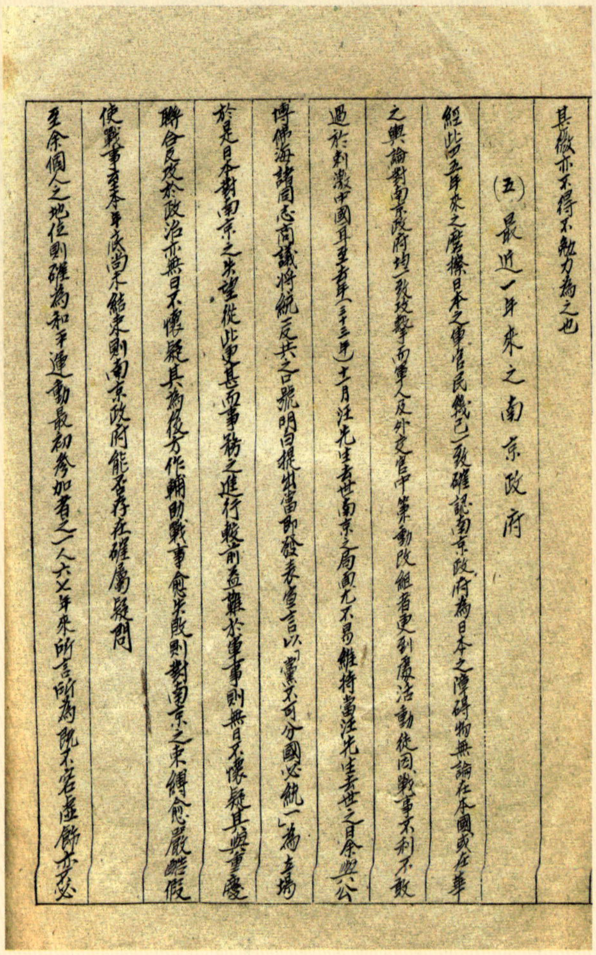

甚微亦不得不勉力為之也

（五）最近一年來之南京政府

經此四五年來之磨擦日本之軍官民幾已一致確認南京政府為日本之障碍物無論在本國或在華之輿論對南京政府均一致攻擊而軍人及外交官中策動改組者更到處活動徒因戰事不利不敢過於刺激中國耳至去年（三十三年）十一月汪先生去世南京之局面尤不易維持當汪先生去世之日余與公博佛海諸同志商議將統一反共之口號明白提出當即發表宣言以「黨不可分國必統一」為立場於是日本對南京之失望從此更甚而事務之進行較前益難於軍事則無日不懷疑其與重慶聯合反攻於政治亦無日不懷疑其為後方作輔助戰事愈失敗則對南京之束縛愈嚴酷假使戰事至本年底尚未結束則南京政府能否存在確屬疑問

至余個人之地位則確為和平運動最初參加者之一人六七年來所言所為既不容虛飾亦不必

首都高等法院看守所用紙第　頁

否認事實具在不難一一覆案也惟當時和平運動者之心境及其中曲折之事實在戰事未了之前後方同志所不能盡知而此間同志尤不便明言者因為縷述之如上

三十四年十二月十五日　梅思手

梅思平撰写的《和平运动始末记》（部分）

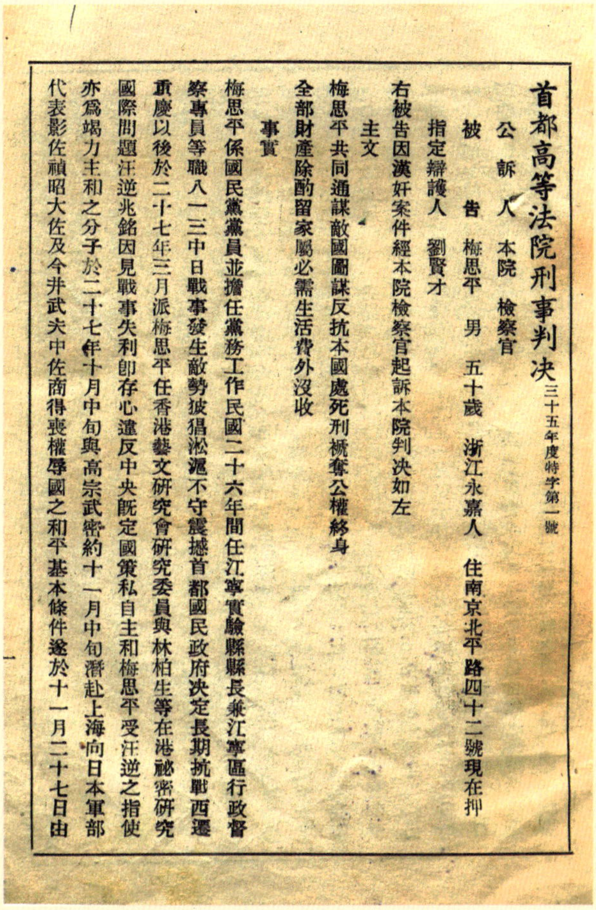

首都高等法院刑事判決 三十五年度特字第一號

公訴人 本院 檢察官

被告 梅思平 男 五十歲 浙江永嘉人 住南京北平路四十二號現在押

指定辯護人 劉賢才

右被告因漢奸案件經本院檢察官起訴本院判決如左

主文

梅思平共同通謀敵國圖謀反抗本國處死刑褫奪公權終身全部財產除酌留家屬必需生活費外沒收

事實

梅思平係國民黨黨員並擔任黨務工作民國二十六年間任江寧實驗縣縣長兼江寧區行政督察專員等職八一三中日戰事發生敵勢披猖淞滬不守震撼首都國民政府決定長期抗戰西遷重慶以後於二十七年三月派梅思平任香港藝文研究會研究委員與林柏生等在港祕密研究國際問題汪逆兆銘因見戰事失利卽存心違反中央既定國策私自主和梅思平受汪逆之指使亦爲竭力主和之分子於二十七年十月中旬與高宗武密約十一月中旬潛赴上海向日本軍部代表影佐禎昭大佐及今井武夫中佐商得喪權辱國之和平基本條件遂於十一月二十七日由

首都高等法院刑事判决书

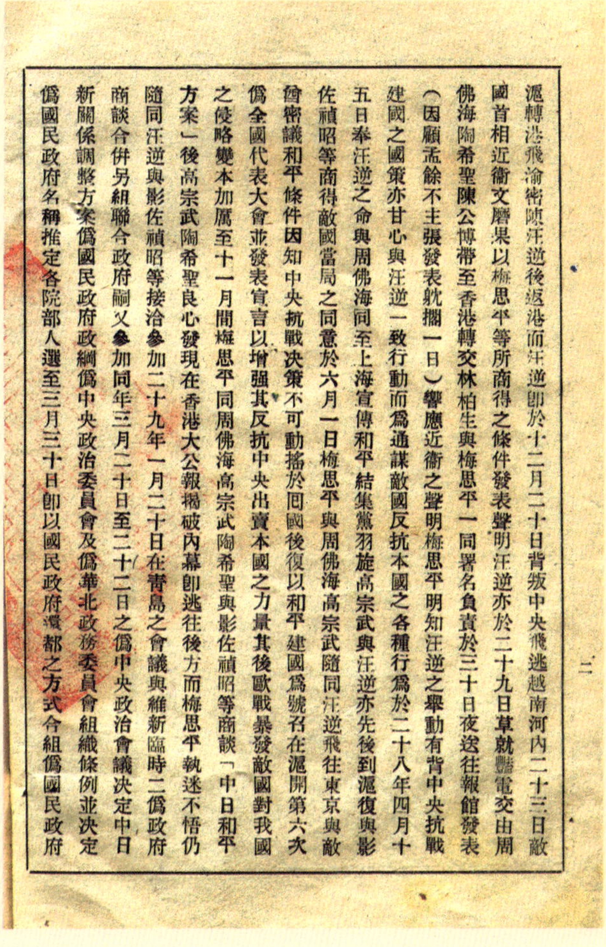

滬轉港飛渝將陳汪逆後返港而汪逆卽於十二月二十日背叛中央飛逃越南河內二十三日敵國首相近衛文麿果以梅思平等所商得之條件發表聲明汪逆亦於二十九日草就豔電交由周佛海陶希聖陳公博帶至香港轉交林柏生與梅思平一同署名負責於三十日夜送往報館發表（因顧孟餘不主張發表躭擱一日）響應近衛之聲明梅思平明知汪逆之舉動有背中央抗戰建國之國策亦甘心與汪逆一致行動而爲通謀敵國反抗本國之各種行爲於二十八年四月十五日奉汪逆之命與周佛海同至上海宣傳和平結集黨羽旋高宗武與汪逆亦先後到滬復與影佐禎昭等商得敵國當局之同意於六月一日梅思平與周佛海高宗武隨同汪逆飛往東京與敵酋密議和平條件因知中央抗戰決策不可動搖於回國後復以和平建國爲號召在滬開第六次僞全國代表大會並發表宣言以增强其反抗中央出賣本國之力量其後歐戰暴發敵國對我國之侵略變本加厲至十一月間梅思平同周佛海高宗武陶希聖與影佐禎昭等商談「中日和平方案」後高宗武陶希聖良心發現在香港大公報揭破內幕卽逃往後方而梅思平執迷不悟仍隨同汪逆與影佐禎昭等接洽參加二十九年一月二十日在青島之會議與維新臨時二僞政府商談合併另組聯合政府嗣又參加同年三月二十日至二十二日之僞中央政治會議決定中日新關係調整方案僞國民政府政綱僞中央政治委員會及僞華北政務委員會組織條例並決定僞國民政府名稱推定各院部人選至三月三十日卽以國民政府還都之方式合組僞國民政府

二

於南京並發表重慶政府對內對外各種政令及條約協定等一概無效之宣言當其時梅思平任僞工商部部長兼僞中央政治會議委員而敵國由阿部信行任僞府大使慶祝還都並着手新關係之調整雙方派定全權代表在南京舉行調整會議自二十九年七月五日起至八月三十一日止共開會十六次梅思平均出席參加嗣於十一月二十八日由僞中央政治委員會第二十八次會議通過關於中華民國日本國間基本關係條約承認僞滿洲國並允許日本在蒙疆及東北駐兵又廣播中日經濟提攜之基本條件及中日條約與經濟建設且發表中日滿共同宣言復陸續議決與盟邦英美宣戰及成立僞中央儲備銀行發行僞幣以擾亂金融搜括物資並供給敵軍軍糧以增加敵國侵略之實力計該被告在僞組織內除歷任僞中央政治委員會委員僞國民黨中央執行委員會常務委員組織部部長僞國防最高委員會委員外並繼續任僞工商部部長兼僞糧食委員會委員長僞實業部部長兼僞浙江省政府主席僞內政部部長兼辦禁烟事務直至日本投降僞組織解體迄未間斷經軍事委員會調查統計局拘獲移送本院檢察官偵查起訴

理由

本案被告對於當初如何與高宗武潛赴上海由高宗武與日本軍部代表影佐禎昭大佐及今井武夫中佐商得喪權辱國之和平基本條件後由其飛渝密陳汪逆兆銘如何將汪逆豔電與林柏生一同署名負責在港發表如何奉汪逆之命與周佛海同至上海宣傳和平運動並隨同汪逆飛

三

往東京由汪逆與日本當局接洽如何參加第六次僞全國代表大會發表宣言如何同周佛海高宗武陶希聖等與影佐禎昭等商談和平條件如何參加青島會議商談組織聯合政府及在僞組織黨政二方擔任重要各職直至日寇投降爲止均經分別在偵查或審判中供承不諱且有據其提出親筆所書「和平運動始末記」及「辯訴書」各一册足資佐證至於上開其餘詳細事實亦有僞「國民政府公報」僞宣傳部編印之「和平反共建國文獻」及「國民政府施政概況」「西島五一編輯之「日華條約及日滿華共同宣言解說」中央導報出版之「世界政治經濟年鑑」等刊物記載可證此外附從汪逆組織僞府以後覥顏事敵爲虎作倀禍國殃民之惡跡不但各種僞公文及報紙之記載在在足以證明而且爲中外人士所共見共聞是該被告與汪逆等共同通謀敵國圖謀反抗本國之事實已屬彰明較著自可認定無疑惟據該被告抗辯意旨（一）豔電以前之奔走係奉汪逆之命而爲探得和平條件之後飛渝報告汪逆即無異報告中央（二）汪逆以國民黨副總裁之地位手寫電稿囑爲發表又豈有加以拒絕之理（三）與汪逆同飛東京純以私人隨員之資格並未與日當局見面即汪逆亦未與日當局密議和平條件（四）在滬召開第六次僞全國代表大會被告以一普通黨員何能有此力量（五）僞中央政治委員爲主席所聘任或指派無異於主席之顧問諮議且中政會之決議主席有最後之核定權凡關於外交或財政金融上各種施策微論不足認爲反抗本國即使反抗本國亦與被告無涉等情詞或

四

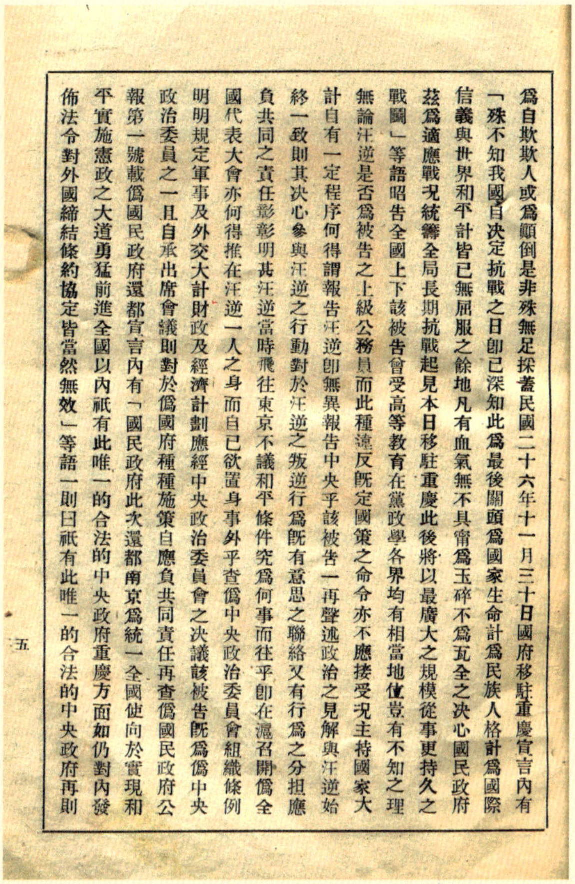

爲自欺欺人或爲顚倒是非殊無足採蓋民國二十六年十一月三十日國府移駐重慶宣言內有「殊不知我國自決定抗戰之日卽已深知此爲最後關頭爲國家生命計爲民族人格計爲國際信義與世界和平計皆已無屈服之餘地凡有血氣無不具甯爲玉碎不爲瓦全之決心國民政府茲爲適應戰况統籌全局長期抗戰起見本日移駐重慶此後將以最廣大之規模從事更持久之戰鬬」等語昭告全國上下該被告曾受高等教育在黨政學各界均有相當地位豈有不知之理無論汪逆是否爲被告之上級公務員而此種違反既定國策之命令亦不應接受况主持國家大計自有一定程序何得謂報告汪逆卽無異報告中央乎該被告一再聲述政治之見解與汪逆始終一致則其決心參與汪逆之行動對於汪逆之叛逆行爲既有意思之聯絡又有行爲之分担應負共同之責任彰彰明甚汪逆當時飛往東京不議和平條件究爲何事而往乎卽在滬召開僞全國代表大會亦何得推在汪逆一人之身而自已欲置身事外乎查僞中央政治委員會組織條例明明規定軍事及外交大計財政及經濟計劃應經中央政治委員會之決議該被告既爲僞中央政治委員之一且自承出席會議則對於僞國府種種施策自應負共同責任再查僞國民政府公報第一號載僞國民政府還都宣言內有「國民政府此次還都南京爲統一全國使向於實現和平實施憲政之大道勇猛前進全國以內祇有此唯一的合法的中央政府重慶方面如仍對內發佈法令對外國締結條約協定皆當然無效」等語一則曰祇有此唯一的合法的中央政府再則

五

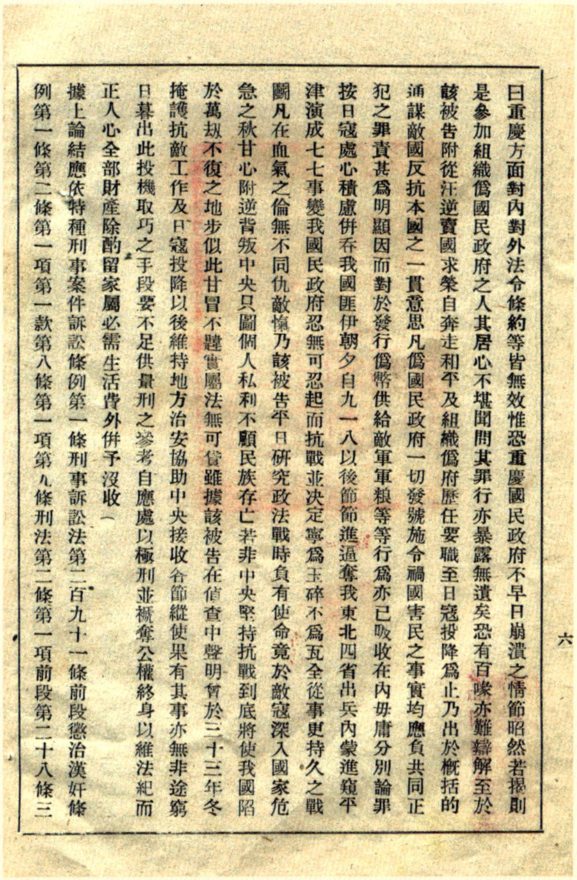

曰重慶方面對內對外法令條約等皆無效惟恐重慶國民政府不早日崩潰之情節昭然若揭則是參加組織僞國民政府之人其居心不堪聞問其罪行亦暴露無遺矣恐有百喙亦難辯解至於該被告附從汪逆賣國求榮自奔走和平及組織僞府歷任要職至日寇投降爲止乃出於槪括的通謀敵國反抗本國之一貫意思凡僞國民政府一切發號施令禍國害民之事實均應負共同正犯之罪責甚爲明顯因而對於發行僞幣供給敵軍軍粮等等行爲亦已吸收在內毋庸分別論罪

按日寇處心積慮併吞我國匪伊朝夕自九一八以後節節進逼奪我東北四省出兵內蒙進窺平津演成七七事變我國民政府忍無可忍起而抗戰並決定寧爲玉碎不爲瓦全從事更持久之戰鬬凡在血氣之倫無不同仇敵愾乃該被告平日研究政法戰時負有使命竟於敵寇深入國家危急之秋甘心附逆背叛中央只圖個人私利不顧民族存亡若非中央堅持抗戰到底將使我國陷於萬刼不復之地步似此甘冒不韙實屬法無可貸雖據該被告在偵查中聲明曾於三十三年冬掩護抗敵工作及日寇投降以後維持地方治安協助中央接收各節縱使果有其事亦無非途窮日暮出此投機取巧之手段要不足供量刑之參考自應處以極刑並褫奪公權終身以維法紀而正人心全部財產除酌留家屬必需生活費外併予沒收（

據上論結應依特種刑事案件訴訟條例第一條刑事訴訟法第二百九十一條前段懲治漢奸條例第一條第二條第一項第一款第八條第一項第九條刑法第二條第一項前段第二十八條三

六

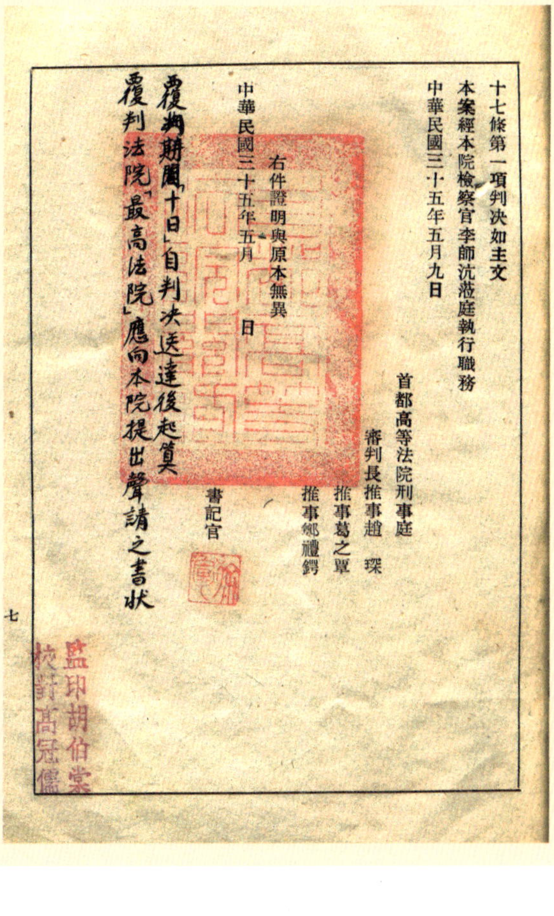

十七條第一項判決如主文

本案經本院檢察官李師沆蒞庭執行職務

中華民國三十五年五月九日

首都高等法院刑事庭

審判長推事趙　琛

推事葛之覃

推事鄉禮鍔

右件證明與原本無異

中華民國三十五年五月　日

書記官

覆判期間「十日」自判決送達後起算

覆判法院「最高法院」應向本院提出聲請之書狀

七

監印胡伯棠

校對高冠儒

首都高等法院刑事判决书

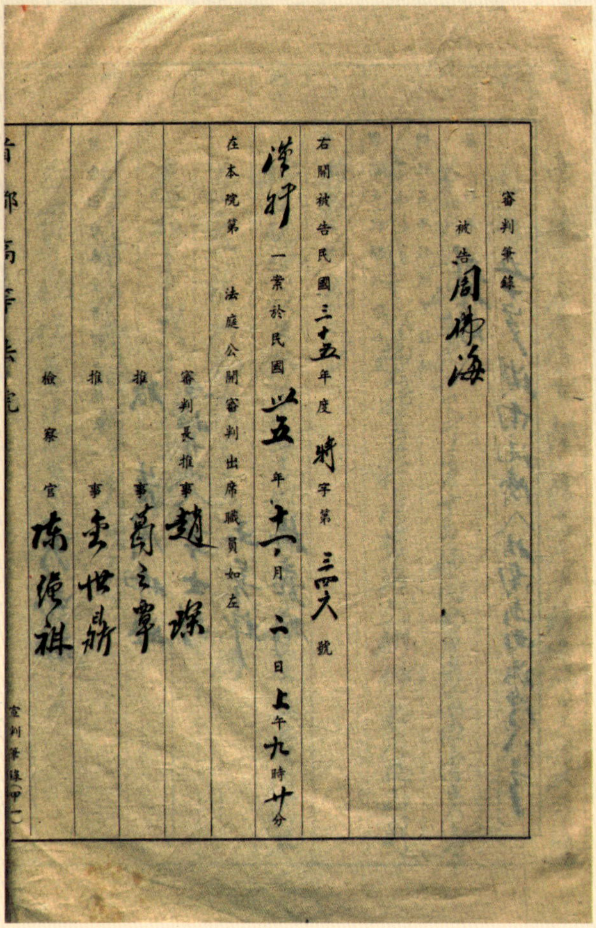
审判笔录

被告 周佛海

右开被告民国三十五年度特字第三四六号

汉奸一案于民国卅五年十一月二日上午九时廿分

在本院第 法庭公开审判出席职员如左

审判长推事 赵琛

推事 葛之覃

推事 金世鼎

检察官

首都高等法院

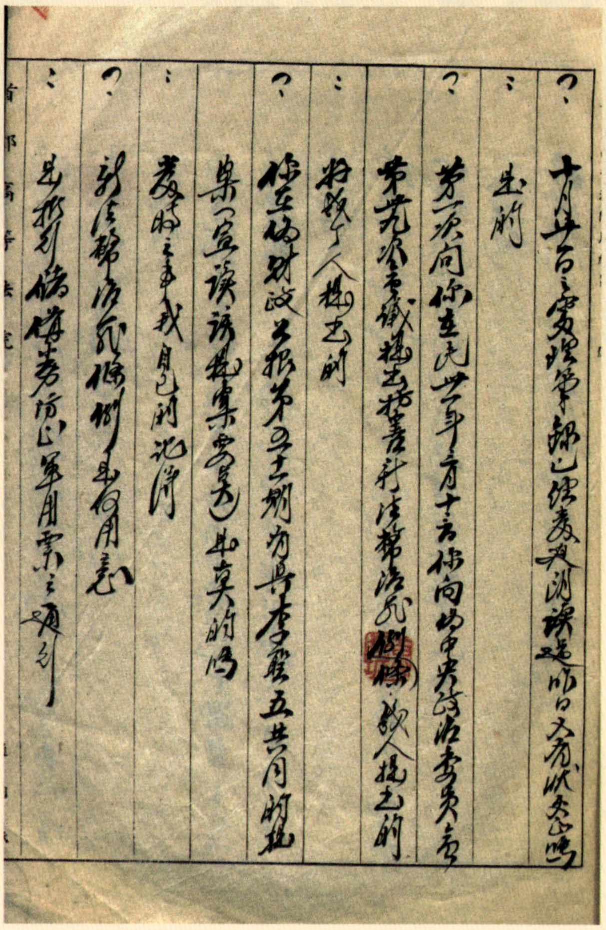

周佛海讯问笔录（部分）

人物链接：

周佛海：1897年生于湖南省沅陵县，1917年去日本留学。1921年7月，作为共产主义日本小组的代表，出席了中国共产党第一次全国代表大会。1924年5月，担任国民党中央宣传部秘书兼广东大学教授。同年9月脱离中国共产党，并发表文章公开反对马列主义在中国的传播。1926年10月，国民革命军攻克武汉后，周佛海任总司令部行营秘书，旋又任国民党中央军事政治学校武汉分校秘书长兼政治部主任。1927年改任中央陆军军官学校政治总教官。1931年，国民党第四次全国代表大会选举周佛海为国民党中央委员，以后历任江苏省政府委员兼教育厅厅长，国民党中央民众训练部部长。1937年8月，被任命为军事委员会委员长侍从室二处副主任兼第五组组长，后又任国民党大本营第二部副部长。1938年3月底，任国民党中央宣传部副部长。同年12月，与汪精卫从昆明逃到河内，从事叛国投敌活动。1940年3月起，周佛海历任汪伪国民党中央执行委员会常务委员、伪财政部部长、伪警政部部长，并先后兼任伪中央财务委员会主任委员、伪中央政治委员会委员兼秘书长、伪军事委员会委员、伪行政院副院长、伪中央储备银行总裁、伪税警总团总团长、伪最高国防会议委员兼秘书长、伪敌产管理委员会委员长、伪物资统制委员会委员长、伪军事委员会副委员长及伪上海市市长等职。日本投降后，因与重庆政府暗通声气，被任命为军事委员会上海行动总队总司令，“负责维持地方治安”。1946年10月，国民党首都高等法院以“通谋敌国，反抗本国政府”的汉奸罪判其死刑，翌年3月26日，蒋介石下令改判无期徒刑。1948年2月28日，病死于南京老虎桥监狱。

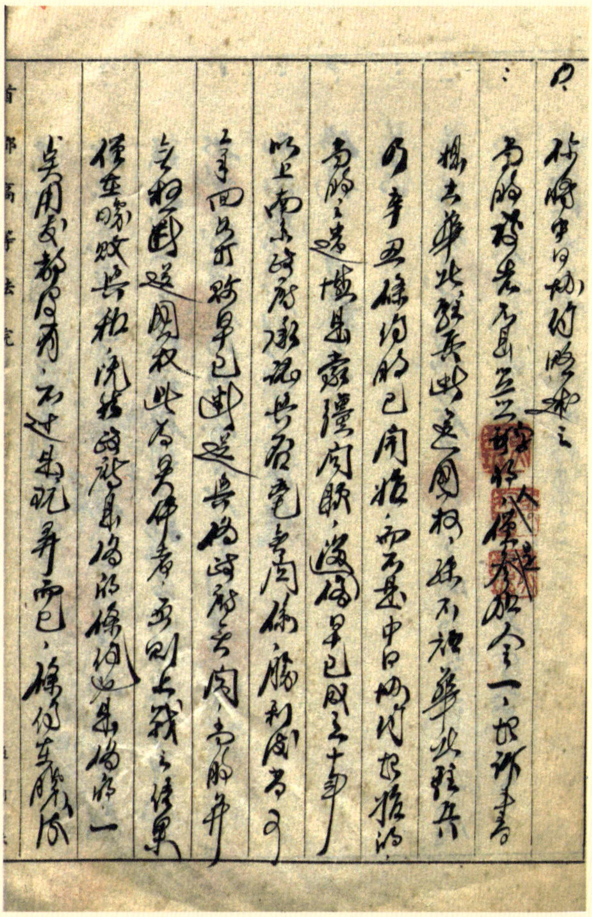

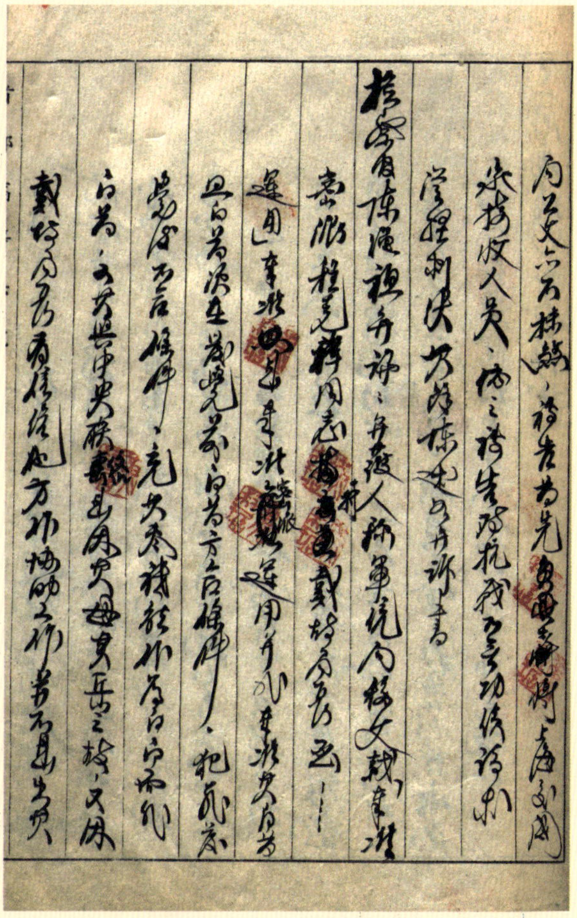

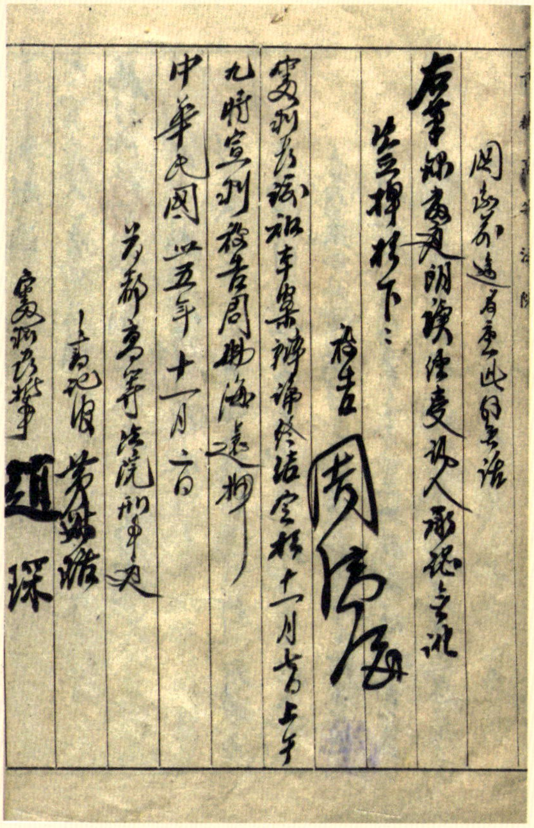

中华民国卅五年十一月 日

首都高等法院刑事庭

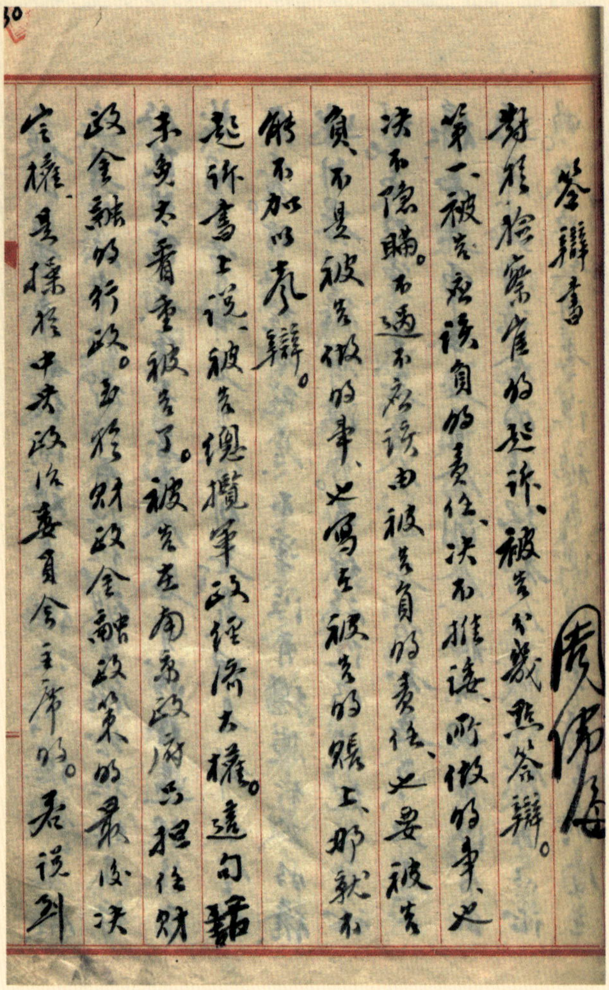

答辯書

對於檢察官的起訴，被告分別答辯。周佛海

第一，被告應該負的責任，決不推諉，所做的事，也決不隱瞞。不過不應該由被告負的責任，也要被告負，不是被告做的事，也寫在被告的賬上，那就不能不加以聲辯。

起訴書上說，被告總攬軍政經濟大權。這句話未免太看重被告了。被告在南京政府只擔任財政金融的行政。至於財政金融政策的最後決定權，是操於中央政治委員會主席的。若說到

周佛海答辩书（部分）

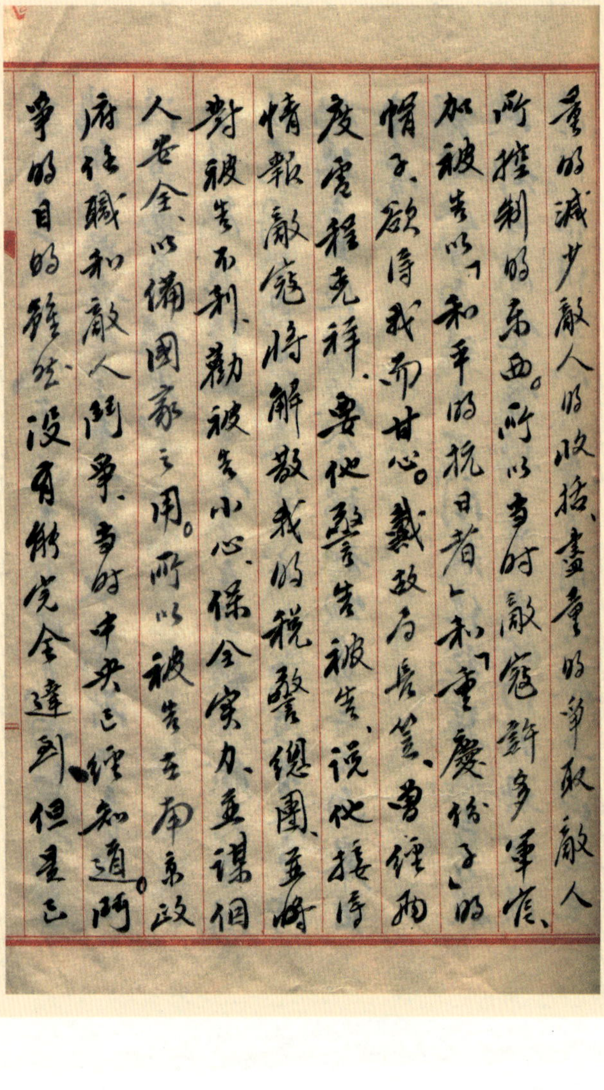

量的減少敵人的收括，盡量的爭取敵人所控制的東西。所以當時敵寇許多軍官，加被告以「和平的抗日者」和「重慶份子」的帽子，欲得我而甘心。戴笠局長曾經兩度電程克祥，要他警告被告，說他接得情報，敵寇將解散我的稅警總團，並將對被告不利，勸被告小心，保全實力，並謀個人安全，以備國家之用。所以被告在南京政府任職和敵人鬥爭，當時中央已經知道。所爭的目的雖然沒有能完全達到，但是已

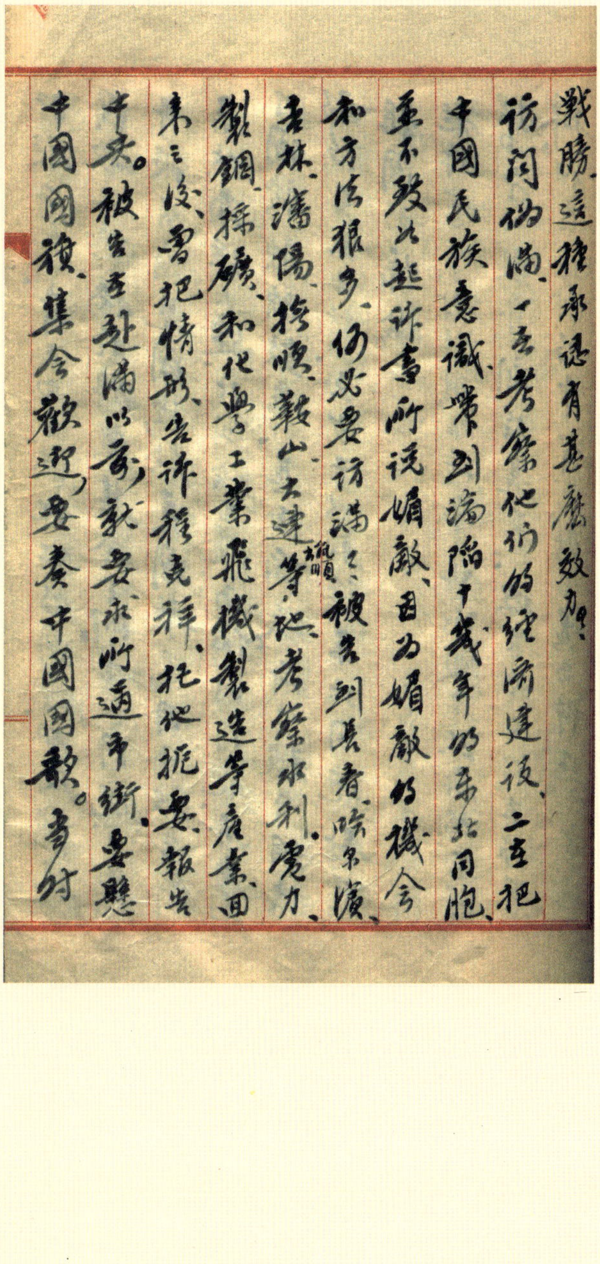
戰勝。這種承認有甚麼效力？
訪問偽滿，一是考察他們的經濟建設，二是把
中國民族意識帶到淪陷十幾年的東北同胞，
並不致於起訴書所說媚敵，因為媚敵的機會
和方法很多，何必要訪滿？被告到長春、哈爾濱、
吉林、瀋陽、撫順、鞍山、大連等地，考察水利、電力、
製鋼、採礦、和化學工業、飛機製造等產業，回
來之後，曾把情形告訴蔣先生，並把概要報告
中央。被告去訪滿的，就要求所過市街，要懸
中國國旗，集合歡迎，要奏中國國歌。要對

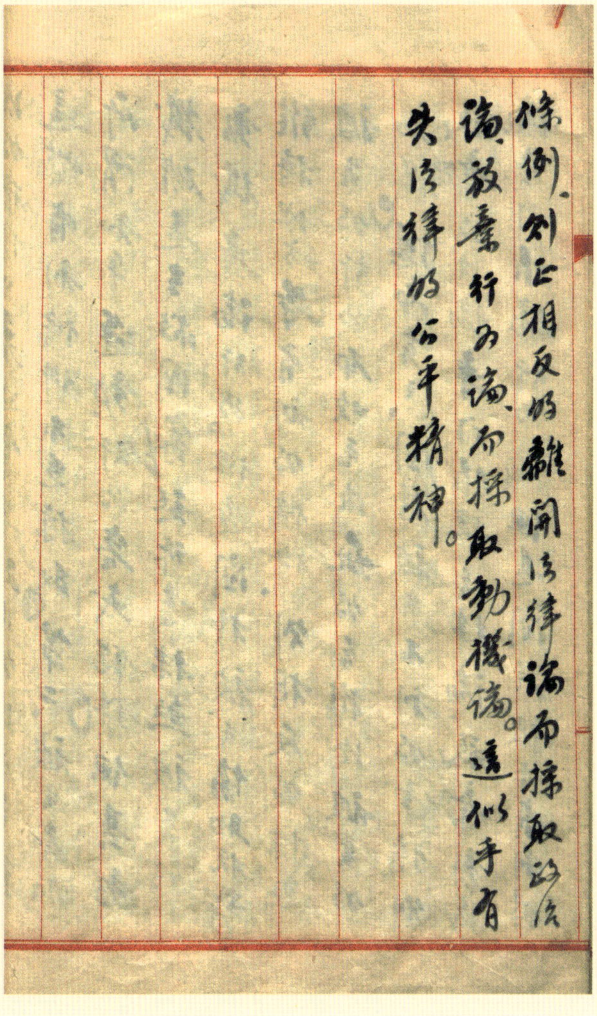
條例，則正相反的離開法律論而採取政治
論，放棄行為論，而採取動機論。這似乎有
失法律的公平精神。

周佛海答辩书（部分）

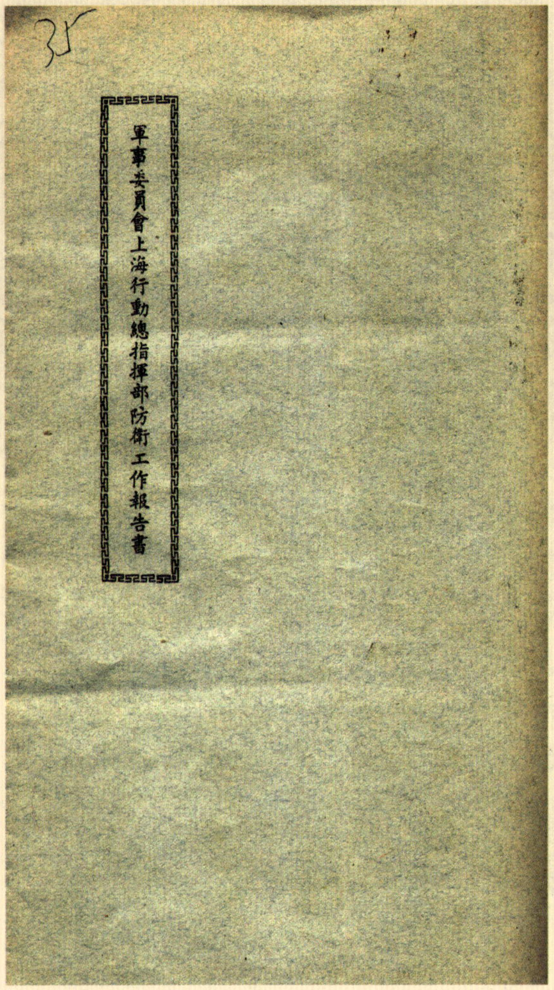

35

軍事委員會上海行動總指揮部防衛工作報告書

周佛海提交的证据：《军事委员会上海行动总指挥部防卫工作报告书》（部分）

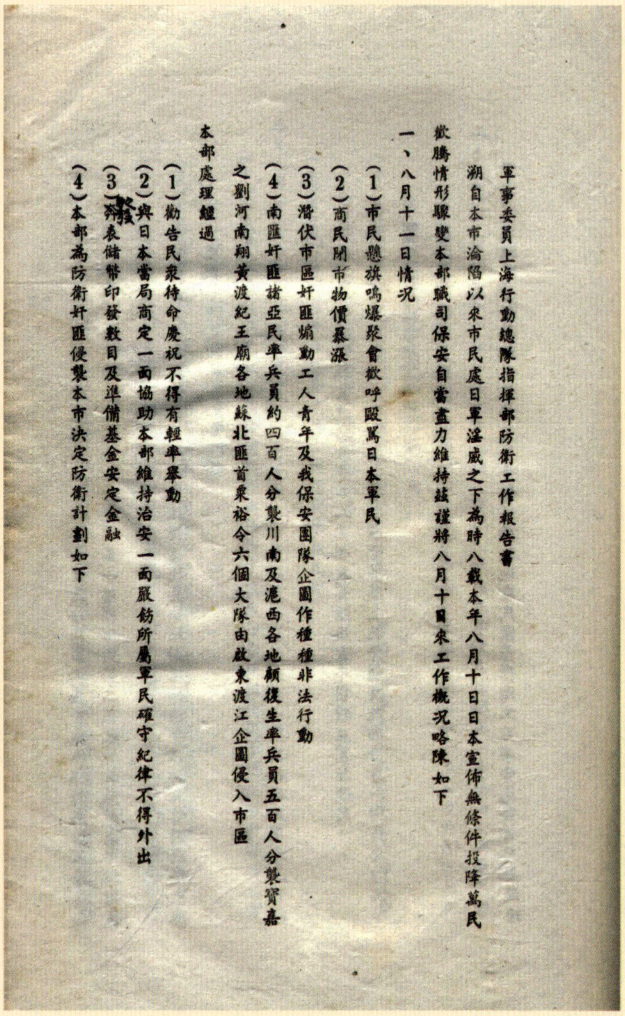

軍事委員上海行動總隊指揮部防衛工作報告書

溯自本市淪陷以來市民處日軍淫威之下為時八載本年八月十日日本宣佈無條件投降萬民歡騰情形驟變本部職司保安自當盡力維持茲謹將八月十日來工作概況略陳如下

一、八月十一日情況

(1)市民懸旗鳴爆聚會歡呼毆罵日本軍民

(2)商民閉市物價暴漲

(3)潛伏市區奸匪煽動工人青年及我保安團隊企圖作種種非法行動

(4)南匯奸匪諸亞民率兵員約四百人分襲川南及滬西各地顧復生率兵員五百人分襲寶嘉之劉河南翔黃渡紀王廟各地蘇北匪首粟裕令六個大隊由啟東渡江企圖侵入市區

本部處理經過

(1)勸告民衆待命慶祝不得有輕率舉動

(2)與日本當局商定一面協助本部維持治安一面嚴飭所屬軍民確守紀律不得外出

(3)發表儲幣印發數目及準備基金安定金融

(4)本部為防衛奸匪侵襲本市決定防衛計劃如下

1 市中心區劃蘇州河以北為第一區以南至霞飛路為第二區霞飛路以南為第三區派本部教導團韓尚英部防衛第一區特務團王一藩部防衛第二區稅警團熊劍東部防衛第三區令督察大隊及第一團為機動部隊

2 市外圍區：令各縣保安團隊確守江灣大場真如北新涇虹橋曹河涇三林塘北蔡東溝之綫

3 嚴飭各部與我後方前進部隊密切連絡確保地方治安並相互配合夾擊奸匪

4 用卡車三十輛裝載武裝兵分段分巡市區鎮壓奸匪活動並一律改佩防衛臂章以資識別

5 派政訓處指揮情報室連絡全市工人首領及有組織青年團體並掌握運用

6 決定對奸匪採取主動行動抽調特務團督察隊及稅警團精銳兵力各一部編為兩個掃蕩隊進剿近區所有奸匪

7 派隊祕密監護交通通訊機關及同盟國在滬官署僑民及其資產

二、八月十二日情形

(1) 市面騷動情形雖經本部盡力勸導但終難阻遏市民激昂情緒又日軍當局發言悲壯隨時

43

中華民國三十四年九月　日　總指揮周佛海　呈

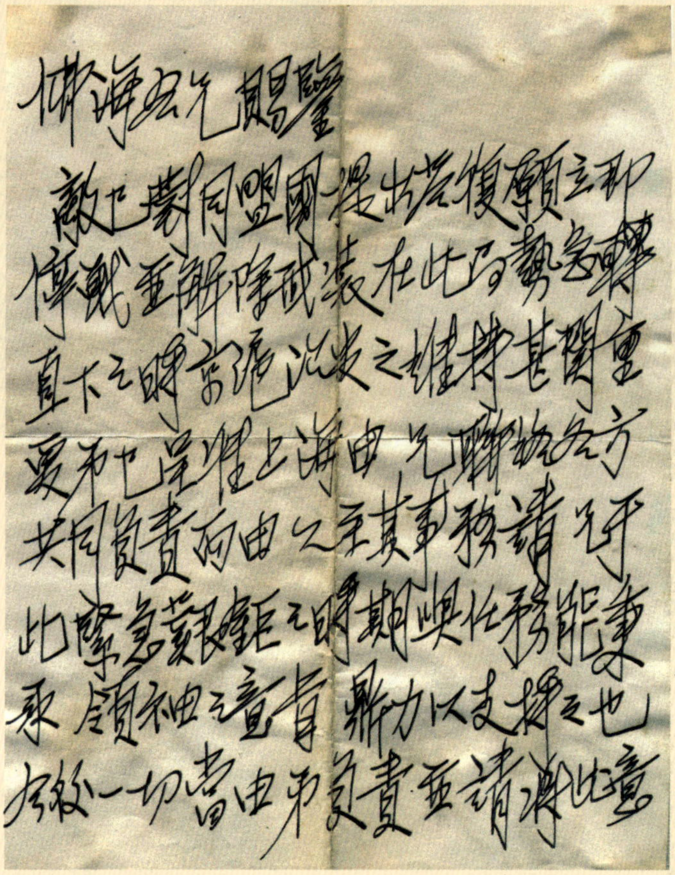

佛海吾兄勛鑒：
敵已對同盟國提出無條件投降之要求，停戰並解除武裝在此局勢急轉直下之時，京滬治安之維持甚關重要。弟已呈准上海由兄聯絡各方共同負責，而由兄主其事務，請兄于此緊急艱巨之時期與任務能秉承領袖之意旨，鼎力以支持之也。至於一切當由弟負責，並請將此意

戴笠给周佛海的信

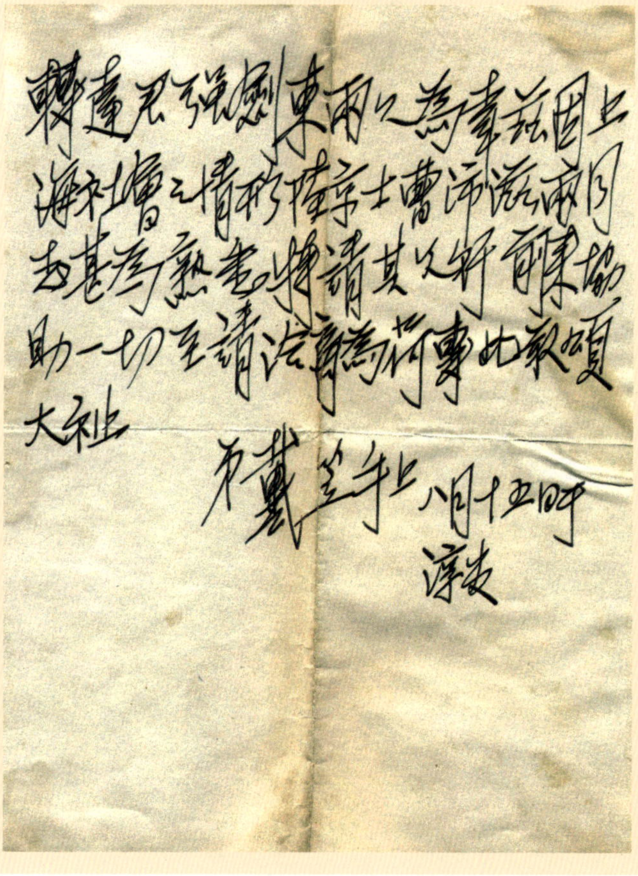

轉達君強、劍東兩兄為幸。茲因上海社會之情形，陸京士、曹沛滋兩同志甚為熟悉，特請其兄行前來協助一切，至請洽商為荷。專此敬頌
大祉
弟戴笠手上 八月十五日
深夜

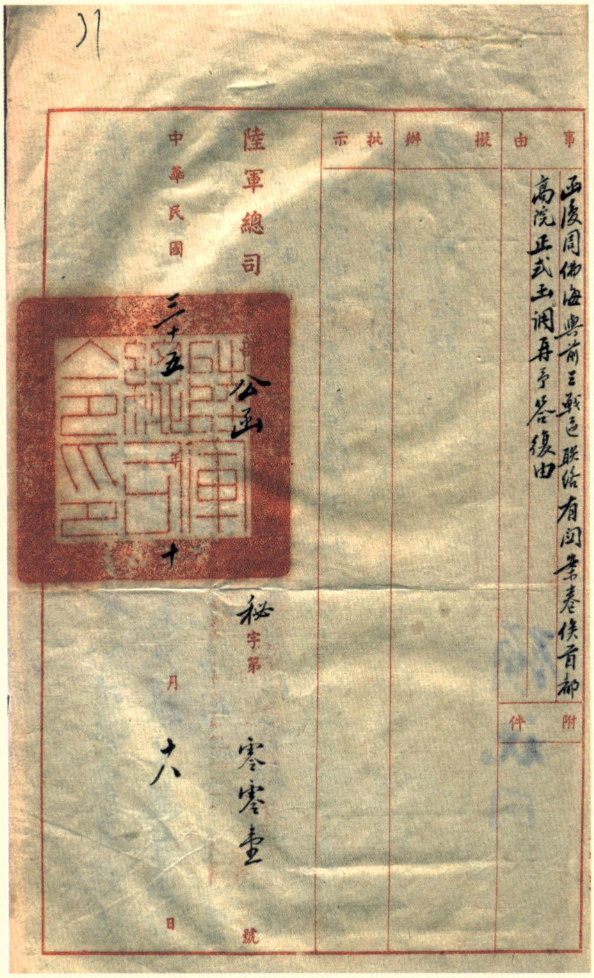

陸軍總司令部公函 秘字第零零壹號

事由：函復周佛海與前三戰區聯絡有關案卷俟首都高院正式函調再予答復由

辦擬

批示

附件

中華民國三十五年十月十八日

顾祝同给章士钊的信（注：章士钊为周佛海的辩护律师）

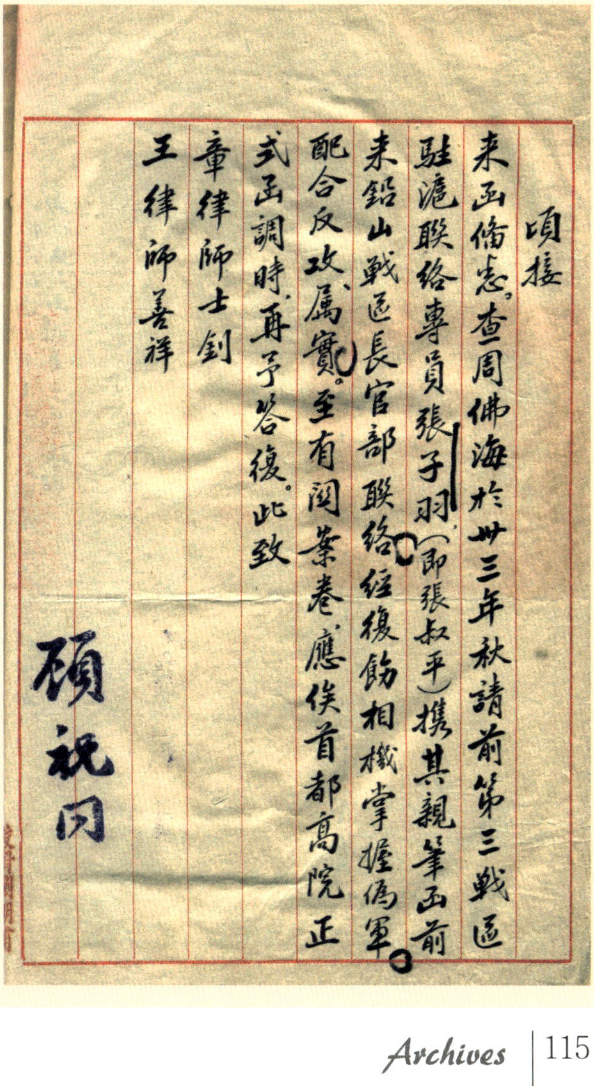

頃接

來函備忘。查周佛海於卅三年秋請前第三戰區駐滬聯络專員張子羽（即張叔平）携其親筆函前來鉛山戰區長官部聯络，經復飭相機掌握偽軍配合反攻，屬實。至有關案卷，應俟首都高院正式函調時，再予答復。此致

章律師士釗

王律師善祥

顧祝同

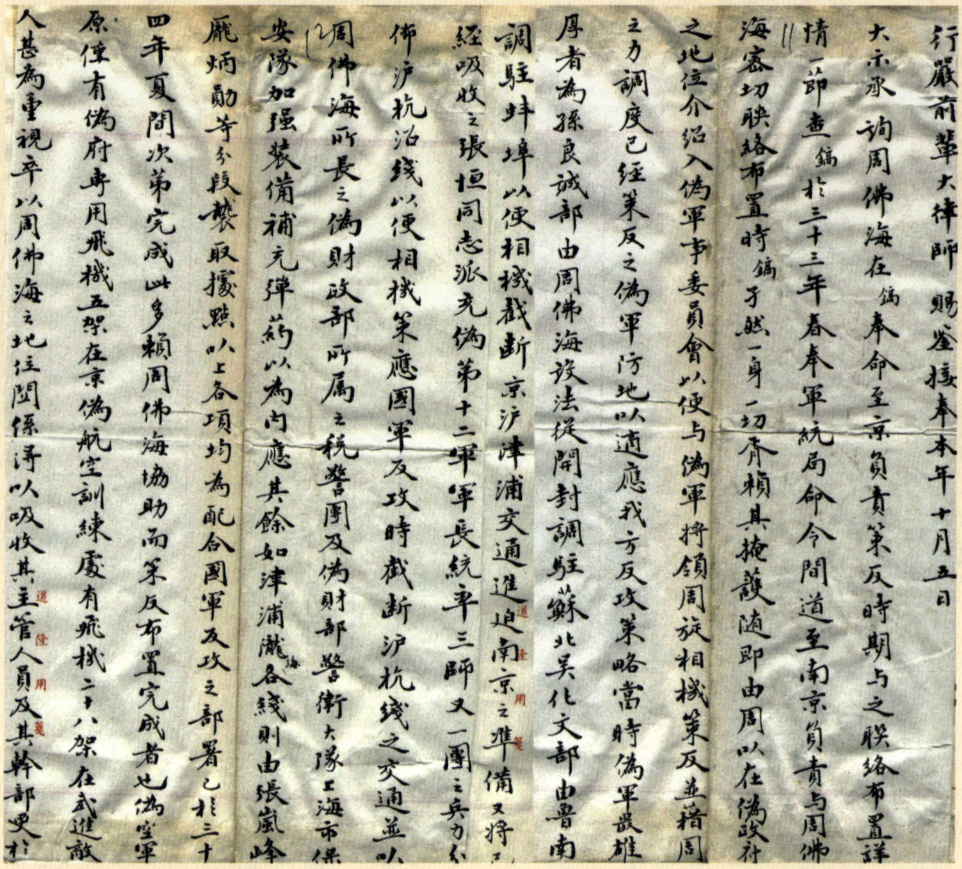

行嚴前輩大律師賜鑒 接奉本年十月五日
大示承 詢周佛海在鎬奉命至京負責策反時期與之联络布置詳
情一節查鎬於三十三年春奉軍統局命令間道至南京負責與周佛
海密切联络布置時鎬孑然一身一切脊賴其掩護隨即由周以在偽政府
之地位介紹入偽軍事委員會以便與偽軍將領周旋相機策反並藉周
之力調度已經策反之偽軍防地以適應我方反攻策略當時偽軍最雄
厚者為孫良誠部由周佛海設法從開封調駐蘇北吳化文部由魯南
調駐蚌埠以便相機截斷京滬津浦交通進迫南京之準備又將已
經吸收之張恒同志派充偽第十二軍軍長統率三師又一團之兵力分
佈滬杭沿綫以便相機策應國軍反攻時截斷滬杭綫之交通並以
周佛海所長之偽財政部所屬之稅警團及偽財部警衛大隊上海市保
安隊加强裝備補充彈藥以為內應其餘如津浦隴海各綫則由張嵐峰
龐炳勛等分段襲取擾亂以上各項均為配合國軍反攻之部署已於三十
四年夏間次第完成此多賴周佛海協助而策反布置完成者也偽空軍
原僅有偽府專用飛機五架在京偽航空訓練處有飛機二十八架在武進敵
人甚為重視卒以周佛海之地位關係得以吸收其主管人員及其幹部更於

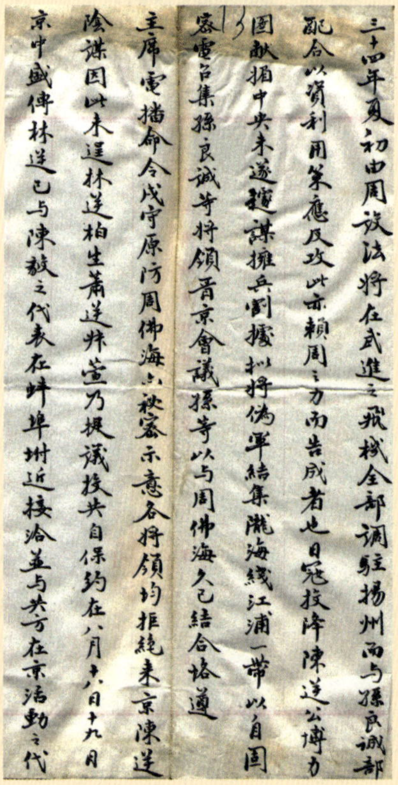

三十四年夏初由周設法將在武進之飛機全部調駐揚州而與孫良誠部
配合以資利用策應反攻此亦賴周之力而告成者也日寇投降陳逆公博力
圖献媚中央未遂復謀擁兵割據拟將偽軍結集隴海綫江浦一帶以自固
密電召集孫良誠等將領晉京會議孫等以與周佛海久已結合恪遵
主席電播命令戍守原防周佛海亦秘密示意各將領均拒絕來京陳逆
陰謀因此未逞林逆柏生蕭逆叔萱乃提議投共自保約在八月十八日十九日
京中盛傳林逆已與陳毅之代表在蚌埠附近接洽並與共方在京活動之代

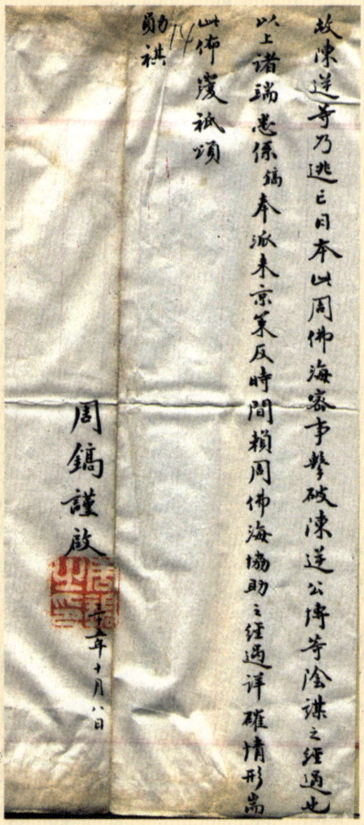

表陳逆等乃逃亡日本此周佛海密事勢破陳逆公博等陰謀之經過也
以上諸端悉係鎬奉派來京策反時間賴周佛海協助之經過詳確情形尚
此佈 復祇頌
勛祺
周鎬謹啟
卅五年十月八日

周镐给章士钊的信

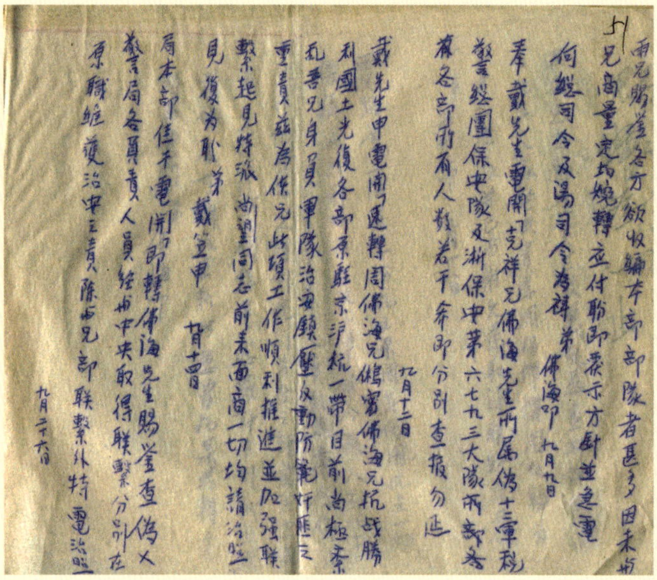

51
雨兄賜鑒 各方欲收編本部部隊者甚多因未前
兄商量完妥擬轉應付聯即表示方針並急電
何總司令及湯司令為禱 弟 佛海叩 九月九日
奉戴先生電開「克祥兄佛海先生所屬偽十三軍稅
警總團保安隊及浙保中第六七九三大隊所部各
有名部隊有人數若干希即分別查報勿延 九月十二日
戴先生申電開「速轉周佛海兄鵠密佛海兄抗戰勝
利國土光復各部京駐京滬杭一帶目前尚極紊
亂吾兄身負軍隊治安顧壓反動防範奸匪之
重責茲為保元此頃工作順利推進並加強聯
繫起見特派尚望同志前來面商一切均請洽照
見復為盼 弟 戴笠申」 月十四日
局本部佳午電開「即轉佛海先生賜鑒查偽人
警局各負責人員經由中央取得聯繫分別在
原職維護治安之責除由兄部聯繫外特電洽照」 九月二十六日

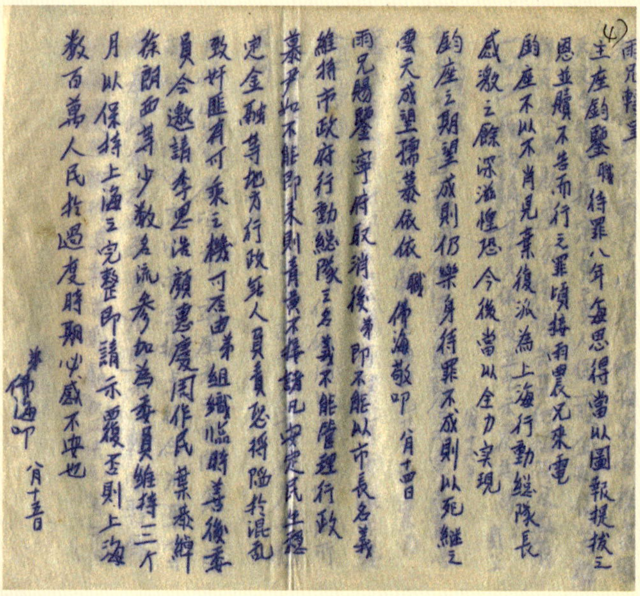

4)
雨兄轉呈
主座鈞鑒職待罪八年每思得當以圖報提拔之
恩並贖不告而行之罪頃接雨農兄來電
鈞座不以不肖見棄復派為上海行動總隊長
感激之餘深滋惶恐今後當以全力實現
鈞座之期望成則仍樂身待罪不成則以死繼之
雲天威望孺慕依依 職 佛海敬叩 月十四日
雨兄賜鑒寧府取消後弟即不能以市長名義
維持市政府行動總隊之名義不能管理行政
兼尹如不能即來則青黃不接諸兄安定民生穩
定金融等地方行政無人負責恐將陷於混亂
致奸匪有可乘之機可否由弟組織臨時善後委
員會邀請李思浩顏惠慶周作民葉恭綽
徐朗西等少數名流參加為委員維持二三個
月以保持上海之完整即請示覆否則上海
數百萬人民於過度時期必感不安也
弟 佛海叩 月十五日

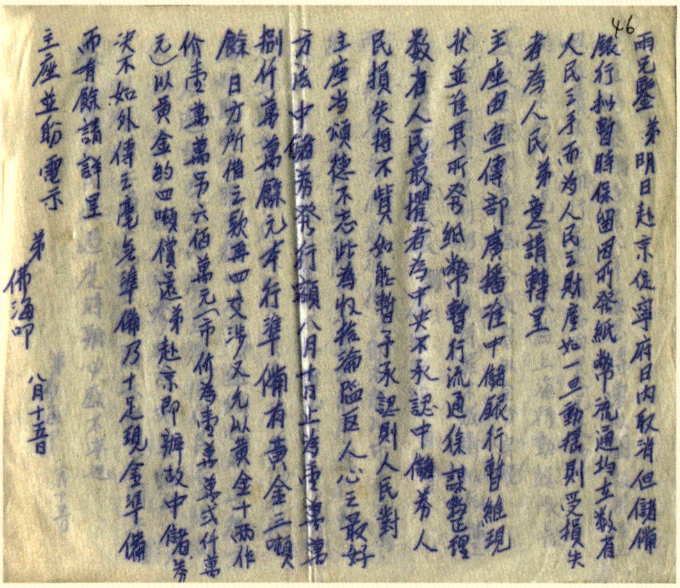

46
雨兄鑒 弟明日赴京從寧府日內取消但儲備
銀行擬暫時保留因所發紙幣流通均在數省
人民之手而為人民之財產如一旦動搖則受損失
者為人民弟意請轉呈
主座由宣傳部廣播在中儲銀行暫維現
狀並准其所發紙幣暫行流通係為謀整理
數省人民最擁護者為中央不承認中儲券人
民損失將不貲如能暫予承認則人民對
主座當頌德不忘此為收攬淪陷區人心之最好
方法中儲券發行額八月十日止為壹萬柒千億
捌仟萬萬餘元有準備有黃金三噸
餘日方所借之款尚四文涉又允以黃金十兩作
價壹萬萬第六佰萬元（市價為壹萬萬式仟萬
元）以黃金約四噸償還弟赴京即辦故中儲券
決不如外傳之毫無準備乃十足現金準備
而有餘請詳呈
主座並盼電示 弟 佛海叩 八月十五日

周佛海给戴笠的一组信函

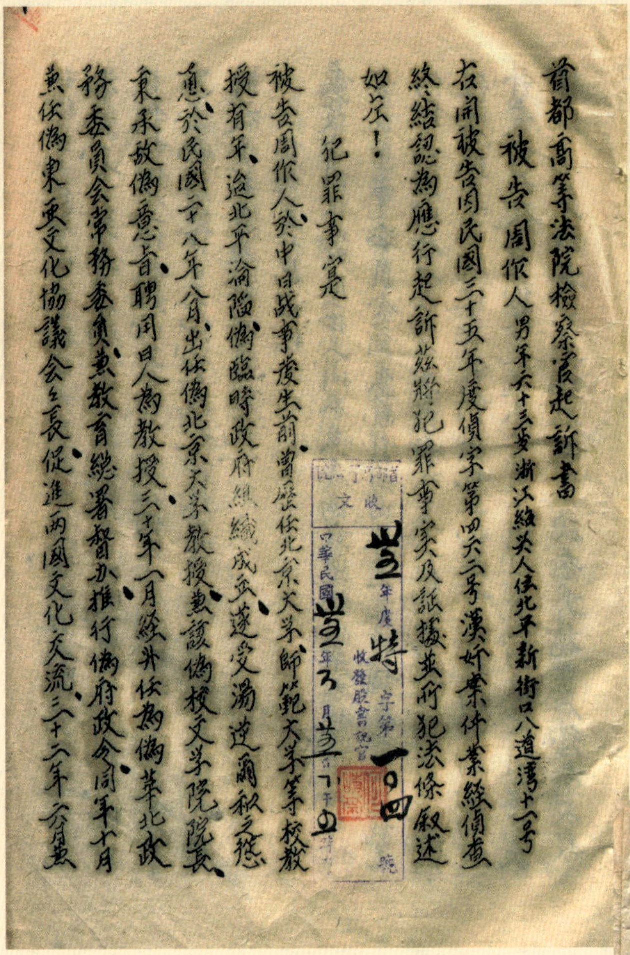

首都高等法院檢察官起訴書

被告 周作人 男年六十三歲浙江紹興人住北平新街口八道灣十一號

右開被告因民國三十五年度偵字第四六二號漢奸案件業經偵查終結認為應行起訴茲將犯罪事實及証據並所犯法條敘述如左：

犯罪事實

被告周作人於中日戰事發生前曾歷任北京大學師範大學等校教授有年，迨北平淪陷偽臨時政府組織成立，遂受漢逆爾和之慫恿，於民國二十八年八月出任偽北京大學教授兼該偽校文學院院長，秉承敵偽意旨聘用日人為教授，三十年一月繼升任為偽華北政務委員会常務委員兼教育總署督办推行偽府政令，同年十月兼任偽東亞文化協議会々長促進兩國文化交流，三十二年一月兼

任偽華北綜合調查研究所副理事長協助敵人調查研究華北資源，三十三年五月任偽華北新報理事及報導協会理事發行有利敵偽宣傳報紙，同年十二月又兼任偽中日文化協会華北分会理事長，実施溝通中日文化，迨日寇投降經軍事委員会調查統計局將被告捕獲轉解偵查到院。

証據並所犯法條

查被告周作人對歷任上開本兼各偽職，迭據供承不諱，核與自白書及軍事委員会調查統計局附卷之罪行調查表所載之偽職悉相吻合，事実甚確鑿，至其任偽職期內聘用日人為教授，遵照其政府侵畧計劃實施奴化教育，推行偽令，編修偽教科書，作利敵之文化政策，成立青少年團以學生為組織訓練對象，消滅青年擁護中央抗戰國策，啟發其親日思想，造成敵

首都高等法院检察处关于周作人的起诉书（部分）

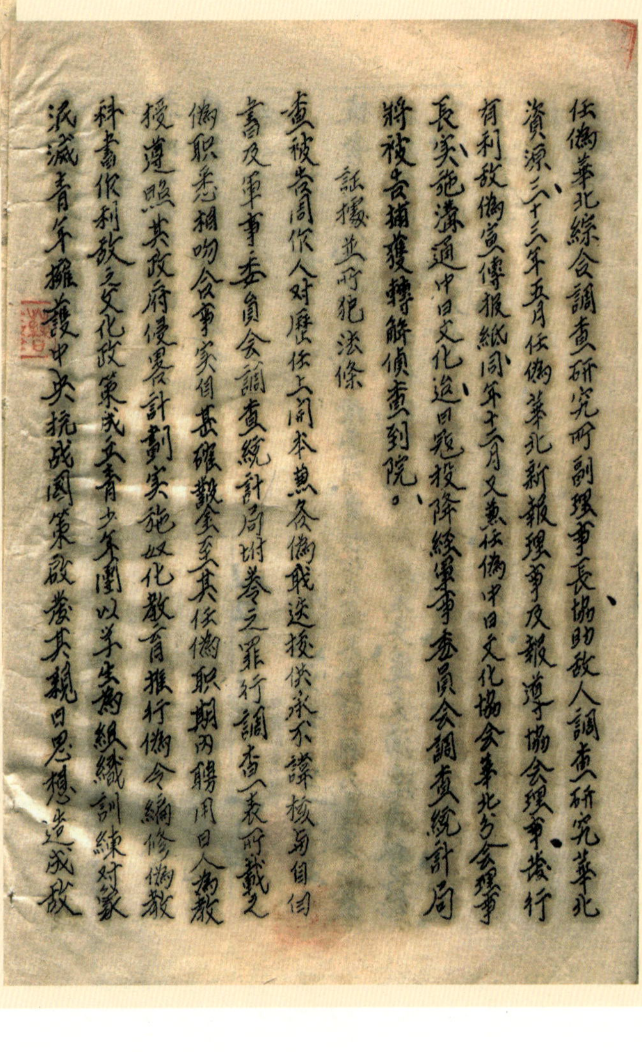

人物链接：

周作人：字启明，笔名知堂，1885年生于浙江绍兴，早年毕业于南京水师学堂，后留学日本。辛亥革命回国后，任北京大学、北京师范大学教授。1939年8月起，历任伪北京大学教授兼文学院院长、伪华北政务委员会常务委员兼教育督办、伪东亚文化协会会长、伪华北综合调查研究所副理事长、伪《华北新报》理事长及报导协会理事、伪中日文化协会华北分会理事长。抗日战争胜利后为军统局所拘捕，经最高法院复审，被判处有期徒刑十年。1949年1月释放，1967年5月7日卒于北京。

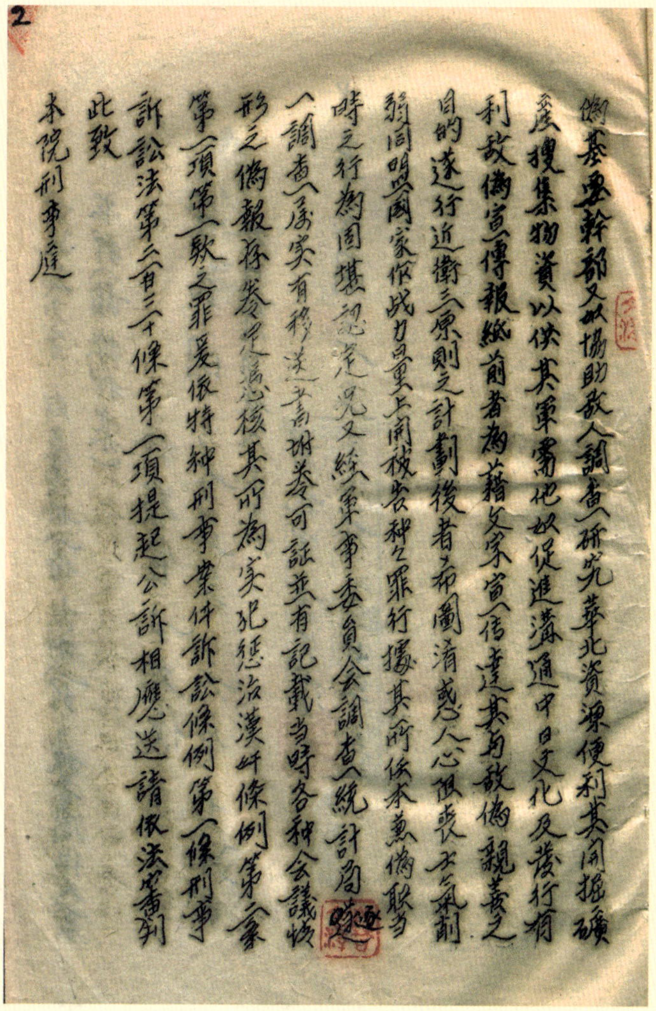
2
僞委要幹部又以協助敵人調查一研究華北資源便利其開採礦
產搜集物資以供其軍需他如促進溝通中日文化及發行有
利敵偽宣傳報紙前者為藉文字宣傳達其為敵偽親善之
目的遂行近衛三原則之計劃後者亦圖淆惑人心沮喪士氣削
弱同盟國家作戰力量上開被告種種罪行據其所供未兼偽職當
時之行為固堪認定況又經軍事委員會調查統計局
一調查屬實有移送書一件卷可証並有記載當時各種會議情
形之偽報紙卷宗為憑核其所為實犯懲治漢奸條例第二條
第一項第一款之罪爰依特種刑事案件訴訟條例第一條刑事
訴訟法第二百三十條第一項提起公訴相應移送請依法審判
此致
本院刑事庭

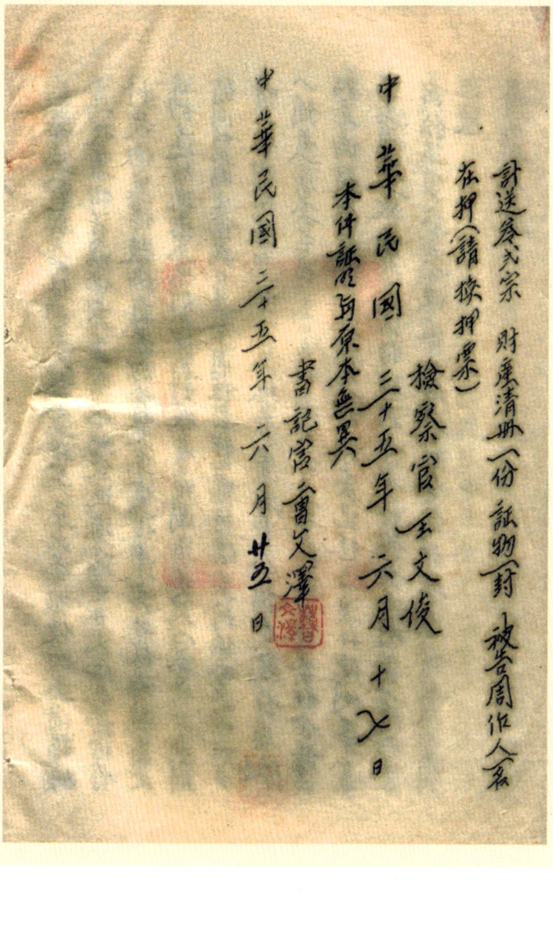
計送卷弍宗 財產清册一份 証物一封 被告周作人
在押(請換押票)
檢察官 王文俊
中華民國 三十五年 六月 十七日
本件証明與原本無異
書記官 曾文澤
中華民國 三十五年 六月 廿五日

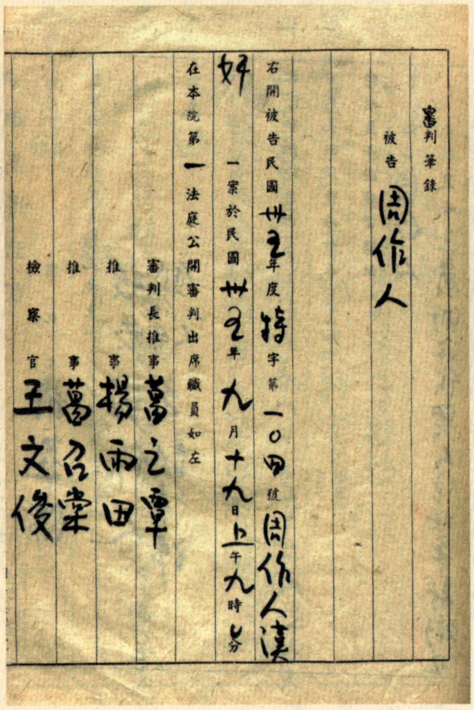

審判筆錄

被告 周作人

右開被告民國卅五年度特字第一〇四號周作人漢奸一案於民國卅五年九月十九日上午九時 分

在本院第一法庭公開審判出席職員如左

審判長推事 葛之覃

推事 楊雨田

推事 葛召棠

檢察官 王文俊

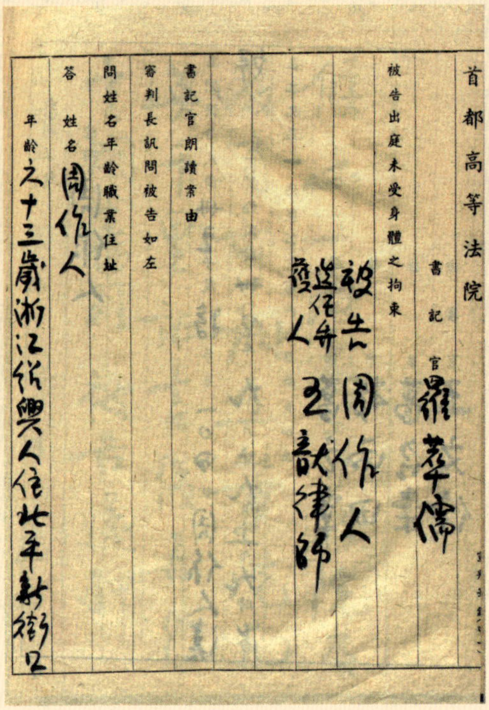

首都高等法院

書記官 羅萃儒

被告出庭未受身體之拘束

被告 周作人

選任辯護人 王龢律師

書記官朗讀案由

審判長訊問被告如左

問姓名年齡職業住址

答 姓名 周作人

年齡 六十三歲 浙江紹興人 住北平新街口

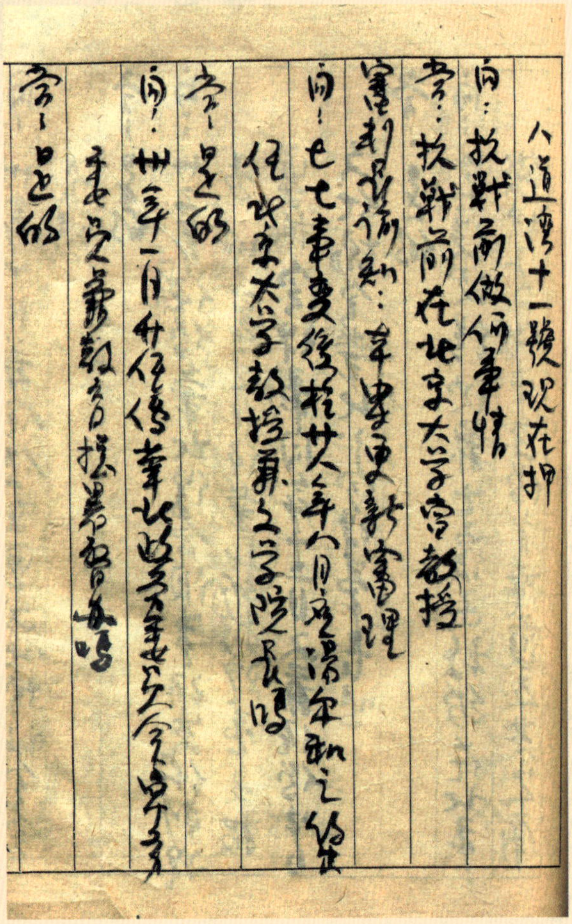

八道灣十一號 現在押

問：抗戰前做何事情

答：抗戰前在北京大學當教授

審判長諭知：本案更新審理

問：七七事變後在廿八年八月受湯爾和之簽任北京大學教授兼文學院長嗎

答：是的

問：卅年一月升任偽華北政務委員會常委兼教育總署督辦嗎

答：是的

周作人讯问笔录（部分）

在南京

问：你对英千里之一部份证件上面尚须调查

答：这种意思并不十分重要可不必调查

问：另有董洗凡高院已信其来作证明你因任伪大学校长校务亲身不能来京，高院已另函嘱托上海高等法院代为查讯，你还有何意见

答：没有意见

王试律师起立称：请交上海再出函询教育

首都高等法院 通用纸

教育部长朱家骅证明被告教育文化一[illegible]自己对我有利，不然其任对伪人[illegible]

问：北平图书馆[illegible]北平图书馆[illegible]沦陷期间未受损失，[illegible]至今不[illegible]损失，对此证件

有何意见

答：没有意见

问：国立北京大学校长胡适证明太[illegible]在伪北大文学院长任内保管图书很为周到，未受损失，并且有增无减，你对此

郭调查英千里证言

右笔录经朗读承认无异

被告 周作人 押

审判长谕知：候函上海高等法院及教育部调查董洗凡英千里证言后再行定期审理，被告还押

中华民国卅五年七月十九日

首都高等法院刑事庭

书记官 [illegible]

审判长推事 葛之覃

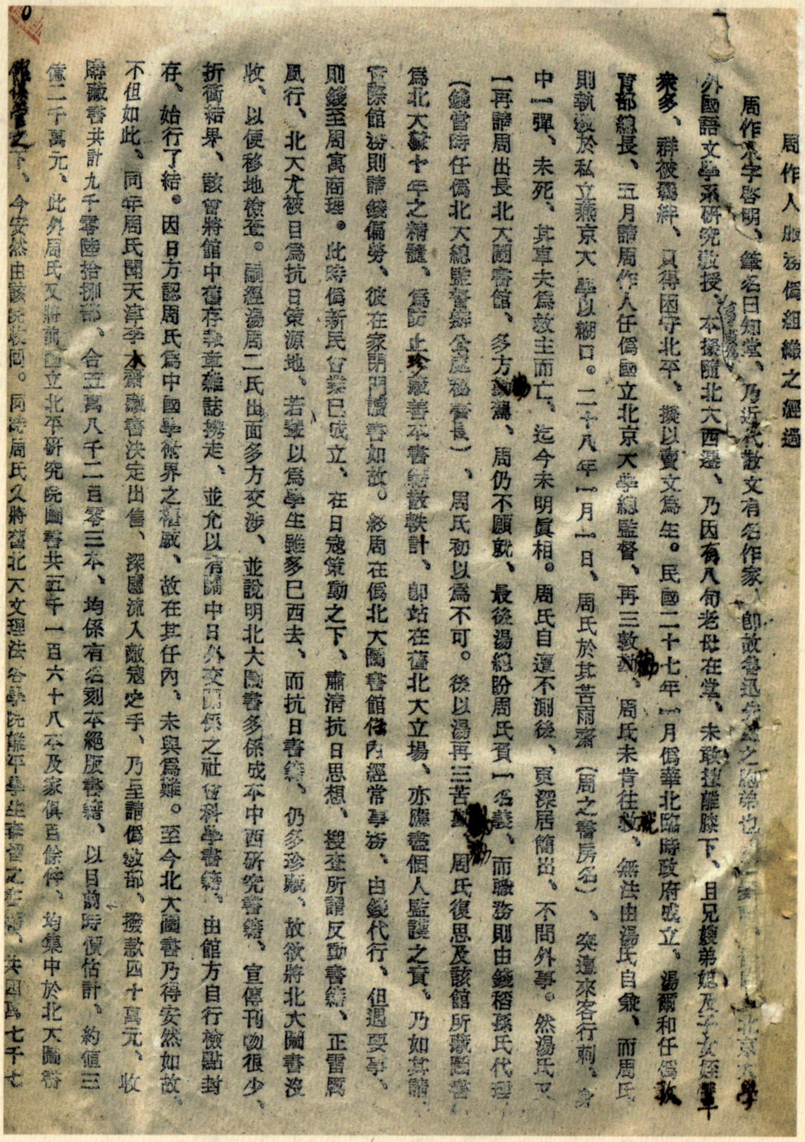

周作人服務偽組織之經過

周作人字啓明、筆名曰知堂、乃近代散文有名作家、即故魯迅先生之胞弟也。[illegible]北京大學外國語文學系研究教授、本擬隨北大西遷、乃因有八旬老母在堂、未敢遠離膝下、且兄嫂弟媳及子女姪輩衆多、耕被羈絆、只得困守北平、擬以賣文為生。民國二十七年一月偽華北臨時政府成立、湯爾和任偽教育部總長、五月請周作人任偽國立北京大學總監督、再三敦勸、周氏未肯往就、無法由湯氏自兼、而周氏則執教於私立燕京大學以糊口。二十八年一月一日、周氏於其苦雨齋（周之書房名）、突遭來客行刺、身中一彈、未死、其車夫為救主而亡、迄今未明真相。周氏自遭不測後、更深居簡出、不問外事。然湯氏又一再請周出長北大圖書館、多方勸駕、周仍不願就、最後湯總盼周氏頂一名義、而職務則由錢稻孫氏代理（錢曾時任偽北大總監督兼秘書長）、周氏初以為不可。後以湯再三苦勸、周氏復思及該館所藏圖書為北大數十年之精髓、為防止珍藏善本書籍散軼計、即站在舊北大立場、亦應盡個人監護之責、乃如其請。實際館務則請錢偏勞、彼在家閉門讀書如故。後周在偽北大圖書館任內經常事務、由錢代行、但遇要事、則錢至周寓商璉。此時偽新民會業已成立、在日寇策動之下、肅清抗日思想、搜查所謂反動書籍、正雷厲風行、北大尤被目為抗日策源地、若輩以為學生雖多已西去、而抗日書籍、仍多珍藏、故欲將北大圖書沒收、以便移地檢查。嗣經湯周二氏出面多方交涉、並說明北大圖書多係成本中西研究書籍、宣傳刊物很少、折衝結果、該會將館中舊存報章雜誌携走、並允以有關中日外交關係之社會科學書籍、由館方自行檢點封存、始行了結。因日方認周氏為中國學術界之權威、故在其任內、未與為難。至今北大圖書乃得安然如故、不但如此、同年周氏聞天津李木齋藏書決定出售、深慮流入敵寇之手、乃呈請偽教部、撥款四十萬元、收購藏書共計九千零四拾捌部、合五萬八千二百零三本、均係有名刻本絕版書籍、以目前時價估計、約值三億二千萬元、此外周氏又將前國立北平研究院圖書共五千一百六十八本及家俱百餘件、均集中於北大圖書館保管之下、今安然由該院接回。同時周氏又將舊北大文理法各學院離平學生寄留之書籍、共四萬七千七

周作人服务伪组织之经过（部分）

日籍教授爭持甚烈，結果以多數中國教授反對，未能通過。然日人野心未死，卒使日本大使館來文，必須時量增加，折衝結果，改為每週六小時，但試限兩年修滿，自其實施以前所有日文每週四小時三年修滿者，並無異致。連年應付根據此點，周氏已力盡消極抵抗之能事，蓋周氏之所以堅持者，即深信周氏足以應付日寇故也。偽八年以來，一般學生，雖在日人勢力壓迫之下，對於日文無心上課，文院教務員亦置若罔聞，故有學生至畢業時仍有不認識日文字母者。同時文學院名譽教授宇野哲人，係日本有名哲學博士，常住日本，每年只來院一二次，因宇野深知中國民情，不願有所表示，故日人在文學院者，非但無敢表示態度，且對周氏咸表敬仰。反觀其他院校日籍教員，每多驕縱，且干涉校內行政，而文學院日籍教員，則未敢稍加過問，此又一舉例也。又周氏自長文院後，首先着手整理前北大研究所舊藏，所存歷代文史資料，至今非特史料依然如故，且經周氏整理增添，各項資料拓片，亦如大學圖書館所收存之各書，均已編有目錄。此外在周任內，祗要院內經費一有結餘，均移之以添購書籍，故任職五年，文學院圖書室所添購之圖書，爲他院所不及，前後共添購書籍雜誌，論千四百餘部，合計壹萬參千肆百參拾肆册，「其中於二十八年以肆萬餘元，收購北平私立孔德學校之藏書（即錢玄同馬隅卿諸先生所搜集之珍本書籍），共計六百八十五部一萬二千一百八十六册，以現時價值估之，其餘所購書籍雜誌，連孔德所有書籍，共用款貳萬捌千四百二十九元三角三分（內孔德四萬七千三百五十元），若又以時價估計，約值七千萬元）。周氏甚至捐其私人書籍雜誌，共計四百七十九册，以上各書，均已編入偽北大圖書館書目中。周氏在文院，一切辦理方法，均本舊北大之傳統精神，教授職員均引用舊北大者爲本，其維護舊北大根基，實使北大留平同人，並監護舊北大理學院儀器，不遺餘力。且周氏又以舊北大成立紀念日十二月十七日，爲偽文學院之成立紀念日（偽文院係八月一日正式成立）其用意在永遠紀念「北大精神不死」。今者舊北大校產委員等北來接收，一見房舍依然如故，且添有新屋，圖書不但無恙，且添書籍十餘萬册，咸謂北大來平恢復，不費吹灰之力，一切迎刃而解，均引為欣慰。並至有認爲若周氏不在其位，換諸骨小之輩，非但[illegible]，恐亦與

清華大學同遭古物蕩然之厄運矣。三十年偽教育總長湯爾和以病逝世，繼任之人，湯氏在彌留時，即屬意於周，各方亦盼周氏出任，較爲妥善，日方亦以周氏爲權衡之目標，力勸周氏，周始終表示消極，聲言難管大學，結果，以勢之所趨，爲環境所迫，無法擺脫，只好屈就，周氏於三十一年一月四日接任。周在教育總署任內，並未推行任何奴化教育，凡有關於違背國本之要求皆委婉拒絕。如在當時，敵偽曾通令教育總署轉令華北教育界，扣薪捐獻飛機，周氏均未實行。所以周氏對於一切敵偽宣傳運動總是避免參加，未曾發表媚日文字，周氏接長教署後，仍本書生特色，首先設法恢復北平圖書館，因是時日軍已竊佔其左鄰之靜生生物調查所，周氏深恐波及其右鄰圖書館，立即派人與日方交涉，籌備恢復，結果於是年五月開館閱覽，舊有職員一仍其舊，自兼館長，經營數月，華北唯一不用日籍顧問之機關，不能推借書籍出館，奠礎於此奠定。至今圖書房舍，乃得宛然如昔，其維護全國唯一之收藏書籍最爲豐富之圖書館實績也又如此。此外尤有一事，可堪注意者，即當時新民會曾咨請教育總署，轉令全華北各大學學生，均一律編爲偽新民青少年團團員，並予以集中訓練，此即變相之軍訓，周氏本湯氏功令「大學生不得參加政治」爲辭以拒之，偽新民會幾度催詢，周氏對此，再三不理，結果未能召集，蓋日人欲假華北青年，效死於所謂「共肩作戰」，以圖反抗中央，攀誠英矣，其用心固甚毒也。太平洋戰爭爆發之後，清華大學既淪為敵寇之傷兵醫院，校中各物，均被日寇損毀無餘，當時周氏以清華藏書，至爲可貴，乃商之日本興亞院聯絡部，將清華圖書設法遷出，經一月之交涉，始逃之搬運，救出書籍約有半數共十五萬五千二百八十五册，運至城內保存於偽北大圖書館，半數由日本興亞公館移去，搬運時已爲日軍毀得散亂不堪，運時且受守兵侮辱。今者清華大學接收專員來平，一見校內門窗全毀，復校工作，深感棘手，惟有圖書尚由偽北大圖書館保存大部，差堪告慰。談者謂，八年以來，華北教育幸得湯周諸氏出面主持，未亡國本，蓋華與日寇虛與委蛇，苦心應付。所以八年之中，無數大學青年未致失學，否則此萬千學生，終必為偽新民學院等敵偽侵略性政治性學

被所吸收、其危害於華北人民、更不堪設想矣。尤以周氏本一文人、未嘗參與仕版、此次出任委員、非出本願、故即以消極態度、作有效之抵抗、在督署任內、對於教育設施、從未表現積極行動、又不與同流合污、與各官僚不事周旋、在職僅時一年餘、周氏即為各方不滿、本心亦不慣於政治生活、因而去職。辭任後、仍長文學院、但各方仍望周氏為北大總任校長、終不肯就、乃由錢稻孫升任。三十一年秋、華北綜合調查所成立、日人為[illegible]理事長、偽實業總署督辦王蔭泰兼任[illegible]理事長、一切布置妥帖、王氏以署務忙為詞、推薦周作人氏[illegible]任副理事長、周氏堅不肯就、王氏答以此職不須擔負任何責任、閑職虛名、周氏何妨、周本其消極主義、應酬官差、於三十二年秋、尤負名義。周氏在華北綜合調查所任內、每週最初數月、出城（所址在西郊私立燕京大學校內）二次、每次只留一小時、最後一年間、每週僅出城一次、去時只在調查、而外界對周氏有未諒解者、即在長任。其實調查所內一切大權、均操於日人手中、以中國人為副理事長、欺文化局、均係陪襯、等諸華北綜合調查所褚重部門為經濟局、實際行動為調查經濟產業開發事宜、周氏以文人不諳經濟、即欲過問所務事實上亦不可能。故周氏在任、對所內措施、未加參與、即每次開會、周氏[illegible]出席簽表過一次主張、或由其主張而通過一次議決案、或有損國本議案、此種經過詳情、有案可稽。周氏對於所務除敷衍應付外、但對於燕大校產各物、則愛護不遺餘力、曾歸日方理事長森岡氏對於燕大校舍圖書、多為照顧、並力勸燕大圖書館主任田君仍主其事。三十四年華北綜合調查所以並無成績、經濟活動、乃縮小範圍、遷城內辦公。周氏深恐所址遷移後圖書遺失、即欲將全部圖書、移入城內偽文學院新建大樓存放、未及遷移、而光復來臨矣。周氏除任過以上諸職外、以前總署督辦職例由華北政務委員會委員兼任、又曾被任偽國民政府委員。周氏在所謂委員任內、只曾遊京蘇一次、未曾留京參與國事、亦未出席任府任何會議。至任華北政委會委員、每次出席會議、總是靜坐靠旁、未作任何違背國本主張。除有解於增加教育經費、改善公教人員生活待遇、及為恢復國立[illegible]新房請求專款臨時有所表示外。未嘗作任何奴化

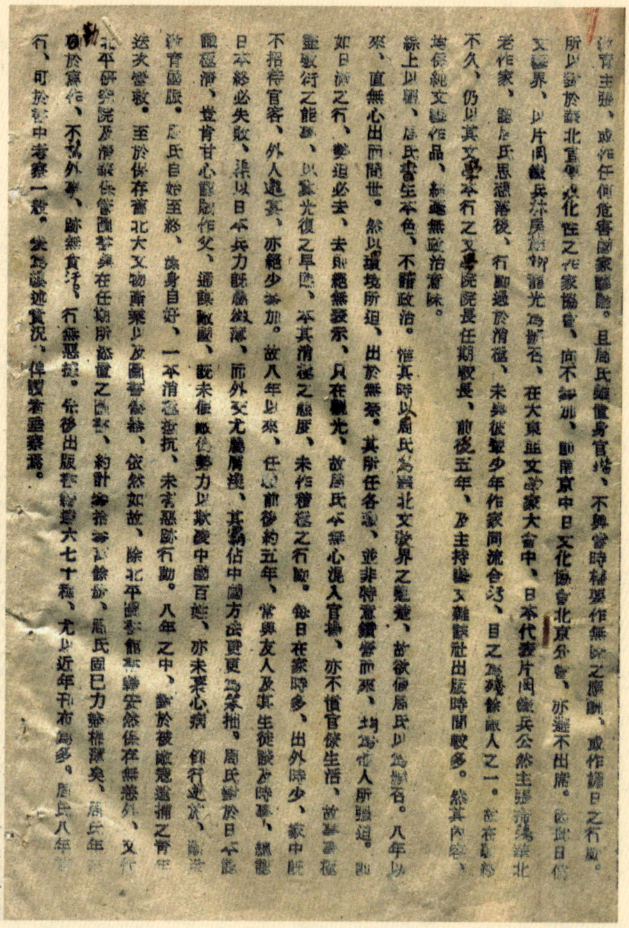

教育主張、或作任何危害國家論說。且周氏雖置身官場、不與當時積極作無恥之應酬、或作媚日之行動。所以對於華北宣傳文化性之作家協會、向不參加、即南京中日文化協會北京分會、亦避不出席。既由日偽文藝界、以片岡鐵兵為首者、在大東亞文學家大會中、日本代表片岡鐵兵公然主張掃蕩華北老作家、認周氏思想落後、行動過於消極、未與彼輩少年作家同流合污、目之為殘餘敵人之一。故在華約不久、仍以其文學本行之文學院院長任期較長、前後五年、及主持藝文雜誌社出版時間較多。然其內容、均係純文藝作品、毫無政治意味。

綜上以觀、周氏書生本色、不諳政治。惟其時以周氏為華北文藝界之泰斗、故欲使周氏以為號召。八年以來、直無心出而問世。然以環境所迫、出於無奈。其所任各職、並非特意鑽營而來、均為他人所強迫。即如日偽之行、勢迫必去、去則絕無表示、只在觀光、故周氏不得心混入官場、亦不慣官僚生活、故毫無積極敷衍之能事、以盼光復之早臨、本其消極之態度、未作積極之行動。每日在家時多、出外時少、家中既不招待官客、外人邀宴、亦絕少參加。故八年以來、任偽前後約五年、常與友人及其生徒談及時事、總謂日本終必失敗、果以日本兵力既漸微薄、而外交尤感屑挫、其竊佔中國方法更更為笨拙。周氏對於日本既嚴極深、豈肯甘心認賊作父、通敵叛國、既未依賴偽勢力以欺凌中國百姓、亦未喪心病狂行逆流、協共教育國脈。周氏自始至終、潔身自好、一本消極抵抗、未有惡跡行動。八年之中、對於被敵憲逮捕之青年送衣營救。至於保存華北大文物產業及圖書儀器、依然如故、除北平圖書館無恙依然保存無恙外、又北平研究院及燕京保管圖書與在任期所添置之圖書、約計增添若干餘冊、周氏固已力爭保護矣。周氏年致於寫作、不問外事、跡無貪污、行無惡迹。所移出版書籍達六七十種、尤以近年刊布爲多。周氏八年行、可於書中考察一般。然為證述實況、俾觀者垂察焉。

周作人服务伪组织之经过（部分）

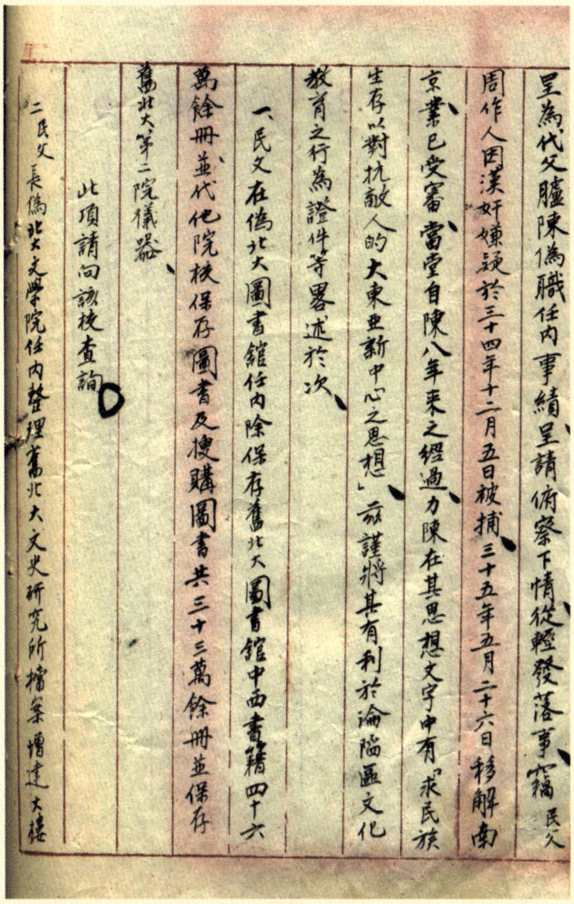

呈為代父臚陳偽職任內事績呈請俯察下情從輕發落事竊 民父
周作人因漢奸嫌疑於三十四年十二月五日被捕三十五年五月二十六日移解南
京業已受審當堂自陳八年來之經過力陳在其思想文字中有「求民族
生存以對抗敵人的大東亞新中心之思想」茲謹將其有利於淪陷區文化
教育之行為證件等畧述於次
一、民父在偽北大圖書館任內除保存舊北大圖書館中西書籍四十六
萬餘冊並代他院校保存圖書及搜購圖書共三十三萬餘冊並保存
舊北大第二院儀器
此項請向該校查詢
二、民父長偽北大文學院任內整理舊北大文史研究所檔案增建大樓

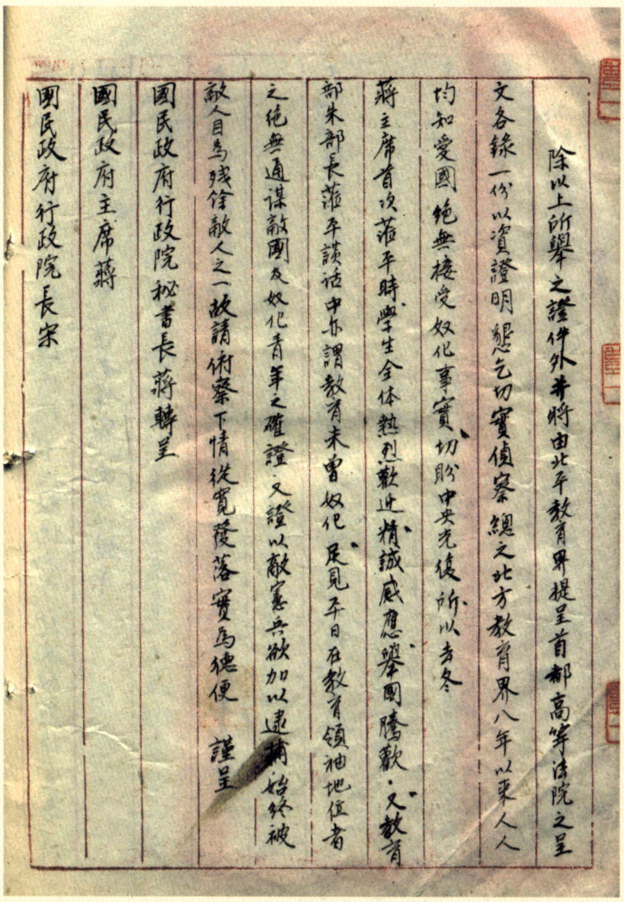

除以上所舉之證件外並將由北平教育界提呈首都高等法院之呈
文各錄一份以資證明懇乞切實偵察總之北方教育界八年以來人人
均知愛國絕無接受奴化事實切盼中央光復所以去冬
蔣主席首次蒞平時學生全体熱烈歡迎精誠感應舉國騰歡。又教育
部朱部長蒞平談話中亦謂教育未曾奴化足見平日在教育領袖地位者
之絕無通謀敵國及奴化青年之確證。又證以敵寇亟欲加以逮捕始終被
敵人目為殘餘敵人之一故請俯察下情從寬發落實為德便 謹呈
國民政府行政院秘書長蔣轉呈
國民政府主席蔣
國民政府行政院長宋

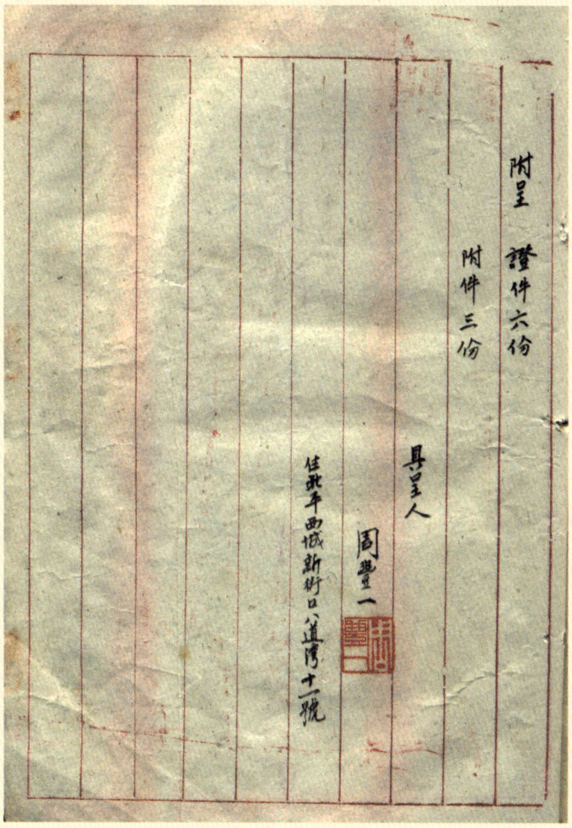

附呈 證件六份
附件三份
具呈人 周豐一
住北平西城新街口八道灣十一號

周作人之子周丰一呈文

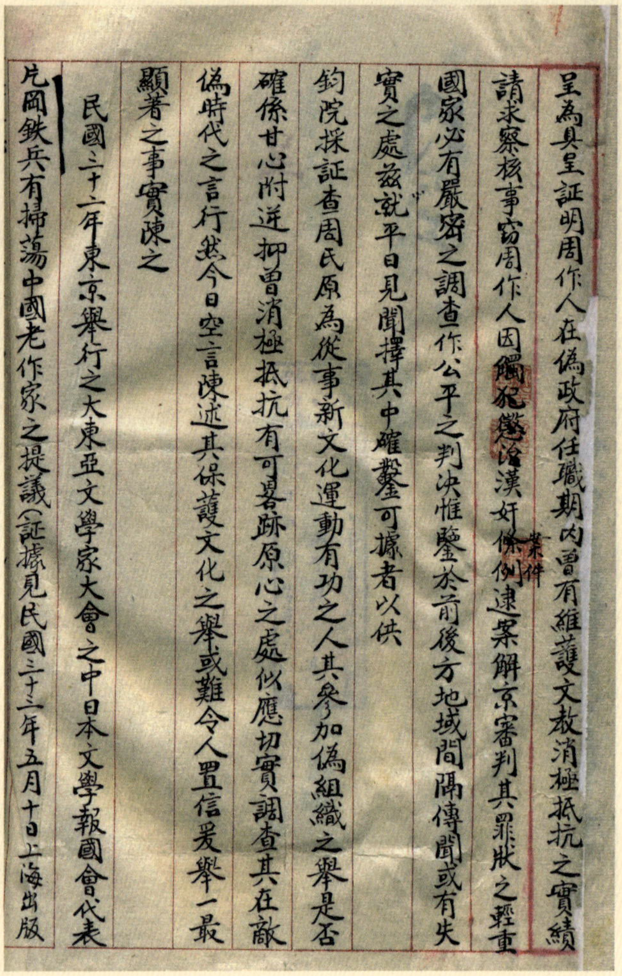

呈為具呈証明周作人在偽政府任職期內曾有維護文教消極抵抗之實績
請求察核事竊周作人因觸犯懲治漢奸條例逮案解京審判其罪狀之輕重
國家必有嚴密之調查作公平之判決惟鑒於前後方地域間隔傳聞或有失
實之處茲就平日見聞擇其中確鑿可據者以供
鈞院採証查周氏原為從事新文化運動有功之人其參加偽組織之舉是否
確係甘心附逆抑曾消極抵抗有可諒跡原心之處似應切實調查其在敵
偽時代之言行然今日空言陳述其保護文化之舉或難令人置信爰舉一最
顯著之事實陳之
民國三十二年東京舉行之大東亞文學家大會之中日本文學報國會代表
片岡鉄兵有掃蕩中國老作家之提議（証據見民國三十三年五月十日上海出版

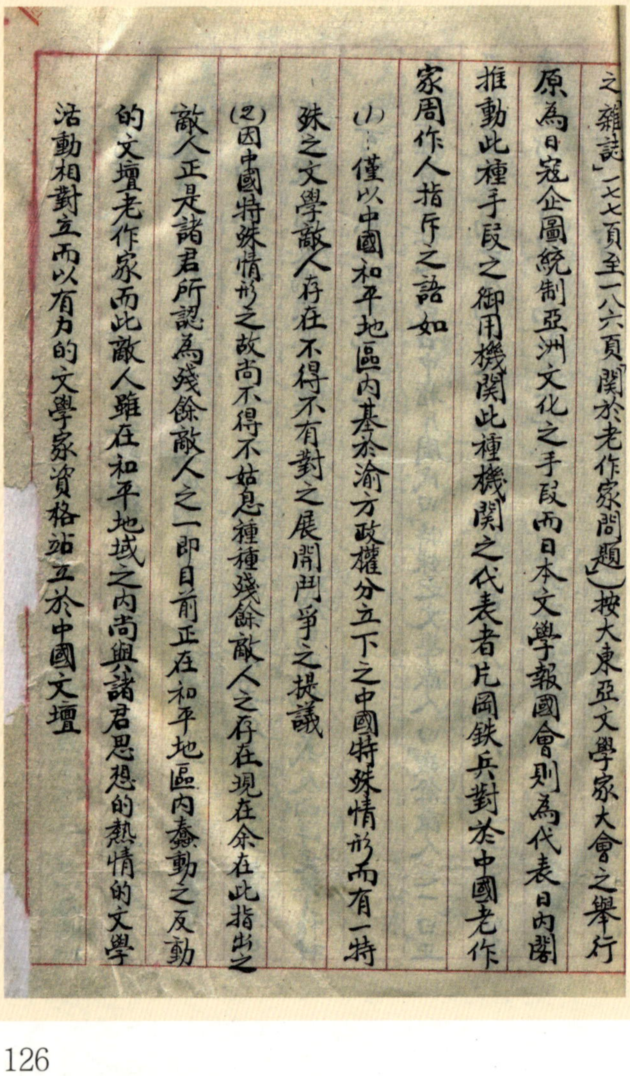

之雜誌「一七七頁至一八六頁關於老作家問題」）按大東亞文學家大會之舉行
原為日寇企圖統制亞洲文化之手段而日本文學報國會則為代表日內閣
推動此種手段之御用機關此種機關之代表者片岡鉄兵對於中國老作
家周作人指斥之語如
(1)僅以中國和平地區內基於渝方政權分立下之中國特殊情形而有一特
殊之文學敵人存在不得不有對之展開鬥爭之提議
(2)因中國特殊情形之故尚不得不姑息種種殘餘敵人之存在現在余在此指出之
敵人正是諸君所認為殘餘敵人之一即目前正在和平地區內蠢動之反動
的文壇老作家而此敵人雖在和平地域之內尚與諸君思想的熱情的文學
活動相對立而以有力的文學家資格站立於中國文壇

辅仁大学教授等为周作人所作辩护书（部分）

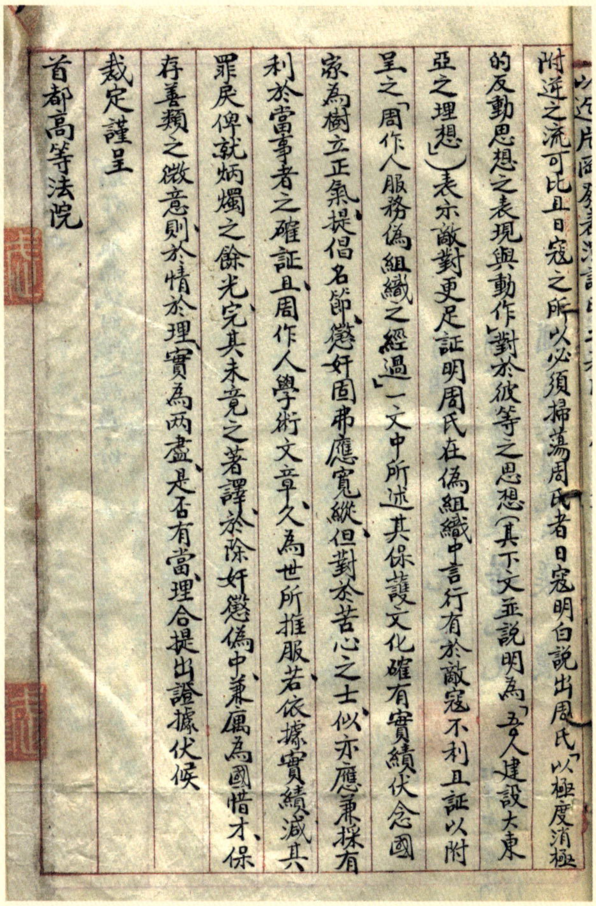
附逆之流可比且日寇之所以必須掃蕩周氏者日寇明白說出周氏「以極度消極的反動思想之表現與動作」對於彼等之思想（其下文並說明為「吾人建設大東亞之理想」）表示敵對更足証明周氏在偽組織中言行有於敵寇不利且証以附呈之「周作人服務偽組織之經過」一文中所述其保護文化確有實績伏念國家為樹立正氣提倡名節懲奸固弗應寬縱但對於苦心之士似亦應兼採有利於當事者之確証且周作人學術文章久為世所推服若依據實績減其罪戾俾就炳燭之餘光完其未竟之著譯於除奸懲偽中兼厲為國惜才保存善類之微意則於情於理實為兩盡是否有當理合提出證據伏候裁定謹呈

首都高等法院

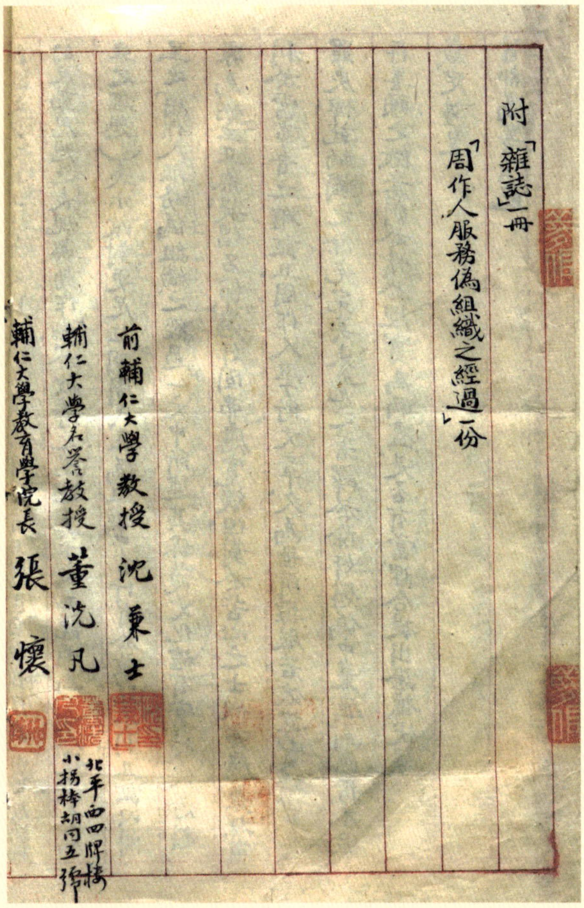
附「雜誌」一冊

「周作人服務偽組織之經過」一份

前輔仁大學教授 沈兼士

輔仁大學名譽教授 董洗凡

北平西四牌樓小楊棒胡同五號

輔仁大學教育學院長 張懷

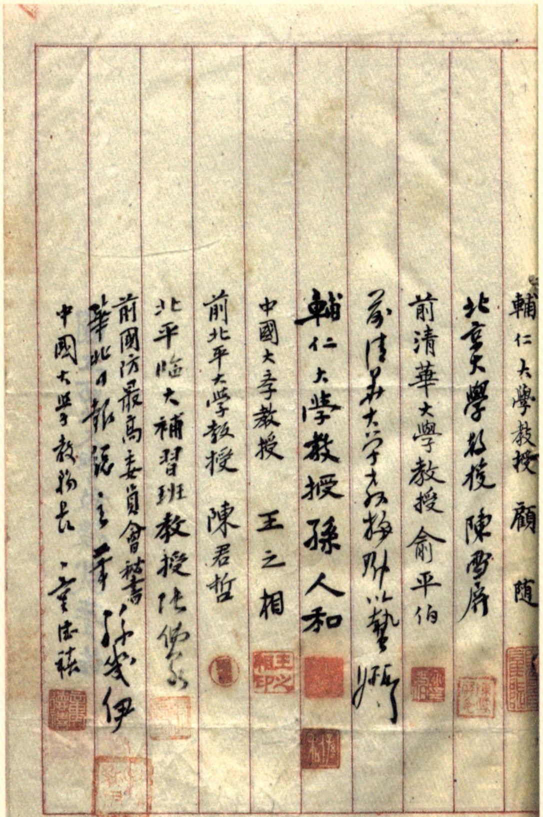
輔仁大學教授 顧隨

北京大學教授 陳雪屏

前清華大學教授 俞平伯

前清華大學教授 楊丙辰

輔仁大學教授 孫人和

中國大學教授 王之相

前北平大學教授 陳君哲

北平臨大補習班教授 徐侍峰

前國防最高委員會秘書 華北日報社長 [illegible]伊

中國大學教務長 方宗鰲

中國的思想問題

周作人作

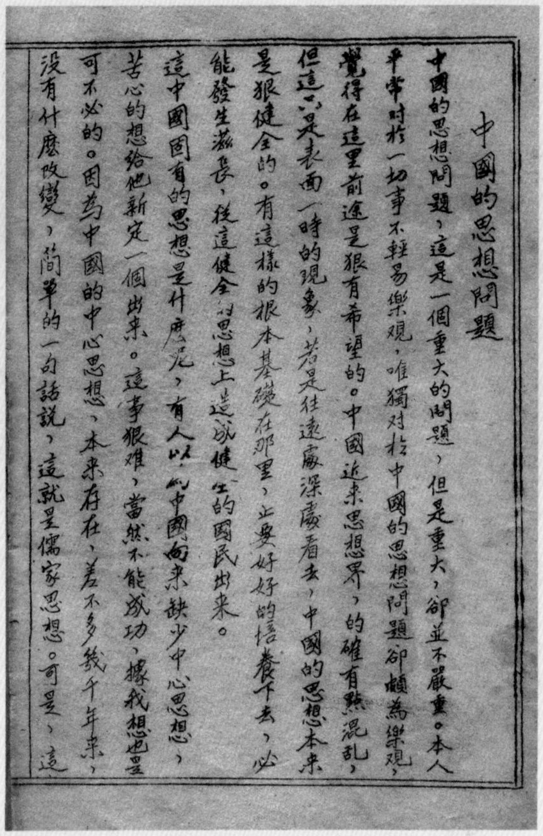
中國的思想問題

中國的思想問題，這是一個重大的問題，但是重大，卻並不嚴重。本人平常对於一切事不輕易樂观，唯獨对於中國的思想問題卻頗為樂观，覺得在這里前途是狠有希望的。中國近来思想界，的確有點混亂，但這只是表面一時的現象，若是往遠處深處看去，中國的思想本来是狠健全的。有這樣的根本基礎在那里，止要好好的培養下去，必能發生滋長，從這健全的思想上造成健全的國民出来。這中國固有的思想是什麽呢，有人以為中國向来缺少中心思想，苦心的想給他新定一個出来。這事狠难，當然不能成功，據我想也是可不必的。因為中國的中心思想，本来存在，差不多幾千年来，沒有什麽改變，簡單的一句話說，這就是儒家思想。可是，這

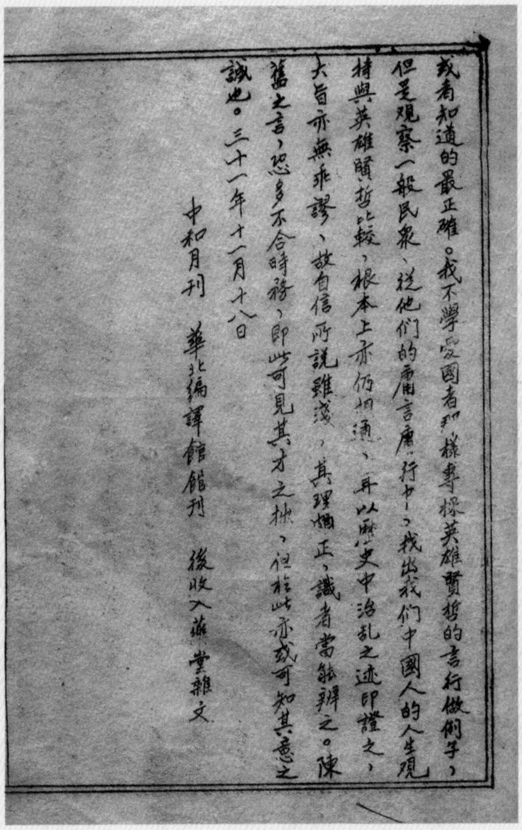
或者知道的最正確。我不學愛國者那樣專揀英雄賢哲的言行做例子，但是观察一般民衆，從他們的庸言庸行中，找出我们中國人的人生观，持與英雄賢哲比較，根本上亦仍相通，再以歷史中治乱之迹印證之，大旨亦無乖謬，故自信所說雖淺，其理倘正，識者當能辨之。陳舊之言，恐多不合時務，即此可見其才之拙，但於此亦或可知其意之誠也。三十一年十一月十八日

中和月刊　華北編譯館館刊　後收入藥堂雜文

周作人所作《中国的思想问题》（部分）

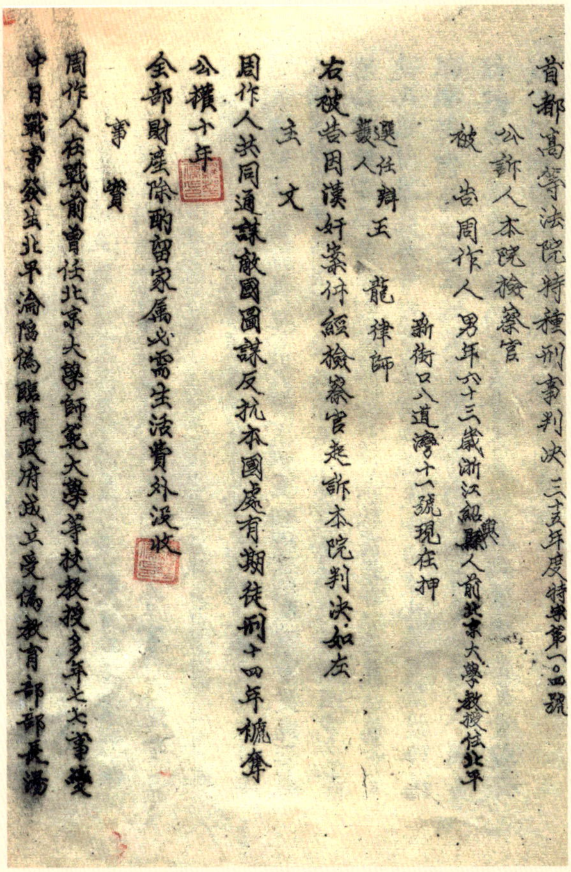
首都高等法院特種刑事判決 三十五年度特字第一〇四號
公訴人 本院檢察官
被 告 周作人 男年六十三歲浙江紹興人前北京大學教授住北平
新街口八道灣十一號現在押
選任辯護人 王龍 律師
右被告因漢奸案件經檢察官起訴本院判決如左
主 文
周作人共同通謀敵國圖謀反抗本國處有期徒刑十四年褫奪
公權十年
全部財產除酌留家屬必需生活費外沒收
事 實
周作人在戰前曾任北京大學師範大學等校教授多年七七事變
中日戰事發生北平淪陷偽臨時政府成立受偽教育部部長湯

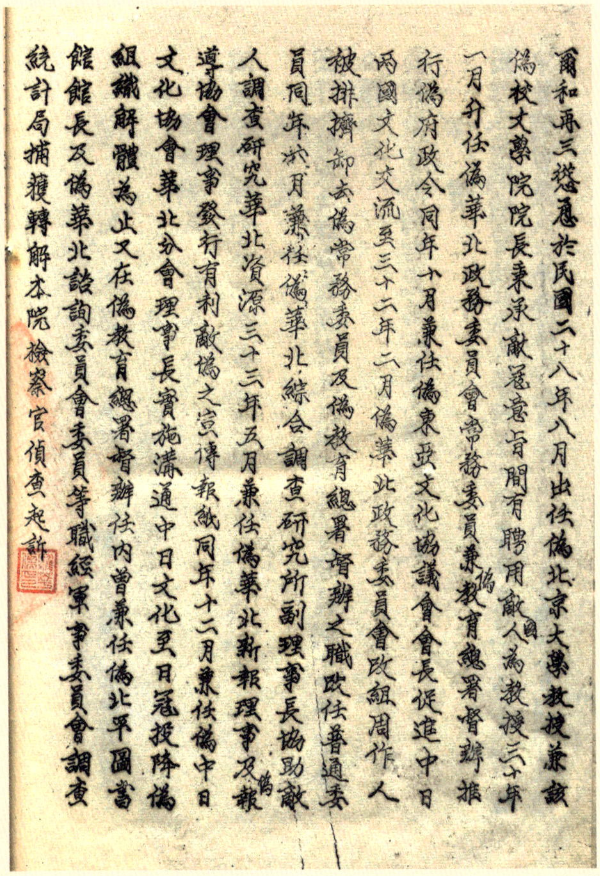
爾和再三慫恿於民國二十八年八月出任偽北京大學教授兼該
偽校文學院院長秉承敵憲意旨聘用敵人為教授三十年
一月升任偽華北政務委員會常務委員兼偽教育總署督辦推
行偽府政令同年十月兼任偽東亞文化協議會會長促進中日
兩國文化交流至三十二年二月偽華北政務委員會改組周作人
被排擠卸去偽常務委員及偽教育總署督辦之職改任普通委
員同年六月兼任偽華北綜合調查研究所副理事長協助敵
人調查研究華北資源三十三年五月兼任偽華北新報理事及偽報
導協會理事發行有利敵偽之宣傳報紙同年十二月兼任偽中日
文化協會華北分會理事長實施溝通中日文化至日寇投降偽
組織解體為止又在偽教育總署督辦任內曾兼任偽北平圖書
館館長及偽華北諮詢委員會委員等職經軍事委員會調查
統計局捕獲轉解本院檢察官偵查起訴

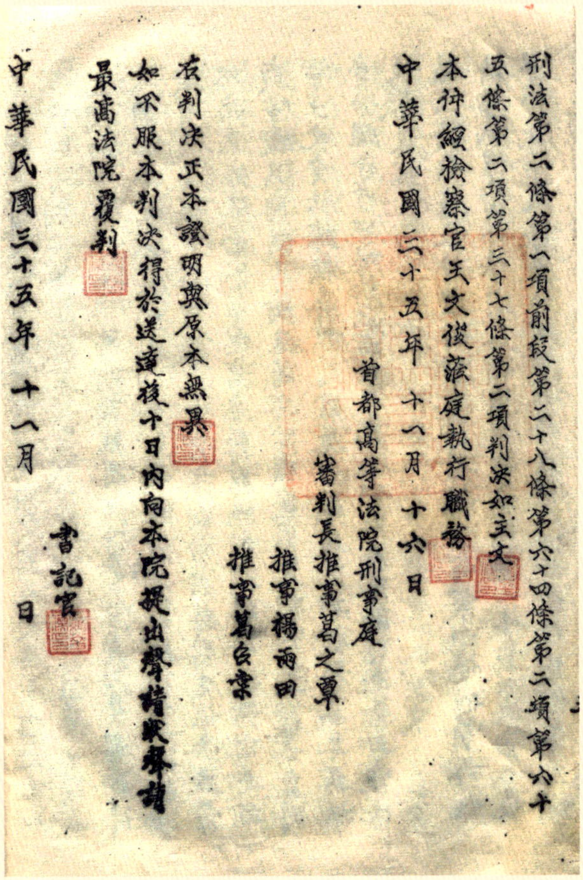
刑法第二條第一項前段第二十八條第六十四條第二項第六十
五條第二項第三十七條第二項判決如主文
本件經檢察官王文俊蒞庭執行職務
中華民國三十五年十一月十六日
首都高等法院刑事庭
審判長推事葛之覃
推事楊丙田
推事葛召棠
右判決正本證明與原本無異
如不服本判決得於送達後十日內向本院提出聲請狀聲請
最高法院覆判
書記官
中華民國三十五年十一月 日

首都高等法院关于周作人判决书（部分）

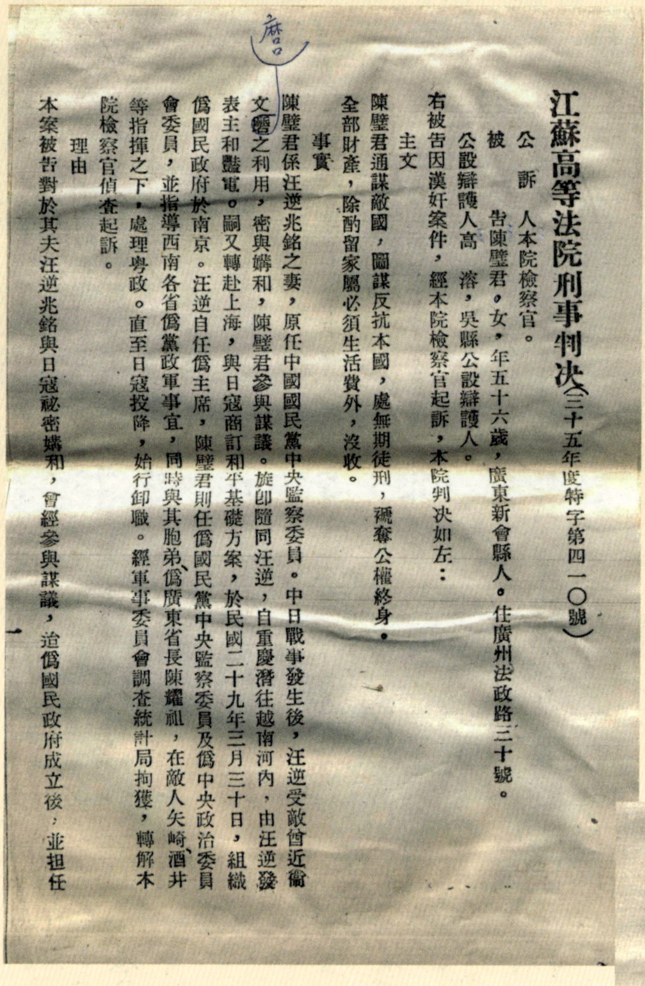

江蘇高等法院刑事判決（三十五年度特字第四一〇號）

公　訴　人本院檢察官。

被　　告陳璧君，女，年五十六歲，廣東新會縣人。住廣州法政路三十號。

公設辯護人高　溶，吳縣公設辯護人。

右被告因漢奸案件，經本院檢察官起訴，本院判决如左：

主文

陳璧君通謀敵國，圖謀反抗本國，處無期徒刑，褫奪公權終身。全部財產，除酌留家屬必須生活費外，沒收。

事實

陳璧君係汪逆兆銘之妻，原任中國國民黨中央監察委員。中日戰事發生後，汪逆受敵酋近衛文麿之利用，密與媾和，陳璧君參與謀議。旋即隨同汪逆，自重慶潛往越南河內，由汪逆發表主和豔電。嗣又轉赴上海，與日寇商訂和平基礎方案，於民國二十九年三月三十日，組織偽國民政府於南京。汪逆自任偽主席，陳璧君則任偽國民黨中央監察委員及偽中央政治委員會委員，並指導西南各省偽黨政軍事宜，同時與其胞弟偽廣東省長陳耀祖，在敵人矢崎、酒井等指揮之下，處理粵政。直至日寇投降，始行卸職。經軍事委員會調查統計局拘獲，轉解本院檢察官偵查起訴。

理由

本案被告對於其夫汪逆兆銘與日寇祕密媾和，曾經參與謀議，迨偽國民政府成立後，並担任

江苏高等法院关于陈璧君的判决书

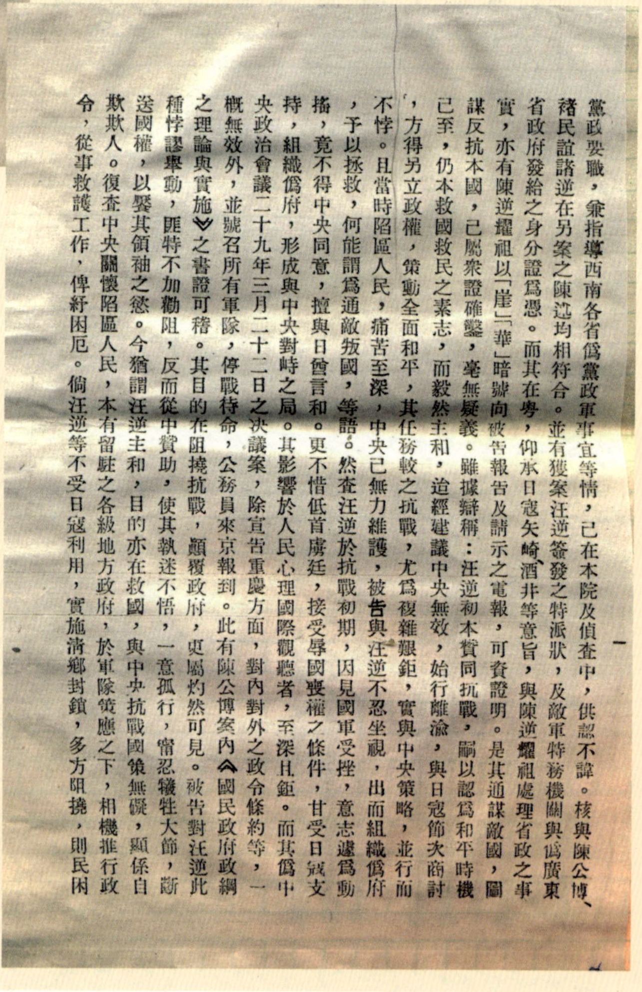

黨政要職，兼指導西南各省偽黨政軍事宜等情，已在本院及偵查中，供認不諱。核與陳公博、褚民誼諸逆在另案之陳述均相符合。並有獲案汪逆簽發之特派狀，及敵軍特務機關與偽廣東省政府發給之身分證為憑。而其在粵，仰承日寇矢崎、酒井等意旨，與陳逆耀祖處理省政之事實，亦有陳逆耀祖以「崖」「華」暗號向被告報告及請示之電報，可資證明。是其通謀敵國，圖謀反抗本國，已屬衆證確鑿，毫無疑義。雖據辯稱：汪逆初本贊同抗戰，嗣以認為和平時機已至，仍本救國救民之素志，而毅然主和，迨經建議中央無效，始行離渝，與日寇飾次商討，方得另立政權，策動全面和平，其任務較之抗戰，尤為複雜艱鉅，實與中央策略，並行而不悖。且當時陷區人民，痛苦至深，中央已無力維護，被告與汪逆不忍坐視，出而組織偽府，予以拯救，何能謂為通敵叛國，等語。然查汪逆於抗戰初期，因見國軍受挫，意志遽為動搖，竟不得中央同意，擅與日酋言和。更不惜低首虜廷，接受辱國喪權之條件，甘受日寇支持，組織偽府，形成與中央對峙之局。其影響於人民心理國際觀聽者，至深且鉅。而其偽中央政治會議二十九年三月二十二日之決議案，除宣告重慶方面，對內對外之政令條約等，一概無效外，並號召所有軍隊，停戰待命，公務員來京報到。此有陳公博案內《國民政府政綱之理論與實施》之書證可稽。其目的在阻撓抗戰，顛覆政府，更屬灼然可見。被告對汪逆此種悖謬舉動，匪特不加勸阻，反而從中贊助，使其執迷不悟，一意孤行，甯忍犧牲大節，斷送國權，以饜其領袖之慾。今猶謂汪逆主和，目的亦在救國，與中央抗戰國策無礙，顯係自欺欺人。復查中央關懷陷區人民，本有留駐之各級地方政府，於軍隊策應之下，相機推行政令，從事救護工作，俾紓困厄。倘汪逆等不受日寇利用，實施清鄉封鎖，多方阻撓，則民困

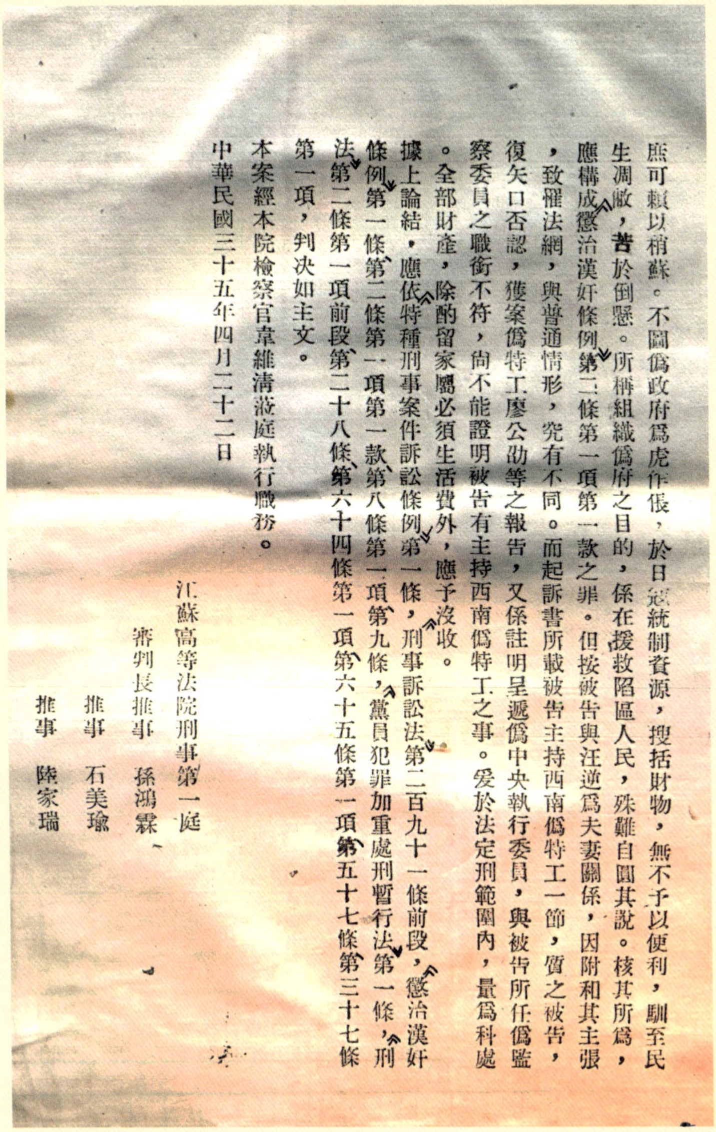

庶可賴以稍蘇。不圖僞政府爲虎作倀，於日寇統制資源，搜括財物，無不予以便利，馴至民生凋敝，若於倒懸。所稱組織僞府之目的，係在援救陷區人民，殊難自圓其說。核其所爲，應構成懲治漢奸條例第二條第一項第一款之罪。但按被告與汪逆爲夫妻關係，因附和其主張，致罹法網，與普通情形，究有不同。而起訴書所載被告主持西南僞特工一節，質之被告，復矢口否認，獲案僞特工廖公劭等之報告，又係註明呈遞僞中央執行委員，與被告所任僞監察委員之職銜不符，尚不能證明被告有主持西南僞特工之事。爰於法定刑範圍內，量爲科處。全部財產，除酌留家屬必須生活費外，應予沒收。

據上論結，應依特種刑事案件訴訟條例第一條，刑事訴訟法第二百九十一條前段，懲治漢奸條例第一條第二條第一項第一款第八條第一項第九條，黨員犯罪加重處刑暫行法第一條，刑法第二條第一項前段第二十八條第六十四條第一項第六十五條第一項第五十七條第三十七條第一項，判決如主文。

本案經本院檢察官韋維清蒞庭執行職務。

中華民國三十五年四月二十二日

江蘇高等法院刑事第一庭

審判長推事　孫鴻霖

推事　石美瑜

推事　陸家瑞

江苏高等法院关于陈璧君的判决书

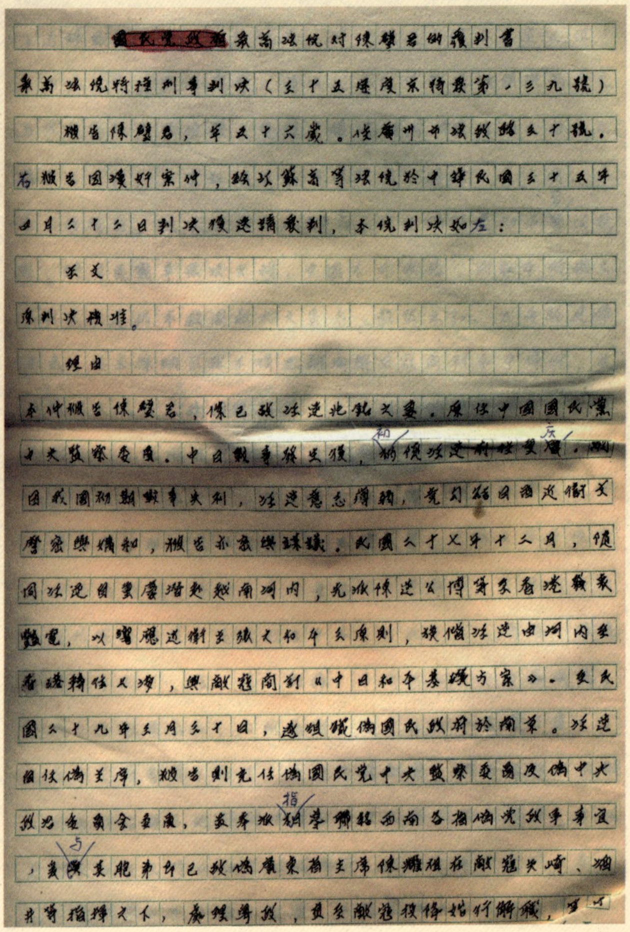

国民党政府最高法院对陈璧君的复判书

最高法院特种刑事判决（三十五年度京特复第一三九号）

被告陈璧君，年五十六岁。住广州市法政路三十号。

右被告因汉奸案件，经江苏高等法院于中华民国三十五年四月二十二日判决后，声请复判，本院判决如左：

主文

原判决核准。

理由

本件被告陈璧君，系已故汉逆兆铭之妻，原任中国国民党中央监察委员。中日战事发生后，初随汪逆到达重庆，嗣因我国初期战事失利，汪逆意志薄弱，竟幻想日寇能与我国谋和，被告亦参与谋议。民国二十七年十二月，随同汪逆自重庆潜赴越南河内，先以陈逆公博等名义发表艳电，以响应近卫三项声明及和平原则，旋偕汪逆由河内至香港转往上海，与敌酋商订《中日和平基本方案》。至民国二十九年三月三十日，遂组织伪国民政府于南京。汪逆组织伪组织后，被告则充任伪国民党中央监察委员及伪中央政治委员会委员，并秉承汪指挥两广各伪党政事宜，复与其胞弟伪广东省主席陈耀祖在敌酋矢崎、矶谷等指挥之下，狼狈为奸，负责敌寇搜刮物资，……

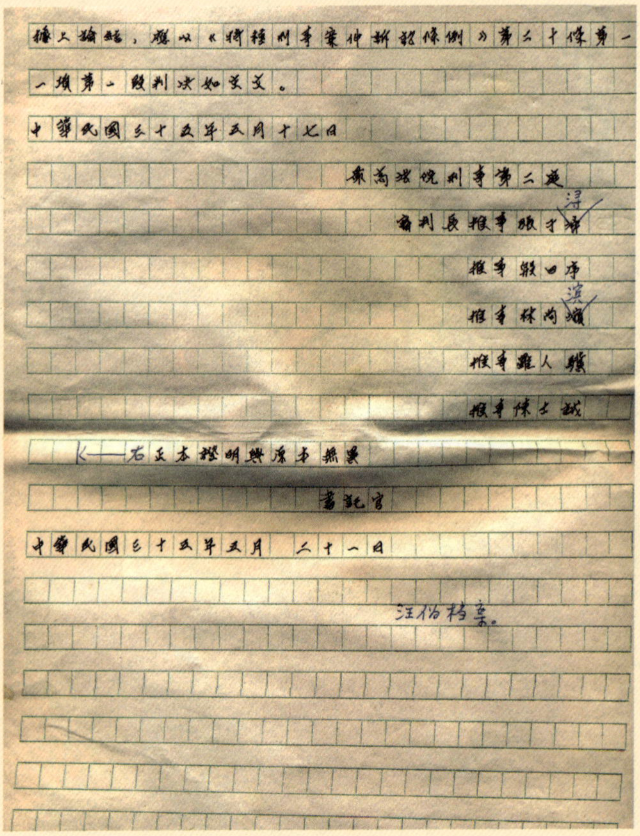

据上论结，应依《特种刑事案件诉讼条例》第二十条第一项第一款判决如主文。

中华民国三十五年五月十七日

最高法院刑事第二庭

审判长推事 张于浔

推事 叶曰序

推事 林尚滨

推事 罗人骥

推事 陈士诚

右正本证明与原本无异

书记官

中华民国三十五年五月二十一日

汪伪档案。

最高法院对陈璧君的复判书（部分）

民国户籍卡

保管单位：南京市档案馆

内容及评价：

民国户籍卡档案来自于原国民政府首都警察厅，形成于1945至1949年，2006年8月从南京市公安局接收进馆。现存1543460张。户籍卡档案分户卡和口卡两类，口卡按男、女分别登记并按姓氏排列。口卡尺寸为14厘米×8厘米，口卡上除填报姓名、性别、年龄、住址、籍贯、教育程度、职业、婚姻状况、与户主关系等常规内容外，还包括了外貌特征、宣誓时期与地点、兵役、义务劳动、保甲番号、手指纹等项，正反两面共计28项。户卡以家庭户为主，还有依工作处所或军队编制为户，户主为上司领导或雇主。民国户籍卡比较完整地记录和反映了抗日战争胜利后南京市的人口身份信息、居住情况、生活状况、区域划分及人口流动等情况。不仅人口情况在户籍卡上得到充分反映，南京当时人口流动、民族工业规模、行业分布、城市驻军等情况也得到了完整的记录。其完整、翔实的历史户籍信息，为国内档案馆中罕见。

民国户籍卡对研究民国时期南京的人口与社会、经济状况、人民生活水平、名人行踪及外国侨民在宁情况具有极其重要的价值。为探寻南京城市发展轨迹、编制新的城市发展规划蓝图，提供了可贵的原始样本。为市民了解家族变迁，办理移民、继承、寻亲等民事事务，提供了不可多得的凭证。该档案现入选《江苏省珍贵档案文献名录》。

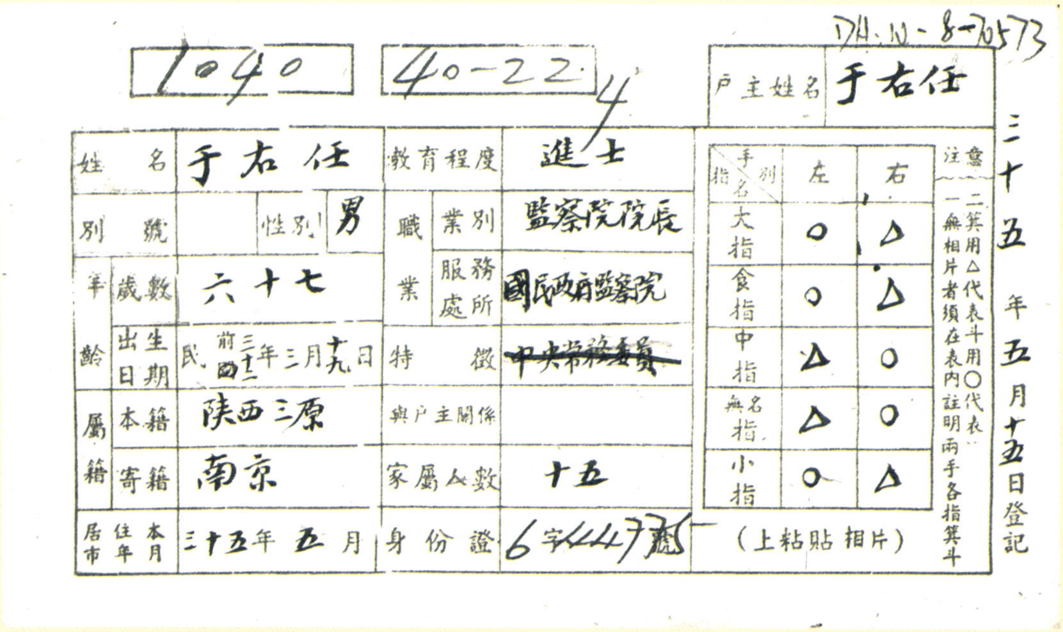

DH.W-8-70573

1040 40-22 4

户主姓名	于右任

姓名	于右任		教育程度	進士
别號		性别 男	職業 業别	監察院院長
年齡 歲數	六十七		職業 服務處所	國民政府監察院
年齡 出生日期	民前三十三年三月十九日		特徵	~~中央常務委員~~
屬籍 本籍	陝西三原		與户主關係	
屬籍 寄籍	南京		家屬人數	十五
本市居住年月	三十五年五月		身份證	6字444773號

手别 指名	左	右
大指	○	△
食指	○	△
中指	△	○
無名指	△	○
小指	○	△

注意 一、無相片者須在表内註明 二、箕用△代表斗用○代表 兩手各指箕斗

（上粘貼相片）

三十五年五月十五日登記

于右任

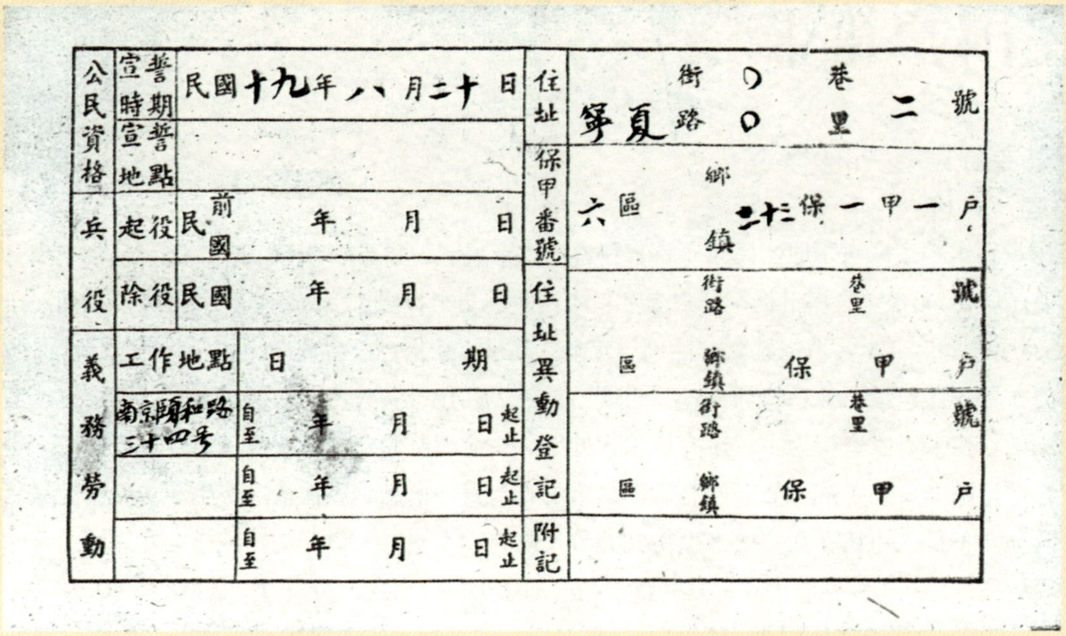

公民資格	宣誓時期	民國十九年八月二十日	住址	寧夏 街路 〇 巷里 二 號
	宣誓地點			
兵役	起役	民前國 年 月 日	保甲番號	六區 鄉鎮 二十三保 一甲 一戶
	除役	民國 年 月 日	住址異動登記	街路 巷里 號 區 鄉鎮 保 甲 戶
義務勞動	工作地點	日期		
	南京頤和路三十四号	自至 年 月 日 起止		街路 巷里 號 區 鄉鎮 保 甲 戶
		自至 年 月 日 起止		
		自至 年 月 日 起止	附記	

于右任

全文：

姓名：于右任

教育程度：进士

职业：国民政府监察院院长

年龄：六十七岁

出生日期：民国前三十二年三月十九日

本籍：陕西三原

居住本市年月：民国三十五年五月

家属人数：十五人

身份证：6字44775号

左右手指纹：（略）

宣誓日期：民国十九年八月二十日

住址：宁夏路二号

保甲番号：六区二十三保一户一甲

工作地点：南京颐和路三十四号

民国三十五年五月十五日登记

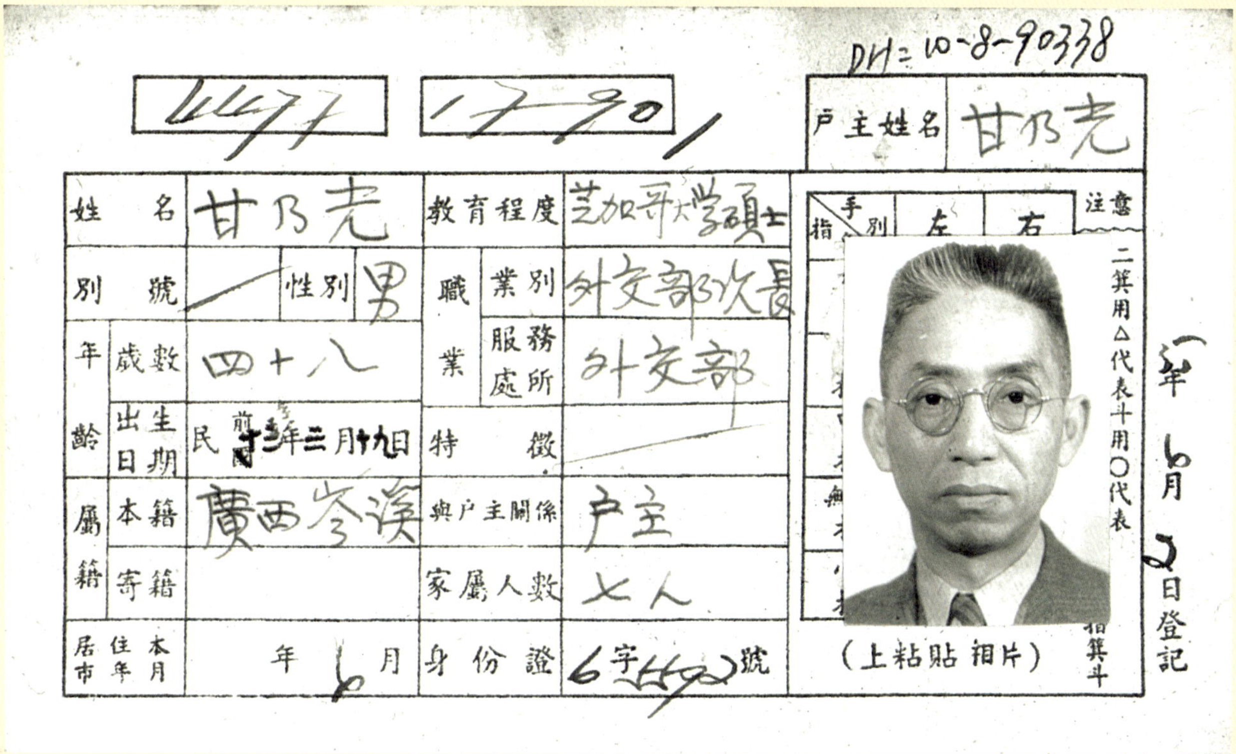

DH=10-8-90338

6677　17901

户主姓名	甘乃光				
姓名	甘乃光		教育程度	芝加哥大学硕士	
别號	—	性别：男	職業	業別	外交部次長
年齢	歲數	四十八		服務處所	外交部
	出生日期	民前十三年三月廿九日	特徵		
屬籍	本籍	廣西岑溪	與户主關係	户主	
	寄籍		家屬人數	七人	
居住本市年月		年 6 月	身份證	6字6690號	

手指別：左　右

注意：二箕用△代表斗用○代表

（上粘貼相片）

指箕斗

一年6月2日登記

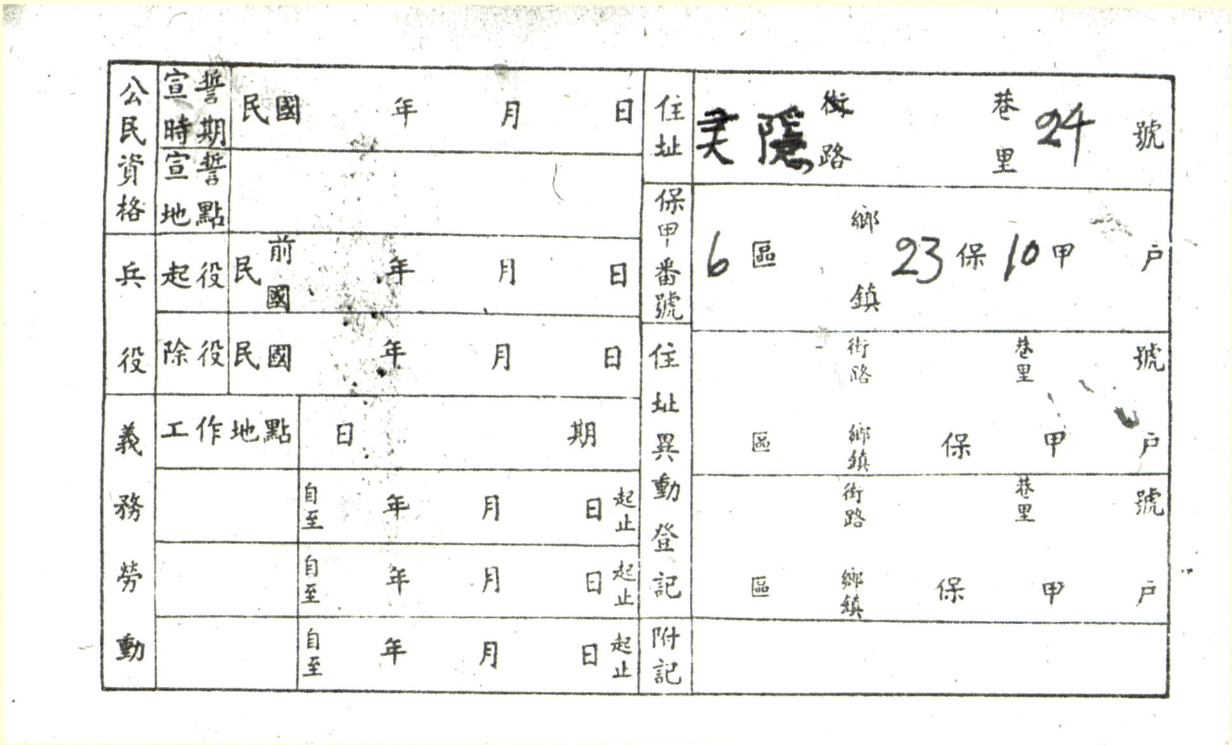

公民資格	宣誓時期	民國　年　月　日	住址	美隱路 街 巷 里 24 號
	宣誓地點		保甲番號	6 區 鄉鎮 23 保 10 甲 户
兵役	起役	民前國　年　月　日		
	除役	民國　年　月　日	住址異動登記	街路 巷里 號
義務勞動	工作地點	日期		區 鄉鎮 保 甲 户
		自至　年　月　日 起止		街路 巷里 號
		自至　年　月　日 起止		區 鄉鎮 保 甲 户
		自至　年　月　日 起止	附記	

甘乃光

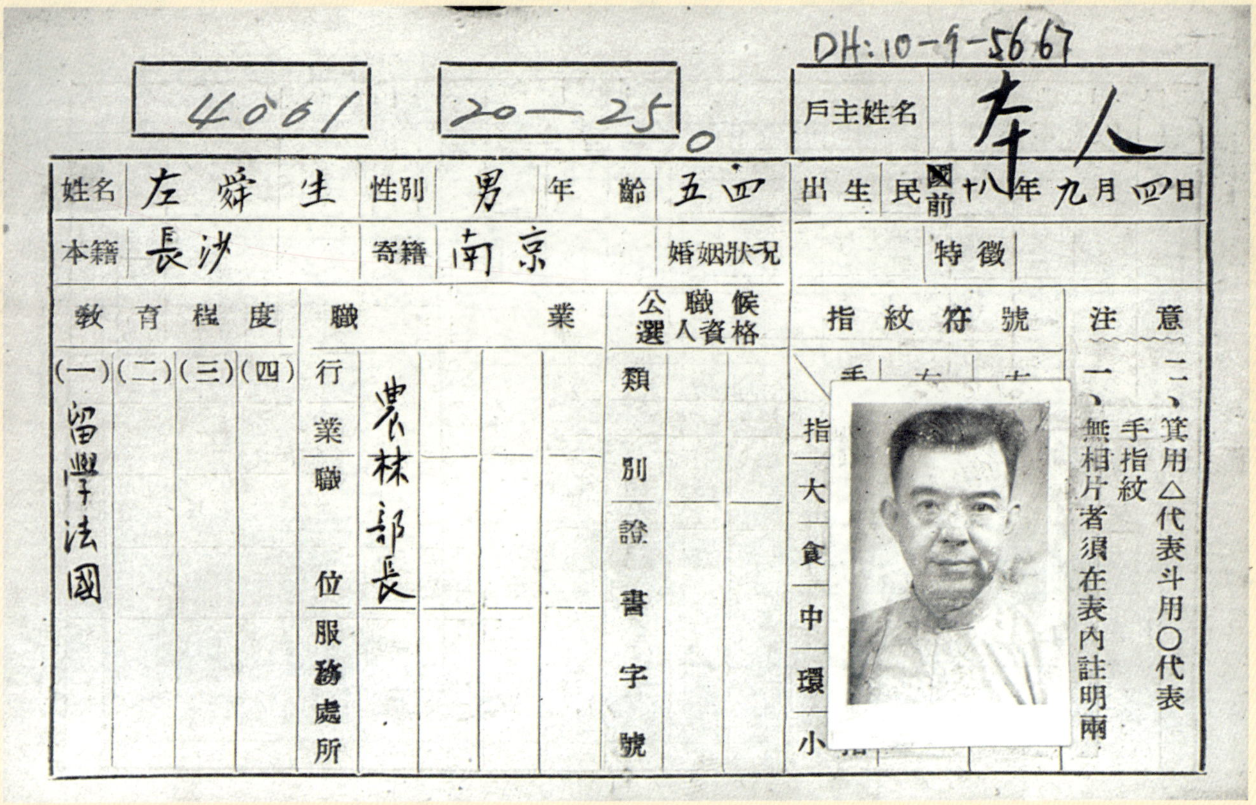

DH:10-9-5667

4001 | 20—25

戶主姓名：本人

姓名	左舜生	性別	男	年齡	五四	出生	民國前十八年九月四日
本籍	長沙	寄籍	南京	婚姻狀況		特徵	

教育程度				職業		公職候選人資格	指紋符號	注意
(一)	(二)	(三)	(四)	行業職位	服務處所	類別	手：左、右	一、無相片者須在表內註明兩手指紋
留學法國				農林部部長		證書字號	指：大、食、中、環、小	二、箕用△代表斗用○代表

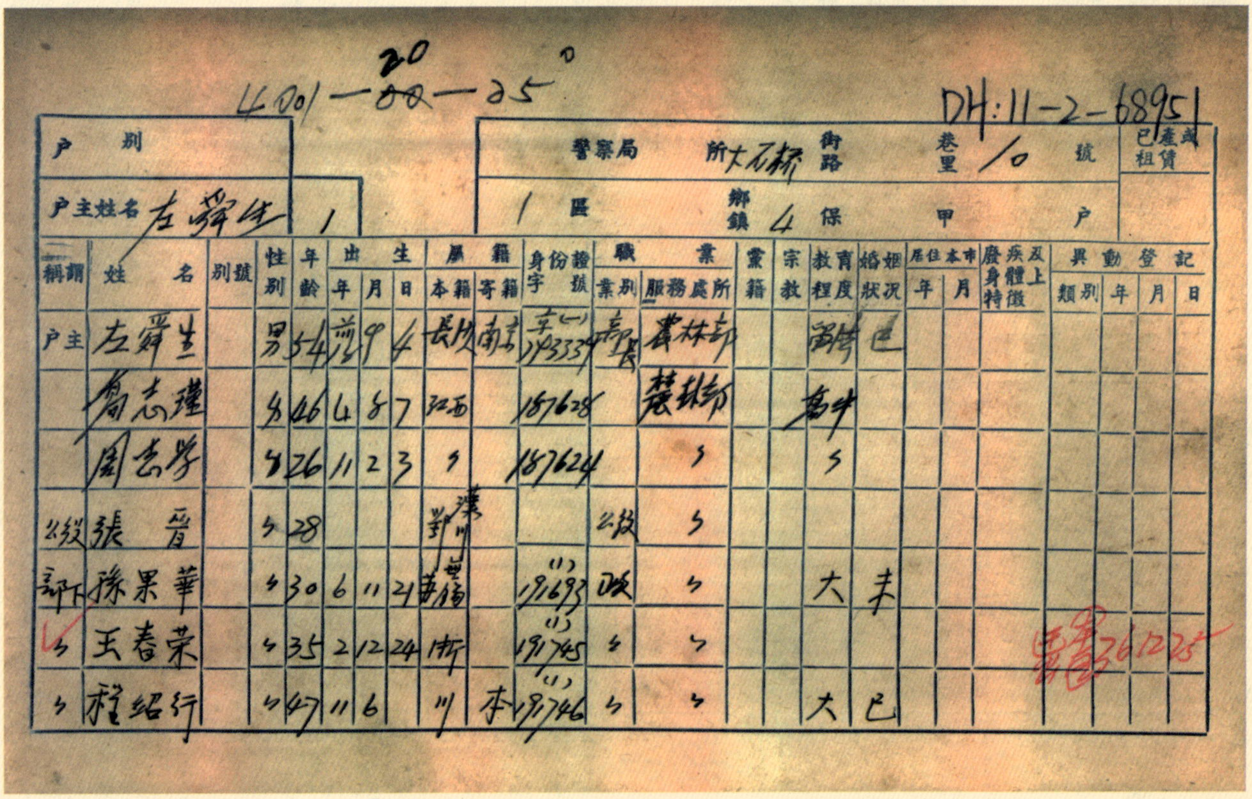

4001—20—25

DH:11-2-68951

户别

户主姓名：左舜生　1

警察局　所　大石橋　街路　巷里　10　號　已產或租賃

1　區　鄉鎮　4　保　甲　户

稱謂	姓名	別號	性別	年齡	出生年	出生月	出生日	本籍	寄籍	身份證字號	業別	服務處所	黨籍	宗教	教育程度	婚姻狀況	居住本市年	居住本市月	廢疾及身體上特徵	異動登記類別	年	月	日
户主	左舜生		男	54	[illegible]	9	4	長沙	南京	京(一)143334	部長	農林部			留學	已							
	喬志瑾		女	46	4	8	7	江西		187628		農林部			高中								
	周志学		〃	26	11	2	3	〃		187624		〃			〃								
公役	張晉		〃	28				鄂漢川			公役	〃											
部下	孫果華		〃	30	6	11	21	安徽		(1)191693	政	〃			大	未							
〃	王春荣		〃	35	2	12	24	浙		(1)191745	〃	〃											
〃	程绍行		〃	47	11	6		川	本	(1)191746	〃	〃			大	已							

左舜生

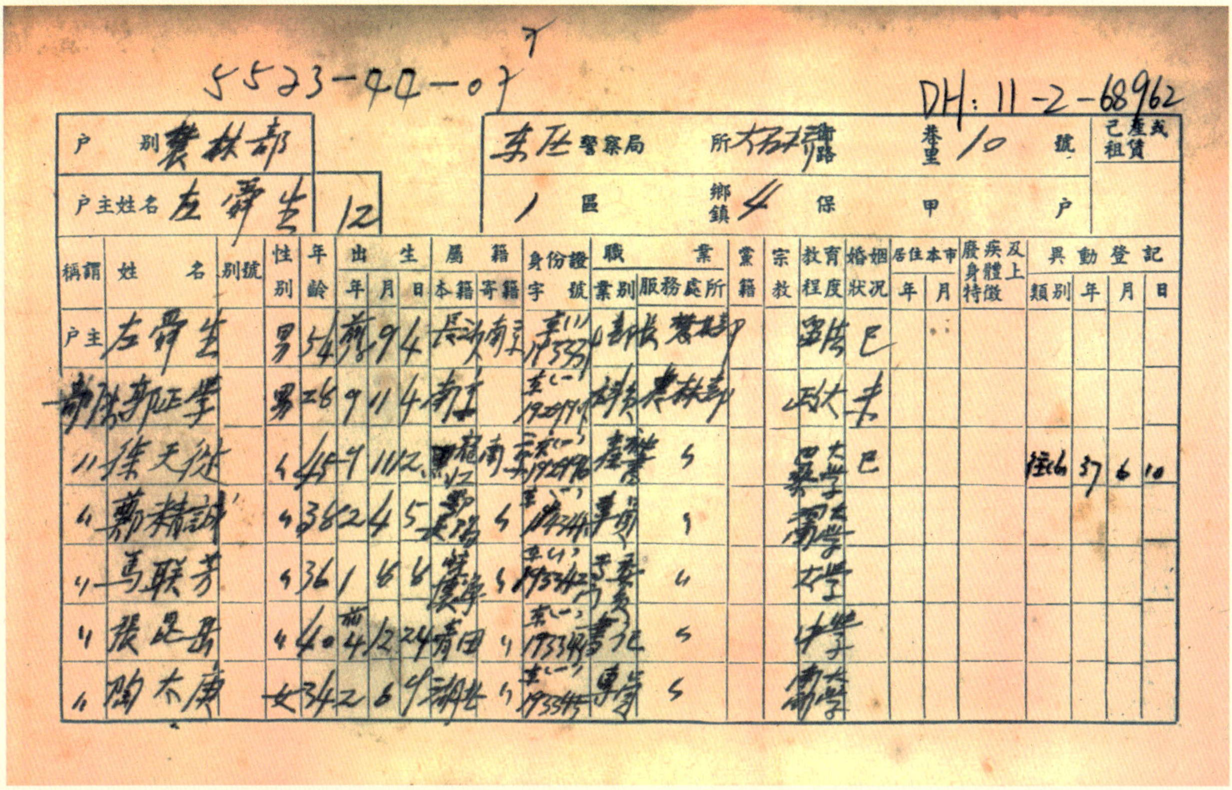

5523-40-07

DH:11-2-68962

户别：農林部

户主姓名：左舜生　12

东区警察局　大石橋 所 街/路 巷/里 10 號　已產或租賃

1 區　鄉/鎮 4 保　甲　户

稱謂	姓名	別號	性別	年齡	出生年	月	日	本籍	寄籍	身份證字號	業別	服務處所	黨籍	宗教	教育程度	婚姻狀況	居住本市年	月	廢疾及身體上特徵	異動類別	年	月	日
户主	左舜生		男	54	前	9	4	長沙	南京	京(一)173537	部長	農林部			留學	已							
部屬	鄧正業		男	28	9	11	4	南京		京(一)192977	[illegible]	農林部			大學	未							
〃	徐天從		〃	45	9	11	12	黑龍江	南京	京(一)192976	[illegible]	〃			留學	已				[illegible]	37	6	10
〃	鄭[illegible]		〃	38	2	4	5	[illegible]	〃	京(一)[illegible]	[illegible]	〃			大學								
〃	馬联芳		〃	36	1	6	6	[illegible]	〃	京(一)173342	[illegible]	〃			大學								
〃	張昆岳		〃	40	前4	12	24	青田	〃	京(一)173344	[illegible]	〃			中學								
〃	陶本廣		女	34	2	6	9	湖北	〃	京(一)173345	[illegible]	〃			大學								

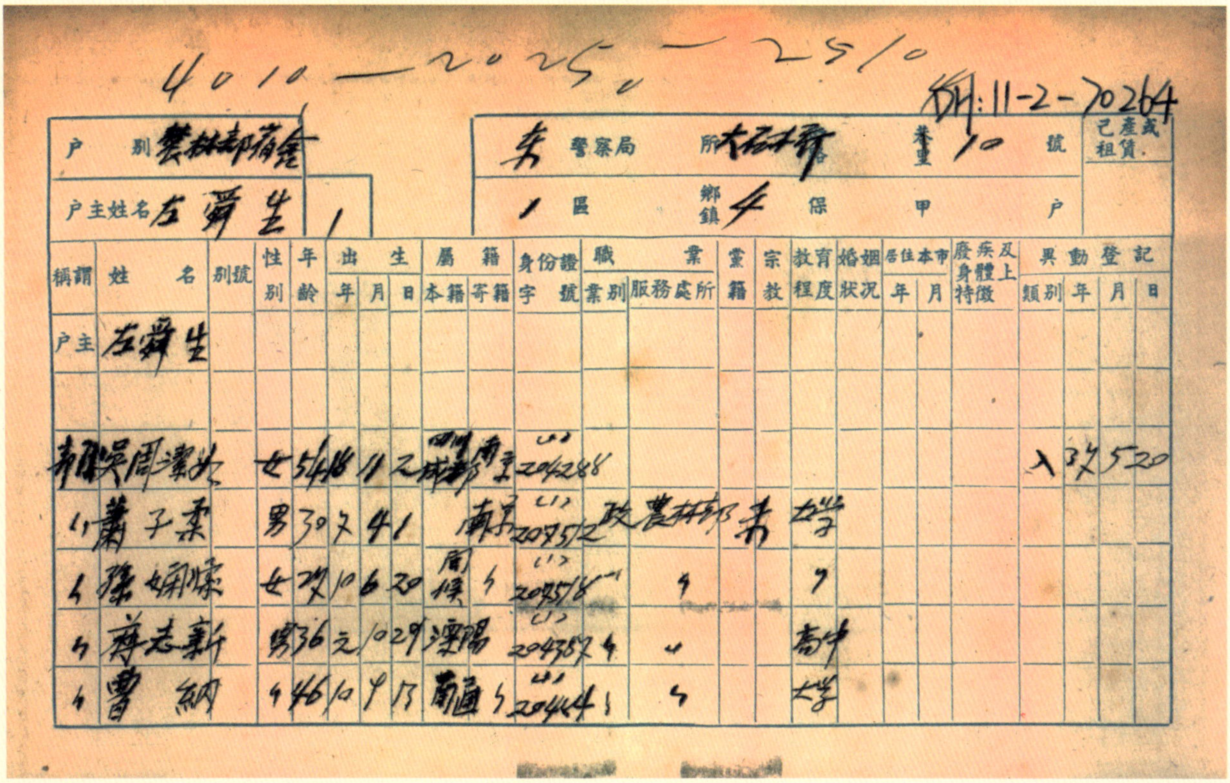

4010-2025-2510

DH:11-2-70264

户别：農林部宿舍

户主姓名：左舜生　1

东 警察局　大石橋 所　巷/里 10 號　已產或租賃

1 區　鄉/鎮 4 保　甲　户

稱謂	姓名	別號	性別	年齡	出生年	月	日	本籍	寄籍	身份證字號	業別	服務處所	黨籍	宗教	教育程度	婚姻狀況	居住本市年	月	廢疾及身體上特徵	異動類別	年	月	日
户主	左舜生																						
部屬	吳周潔如		女	51	前16	11	2	成都	南京	(1)204288										入	37	5	20
〃	蕭子柔		男	30	元	4	1		南京	(1)207572	政	農林部	未		大學								
〃	孫[illegible]		女	27	10	6	20	[illegible]	〃	(1)209518	〃	〃			〃								
〃	蔣志新		男	36	元	10	29	溧陽		(1)204387	〃	〃			高中								
〃	曹納		〃	46	10	4	17	[illegible]	〃	(1)204644	〃	〃			大學								

左舜生

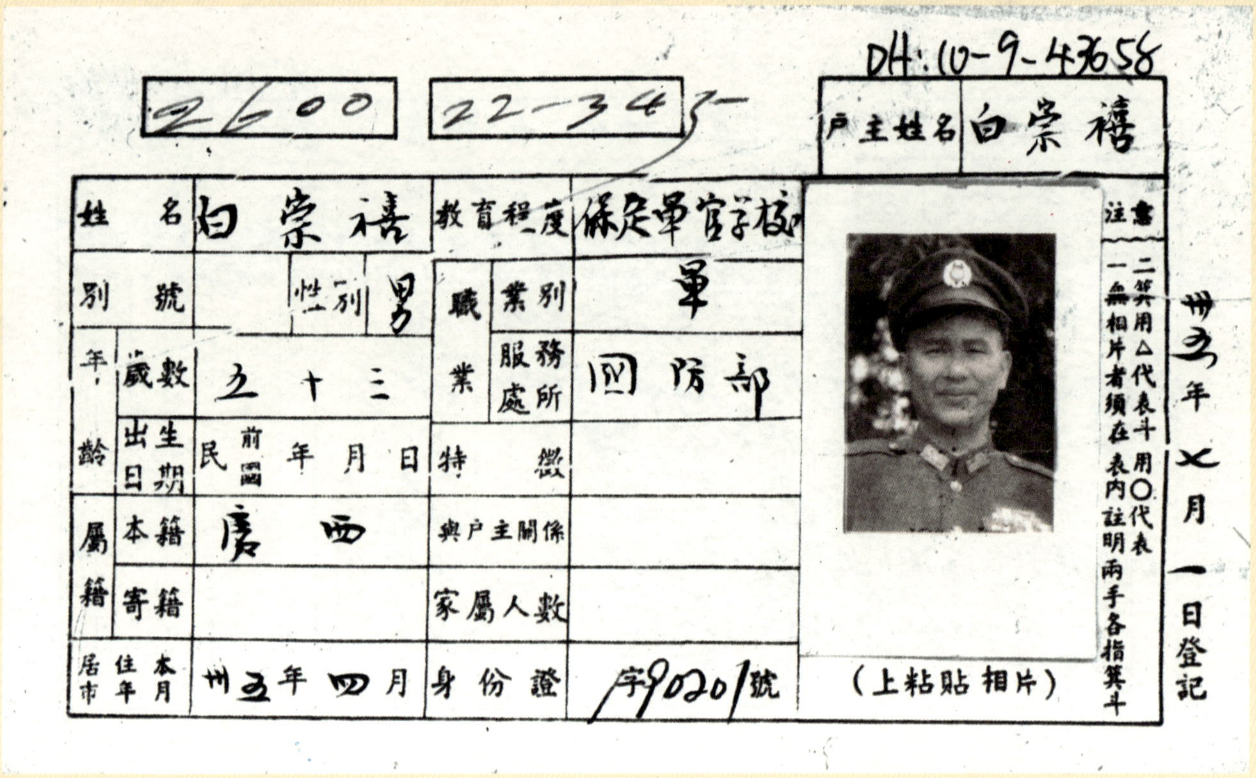
DH:10-9-43658

2600 22-343

户主姓名	白崇禧

姓名	白崇禧		教育程度	保定軍官學校	
别號		性别 男	職業 業别	軍	
年齡 歲數	五十三		服務處所	國防部	
出生日期	民前國 年 月 日		特徵		
屬籍 本籍	廣西		與户主關係		
寄籍			家屬人數		
本市居住年月	卅五年四月		身份證	字9020l號	(上粘貼相片)

注意 一 無相片者須在表內註明兩手各指箕斗 二 箕用△代表斗用○代表

卅五年七月一日登記

白崇禧

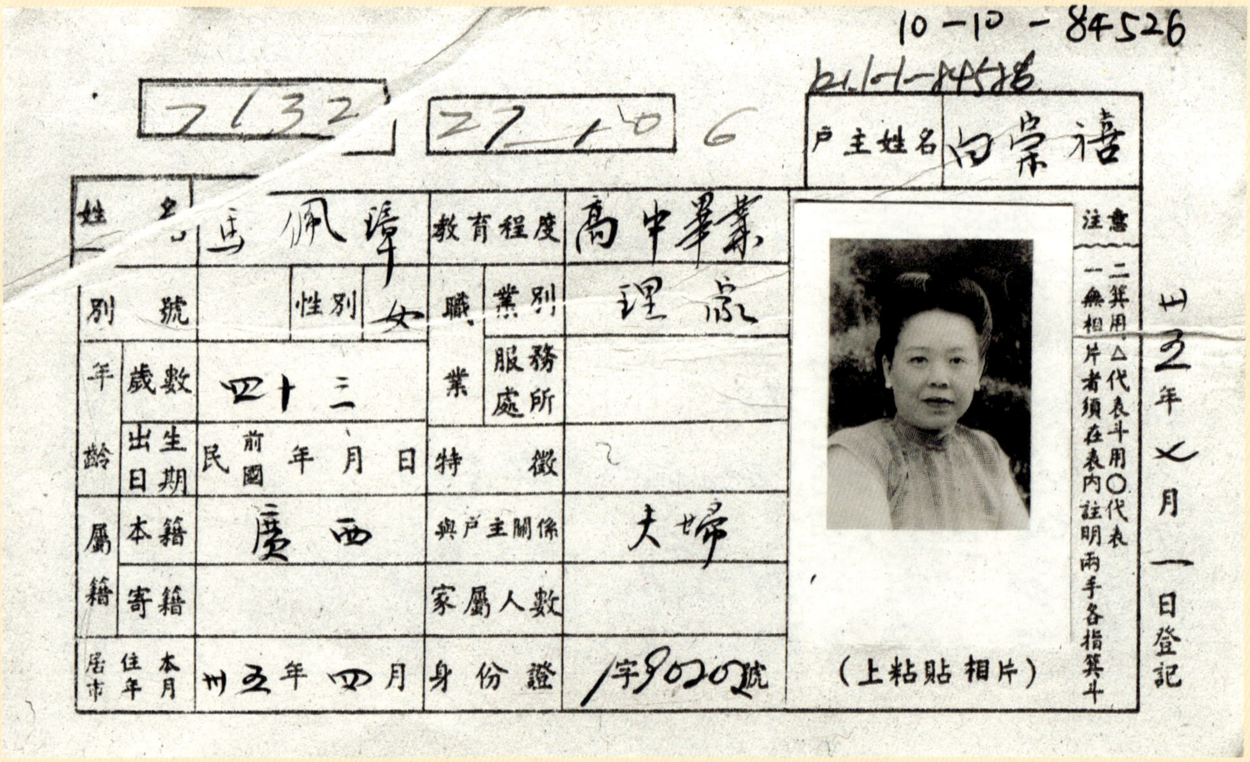
10-10-84526

7132 22-106

户主姓名	白崇禧

姓名	馬佩璋		教育程度	高中畢業	
别號		性别 女	職業 業别	理家	
年齡 歲數	四十三		服務處所		
出生日期	民前國 年 月 日		特徵		
屬籍 本籍	廣西		與户主關係	夫婦	
寄籍			家屬人數		
本市居住年月	卅五年四月		身份證	字9020號	(上粘貼相片)

注意 一 無相片者須在表內註明兩手各指箕斗 二 箕用△代表斗用○代表

卅五年七月一日登記

马佩璋

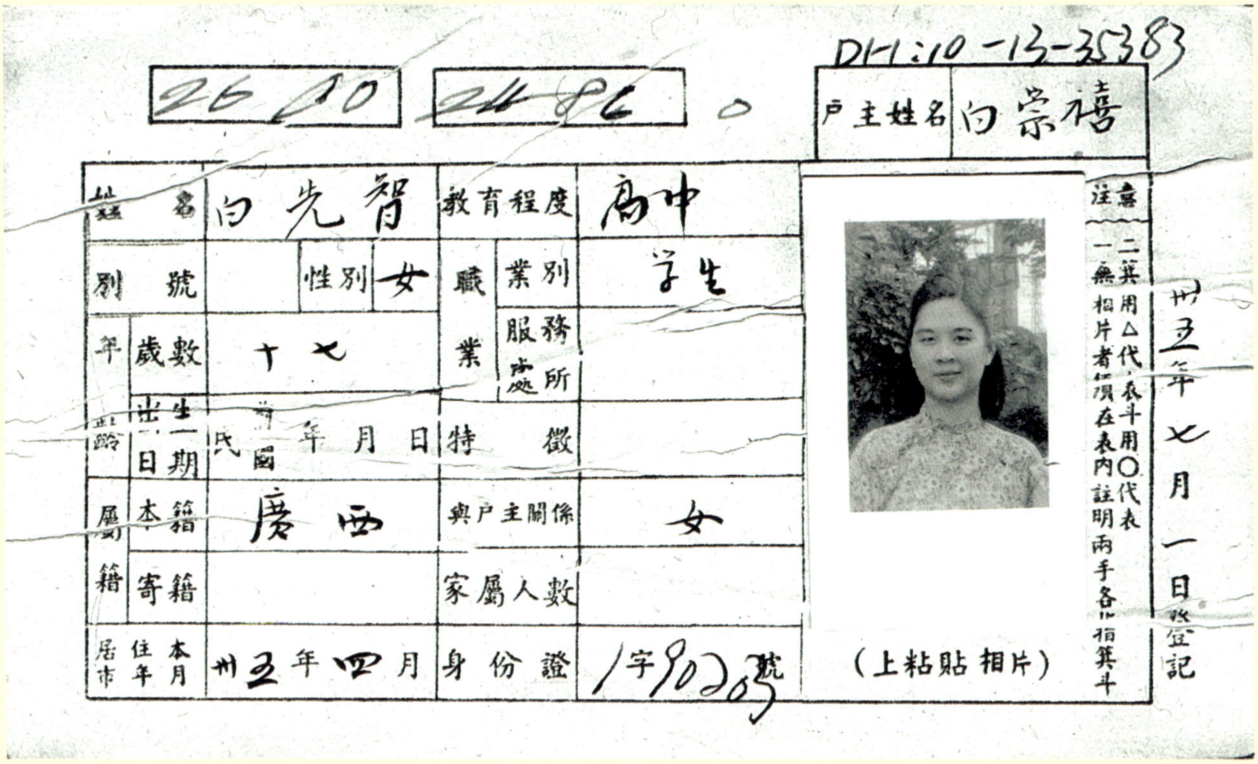
DH:10-13-35383

2610 2486 0

戶主姓名	白崇禧		
姓名	白先智	教育程度	高中
別號 / 性別	女	職業 業別	學生
年齡 歲數	十七	服務處所	
出生日期	民國前 年 月 日	特徵	
屬籍 本籍	廣西	與戶主關係	女
寄籍		家屬人數	
居住本市年月	卅五年四月	身份證	1字90209號

（上粘貼相片）

注意 一、無相片者須在表內註明兩手各指箕斗 二、箕用△代表斗用○代表

卅五年七月一日登記

白先智

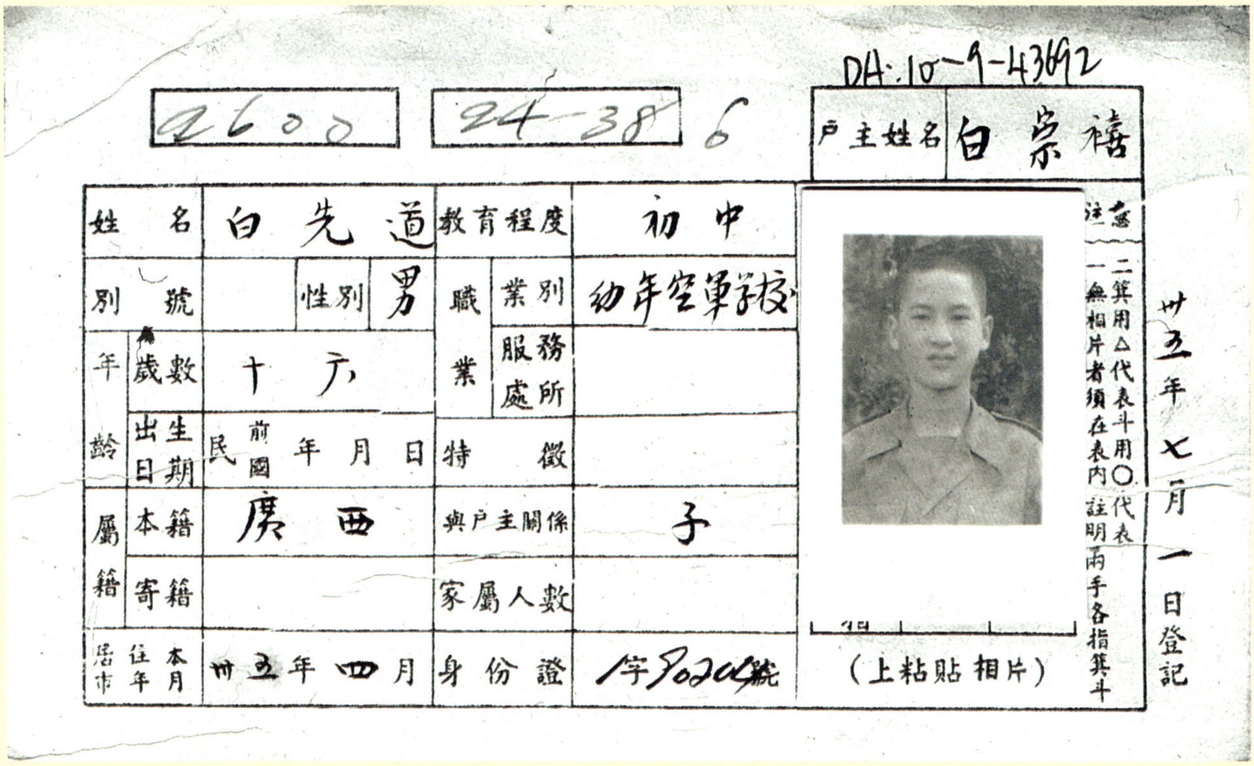
DH:10-9-43692

2600 2438 6

戶主姓名	白崇禧		
姓名	白先道	教育程度	初中
別號 / 性別	男	職業 業別	幼年空軍學校
年齡 歲數	十六	服務處所	
出生日期	民國前 年 月 日	特徵	
屬籍 本籍	廣西	與戶主關係	子
寄籍		家屬人數	
居住本市年月	卅五年四月	身份證	字9020號

（上粘貼相片）

注意 一、無相片者須在表內註明兩手各指箕斗 二、箕用△代表斗用○代表

卅五年七月一日登記

白先道

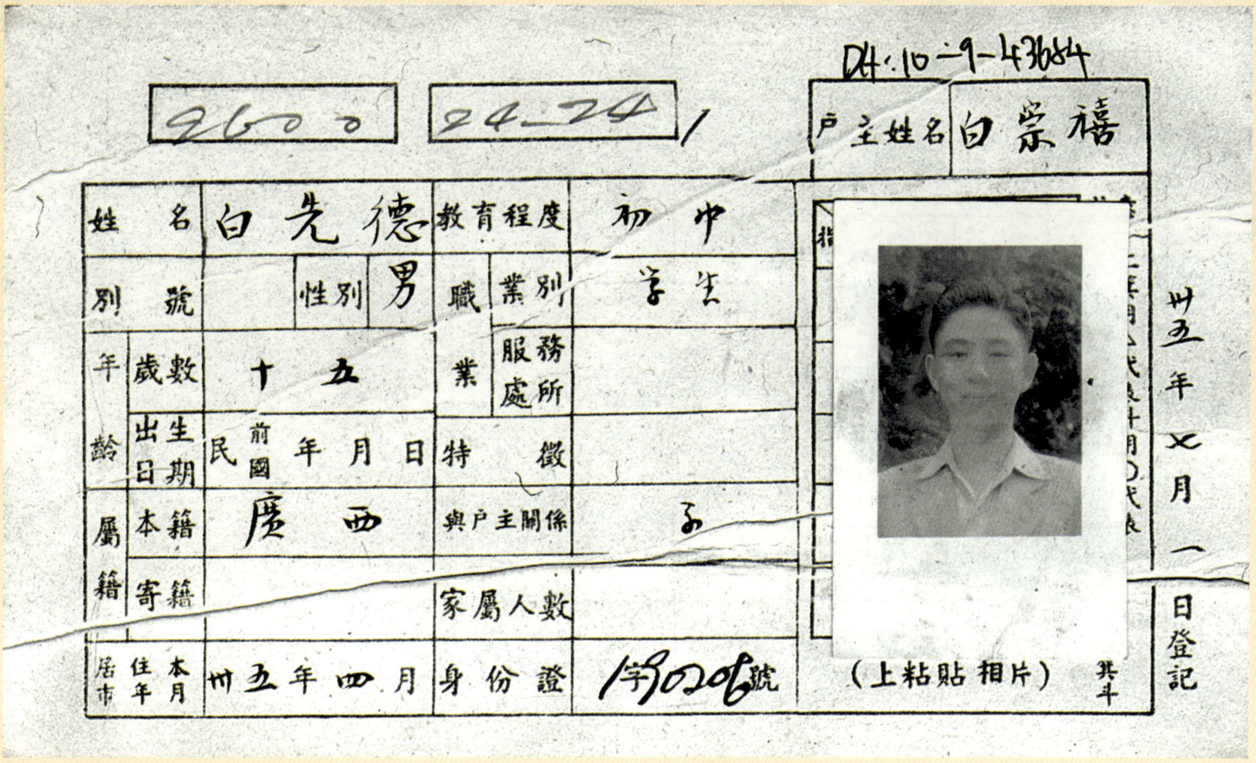

DH:10-9-43684

2600 24-24 1

户主姓名 白崇禧

姓名	白先德	教育程度	初中
别號	性别 男	職業別	学生
年齡 歲數	十五	業 服務處所	
年齡 出生日期	民前國 年 月 日	特徵	
屬籍 本籍	廣西	與户主關係	子
屬籍 寄籍		家屬人數	
居住本市年月	卅五年四月	身份證	1字9020[illegible]號

（上粘貼相片）

卅五年七月一日登記

白先德

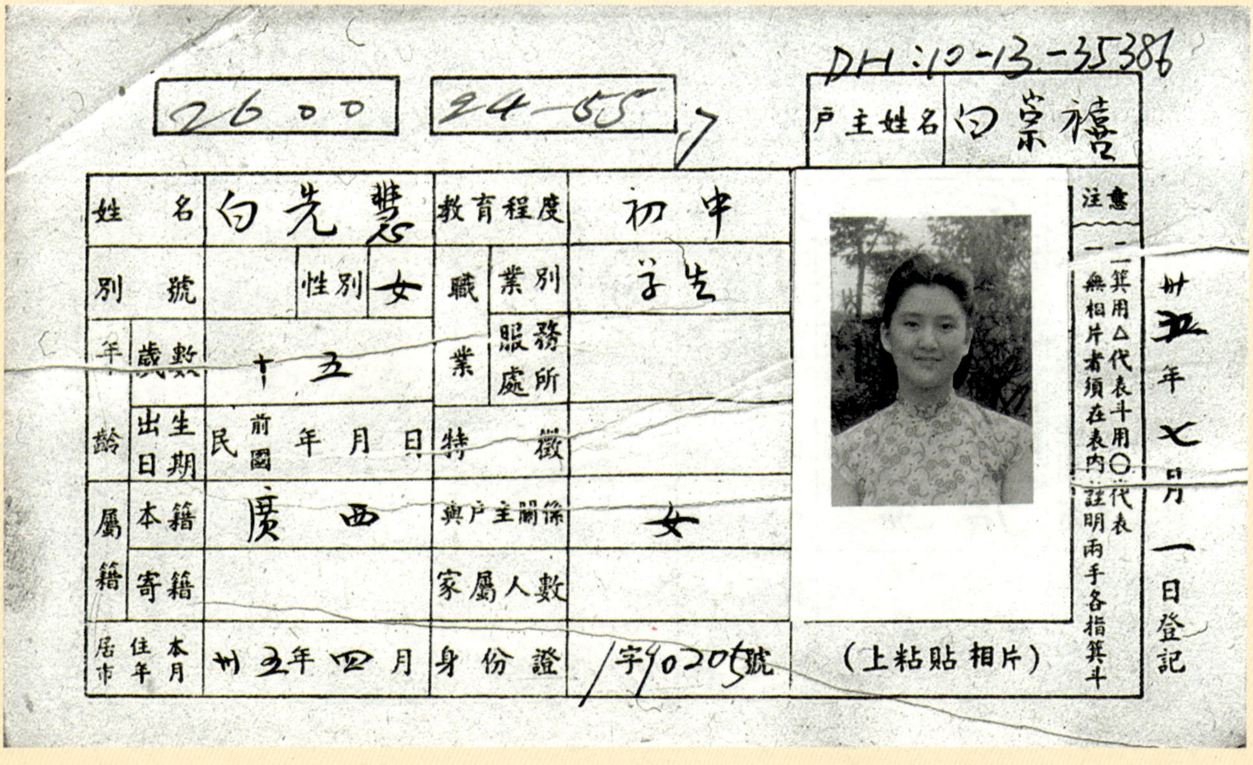

DH:10-13-35386

2600 24-55 7

户主姓名 白崇禧

姓名	白先慧	教育程度	初中
别號	性别 女	職業別	学生
年齡 歲數	十五	業 服務處所	
年齡 出生日期	民前國 年 月 日	特徵	
屬籍 本籍	廣西	與户主關係	女
屬籍 寄籍		家屬人數	
居住本市年月	卅五年四月	身份證	1字90205號

（上粘貼相片）

注意 一 箕用△代表斗用○代表 無相片者須在表內註明兩手各指箕斗

卅五年七月一日登記

白先慧

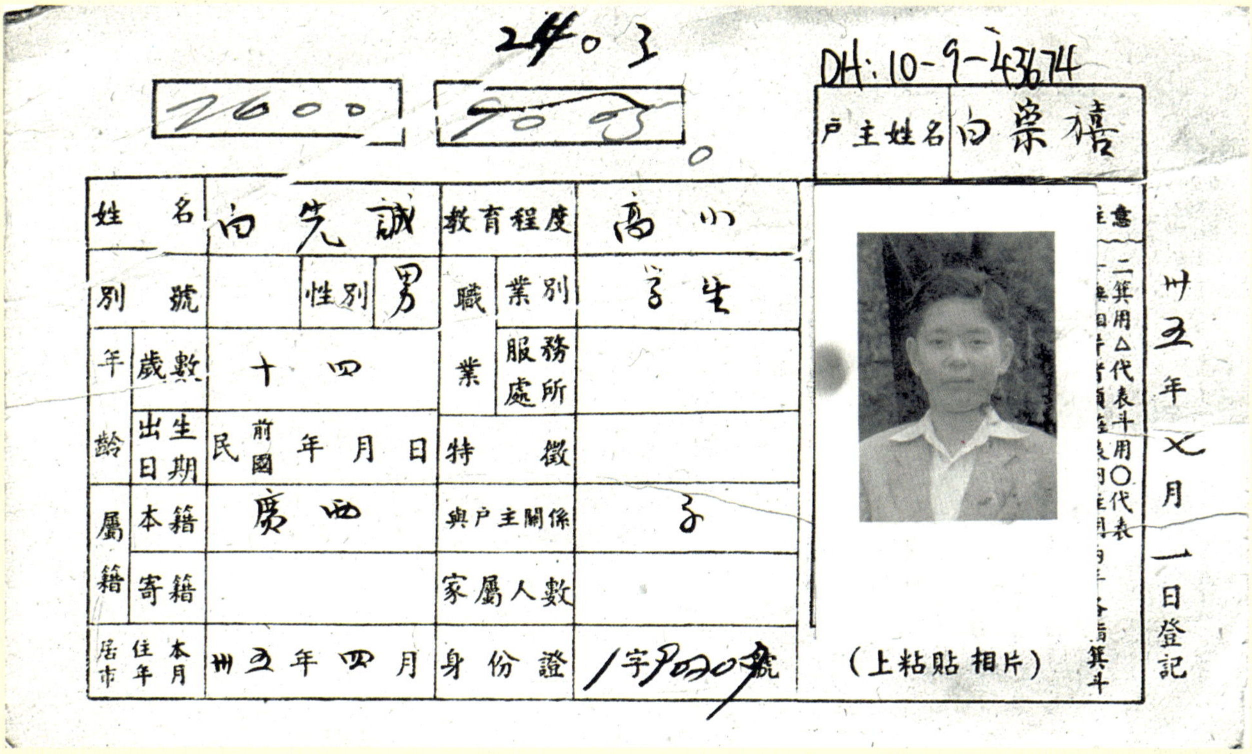
2403
DH:10-9-43674
2600
戶主姓名 白崇禧
姓名 白先誠
教育程度 高小
別號
性別 男
職業 業別 学生
年齡 歲數 十四
服務處所
出生日期 民前國 年 月 日
特徵
屬籍 本籍 广西
與戶主關係 子
寄籍
家屬人數
居住本市年月 卅五年四月
身份證 字 號
(上粘貼相片)
注意
二箕用△代表斗用○代表
卅五年七月一日登記

白先诚

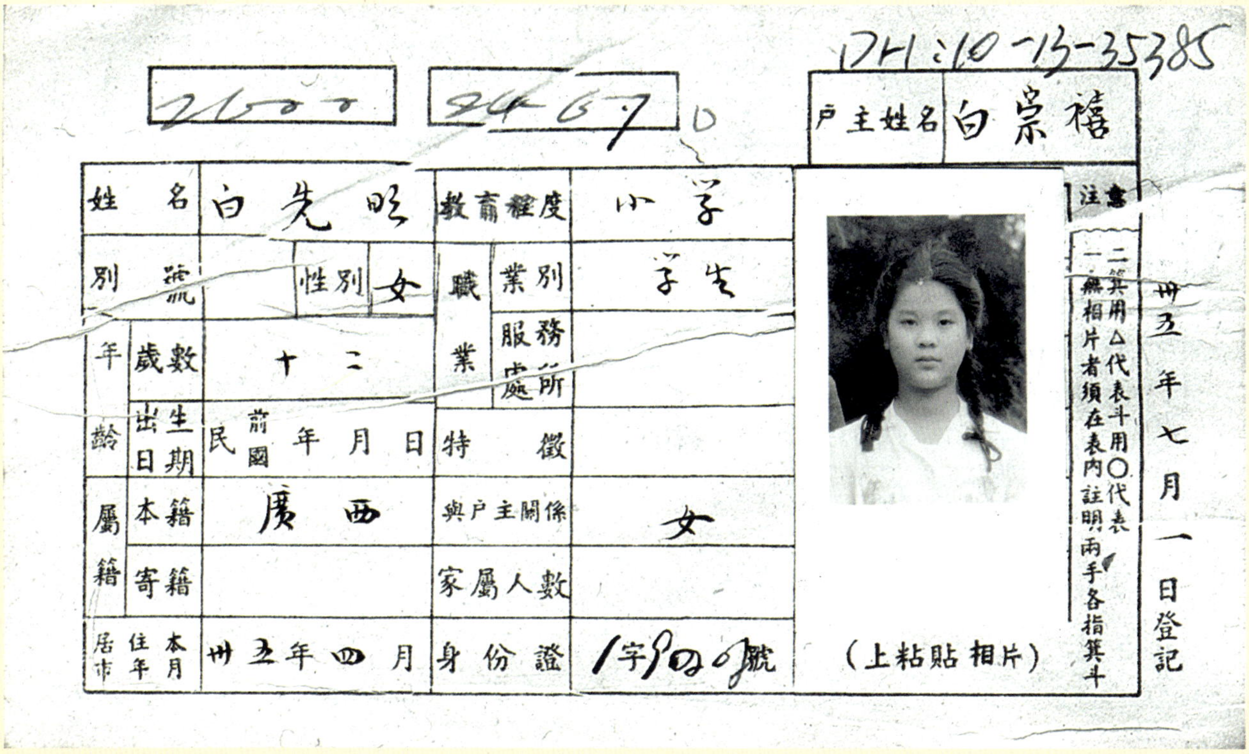
DH:10-13-35385
戶主姓名 白崇禧
姓名 白先明
教育程度 小学
別號
性別 女
職業 業別 学生
年齡 歲數 十二
服務處所
出生日期 民前國 年 月 日
特徵
屬籍 本籍 广西
與戶主關係 女
寄籍
家屬人數
居住本市年月 卅五年四月
身份證 字 號
(上粘貼相片)
注意
一無相片者須在表內註明兩手各指箕斗
二箕用△代表斗用○代表
卅五年七月一日登記

白先明

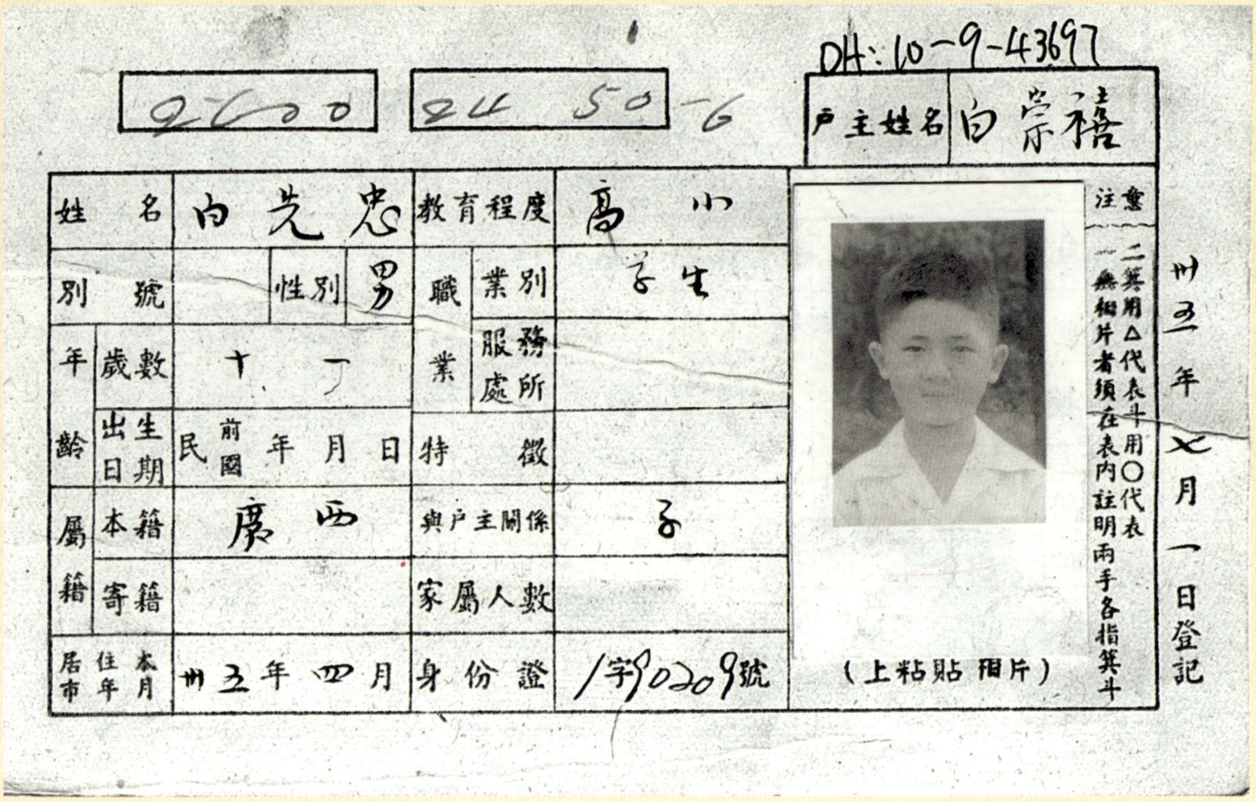

DH:10-9-43697

2600　24 50-6

户主姓名	白崇禧		
姓名	白先忠	教育程度	高小
別號	性別 男	職業 業別	學生
年齡 歲數	十一	服務處所	
出生日期	民前國 年 月 日	特徵	
屬籍 本籍	廣西	與户主關係	子
寄籍		家屬人數	
居住本市年月	卅五年四月	身份證	1字90209號

（上粘貼相片）

注意 一 無相片者須在表內註明兩手各指箕斗 二 箕用△代表斗用○代表

卅五年七月一日登記

白先忠

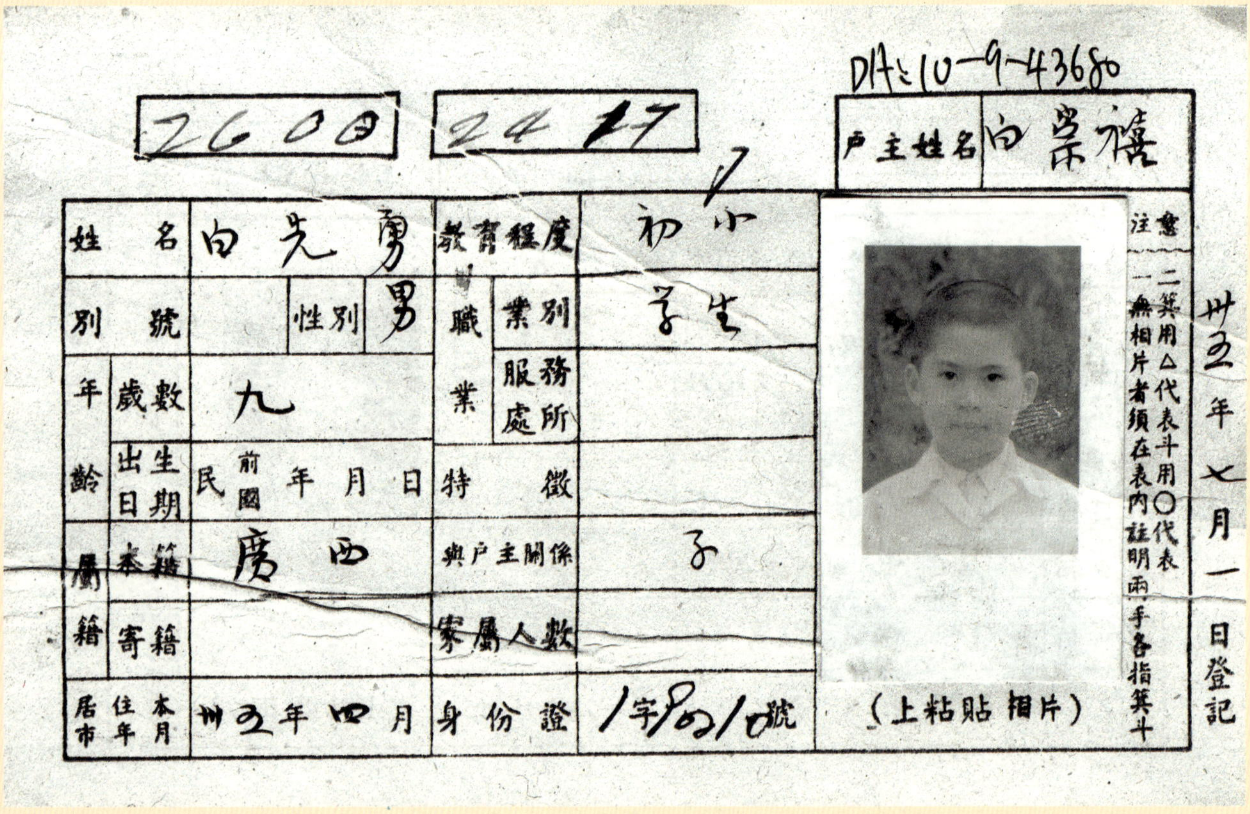

DH:10-9-43680

2600　24 17

户主姓名	白崇禧		
姓名	白先勇	教育程度	初小
別號	性別 男	職業 業別	學生
年齡 歲數	九	服務處所	
出生日期	民前國 年 月 日	特徵	
屬籍 本籍	廣西	與户主關係	子
寄籍		家屬人數	
居住本市年月	卅五年四月	身份證	1字90210號

（上粘貼相片）

注意 一 無相片者須在表內註明兩手各指箕斗 二 箕用△代表斗用○代表

卅五年七月一日登記

白先勇

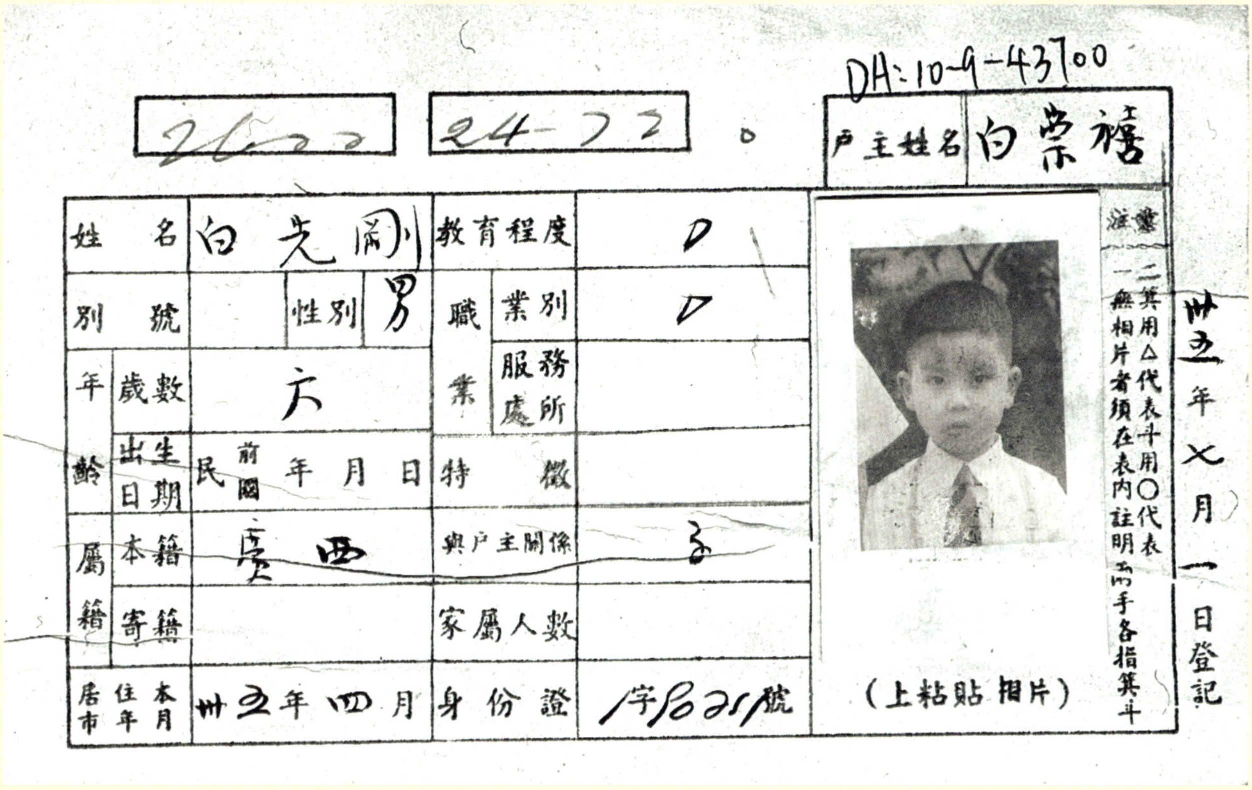

DA:10-9-43700

21622	24-72	户主姓名	白崇禧

姓名	白先剛		教育程度		D
別號		性別 男	職業	業別	D
年齡	歲數	六		服務處所	
	出生日期	民國前 年 月 日	特徵		
屬籍	本籍	廣西	與户主關係		子
	寄籍		家屬人數		
本市居住年月		卅五年四月	身份證		字1021號

(上粘貼相片)

注意：一、無相片者須在表內註明两手各指箕斗 二、箕用△代表斗用○代表

卅五年七月一日登記

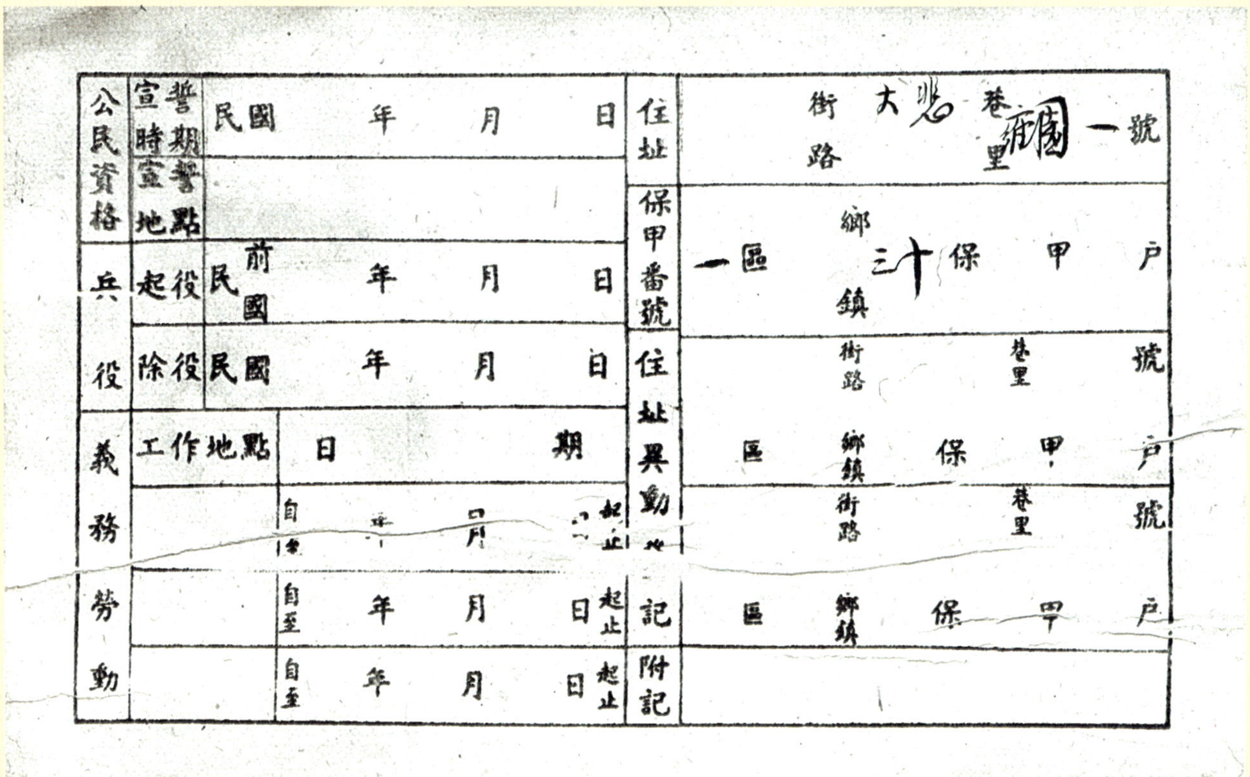

公民資格	宣誓時期	民國 年 月 日	住址	街路 大悲 巷里 甯園 一號
	宣誓地點		保甲番號	一區 鄉鎮 三十保 甲 户
兵役	起役	民國前 年 月 日		
	除役	民國 年 月 日	住址異動記	街路 巷里 號
義務勞動	工作地點	日期		區 鄉鎮 保 甲 户
		自至 年 月 日 起止		街路 巷里 號
		自至 年 月 日 起止		區 鄉鎮 保 甲 户
		自至 年 月 日 起止	附記	

白先刚

DH:10-5-68477

4602　12-30　6

戶主姓名	吳有訓				
姓名	楊廷宝	性別	男	年齡	47
出生	民國前11年7月6日				
本籍	河南	寄籍	南京	婚姻狀況	
特徵					

教育程度				職業		公職候選人資格	指紋等號
(一)	(二)	(三)	(四)	行業		類別	
大学				職位	教授	證書字號	
				服務處所	中大		

注意
一、無相片者須在表內註明兩手指紋
二、箕用△代表斗用○代表

區	保	甲	戶	住址名稱	登記日期 年	月	日
1	4			四牌樓			

戶籍登記	
事由	
日期 年 月 日	

役歷	
役別	
日期 年 月 日	

家屬	
稱謂	
姓名	

國民身分證	
填發機關	
填發日期	36年10月23日
號碼	京一字194776號

備註

杨廷宝

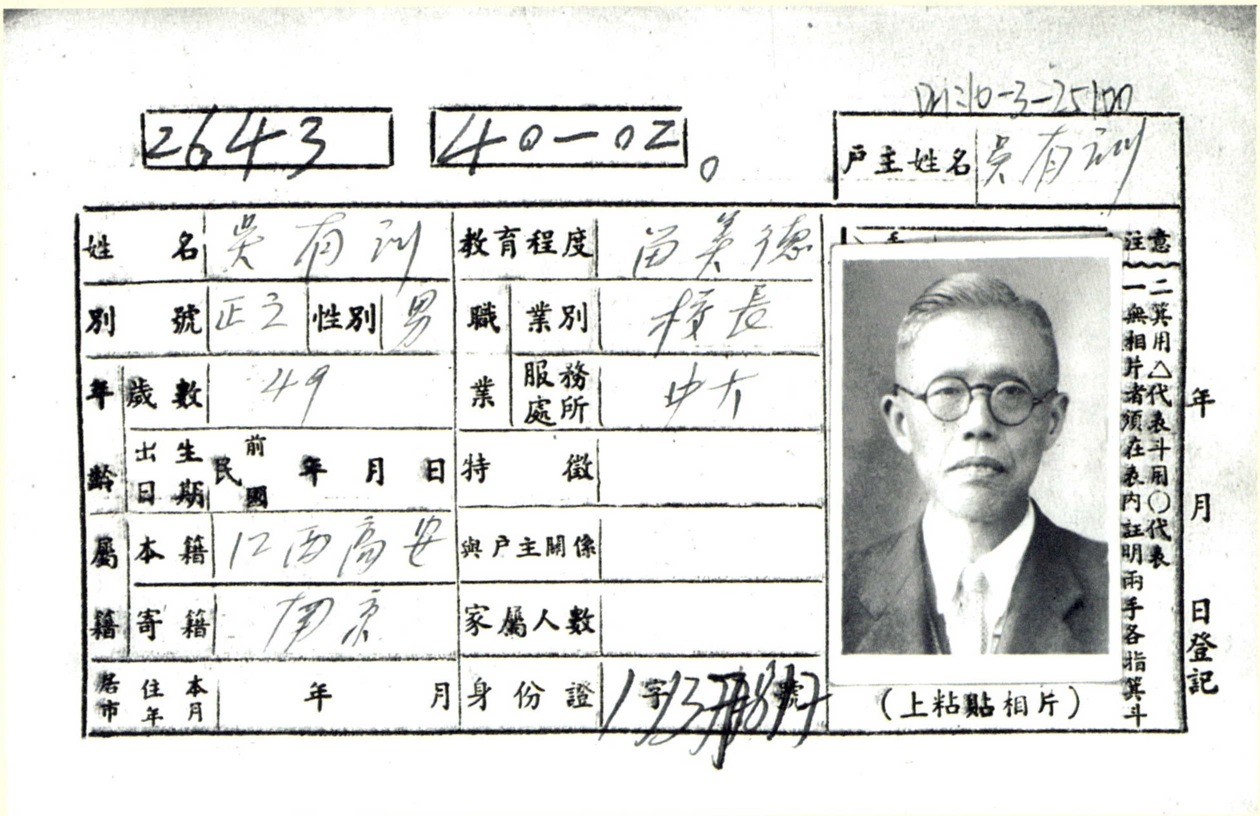

2643　40—02　D1-10-3-25100

户主姓名	吴有训

姓名	吴有训			教育程度	留美博	
别號	正之	性别	男	職業	業別	校長
年齡	歲數	49		職業	服務處所	中大
年齡	出生日期	前民國 年 月 日		特徵		
籍屬	本籍	江西高安		與户主關係		
籍屬	寄籍	南京		家屬人數		
居住本市年月		年 月		身份證	1字323开897號	

（上粘貼相片）

注意
一 無相片者須在表内註明兩手各指箕斗
二 箕用△代表斗用○代表

年 月 日登記

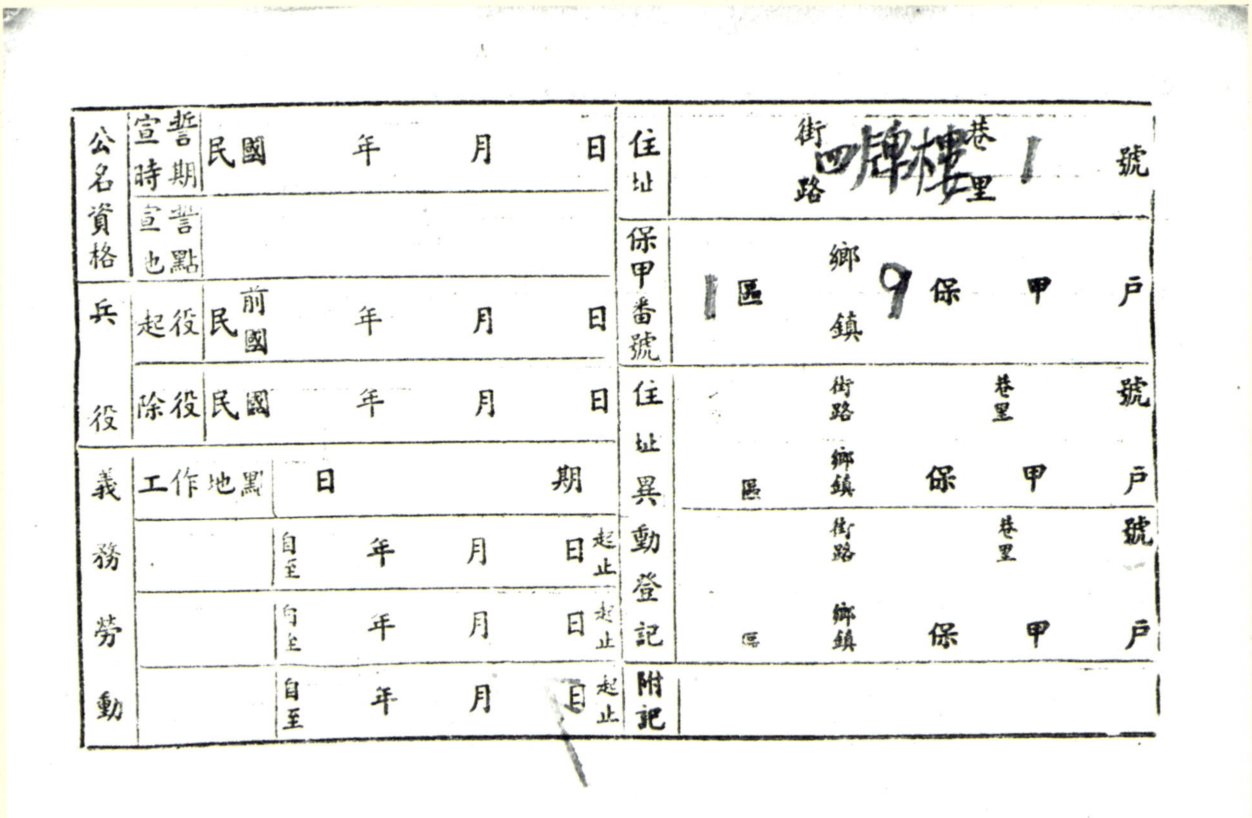

公名資格	宣誓時期	民國 年 月 日		住址	四牌樓 街路 巷里 1 號
公名資格	宣誓地點			保甲番號	1 區 鄉鎮 9 保 甲 户
兵役	起役	前民國 年 月 日		住址異動登記	街路 巷里 號
兵役	除役	民國 年 月 日		住址異動登記	區 鄉鎮 保 甲 户
義務勞動	工作地點	日期		住址異動登記	街路 巷里 號
義務勞動		自至 年 月 日 起止		住址異動登記	區 鄉鎮 保 甲 户
義務勞動		自至 年 月 日 起止		附記	
義務勞動		自至 年 月 日 起止			

吴有训

OH.10-10-35066

2643	63-44	7	戶主姓名	吴貽芳

姓名	吴貽芳		教育程度	美國密吉根大學哲學博士
別號		性別 女	職業 業別	教育
年齡 歲數	五十三		職業 服務處所	金陵女子文理學院
年齡 出生日期	民前十九年一月廿六日		特徵	
屬籍 本籍	浙江杭縣		與戶主關係	本人
屬籍 寄籍			家屬人數	
居住本市年月	十四年五月		身份證	5字147208號

公名資格	宣誓時期	民國　年　月　日	住址	寧海路　街　巷里100號
公名資格	宣誓地點		保甲番號	5區　鄉鎮　30保21甲　戶
兵役	起役	民前國　年　月　日	住址異動登記	區　鄉鎮　保　甲　戶 街路　巷里　號
兵役	除役	民國　年　月　日		區　鄉鎮　保　甲　戶 街路　巷里　號
義務勞動	工作地點	日期		區　鄉鎮　保　甲　戶
義務勞動		自至　年　月　日　起止		
義務勞動		自至　年　月　日　起止		
義務勞動		自至　年　月　日　起止	附記	

吴贻芳

DH2107-82610

3090 7-000 0

户主姓名	宋子文

姓名	宋子文	教育程度	留学	
别號	性别 男	職業	業别	行政院院長
年齡	歲數 五三歲	職業	服務處所	行政院
年齡	出生日期 民國前十九年十二月五日	特徵		
屬籍	本籍 廣東	與户主關係		
屬籍	寄籍	家屬人數		
居住本市年月	年 月	身份證	6字84848號	

指名 手别	左	右
大指		
食指		
中指		
無名指		
小指		

（上粘貼相片）

注意 一 二 共用△代表斗用○代表 無相片者須在表内註明兩手各指其斗

年 月 日登記

公民資格	宣誓時期	民國 年 月 日	住址 中山北路 行政院 75號
公民資格	宣誓地點		保甲番號 北區 鄉鎮 16保10甲 户
兵役	起役	民國前 年 月 日	
兵役	除役	民國 年 月 日	住址異動登記 街路 巷里 號
義務勞動	工作地點	日期	區 鄉鎮 保 甲 户
義務勞動		自至 年 月 日 起止	街路 巷里 號
義務勞動		自至 年 月 日 起止	區 鄉鎮 保 甲 户
義務勞動		自至 年 月 日 起止	附記

宋子文

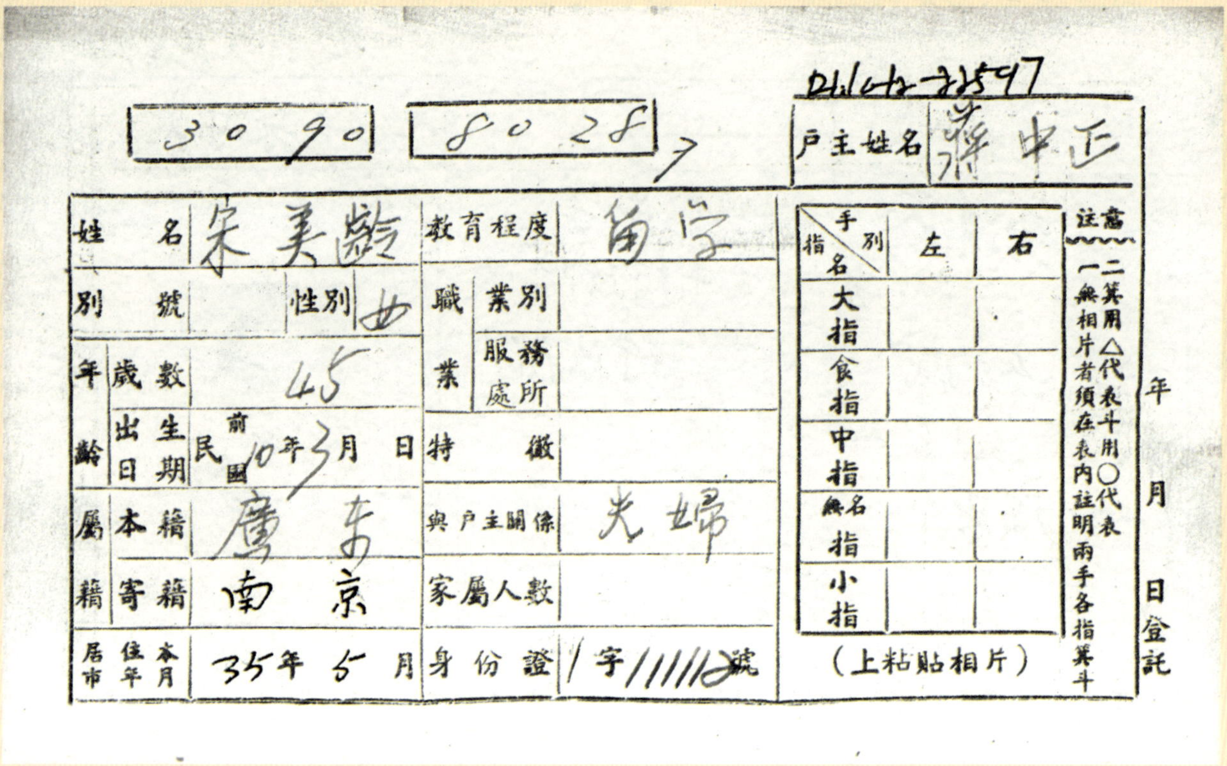

D1.1-042-22597

3090 8028

户主姓名	蒋中正

姓名	宋美龄		教育程度	留学	
别号		性别 女	职业	业别	
年龄	岁数	45		服务处所	
	出生日期	民国前10年3月 日	特征		
属籍	本籍	广东	与户主关系	夫妇	
	寄籍	南京	家属人数		
居住本市年月		35年5月	身份证	1字11111号	

手别/指名	左	右
大指		
食指		
中指		
无名指		
小指		

（上粘贴相片）

注意 一 无相片者须在表内注明两手各指箕斗 二 箕用△代表斗用○代表

年 月 日登记

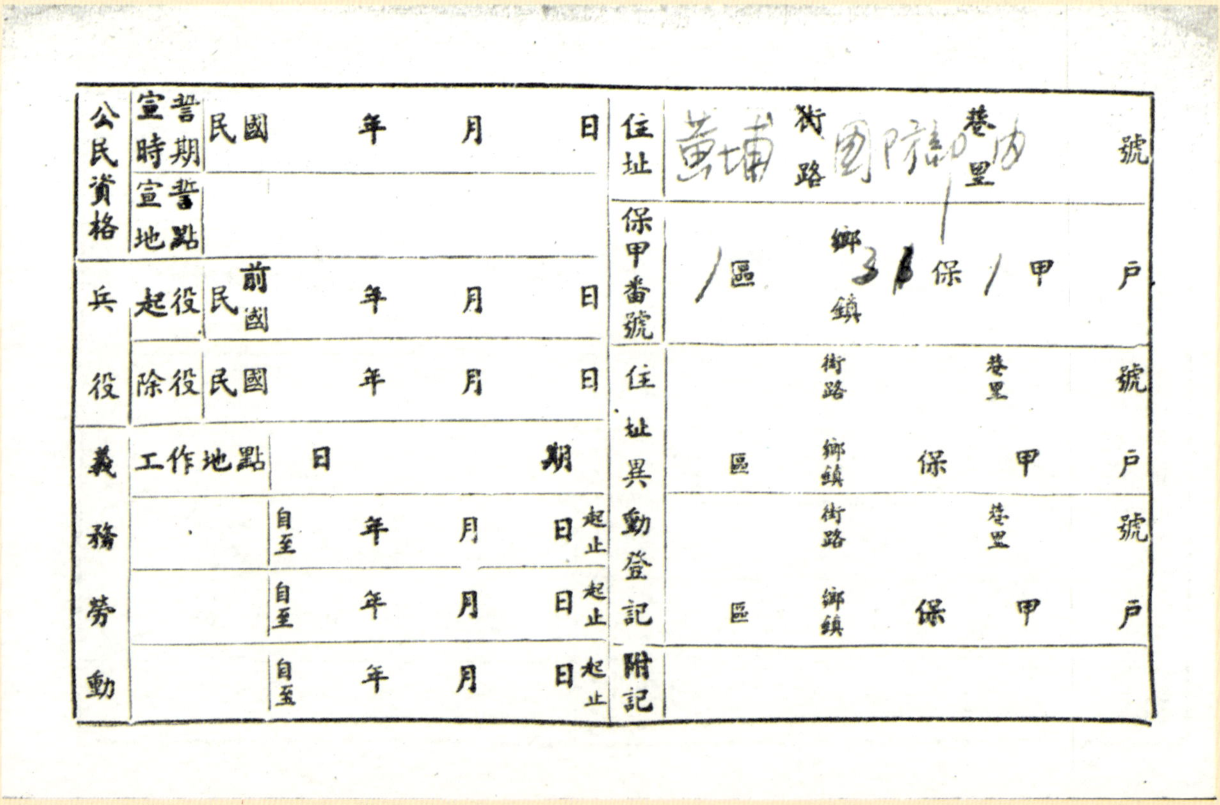

公民资格	宣誓时期	民国 年 月 日	住址	黄埔 街路 国防部内 巷里 号
	宣誓地点		保甲番号	1区 3乡镇 1保 1甲 户
兵役	起役	民国前 年 月 日	住址异动登记	街路 巷里 号
	除役	民国 年 月 日		区 乡镇 保 甲 户
义务劳动	工作地点	日期		街路 巷里 号
		自至 年 月 日 起止		区 乡镇 保 甲 户
		自至 年 月 日 起止		
		自至 年 月 日 起止	附记	

宋美龄

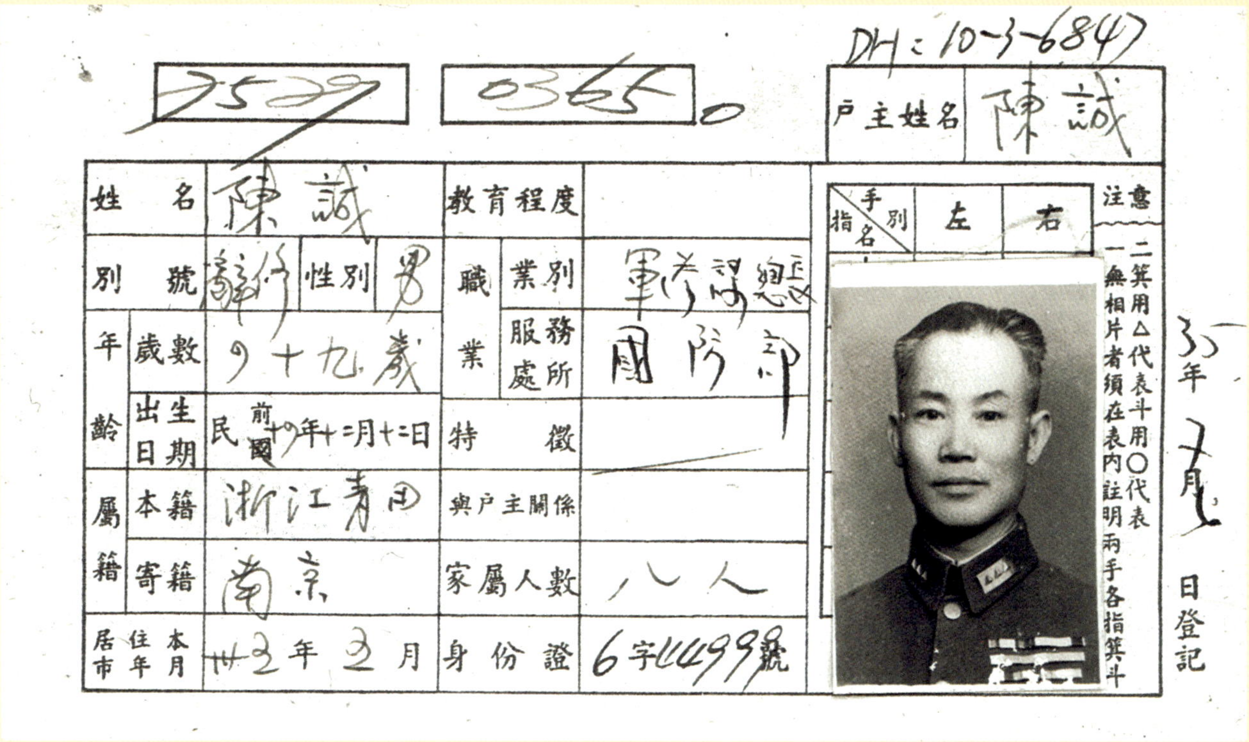

DH:10-3-6847

75229 | 0365

户主姓名	陳誠

姓名	陳誠		教育程度		
别號	辭修	性别 男	職業	業别	軍人參謀總長
年齡	歲數	四十九歲		服務處所	國防部
	出生日期	民前國十四年十二月十二日	特徵		
屬籍	本籍	浙江青田	與户主關係		
	寄籍	南京	家屬人數		八人
居住本市年月		卅五年五月	身份證		6字4499號

指名 手別	左	右

注意 一無相片者須在表内註明 二箕用△代表斗用○代表兩手各指箕斗

35年 月 日登記

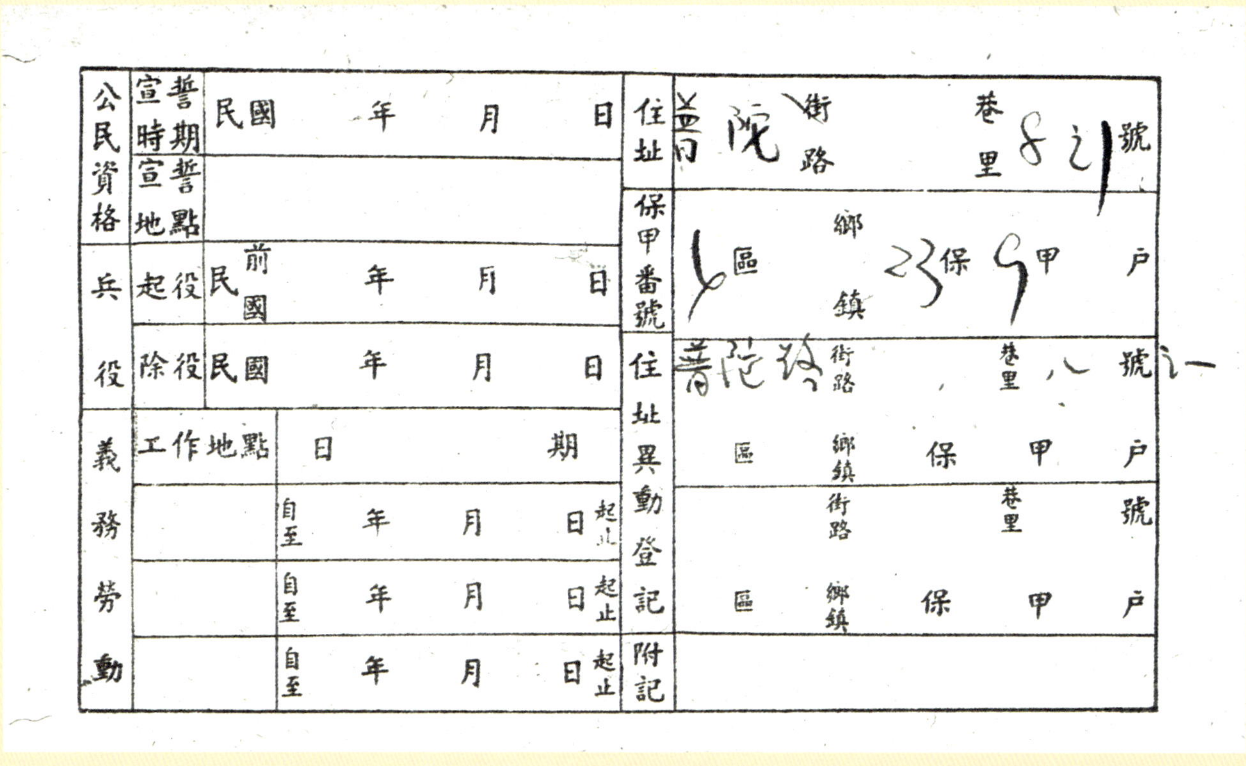

公民資格	宣誓時期	民國 年 月 日		住址	普陀街路 巷里 821號			
	宣誓地點			保甲番號	6區 鄉鎮 23保 5甲 户			
兵役	起役	民前國 年 月 日		住址異動登記	普陀路 街路 巷里 八號之一			
	除役	民國 年 月 日			區 鄉鎮 保 甲 户			
義務勞動	工作地點	日 期			街路 巷里 號			
		自至 年 月 日 起止			區 鄉鎮 保 甲 户			
		自至 年 月 日 起止						
		自至 年 月 日 起止		附記				

陈 诚

7529　00-5.　　124:10-2-87625

户主姓名	陳立夫

姓名	陳立夫		教育程度		留美	 (上粘貼相片)
別號	以字行	性別 男	職業	業別	中央組織部長	
年齡	歲數	47		服務處所	丁家桥	
	出生日期	民前~~國~~12年7月27日	特徵			
屬籍	本籍	浙江吴興	與户主關係		本人	
	寄籍		家屬人數		11	
居住本市年月		年　月	身份證		2字88888號	

注意：一 無相片者須在表內註明兩手各指箕斗　二 箕用△代表斗用○代表

年　月　日登記

公民資格	宣誓時期	民國35年8月3日	住址	常府街巷 路里 48號
	宣誓地點	第六區區公所	保甲番號	二區 鄉鎮 十九保二甲 户
兵役	起役	民前國　年　月　日		
	除役	民國　年　月　日	住址異動登記	街路 巷里 號
義務勞動	工作地點	日期		區 鄉鎮 保 甲 户
		自至　年　月　日起止		街路 巷里 號
		自至　年　月　日起止		區 鄉鎮 保 甲 户
		自至　年　月　日起止	附記	

陈立夫

762　66-77　卅0-8-44781

户主姓名	邵力子

姓名	邵力子		教育程度		
别號		性别 男	職業	業别	秘書長
年齡	歲數	六十五歲		服務處所	國民參政會
	出生日期	民前國 年 月 日	特徵		
屬籍	本籍	浙江紹兴	與户主關係		本人
	寄籍		家屬人數		五人
居住本市年月		年 月	身份證		6字87930號

指名＼手别	左	右
大		

注意 一二 …

年 月 日登記

公民資格	宣誓時期	民國 年 月 日	住址	邵邵 街路 巷里 8 號
	宣誓地點		保甲番號	6 區 鄉鎮 23 保 甲 户
兵役	起役	民前國 年 月 日	住址異動登記	區 街路 巷里 號
	除役	民國 年 月 日		區 鄉鎮 保 甲 户
義務勞動	工作地點	日期		區 街路 巷里 號
		自至 年 月 日 起止		區 鄉鎮 保 甲 户
		自至 年 月 日 起止		
		自至 年 月 日 起止	附記	

邵力子

4428	28-6	户主姓名	茅以昇

DH:10-9-86201

姓名	茅以昇		教育程度	[illegible]	
別號		性別 男	職業	業別	總經理
年齡	歲數	50	職業	服務處所	中國橋樑公司
年齡	出生日期	民前國15年11月25日	特徵		
屬籍	本籍	鎮江	與户主關係		户主
屬籍	寄籍		家屬人數		
居住本市年月		年 一 月	身份證		5字116930號

指名 手別	左	右

注意 一無相片者須在表內註明兩手各指箕斗 二箕用△代表斗用〇代表

年 月 日登記

公民資格	宣誓時期	民國 年 月 日	住址		双石鼓 街路 巷里 42號
公民資格	宣誓地點		保甲番號		5區 鄉鎮 27保 5甲 户
兵役	起役	民前國 年 月 日	住址異動登記		街路 巷里 號
兵役	除役	民國 年 月 日	住址異動登記		區 鄉鎮 保 甲 户
義務勞動	工作地點	日 期	住址異動登記		街路 巷里 號
義務勞動		自至 年 月 日 起止	住址異動登記		區 鄉鎮 保 甲 户
義務勞動		自至 年 月 日 起止	附記		
義務勞動		自至 年 月 日 起止			

茅以升

卅:10-7-9678

6091　30-28

户主姓名	羅家倫		
姓名	羅家倫	教育程度	留学美英等国
別號	志希　性別 男	職業 業別	中央執行委員
年齡 歲數	五十	職業 服務處所	中央黨部
年齡 出生日期	民國前十五年十二月廿一日	特徵	無
屬籍 本籍	浙江紹興	與户主關係	
屬籍 寄籍	南京	家屬人數	四人
居住本市年月	卅五年五月	身份證	6字…號

6022

手別　左　右

（上粘貼相片）

注意 一 無相片者須在表內註明兩手各指箕斗 二 箕用△代表斗用○代表

年　月　日登記

公民資格	宣誓時期	民國卅五年十一月二日	住址	大樹根 街 巷里 88 號
公民資格	宣誓地點		保甲番號	二區 鄉鎮 保 甲 户
兵役	起役	民國前 1896 年 12 月 21 日	住址異動登記	區 街路 巷里 號
兵役	除役	民國 年 月 日		區 鄉鎮 保 甲 户
義務勞動	工作地點	日期		街路 巷里 號
		自至 年 月 日 起止		區 鄉鎮 保 甲 户
		自至 年 月 日 起止		
		自至 年 月 日 起止	附記	

中央门改

罗家伦

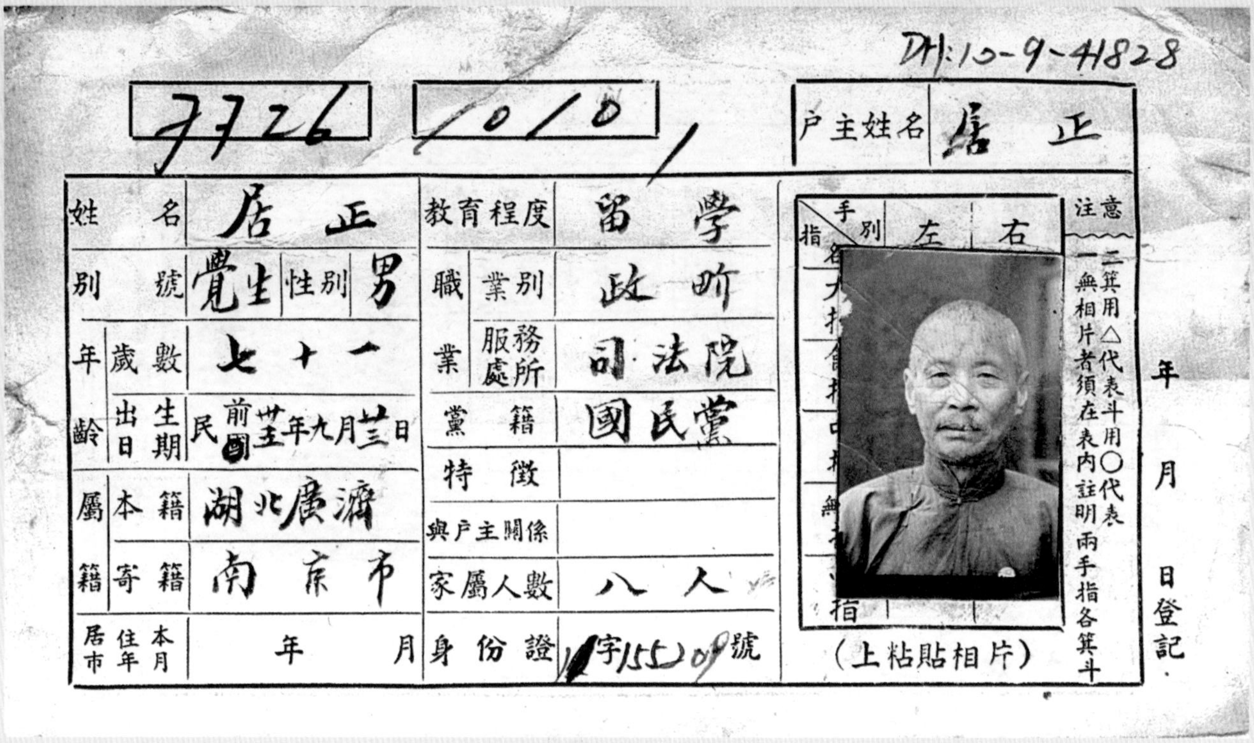

DH:10-9-41828

7726 1010

户主姓名 居正

姓名	居正	教育程度	留学
别號	覺生　性別 男	職業 業別	政界
年齡 歲數	七十一	服務處所	司法院
出生日期	民前國廿年九月十三日	黨籍	國民黨
籍屬 本籍	湖北廣濟	特徵	
寄籍	南京市	與户主關係	
		家屬人數	八人
本市居住年月	年　月	身份證	字15509號

指紋：手別 左 右；大指、食指、中指、無名指、小指

(上粘貼相片)

注意：一 無相片者須在表內註明 二 箕用△代表斗用○代表兩手指各箕斗

年　月　日登記

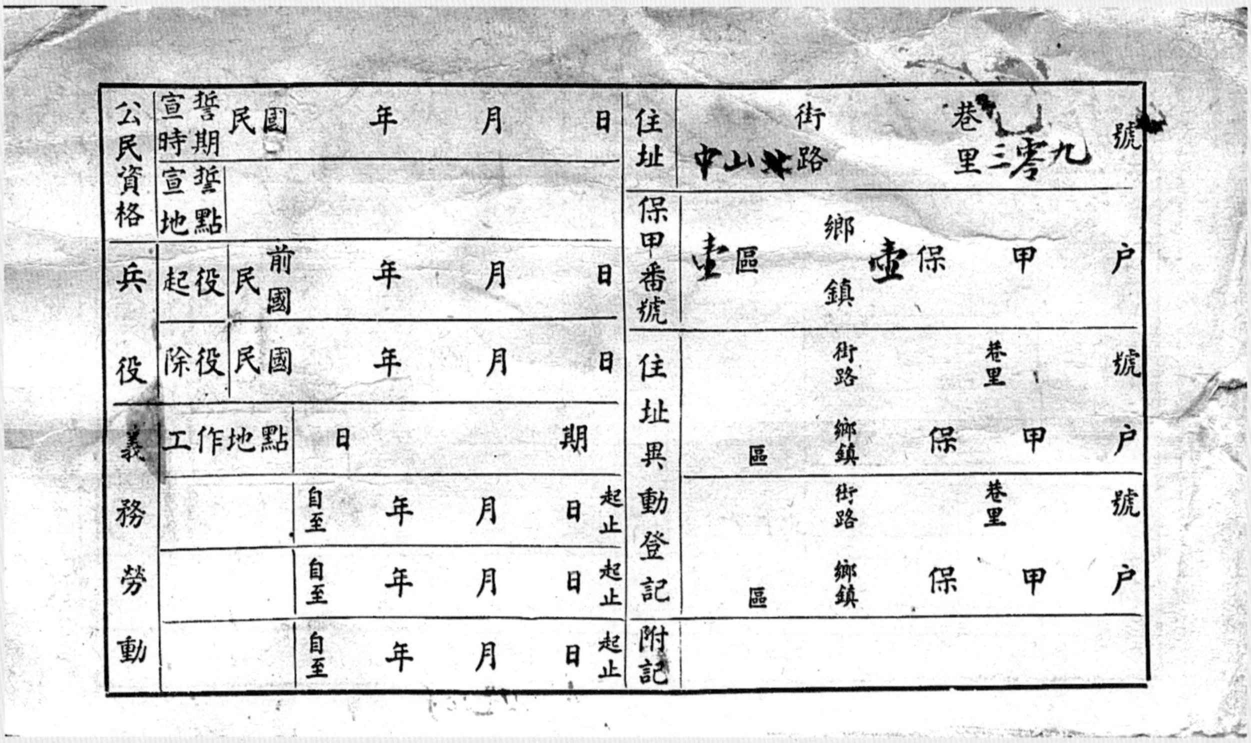

公民資格	宣誓時期 民國　年　月　日	住址	中山北路　街　巷里　三零九號
	宣誓地點	保甲番號	壹區　鄉鎮　壹保　甲　户
兵役	起役 民前國　年　月　日	住址異動登記	區　街路　巷里　號
	除役 民國　年　月　日		區　鄉鎮　保　甲　户
義務勞動	工作地點　日期		街路　巷里　號
	自至　年　月　日　起止		區　鄉鎮　保　甲　户
	自至　年　月　日　起止		
	自至　年　月　日　起止	附記	

居　正

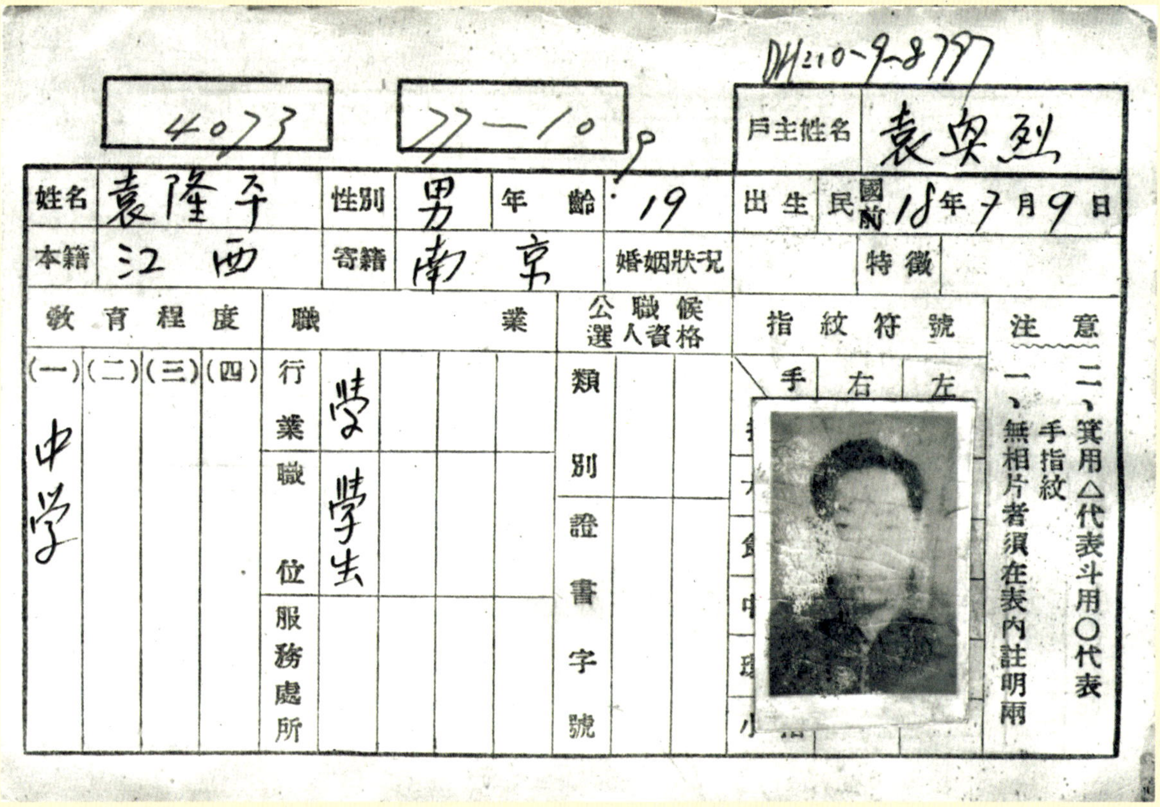

4073

77—10

DH210-9-8797

戶主姓名	袁興烈					
姓名	袁隆平	性別	男	年齡	19	出生 民國18年7月9日
本籍	江西	寄籍	南京	婚姻狀況		特徵

教育程度	職業	公職候選人資格	指紋符號	注意
(一)中学 (二) (三) (四)	行業 學；職位 學生；服務處所	類別證書字號	手 右 左	一、無相片者須在表內註明兩手指紋 二、箕用△代表斗用○代表

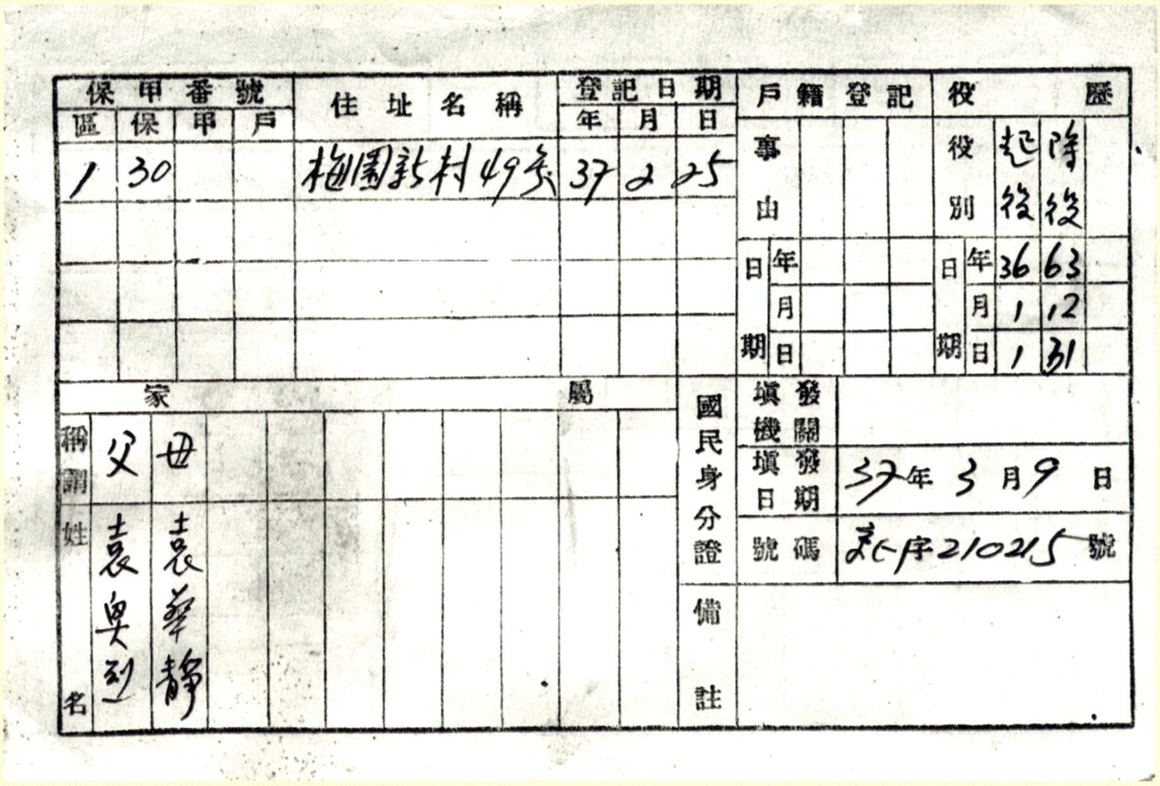

保甲番號 區	保	甲	戶	住址名稱	登記日期 年	月	日
1	30			梅園新村49號	37	2	25

戶籍登記	
事由	
日期 年 月 日	

役歷 役別	起役	除役
日期 年	36	63
月	1	12
日	1	31

家屬 稱謂	父	母
姓名	袁興烈	袁華靜

國民身分證	
填發機關	
填發日期	37年3月9日
號碼	京字210215號
備註	

袁隆平

0022　10-3 0　2　1041-10-2-56213

戶主姓名　高二適

姓名	高二適		教育程度	大學	
別號		性別 男	職業	業別	政
年齡	歲數	40		服務處所	立法院
	出生日期	民前國5年1月21日	特徵		
屬籍	本籍	江蘇東台	與戶主關係	本人	
	寄籍	南京	家屬人數		
居住本市年月		35年4月	身份證	2字5461號	

（上粘貼相片）

注意：一　無相片者須在表内註明兩手各指箕斗　二　箕用△代表斗用○代表

年　月　日登記

公民資格	宣誓時期	民國　年　月　日	住址	白下路　街立法院巷　徐府里　2號
	宣誓地點		保甲番號	2區　鄉鎮　27保　甲　戶
兵役	起役	民前國　年　月　日	住址異動登記	街路　巷里　號
	除役	民國　年　月　日		區　鄉鎮　保　甲　戶
義務勞動	工作地點	日期		街路　巷里　號
		自至　年　月　日　起止		區　鄉鎮　保　甲　戶
		自至　年　月　日　起止		
		自至　年　月　日　起止	附記	

高二适

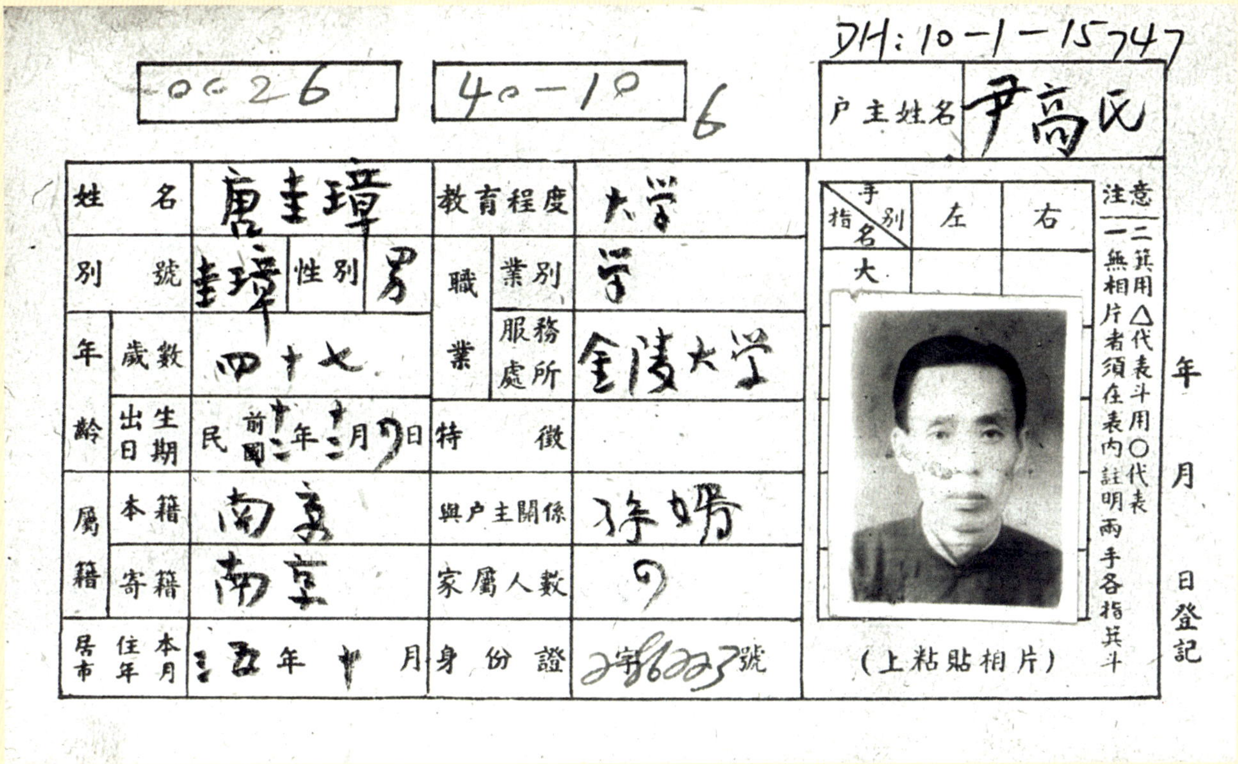

DH:10-1-15747

0626 | 40-10 | 6

户主姓名	尹高氏				
姓名	唐圭璋		教育程度	大学	
別號	圭璋	性別 男	職業	業別	学
年齡	歲數	四十七		服務處所	金陵大学
	出生日期	民前國 十二年十二月 日	特徵		
屬籍	本籍	南京	與户主關係	孫婿	
	寄籍	南京	家屬人數	四	
居住本市年月		三五年十月	身份證	號	

手指別	左	右
大		

（上粘貼相片）

注意 一二 箕用△代表斗用○代表 無相片者須在表内註明兩手各指箕斗

年 月 日登記

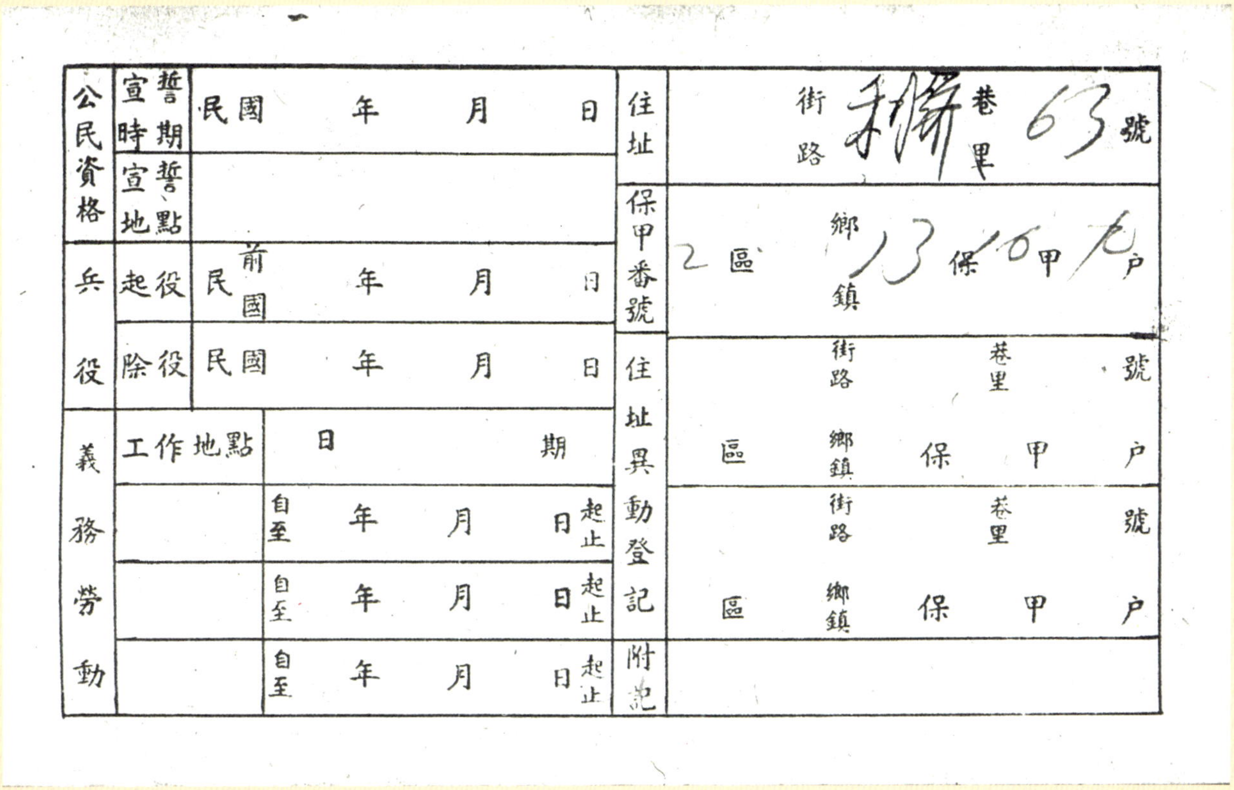

公民資格	宣誓時期	民國 年 月 日	
	宣誓地點		
兵役	起役	民前國 年 月 日	
	除役	民國 年 月 日	
義務勞動	工作地點	日期	
		自至 年 月 日 起止	
		自至 年 月 日 起止	
		自至 年 月 日 起止	

住址	街路 巷里 63 號
保甲番號	2 區 鄉鎮 13 保 10 甲 户
住址異動登記	街路 巷里 號 / 區 鄉鎮 保 甲 户
	街路 巷里 號 / 區 鄉鎮 保 甲 户
附記	

唐圭璋

177: 1072-27 4464

4424 | 16-28 | 7

户主姓名 蒋碧徽

姓名	蒋碧徽	教育程度	留學法國	
別號	碧薇 性別 女	職業 業別	國大代表	
年齡 歲數	四十三	職業 服務處所		
年齡 出生日期	民前國七年二月廿九日	黨籍		
屬籍 本籍	江蘇宜興	特徵		
屬籍 寄籍	南京	與户主關係		
		家屬人數	子女各一人	
居住本市年月	廿五年十月	身份證	6124654 字 號	(上粘貼相片) 箕斗

年 月 日登記

公民資格	宣誓時期	民國 年 月 日	住址	傅厚崗 街路 巷里 六 號
公民資格	宣誓地點		保甲番號	六區 鄉鎮 九保廿五甲 户
兵役	起役	民前國 年 月 日	住址異動登記	區 街路 巷里 號
兵役	除役	民國 年 月 日	住址異動登記	區 鄉鎮 保 甲 户
義務勞動	工作地點	日期	住址異動登記	區 街路 巷里 號
義務勞動		自至 年 月 日 起止	住址異動登記	區 鄉鎮 保 甲 户
義務勞動		自至 年 月 日 起止		
義務勞動		自至 年 月 日 起止	附記	

蒋碧微

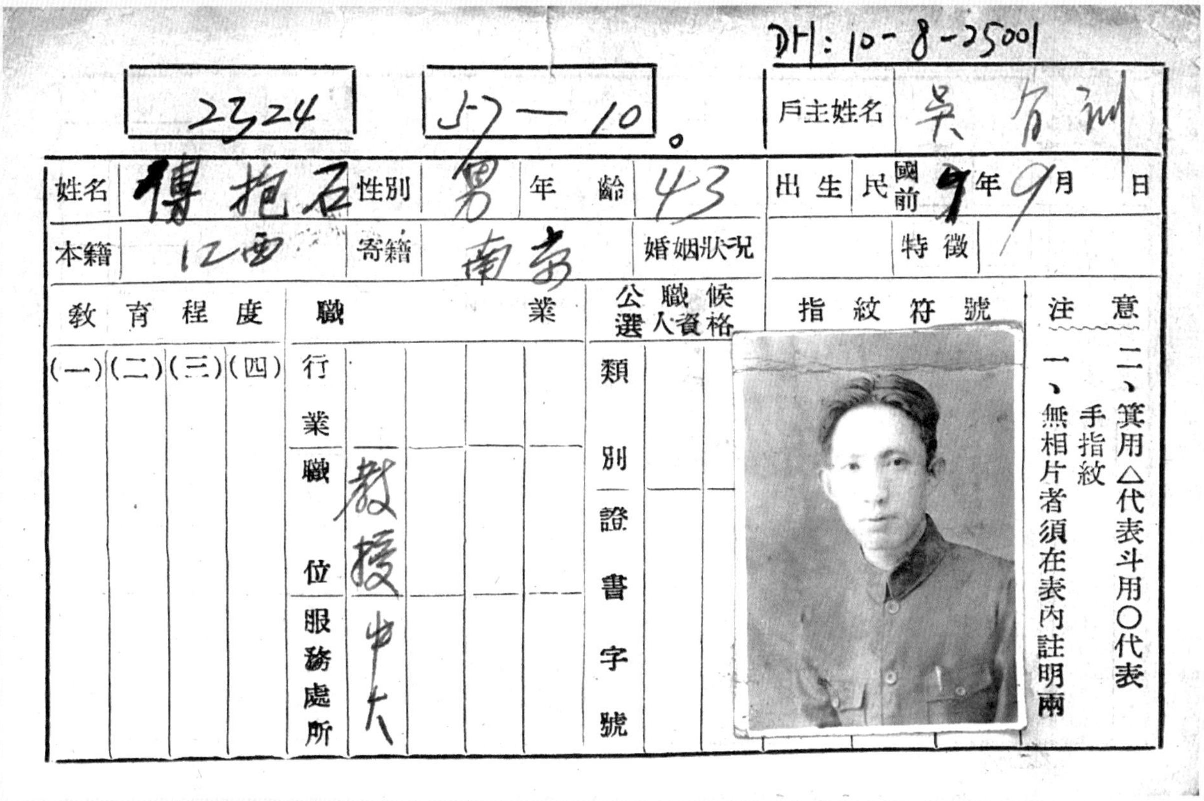

DH:10-8-25001

2324	57—10。					戶主姓名	吳有訓		
姓名	傅抱石	性別	男	年齡	43	出生	民國前 9 年 9 月 日		
本籍	江西	寄籍	南京	婚姻狀況			特徵		
教育程度		職業		公職候選人資格		指紋符號		注意	
(一)(二)(三)(四)		行業		類別					
		職位	教授	證書字號					
		服務處所	中大						

注意：一、無相片者須在表內註明兩手指紋 二、箕用△代表斗用○代表

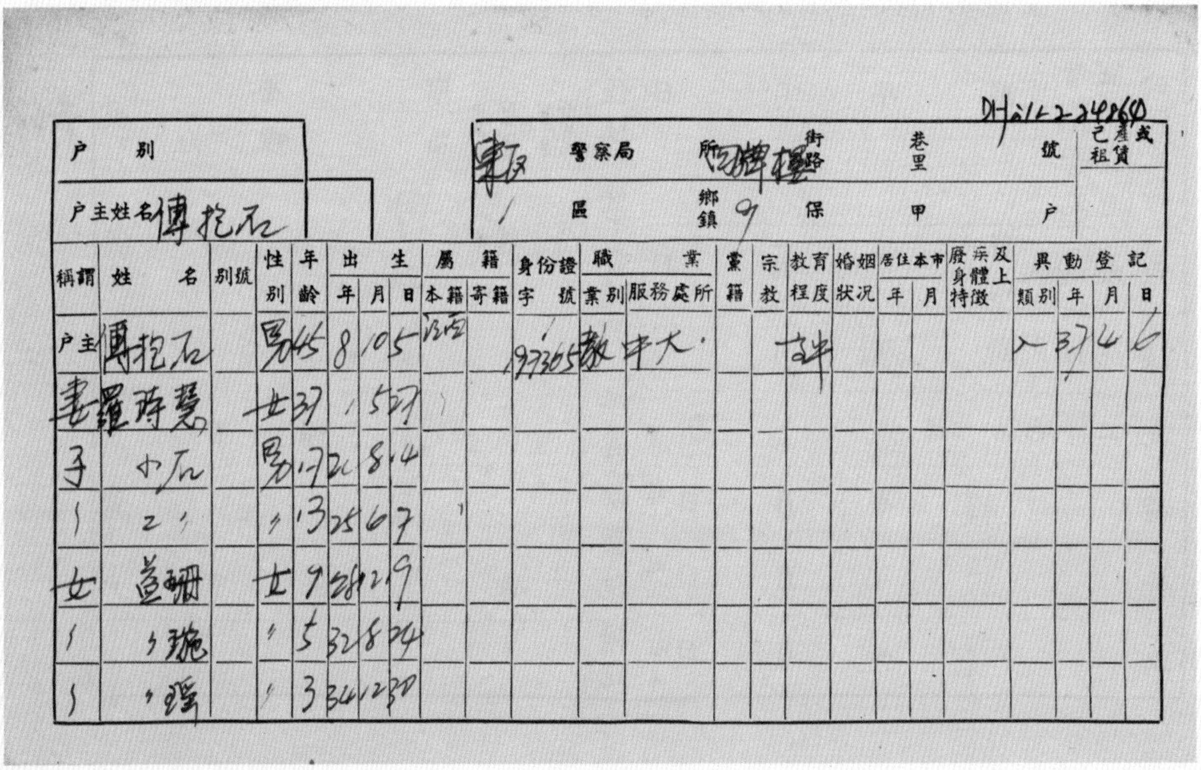

DH:012-2-24860

戶別

戶主姓名 傅抱石

東区 警察局 所 [illegible] 街路 巷里 號 己產或租賃

1 區 9 鄉鎮 保 甲 戶

稱謂	姓名	別號	性別	年齡	出生年	出生月	出生日	屬籍本籍	屬籍寄籍	身份證字號	職業業別	職業服務處所	黨籍	宗教	教育程度	婚姻狀況	居住本市年	居住本市月	廢疾及身體上特徵	異動登記類別	異動登記年	異動登記月	異動登記日
戶主	傅抱石		男	45	8	10	5	江西		197305	教	中大			[illegible]					入	37	4	6
妻	羅時慧		女	37	〃	5	27	〃															
子	小石		男	17	26	8	4																
〃	二〃		〃	13	25	6	7	〃															
女	益珊		女	9	28	12	9																
〃	〃瑰		〃	5	32	8	24																
〃	〃瑶		〃	3	34	12	30																

傅抱石

DH:10-8-25003

2324	42-80	戶主姓名	傅斯年

姓名	傅斯年	教育程度	博士
別號	孟真　性別　男	職業　業別	參政員
		職業　服務處所	中央研究院歷史語言研究所所長
年齡　歲數	51		
年齡　出生日期	民前16年　月　日	特徵	
屬籍　本籍	山東聊城	與戶主關係	
屬籍　寄籍	南京	家屬人數	
居住本市年月	35年9月	身份證	6字85261號

（上粘貼相片）

卅五年十月廿日登記

公民資格	宣誓時期	民國　年　月　日	住址	雞鳴寺街路　巷　四一號　本所
	宣誓地點		保甲番號	一區　鄉鎮　八保　甲　戶
兵役	起役	民前國　年　月　日		
	除役	民國　年　月　日	住址異動登記	街路　巷里　號
義務勞動	工作地點	日期		區　鄉鎮　保　甲　戶
		自至　年　月　日　起止		街路　巷里　號
		自至　年　月　日　起止		區　鄉鎮　保　甲　戶
		自至　年　月　日　起止	附記	

傅斯年

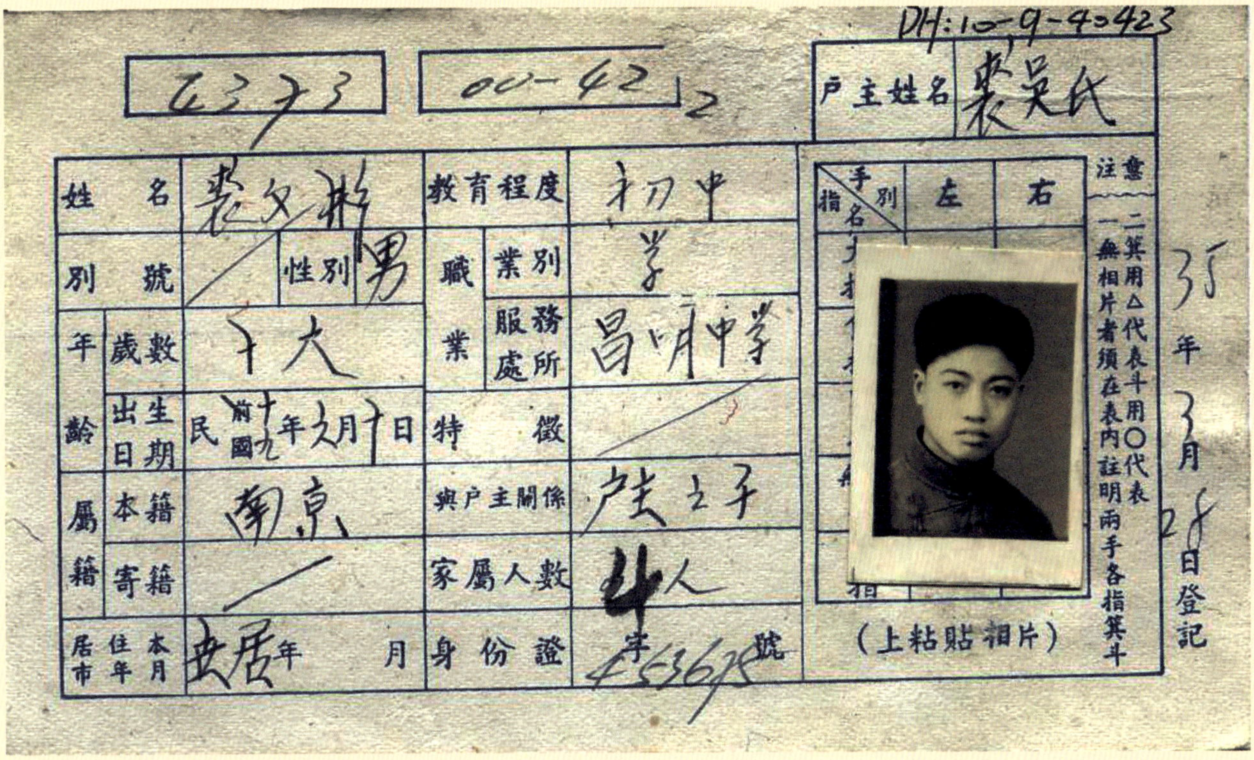

DH:10-9-40423

6373 | 00-422

户主姓名	裘吴氏				
姓名	裘文彬		教育程度	初中	
别号		性别 男	职业	业别	学
年龄	岁数	十大		服务处所	昌明中学
	出生日期	民国前十九年六月十日	特征		
属籍	本籍	南京	与户主关系		侄之子
	寄籍		家属人数		廿人
本市居住年月		世居 年 月	身份证		字 453675 号

指名	手别 左	右

（上粘贴相片）

注意：一、无相片者须在表内注明两手各指箕斗 二、箕用△代表斗用○代表

35年3月28日登记

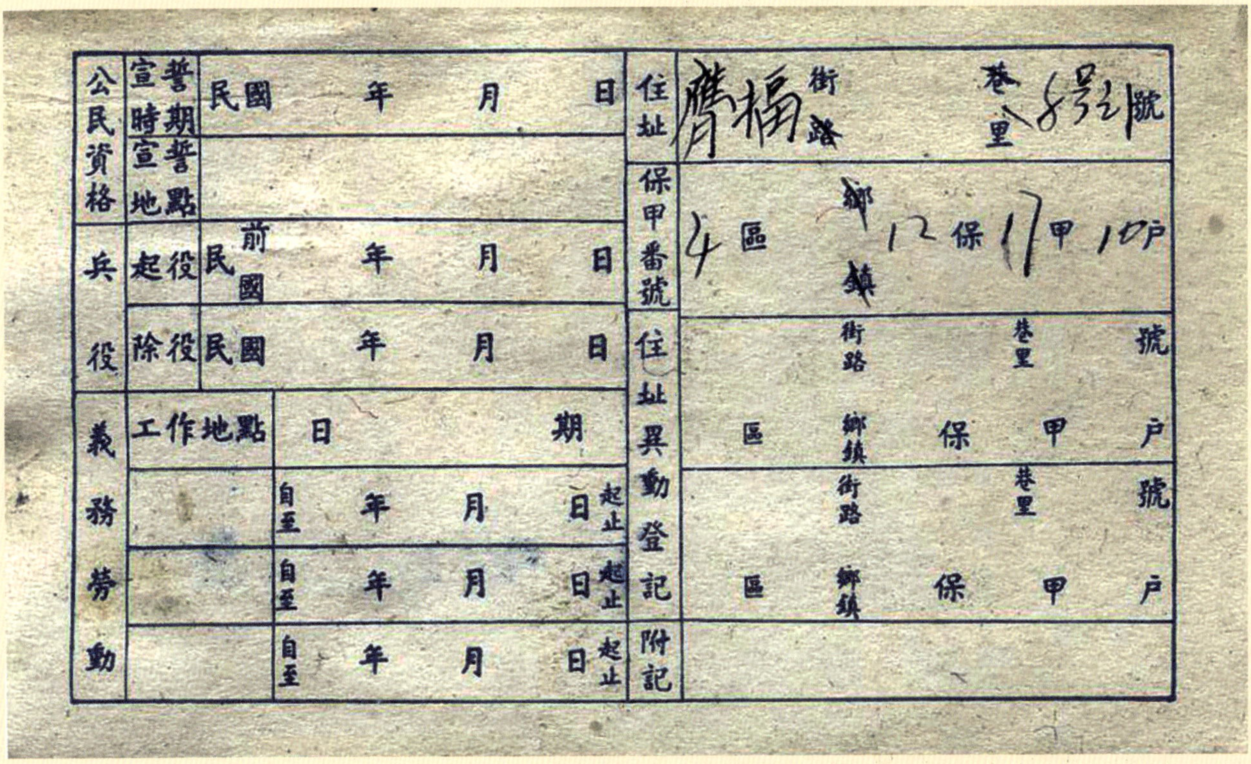

公民资格	宣誓时期	民国 年 月 日	住址	唐福街路 巷里 8号
	宣誓地点		保甲番号	4区 乡镇 12保 17甲 10户
兵役	起役	民前国 年 月 日	住址异动登记	街路 巷里 号
	除役	民国 年 月 日		区 乡镇 保 甲 户
义务劳动	工作地点	日期		街路 巷里 号
		自至 年 月 日 起止		区 乡镇 保 甲 户
		自至 年 月 日 起止		
		自至 年 月 日 起止	附记	

裘文彬

民国南京《市政公报》

保管单位：南京市档案馆

内容及评价：

民国南京《市政公报》，又名《南京特别市市政府公报》、《南京特别市市政公报》、《首都市政公报》、《市政公报》、《南京市政府公报》、《督办南京市政府公报》等。为方便起见，本书统称为民国南京《市政公报》。民国南京《市政公报》由民国南京特别市政府秘书处、南京市政府秘书处等编辑，是反映民国南京市政府施政、市情的月刊，于1927年6月出版至1948年12月结束，共计出版398期。

民国南京《市政公报》主要内容有插图、贺词、国民政府首脑及时任南京市政府主要领导人演讲稿、时任市长在孙中山先生诞辰日和纪念周上的演讲稿、言论、宣言、通电、例规、命令、呈文、咨文、公函、布告、批示、聘书、市政消息、报告、会议记录、纪事、外交、附载、附录、特载、大事记等。着重记载了1927年国民政府定都南京后到1949年国民党政权撤离南京前，南京在财政、税收、物价、慈善、教育、卫生、市政规划、市政建设、公共交通、娱乐场所、公园及风景名胜地、社会治安等方面的施政情况和各方面的法规、规章等。

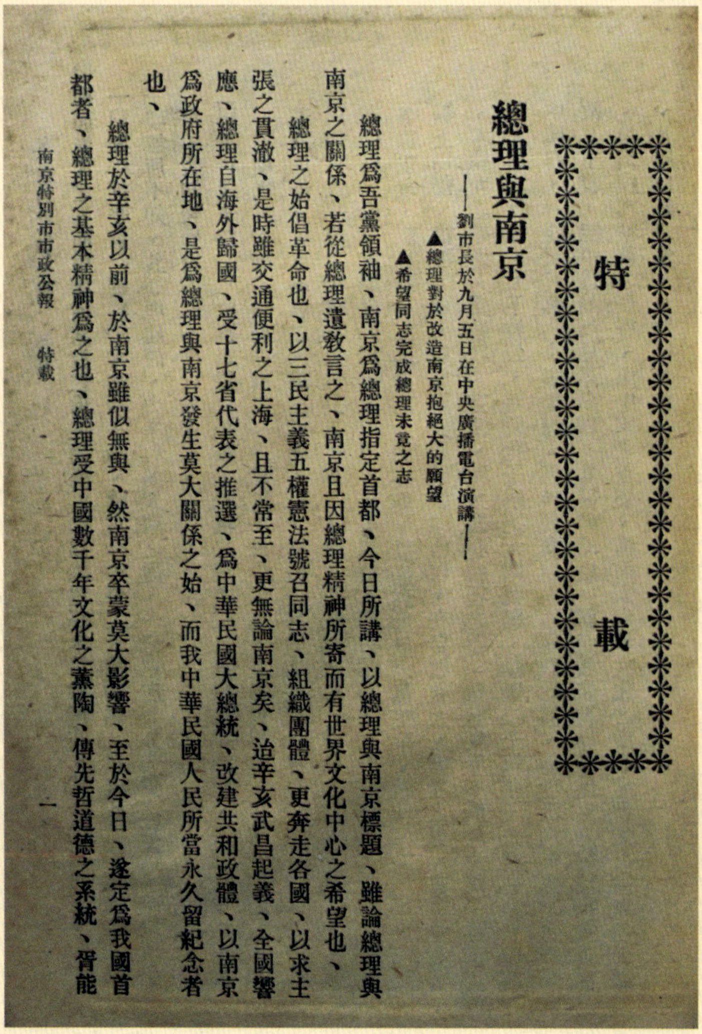

特載

總理與南京

——劉市長於九月五日在中央廣播電台演講——

▲總理對於改造南京抱絕大的願望

▲希望同志完成總理未竟之志

總理爲吾黨領袖、南京爲總理指定首都、今日所講、以總理與南京標題、雖論總理與南京之關係、若從總理遺教言之、南京且因總理精神所寄而有世界文化中心之希望也、

總理之始倡革命也、以三民主義五權憲法號召同志、組織團體、更奔走各國、以求主張之貫澈、是時雖交通便利之上海、且不常至、更無論南京矣、迨辛亥武昌起義、全國響應、總理自海外歸國、受十七省代表之推選、爲中華民國大總統、改建共和政體、以南京爲政府所在地、是爲總理與南京發生莫大關係之始、而我中華民國人民所當永久留紀念者也、

總理於辛亥以前、於南京雖似無與、然南京卒蒙莫大影響、至於今日、遂定爲我國首都者、總理之基本精神爲之也、總理受中國數千年文化之薰陶、傳先哲道德之系統、胥能

南京特別市市政公報　特載　一

总理与南京（南京特别市市政公报特载）

民国南京《市政公报》具有以下几大特点：

一、具有完整性及典藏价值。民国南京《市政公报》共计398期，2012年前，国内没有一家图书馆、档案馆和文化机构完整珍藏，其中，大部分原件在南京市档案馆。2010年，南京市档案馆首次对馆藏民国南京《市政公报》进行系统全面的汇集整理，并分赴国家图书馆、南京图书馆、南京大学图书馆等地翻拍、扫描，补齐馆藏缺漏。至2012年底，整理、影印成45册民国南京《市政公报》，汇入《金陵全书·档案编》。

二、具有权威性及借鉴价值。民国南京《市政公报》对研究民国时期南京市域范围内的政治制度演变、行政区划调整、行政机构运行，对研究民国时期南京城市建设和管理、财政经济的发展，对研究民国时期许多重大历史事件的发生、发展和史实，对研究民国时期南京市的施政理念、施政思想和施政实践，都有着重要的学术价值和资政借鉴的参考作用。

三、具有实用性及保护价值。民国文化是南京文化的一张重要名片，也是南京打造“天下文枢”的一个有机组成部分。民国南京《市政公报》采用原大影印的方式，把一份份珍贵的历史档案化身百千，充分发挥其贮存和传播文化的功能，为历史档案的保护和利用起到了积极的促进作用。

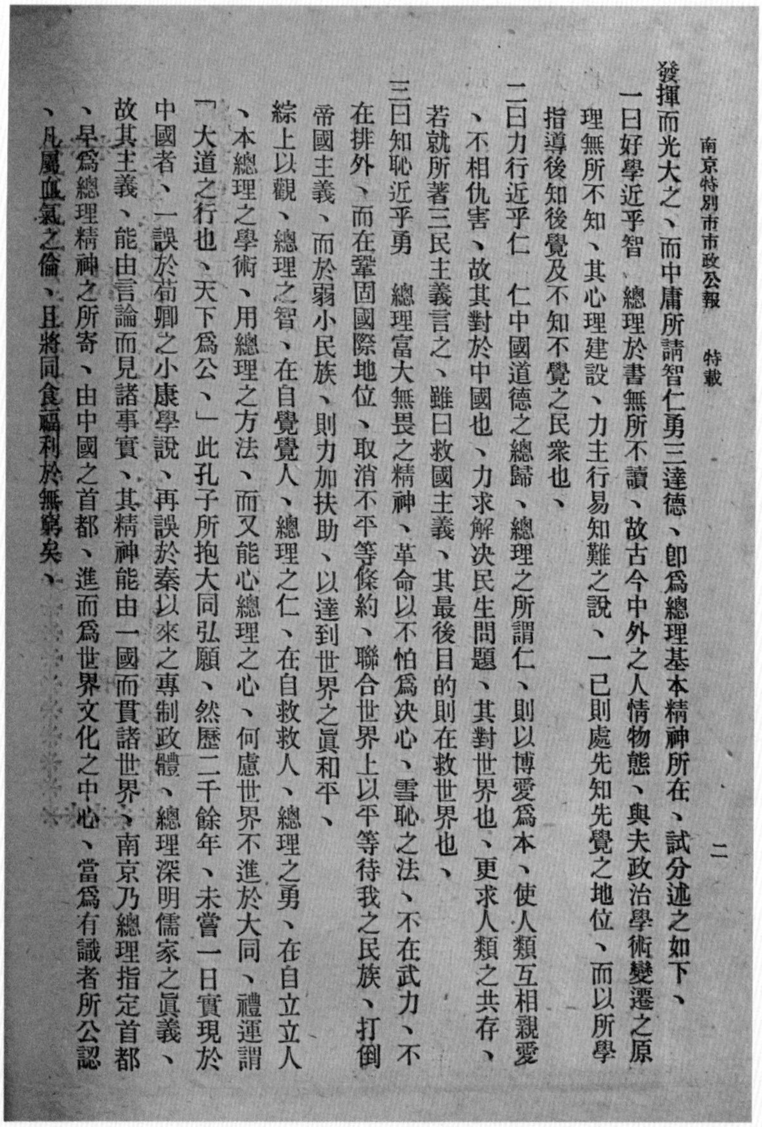

南京特別市市政公報　特載　二

發揮而光大之、而中庸所請智仁勇三達德、卽爲總理基本精神所在、試分述之如下、

一曰好學近乎智　總理於書無所不讀、故古今中外之人情物態、與夫政治學術變遷之原理無所不知、其心理建設、力主行易知難之說、一已則處先知先覺之地位、而以所學指導後知後覺及不知不覺之民衆也、

二曰力行近乎仁　仁中國道德之總歸、總理之所謂仁、則以博愛爲本、使人類互相親愛、不相仇害、故其對於中國也、力求解決民生問題、其對世界也、更求人類之共存、若就所著三民主義言之、雖曰救國主義、其最後目的則在救世界也、

三曰知恥近乎勇　總理富大無畏之精神、革命以不怕爲決心、雪恥之法、不在武力、不在排外、而在鞏固國際地位、取消不平等條約、聯合世界上以平等待我之民族、打倒帝國主義、而於弱小民族、則力加扶助、以達到世界之眞和平、

綜上以觀、總理之智、在自覺覺人、總理之仁、在自救救人、總理之勇、在自立立人、本總理之學術、用總理之方法、而又能心總理之心、何慮世界不進於大同、禮運謂「大道之行也、天下爲公、」此孔子所抱大同弘願、然歷二千餘年、未嘗一日實現於中國者、一誤於荀卿之小康學說、再誤於秦以來之專制政體、總理深明儒家之眞義、故其主義、能由言論而見諸事實、其精神能由一國而貫諸世界、南京乃總理指定首都、卑爲總理精神之所寄、由中國之首都、進而爲世界文化之中心、當爲有識者所公認、凡屬血氣之倫、且將同食福利於無窮矣、

总理与南京（南京特别市市政公报特载）

紀文幼而誦法孔子、稍長服從總理三民主義、不敢爲老生常談、以淆惑當世賢哲之視聽、然於總理學術之淵源、道德之系統、知之尙得其眞、故於總理之志事、行之唯恐不力、目論之士、見紀文於南京市政、略有興作、輒以用革命手段太過爲疑、不知於總理所謂物質建設、猶未能盡其百一耳、且總理不云乎、「革命必先革心、」紀文自就任而後、凡所已行及欲行者、如築中山大道、如修濬秦淮河、如開自來水井、雖毅然以革命手段行之、尙屬於物質建設方面、若夫禁娼禁賭、以改良風俗、禁卜筮星相、 破除迷信、此則革心之事、而屬於精神建設矣、

今者就南京全市而論、物質建設、精神建設、二者均未成功、不惟無以副市民之希望、又將何以慰總理在天之靈、蓋總理於建國方略中、其大有望於南京也、一則曰「南京爲中國古都、在北京之前、而其位置、乃在一美善之地區、其地有高山、有深水、有平原、此三種天工、鍾毓一處、在世界之大都市、誠難覓如此佳境也、」再則曰、「當夫長江流域東區富源、得有正當開發之時、南京將來之發達、未可限量、」是以生前雖未能改造南京、臨終遺命、仍欲歸葬南京、推其用意、亦使凡屬忠實同志、務各努力革命工作、努力建設事業、以得竟其未竟之志耳、紀文從諸同志後、已親見南京爲國之首都、倘諸同志於物質建設之外、並力謀精神建設、則將來之南京、必有爲世界文化中心之一日矣、

南京特別市市政公報　特載　三

总理与南京（南京特别市市政公报特载）

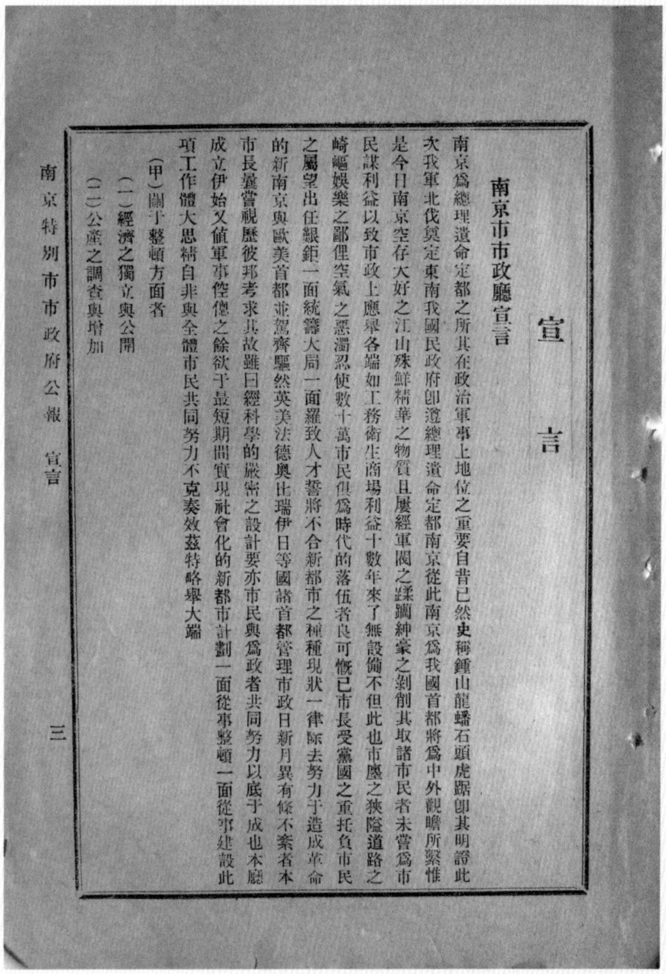

宣　言

南京市市政廳宣言

南京爲總理遺命定都之所其在政治軍事上地位之重要自昔已然史稱鍾山龍蟠石頭虎踞卽其明證此次我軍北伐奠定東南我國民政府卽遵總理遺命定都南京從此南京爲我國首都將爲中外觀瞻所繫惟是今日南京空存大好之江山殊鮮精華之物質且屢經軍閥之蹂躪紳豪之剝削其取諸市民者未嘗爲市民謀利益以致市政上應舉各端如工務衛生商場利益十數年來了無設備不但此也市廛之狹隘道路之崎嶇娛樂之鄙俚空氣之惡濁忍使數十萬市民俱爲時代的落伍者良可慨已市長受黨國之重托負市民之屬望出任艱鉅一面統籌大局一面羅致人才誓將不合新都市之種種現狀一律除去努力于造成革命的新南京與歐美首都並駕齊驅然英美法德奧比瑞伊日等國諸首都管理市政日新月異有條不紊者本市長曩嘗親歷彼邦考求其故雖曰經科學的嚴密之設計要亦市民與爲政者共同努力以底于成也本廳成立伊始又値軍事倥傯之餘欲于最短期間實現社會化的新都市計劃一面從事整頓一面從事建設此項工作體大思精自非與全體市民共同努力不克奏效茲特略舉大端

(甲)關于整頓方面者

(一)經濟之獨立與公開

(二)公產之調查與增加

南京特別市市政府公報　宣言　三

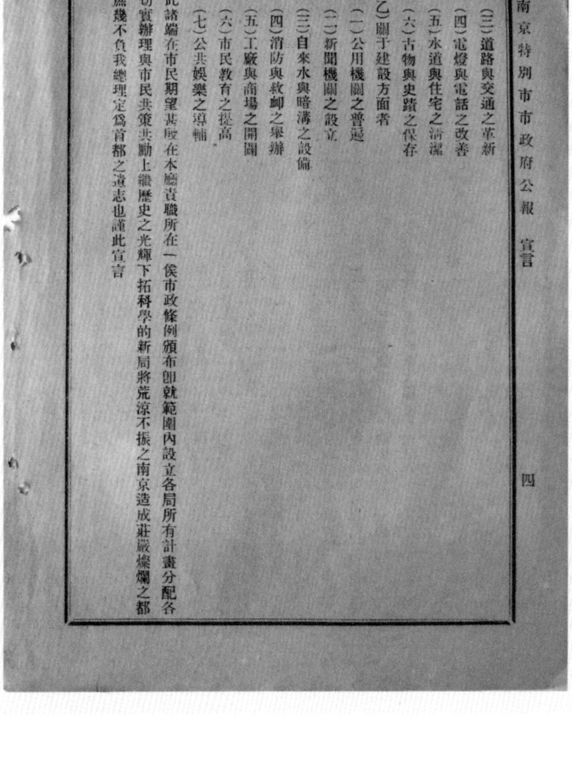

6

(三)道路與交通之革新

(四)電燈與電話之改善

(五)水道與住宅之清潔

(六)古物與史蹟之保存

(乙)關于建設方面者

(一)公用機關之普遍

(二)新聞機關之設立

(三)自來水與暗溝之設備

(四)消防與救卹之舉辦

(五)工廠與商場之開闢

(六)市民教育之提高

(七)公共娛樂之導輔

凡此諸端在市民期望甚殷在本廳責職所在一俟市政條例頒布卽就範圍內設立各局所有計畫分配各局切實辦理與市民共策共勵上繼歷史之光輝下拓科學的新局將荒涼不振之南京造成莊嚴燦爛之都市庶幾不負我總理定爲首都之遺志也謹此宣言

南京特別市市政府公報　宣言　四

南京市市政厅宣言

市政廳成立及市長就職通電

南京中國國民黨中央執行委員會監察委員會國民政府蔣總司令漢口汪主席譚主席廣州李總參謀長古部長南京何總指揮程總指揮朱參謀長張總參議鈕總參議總政治部吳主任陳副主任上海白總指揮宋部長安慶李總指揮南昌朱總指揮漢口唐總指揮各軍長副軍長師長副師長政治部主任廣東廣西福建浙江江蘇江西安徽湖南湖北四川貴州各省黨部市黨部省政府市政府省農民協會商民協會教育協會總工會總商會婦女協會學生聯合會暨各法團鈞鑒紀文奉命爲南京市市長遵卽籌備成立市政廳謹於四月二十四日宣誓就職並啓用印信業經分別呈咨暨佈告在案查南京爲總理生前指定的首都中外觀瞻所繫改良市政實爲要圖當茲建設伊始紀文適承其乏材輇任重深懼弗勝敢乞時加指導俾有遵循至爲感禱劉紀文叩印（中華民國十六年四月二十四日）

南京市市政厅成立及市长就职通电

南京特别市政府大门

計劃

南京市政府施政方針

石瑛

吾國城市建設，向稱簡陋，近年以來，國內各大都市，因工商業集中之結果，始略具近代建設之雛形，然大都偏重物質方面，而於精神方面，則殊形忽略，流弊所及，居處都市之人民，頗多耽於逸豫，習染詐僞奢靡之風尙，舍本逐末，非治道也。深爲建設之要，物質建設，固不可忽，精神建設，尤宜重視。精神建設云何？曰，注重教育，移易風俗，養成人民勤儉樸實之風，洗滌淮香偷惰之習，實事求是，用臻治理是也。誠如此，庶可以救今日社會之崩潰，安輯人心，各敬其業，經濟以充，物質建設自易矣。本市長自接任以來，兢兢業業，秉此以作施政方針，茲略舉數端，著之於編，就同志諸公正之。

甲 社會方面

（一）救濟農村經濟：吾國以農立國，國民經濟重心，皆在於農，故農村經濟之發展，實與社會事業之繁榮，相爲表裏。近年以來，國內社會經濟，日益竭蹶，其原因由於天災人禍，洊臻以至，各地農村經濟，幾瀕破產。挽救之道，如修築堤埂，整理耕地，提倡墾殖，增進農業副產，獎勵農業製造，設立農藝場，改良種植，及預防水患蝗患等等，皆爲復興農村不可稍緩之要圖。本市農地狹隘，不足以言發展，惟城郭居民耕種爲生者，頗不在少，自亦未可忽視，故茲事之始，即首籌巨欵，修復大小黃洲及八卦洲兩洲堤埂，其餘有關救濟農村

南京市政府公報 計劃 一

經濟之事項，並責成社會局積極辦理。（二）工商業之改良與振興：本市工業夙負盛名者，首推緞業，通商以還，因舶來絲織品充斥市面，而舊有緞業，仍墨守舊法，不知改良，故銷路日形阻滯，難與外商競爭，其影響於社會經濟，殊非淺鮮。現經組織緞業改良研究會，討論救濟緞業根本辦法，復將社會局原轄之平民工廠改組，召集商會，商訂官督商辦之法，規劃復工，一以救濟失業工人，一以調劑社會經濟焉。（三）整頓慈善機關：本市公私立各慈善機關，往昔辦理不善，僅以收容貧苦殘廢無業流民爲畢其責，月廩口糧，不事操作，習性懶惰，淪爲廢人，欲救其弊，必須從積極方面着手，不僅加以收容，同時因其性之所近，授以適當之生活技能，俾能自尋生業，如此則社會與個人，兩蒙其利，較之消極之收容，利弊迥殊，本市長對於整頓慈善機關，擬本此方針以行。（四）其他如整頓本市積穀倉，以防飢饉，與夫評議糧價，調劑民食等事項，皆當隨時令社會局切實辦理。

乙 財政方面

（一）縮減行政費增加事業費：本市財政，以前尙能收支適合，惟以各種建設，需欵浩繁，乃至漸虞不給，且負債甚鉅，挹注維艱。上年滬變以來，一切稅收，尤大受影響，經常所入，即以之全部應付行政經費，猶虞不給，更遑論建設。蒞任之初，宵旰焦慮，求所以解決財政困難，深覺舍厲行緊縮政策而外，別無他途，爰將各局處分別裁併，如土地局併入財政局，增設土地科，教育局併入社會局，增設教育科，衛生局裁撤，於秘書處增設衛生科，幷將各局處冗員，切實裁汰，緊縮結果，綜計每月較前可減少行政經費四萬元左右，即以此項節餘之費，移作各種建設事業之用，冀於財政困難中，建設事業不因之稍受影響。（二）整頓原有稅收刪除苛捐雜稅：本市財政，除應付經臨各費，及其他特別工程建設用欵而外，尙須按期撥還鉅額債欵，以致應付恭難，時感支絀。本府今後理財方針，首在切實整頓各項原有稅收，期於不加重市民負担之原則下，仍能增加市庫收入。其次則對於市民之負担，當依據國民經濟及財政學原則，力求公平，使無畸輕畸重之弊。至若原有各種捐稅，有涉苛細者，當設法逐漸刪除。

南京市政府公報 計劃 二

丙 工務方面

（一）修理舊有道路與開闢新路線：本府對於修築舊道路，與開闢新路線，二者並重，故中華雨花兩路，及其他舊道路修理工程，雖在今日財政極端困難之時，仍於無可設法中，籌欵分別修築，以利民行。（二）修理舊溝渠與計劃興築下水道：本市舊有溝渠，頗多淤塞之處，以致宣洩不暢，平時既有礙公共衛生，一遇天雨，街市即成澤國，久爲市民所詬病，補救之道，治標則爲疏通溝渠，治本城北方面則爲游深玄武湖，使水有所匯宿，不致汎濫橫流，城南方面則須疏濬秦淮河，導水以注於江，至修築下水道，實與溝渠宣洩，息息相關，尤爲防水工程根本之圖，惟因財政拮据，現時僅能從治標着手，治本計劃，非俟財政充裕，籌有的欵不可，故一時尙難舉辦。（三）積極籌辦公用事業：本府目前最爲切要之公用事業，厥爲自來水，關係全市市民飲料衛生，自應及早完成，現正加緊興築一切工程，本年年底可望出水。

丁 教育方面

（一）普及教育：教育爲國家之命脈，尤以小學教育爲教育歷程中之重要階段，而小學教育原則，務在普及，乃據最近調查，全市不識字人民，占總數二分之一，失學兒童，亦過萬數，本市長對此問題，至爲注意，自本學期起，已將教育經費月增萬元，除創辦義務小學四十處外，並就原有各校，增設級次，擴充名額，俾使儘量收容，務使本市轄區以內，不再有失學兒童，此後並擬逐年推進，以期普及全市教育，他如民衆教育，成年補習教育，均當分別計劃，按步實施，至教育之方針，則以力求黨化爲依歸。（二）注重教育之實際功用：年來吾國教育，不切實用，無可諱言，其弊由於社會自社會，學校自學校，學校教育與社會需要，完全隔閡，學校教育之缺乏實際功用，已爲人人公認之事實，此種情形，殊背教育原旨，故今後教育方針，應注重實際功用，以補偏救弊。（三）資助貧苦學生：作育人才，自須從獎勵教育入手，本屆各小學學生畢業會考第一名學生嚴萊昌，成績良好，頗堪深造，惟因家境困窮，無力升學，任其中途輟學，良屬可惜，本市長爲鼓勵人

南京市政府公報 計劃 三

材起見，已令該生升入市立中區實驗學校肄業，破例免收一切費用，並令社會局按月撥給補助費十元，暫訂至初中畢業爲止，如成績仍列優等，當再繼續補助，以資鼓勵。

戊 衛生方面

（一）防疫事項：查本市自來水與下水道，或正在建設，尙未完成，或以財政支絀，尙未舉辦，故環境衛生，一時頗難改良，爲治標計，對於各種預防設備，及預防工作，均當隨時加以注意。（二）公共衛生及保健事項：公共衛生，首重清潔，如清除街道，檢查或取締食品，及設立診療所，免費診治等等皆是，此類衛生行政，與人民身體健康，具有密切關係，當隨時飭屬認眞辦理。

己 土地方面

（一）土地測量與整理及其利用：查測量土地，爲訓政時期重要工作之一，現正分區測量，俟此項工作完竣，即可加以整理，並以次辦理土地登記，及申報地價等手續，其有因政治之改良，與社會之進步，或因闢新路，獲得公共交通之便利，致其地價有所增益時，當遵照建國大綱第十條之規定，隨時照價收買，並將此項利益，移辦公共事業，以與全市市民共享之。

庚 自治方面

（一）完成自治組織：查本市各自治區公所，早經成立，各區公民宣誓手續，亦已分別舉行，惟坊民大會之召集，前曾奉行政院二二九零號訓令，暫緩舉辦在案，俟再奉到院令後，即當着手召集，並趕速完成區以下各級自治組織。（二）籌設市參議會：市參議會爲全市民意機關，自應妥愼辦理，期能代表眞正民意，本市擬於各級自治組織完成後，即依法進行，積極籌設。（三）實行公民訓練：公民訓練，爲推行自治之首要工作，而實施此項計劃之初步，則爲普及教育，本市自本學期始，業經添設義務小學四十所，其詳細情形，已見教育行政方針項下，茲不再贅，並擬俟各級自治組織完成後，分區推行民衆教育，補習教育，務使市民皆有相當知識

南京市政府公報 計劃 四

南京市政府施政方针

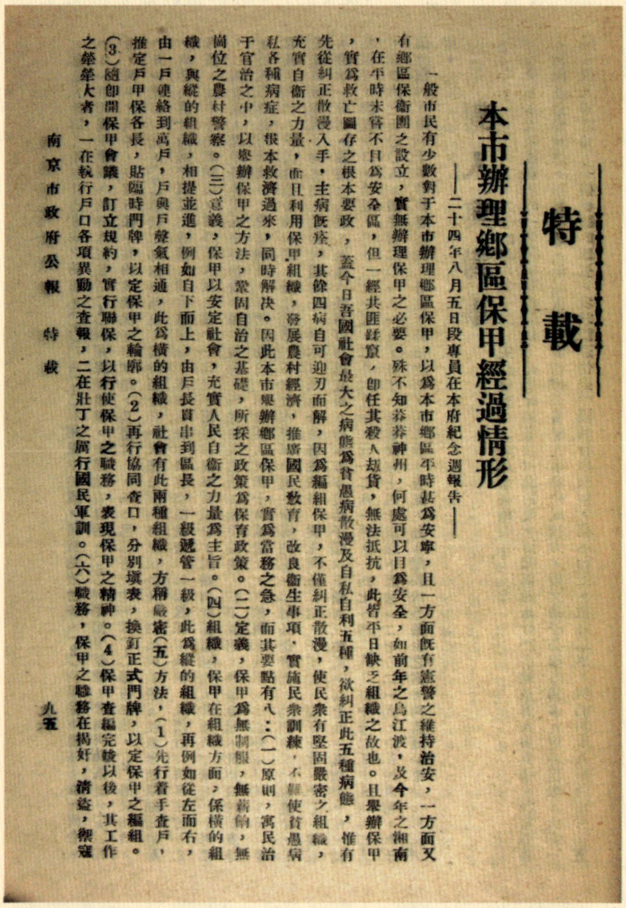

特載

本市辦理鄉區保甲經過情形

——二十四年八月五日段專員在本府紀念週報告——

一般市民有少數對于本市辦理鄉區保甲，以爲本市鄉區平時甚爲安寧，且一方面既有憲警之維持治安，一方面又有鄉區保衛團之設立，實無辦理保甲之必要。殊不知莽莽神州，何處可以目爲安全，如前年之烏江渡，及今年之湘南，在平時未嘗不目爲安全區，但一經共匪蹂躪，即任其殺人劫貨，無法抵抗，此皆平日缺乏組織之故也。且舉辦保甲，實爲救亡圖存之根本要政，蓋今日吾國社會最大之病態爲貧愚病散漫及自私自利五種，欲糾正此五種病態，惟有先從糾正散漫入手，主病既痊，其餘四病自可迎刃而解，因爲編組保甲，不僅糾正散漫，使民衆有堅固嚴密之組織，充實自衛之力量，而且利用保甲組織，發展農村經濟，推廣國民教育，改良衛生事項，實施民衆訓練，不難使貧愚病私各種病症，根本救濟過來，同時解決。因此本市舉辦鄉區保甲，實爲當務之急，而其要點有八：(一)原則，寓民治于官治之中，以舉辦保甲之方法，鞏固自治之基礎，所採之政策爲保育政策。(二)定義，保甲爲無制服，無薪餉，無崗位之農村警察。(三)意義，保甲以安定社會，充實人民自衛之力量爲主旨。(四)組織，保甲在組織方面，係橫的組織，與縱的組織，相提並進，例如自下而上，由戶長貫串到區長，一級遞管一級，此爲縱的組織，再例如從左而右，由一戶連絡到萬戶，戶與戶聲氣相通，此爲橫的組織，社會有此兩種組織，方稱嚴密(五)方法，(1)先行着手查戶，推定戶甲保各長，貼臨時門牌，以定保甲之輪廓。(2)再行協同查口，分別塡表，換釘正式門牌，以定保甲之編組。(3)隨即開保甲會議，訂立規約，實行聯保，以行使保甲之職務，表現保甲之精神。(4)保甲查編完竣以後，其工作之犖犖大者，一在執行戶口各項異動之查報，二在壯丁之厲行國民軍訓。(六)職務，保甲之職務在揭奸，清盜，禦寇

南京市政府公報　特載　九五

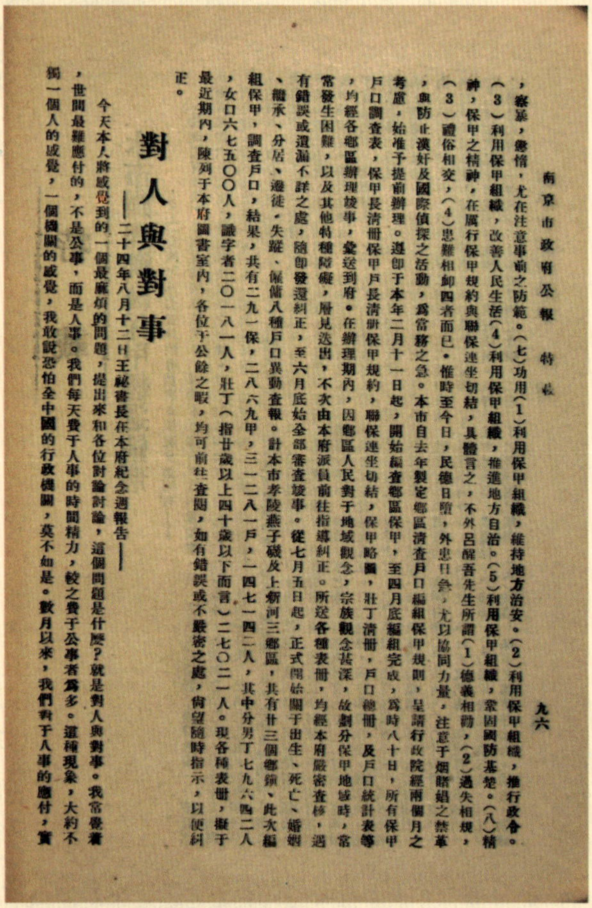

南京市政府公報　特載　九六

，察暴，懲惰，尤在注意事前之防範。(七)功用(1)利用保甲組織，維持地方治安。(2)利用保甲組織，推行政令。(3)利用保甲組織，改善人民生活(4)利用保甲組織，推進地方自治。(5)利用保甲組織，鞏固國防基楚。(八)精神，保甲之精神，在厲行保甲規約與聯保連坐切結，具體言之，不外呂醒吾先生所謂(1)德義相勸，(2)過失相規，(3)禮俗相交，(4)患難相卹四者而已。惟時至今日，民德日墮，外患日亟，尤以協同力量，注意于烟賭娼之禁革，與防止漢奸及國際偵探之活動，爲當務之急。本市自去年製定鄉區清查戶口編組保甲規則，呈請行政院經兩個月之考慮，始准予提前辦理。遂即于本年二月十一日起，開始編查鄉區保甲，至四月底編組完成，爲時八十日，所有保甲戶口調查表，保甲長清冊保甲戶長清冊保甲規約，聯保連坐切結，保甲略圖，壯丁清冊，戶口總冊，及戶口統計表等，均經各鄉區辦理竣事，彙送到府。在辦理期內，因鄉區人民對于地域觀念，宗族觀念甚深，故劃分保甲地域時，常常發生困難，以及其他特種障礙，層見迭出，不次由本府派員前往指導糾正。所送各種表冊，均經本府嚴密查核，遇有錯誤或遺漏不詳之處，隨即發還糾正，至六月底始全部審查竣事。從七月五日起，正式開始關于出生、死亡、婚姻、繼承、分居、遷徙、失蹤、僱傭八種戶口異動查報。計本市孝陵燕子磯及上新河三鄉區，共有廿三個鄉鎮，此次編組保甲，調查戶口，結果，共有二九一保，二八六九甲，三一二八一戶，一四七一四二人，其中分男丁七九六四二人，女口六七五〇〇人，識字者二〇一八一人，壯丁(指廿歲以上四十歲以下而言)二七〇二一人。現各種表冊，擬于最近期內，陳列于本府圖書室內，各位于公餘之暇，均可前往查閱，如有錯誤或不嚴密之處，倘望隨時指示，以便糾正。

對人與對事

——二十四年八月十二日王秘書長在本府紀念週報告——

今天本人將感覺到的一個最麻煩的問題，提出來和各位討論討論，這個問題是什麼？就是對人與對事。我常覺着，世間最難應付的，不是公事，而是人事。我們每天費于人事的時間精力，較之費于公事者爲多。這種現象，大約不獨一個人的感覺，一個機關的感覺，我敢說恐怕全中國的行政機關，莫不如是。數月以來，我們對于人事的應付，實

本市办理乡区保甲经过情形

調任	地政局會計室	科員	地政局第三科	科員	金成達	十二月六日	
調任	地政局第三科	科員	地政局第二科	科員	曾述芳	十二月十一日	
調任	財政局	局長	市府	專門委員	石道伊	十一月廿五日	
調任	財政局第二科	科長	財政局	視察	陳鐵持	十一月廿五日	
調任	工務局	技正兼第一科長	工務局	技正兼審勘室主任	朱神康	十一月廿三日	
調職	衛生局	專員	衛生局	視察	楊炳義	十一月一日	補報
調職	衛生局	專員	衛生局	視察	何鼎棻	十一月一日	補報
調職	衛生局	辦事員	傳染病醫院	事務員	石松蔭	十一月一日	補報
調職	傳染病醫院	事務員	衛生局	辦事員	謝斧如	十一月一日	補報

【專 載】

南京市政府三十六年度施政方針

南京市政府建設之最高原則，曰興利以惠民，建設所收之效果，務期使最大多數之市民，得最高度與最普遍之利益，本此目標，其主要任務，可歸納爲民權民生及文化三大端。在民權方面，必須健全自治，實現民主，以提高人民政治生活之水準。在民生方面，必須完成現代化都市之設備，繁榮實業，增加生產，以提高人民物質生活之水準。在文化方面，必須普及教育，掃除文盲，養成優良社會風氣，以提高人民精神生活之水準。

惟本市自經淪陷，百端待舉，戰後民生凋敝，市庫不裕，財力人力物力均受限制，今後施政，在努力達成上述目標之大前提下，不能不分別緩急，逐步舉辦。

茲將三十六年度應辦之重要工作，列舉如次：

一、民政 清查戶口，整頓保甲，實施民選區保甲長，健全各級自治組織，組訓民衆，培養自治自衛力量，奠定地方自治基礎。

二、財政 整頓稅收，清理市產，增加市庫收入，積土地政策之運用，充裕稅源，節省不急開支，力求財政平衡。

三、教育 擴增各級學校，充實各項設備，提高師資素質整飭私立學校，以擴大就學機會，增進教育效能，並加強社教設施，推廣職業教育。

四、社會 管理市場，穩定物價，調節糧食，推進合作事業，扶助工商業之合理發展，加強人民團體組訓工作，實施勞資協調政策，並積極推進社會救濟，擴展社會服務，倡辦兒童及農工福利，以期安定社會生活鞏固社會秩序。

五、工務 整修街巷，疏導溝渠，以適民居，興建房屋及平民住宅，以濟房荒，開闢棚戶區，以整市容，增強水電供應，以利公用，改進園林設備，以調劑市民之生活

六、地政 完成市區地籍整理，確定人民產權，重新估定地價，并配合首都建設計劃，賡續舉辦土地重劃，一面仍察酌人力財力之所及，規劃辦理鄉區土地登記。

七、衛生 改善環境衛生，擴充醫藥設備，增強保健防疫施設協助戒烟工作。

又按目前本市最感迫切而必須迅速予以解決者，計有學荒、房荒、交通失調，物價激動等問題，故三十六年度施政方針，在上列一切應辦業務之中，尤須置重點於下列六項問題之切實解決，集中力量，儘先着手，特再另立專項如下：

一、擴增學校 充分利用各校現有設備，於多開班次之外，儘可能增設市立各級學校，使全市失學青年及學齡兒童，咸有就學機會，一面力求質的改進。

二、興建房屋 調查幹路兩旁空地，鼓勵人民建築，利用公私投資，興建大量房屋，並增闢平民住宅區。

三、穩定物價 施行有效管理，防止不合理之任意抬高物價。

四、改善交通 （甲）合理經營公共汽車，增進其效率，并鼓勵民營公共汽車之擴展及改進。（乙）積極修理交通要道，注意養路，幹路兩旁之慢車道，次第改良路面，俾快慢車分開路線，以免擁擠，而減少車輛禍。

五、修理街巷 實行分區管理制，每區屬定工人，配備材料，經常在大街小巷，修理路面，疏通溝渠。

六、清潔環境 配合上項之分區管理制，切實改善環境衛生，確保市民健康。

南京市政府大事記

（十一月十五日——卅日）

秘書處編譯室編

△十一月十五日（星期五）

上午八時馬市長赴牯嶺路沈市長官邸作首次晤談，就一年來施政經過及處理市政之困難所在，向沈市長作詳細說明，並將過去擬就之明年度市府施政方針與預算計劃書提供沈市長，作爲今後施政參考。府內移交工作，由任參事治沅，陳秘書長祖平負責辦理，並向行政院請派監交人員，決定於十八日行新舊市長接交禮。

△十一月十八日（星期一）

本府交接儀式於上午十時於紀念週合併舉行，九時半後馬前市長沈市長薛秘書長先後到達。本府各局局長馬元放、陳劍如，石道伊、張劍鳴、王祖祥、周一變、警廳韓廳長及全體教職員均參加，行政院派簡任秘書樊際昌氏監交。馬前市長領導行禮以後即席致詞，略謂：過去官場移交、主管長官一向是避不見面，這次沈市長來了、我們打

南京市政府三十六年度施政方针

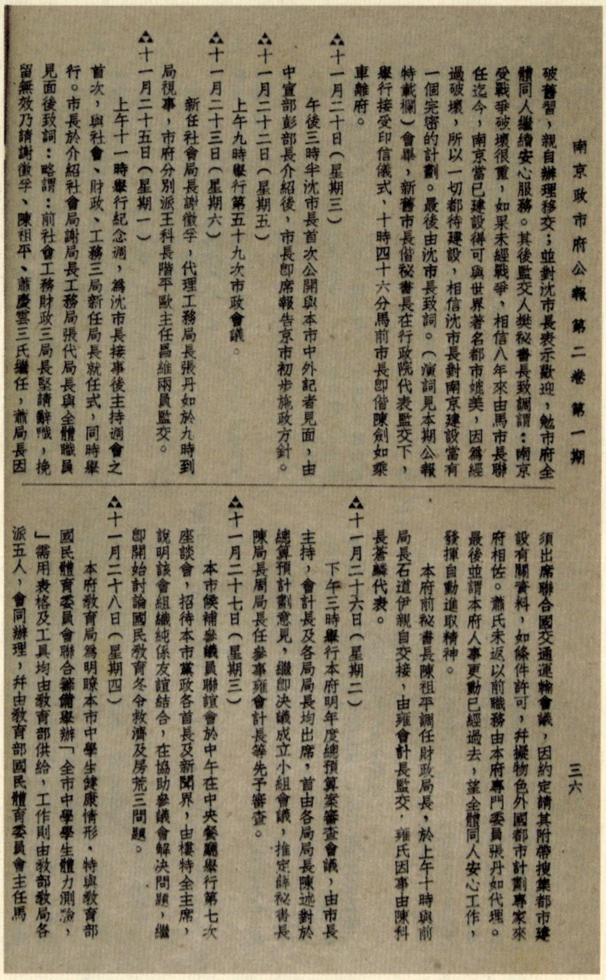

破舊習，親自辦理移交；並對沈市長表示歡迎，勉市府全體同人繼續安心服務。其後監交人撰秘書長致詞謂：南京受戰爭破壞很重，如果未經戰爭，相信八年來由馬市長聯任迄今，南京當已建設得可與世界著名都市媲美，因為經過破壞，所以一切都待建設，相信沈市長對南京建設當有一個完密的計劃。最後由沈市長致詞。（演詞見本期公報特載欄）會畢，新舊市長偕秘書長在行政院代表監交下，舉行接受印信儀式，十時四十六分馬前市長即偕陳劍如乘車離府。

△十一月二十日（星期三）

午後三時半沈市長首次公開與本市中外記者見面，由中宣部彭部長介紹後，市長即席報告京市初步施政方針。

△十一月二十二日（星期五）

上午九時舉行第五十九次市政會議。

△十一月二十三日（星期六）

新任社會局長謝徵孚，代理工務局長張丹如於九時到局視事，市府分別派王科長階平歐主任昌維兩員監交。

△十一月二十五日（星期一）

上午十一時舉行紀念週，為沈市長接事後主持週會之首次，與社會、財政、工務三局新任局長就任式，同時舉行。市長於介紹社會局長謝局長工務局張代局長與全體職員見面後致詞：略謂：前社會工務財政三局長堅請辭職，挽留無效乃請謝徵孚、陳祖平、蕭慶雲三氏繼任，蕭局長因須出席聯合國交通運輸會議，因約定請其附帶搜集都市建設有關資料，如條件許可，並擬物色外國都市計劃專家來府相佐。蕭氏未返以前職務由本府專門委員張丹如代理。最後並謂本府人事更動已經過去，望全體同人安心工作，發揮自動進取精神。

本府前秘書長陳祖平調任財政局長，於上午十時與前局長石道伊親自交接，由雍會計長監交。雍氏因事由陳科長蒼麟代表。

△十一月二十六日（星期二）

下午三時舉行本府明年度總預算案審查會議，由市長主持，會計長及各局局長均出席，首由各局局長陳述對於總算預計劃意見，繼即決議成立小組會議，推定薛秘書長陳局長周局長任參事雍會計長等先予審查。

△十一月二十七日（星期三）

本市候補參議員聯誼會於中午在中央餐廳舉行第七次座談會，招待本市黨政各首長及新聞界，由樓特全主席，說明該會組織純係友誼結合，在協助參議會解決問題，繼即開始討論國民教育冬令救濟及房荒三問題。

△十一月二十八日（星期四）

本府教育局為明瞭本市中學生健康情形，特與教育部國民體育委員會聯合籌備舉辦「全市中學學生體力測驗」，需用表格及工具均由教育部供給，工作則由教部教局各派五人，會同辦理，並由教育部國民體育委員會主任馬

振鑾氏主持。測驗科目有跑、跳、擲及機械測驗臂力等。凡本市公私立中學學生均須予以測驗。本市市私立中學生，共約二萬四千餘人。故此項測驗工作，預計需時三個月始可完成。並定於下月五日開始工作。

△十一月二十九日（星期五）

上午九時舉行第六十次市政會議。

△十一月卅日（星期六）

本市冬令救濟委員會，於下午三時在本府正式成立，社會部特撥一千萬元交下關難民處理委員會辦理下關難民急賑，刻正進行搭棚施粥以及遣送回籍等工作。

南京市政府三十六年度施政方针

特載

經濟建設是復興南京市的要着

沈市長五月三十一日在南京市經濟建設委員會成立大會致詞

今天南京市經濟建設委員會成立，承地方各位領袖與社會碩彥樂予贊助，擔任委員，共聚一堂，開始商討本市今後的經濟建設諸問題，行見本市經濟方面的發展，將由此發端，本人實爲愉快，對於各位爲地方造福的熱忱，衷心尤無限感謝。

本人一向很重視經濟建設，在抗戰後第二年，即與若干友人，發起組織中國經濟建設協會，認爲欲求國家復興，治本之道，舍經濟建設莫屬。自奉命到南京服務以來，即無時不思在這方面有所盡力。惟此事體大，與各方關聯甚多，以市府現有的力量實有未逮，非集思廣益，羣策羣力不爲功。所幸市參議會諸公有同樣見地，並且一再提議，其高瞻遠矚，令人十分欽佩。旣民意機構已先見及此，在進行上定可獲得莫大幫助，故特組織本會，積極從事。本會組織之動機即在於此。

南京市爲首都所在，乃一以政治爲重心之都市，經濟方面，過去基礎不免比較薄弱，生產事業未能發達。且因係首都之故，在敵僞長期之盤據中，所遭損失與破壞特別慘重，戰前僅有之經濟基礎，亦被摧殘殆盡。現雖復員一年有餘，猶未能完全恢復舊觀。今後本市建設，除鞏固政治重心，使其具有首都之爲首都的規模外，經濟建設之積極推進，自屬當務之急。本會於此時宣告成立，實具有深切重大之意義。

南京市政府公報 第二卷 第十一期　三〇七

南京市政府公報 第二卷 第十一期　三〇八

國父曾明白昭示：「建國之首要在民生。」舉辦經濟建設，即是爲的解決民生問題。方今國家多難，民生凋敝，本市失業人數，雖無準確統計，但數目定頗可觀，這班失業者，在抗戰勝利之後原應使其以所有力量用之於建國，而今轉足爲社會之隱憂，因之舉辦經濟建設以救濟失業，更有其必要。就本市地理環境觀察，物產豐富，交通便利，並非沒有經濟發展的餘地，如經營得當，不難形成一個兼以經濟爲重心的都市，以地方經濟建設，解決地方失業問題，應屬可能。而且經濟建設如逐步展開，則生產可以增加，人民生活與社會經濟必隨之改善，即一切市政設施亦可漸臻於健全。因爲生產事業發展後，稅收必然充裕，政府可以爲市民做更多工作，這是於市民於政府兩俱有益的事。故可以如此說，經濟建設是復興南京市的根本要着。

但提起經濟建設，必然要聯想到極有關聯的資金問題。一切生產事業的舉辦，均非有資金不可。方今旣是國家多難，民生凋敝之時，本市稅收又如是枯窘，財政又如是困難，大宗資金之籌措，確非易事。不過，我們不能因資金難籌，即忽視經濟建設之重要性。西諺有云：「任何開始都是困難的」，管見以爲只要能開始，困難自能克服，自能柳暗花明，漸入佳境。本市地方資力雖非若何充裕，但我人如能善爲利用，以地方資力出發，而誘致外來投資，不失爲入手之一法。至於如何盡其在己，克服當前困難，以從事本市現階段應有之經濟建設，則正是希望各位在本會作詳盡討論的。

本會的工作，並非對各種經濟建設事業負實際經營的責任，乃是以調查、研究、設計、推行爲主，含有輔導的性質，今後本市經濟建設的種種措施，胥視本會工作成果而推進。各位對本市地方情形以及各部門生產內容都有極深切的認識，本會在各位通力合作之下，相信一定能獲得圓滿的成就。本人自當以至誠與各位共同爲此一基本工作盡其最大的努力。

特载：经济建设是复兴南京市的要着

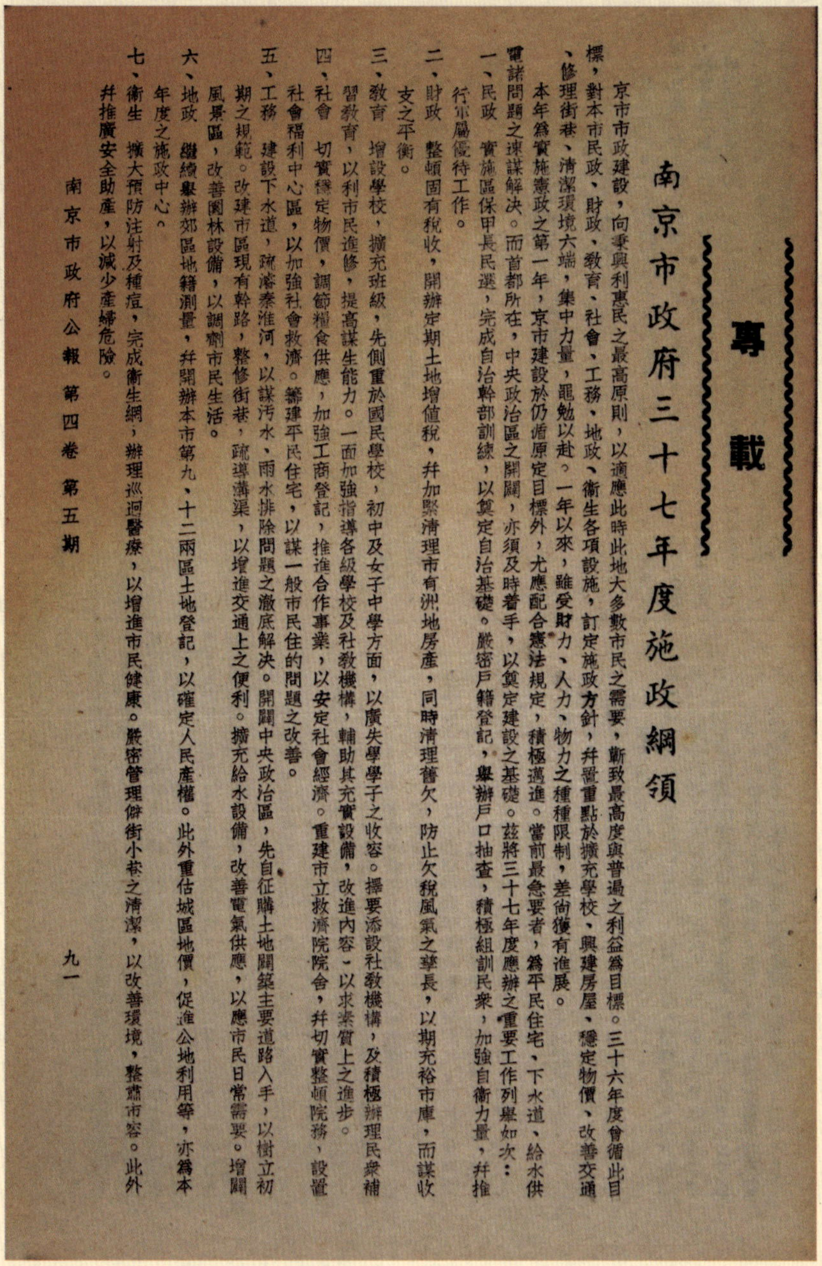

專載

南京市政府三十七年度施政綱領

京市市政建設，向秉與利惠民之最高原則，以適應此時此地大多數市民之需要，斯致最高度與普遍之利益爲目標。三十六年度曾循此目標，對本市民政、財政、教育、社會、工務、地政、衛生各項設施，訂定施政方針，幷置重點於擴充學校、興建房屋、穩定物價、改善交通、修理街巷、清潔環境六端，集中力量，黽勉以赴。一年以來，雖受財力、人力、物力之種種限制，差尙獲有進展。

本年爲實施憲政之第一年，京市建設於仍循原定目標外，尤應配合憲法規定，積極邁進。當前最急要者，爲平民住宅、下水道、給水供電諸問題之速謀解決。而首都所在，中央政治區之開闢，亦須及時着手，以奠定建設之基礎。茲將三十七年度應辦之重要工作列舉如次：

一、民政　實施區保甲長民選，完成自治幹部訓練，以奠定自治基礎。嚴密戶籍登記，舉辦戶口抽查，積極組訓民衆，加強自衛力量，幷推行軍屬優待工作。

二、財政　整頓固有稅收，開辦定期土地增值稅，幷加緊清理市有洲地房產，同時清理舊欠，防止欠稅風氣之孳長，以期充裕市庫，而謀收支之平衡。

三、教育　增設學校，擴充班級，先側重於國民學校，初中及女子中學方面，以廣失學學子之收容。擇要添設社教機構，及積極辦理民衆補習教育，以利市民進修，提高謀生能力。一面加強指導各級學校及社教機構，輔助其充實設備，改進內容，以求素質上之進步。

四、社會　切實穩定物價，調節糧食供應，加強工商登記，推進合作事業，以安定社會經濟。重建市立救濟院院舍，幷切實整頓院務，設置社會福利中心區，以加強社會救濟。籌建平民住宅，以謀一般市民住的問題之改善。

五、工務　建設下水道，疏濬秦淮河，以謀污水、雨水排除問題之澈底解決。開闢中央政治區，先自征購土地闢築主要道路入手，以樹立初期之規範。改建市區現有幹路，整修街巷，疏導溝渠，以增進交通上之便利。擴充給水設備，改善電氣供應，以應市民日常需要。增闢風景區，改善園林設備，以調劑市民生活。

六、地政　繼續舉辦郊區地籍測量，幷開辦本市第九、十二兩區土地登記，以確定人民產權。此外重估城區地價，促進公地利用等，亦爲本年度之施政中心。

七、衛生　擴大預防注射及種痘，完成衛生網，辦理巡迴醫療，以增進市民健康。嚴密管理僻街小巷之清潔，以改善環境，整肅市容。此外幷推廣安全助產，以減少產婦危險。

南京市政府公報　第四卷　第五期　　　九一

南京市政府三十七年度施政纲领

專載

南京特別市自來水籌備概說（續）

金肇組

沉澱池

長江水質、雖可作爲飲料、但必須經過一度科學式之加礬澄清手續後、方可注入沙濾池、否則沙濾池將不勝坭沙之重量、而失其效力、此項沉澱池之建築、應與快性砂濾池及清水儲蓄池爲緊湊之相連、其排列詳見水廠配置全圖、沉澱池全日工作之容積、當以池內規定水流之速率、配合該池自有之容積、以適合於供給全日需要清水之水量爲標準、今試擬定池面長九十七公尺、寬三十公尺、其容積約爲一萬立方公尺、此項容積之水、每日出水五次、卽足供全市一日之需、池內於注入河水之處、設置自動加礬機、將適當礬劑加入、河水接受礬劑之後、卽通流於特製之長方格混和間、令水流方向、或向上、或向下、其速率約爲每秒鐘半公尺、以便全數水量、與礬水混合、混合之後、卽流出於長方式形之沉澱池、水在池中速率約爲每分鐘三十公分水中所含沉澱物、經化學作用、遂隨緩流而沉於池底、該池底應作成四方形之漏斗形、其底之中部、皆有水管通流、幷於池旁設置手輪開關、以便隨時排洩沉下坭土於地外、大約計之、如遇河水挾多量之沙坭時、每日排出沙坭可達二〇十噸、如水廠可以擇江邊堀點、則于排除沙坭、當不感若何困難、若將來水廠須在江東門附近設立、

則該地距大江約在一千四百公尺、而其旁小溪亦不適爲排洩沙坭之用、故將來對于此項沙坭之排洩、當鄭重計劃、或利用之以塡附近之低地及塘均可、

沉澱池之大略情形、旣如上所述、該池除一切應備之鐵管、及開關等外、則爲一完全鐵筋混凝土之建築物、其詳細尺寸、及構造、須參看圖樣、方可明瞭、惟在構造大意、注重在節制水流速率、以適合於混和及沉澱作用、在混合間水流宜速、以便與化學藥料爲充分之混合、而不致渣滓下沉、在沉澱池水流宜緩、以便渣滓易於沉下、混和經過時期、約爲二十分鐘、在沉澱池停留時間、約爲五小時、

快濾池

快濾池之異於慢濾池者、以佔地少、冲洗速、出水量大、一切構造、皆有不同之點、本市水廠之設備、擬完全採用快濾池、以濾清沉澱池流出之水量、計全日全市需水一千六百萬加侖、則建築快濾池之出水量、亦應以此爲準、各國製造家、專製快濾池者頗夥、以目下情形而論、則有兩式足供參考、

一爲柏狄孫式　現由上海怡和洋行代理其形式及構造、乃將十六單位分爲兩組、每單位長二十四英尺、寬十四英尺全池之濾水面積爲五千三百三十平方英尺、每點鐘一平方英尺出水量爲八十三加侖、全日計之、其出水量爲一千萬加侖、其淸水池之位置、可建於快濾池之下、或建於池旁、均可、至冲洗該池之水、則須另建一小水塔、幷於設一小電力馬達抽水機以司其事、

該池之自動節流器、頗關重要、此項設備純用以節制多量混水之衝入、以致有礙其規定濾水量、幷可幫助濾池於冲洗之後緩緩濾水、以便將原有沙上之一層濾水膜回復原狀、若此則濾水功效自然增大也、又柏狄孫式快濾池冲洗方法、乃以高壓空氣先行攪動濾沙、然後以水塔之水力冲洗之、

一爲萊錫式　該式爲上海德商西門子洋行代理、池以十個單位組成一列、每單位長二十公尺、寬三公尺、濾水面積爲六百平方公尺、每日出水量爲四萬立方公尺、該池附裝氣壓機二座、每點鐘可出五百立方公尺壓氣、幷裝置六十五匹電力馬達兩部、又三立尺圓徑氣壓槓二個、萊錫池之冲洗效用、乃用高壓空氣、將特別濾池底內所蘊蓄之淸水、壓之使上射、注入沙層之底、以冲洗沙面所積之凝厚沉膜、此項冲洗功效極速、在數分鐘內、卽可將一單位完全冲洗完畢、

根據以上所述、已可概見英德二式、各有不同之點、英國柏狄孫式、建造已遍於英國各地、最著者爲 Kempton. Walton. 及海外之 Delhi. Durban. 等處、德國萊錫式之已建造者、如 Barmen Ludwigshafen. Breslau 等處是也大抵以上英德二式皆爲曾經專利之特製品、試驗已多、經驗自富、選定方法、應先比較其價目之低昂、同時更可詳細比較二式利弊之所在、以爲去取之標準、

自來水廠各部分之配置及其關係

本計劃之大致配合、乃在漢西門外夾江之東岸、擇適當之處、如北河口附近、爲進水機關設立之地、幷敷設較大鐵管、一端伸出距江岸適當距離之點、吸取最低水面以下之水、由抽吸河水之低壓抽水機、抽引灌入水廠內之沉澱池、經過一切之沉澱手續、流入快濾池、再經快濾池之澄濾手續、流入淸水池、幷透入抽水井、同時經過加流質綠氣機之作用、直接打入市內用戶、是謂直接抽灌式、同時在淸涼山之巔、設立一約二萬立方公尺之淸水池、該池名爲平均水力池、一頭有管接通市內總水管脈、一頭接通水廠高壓打水機、其功效爲在夜間市民需水量極少之時、卽將多餘之機力、打水注上該山上水塔、以爲儲蓄、遇日間市民用水多少無定之時卽用爲平均水力之用、使無此項平均水力之水塔設備、則水廠抽水機器、必大受影響、機械速率亦難維持平均、必藉山上之平均水力池之助力、則抽水機械之速力、水管之壓力、及流量、方可賴以調劑、且當市火患偶起之時、出水總機之力、如有不足、亦可藉此水力、及其儲蓄水量、以爲救濟、此外則將來擴充城市計劃實行、用水日多、不可不有一大量之儲蓄、該項儲蓄水池、依國都設計處美國工程師古力冶氏之計劃、可在紫金山北崖之高嶺中、選得一天然蓄水池、如加築土堤、卽成爲完善之蓄水池、其地可高出城內之平坦地面處約七十公尺、則每平方英寸、可得一百磅之壓力、其全池容量可爲八萬萬加侖云云、但以目下論之、此項計劃、當於他年擴充時施之、目前似一時未能舉辦也、至開辦之初、因市內幅員太廣、經費有限、卽機械及濾水等設備、亦極力減省、甯留有餘之地位、爲日後之擴充、故在開辦後五六年之時、用水必不甚普及、故擬將淸涼山上之水池、裝置適當之水管及開關、使之有兩用之便利、於需要水量較少之年份、可當作分配池用、以便節省機力、迨至用水大增之時期、則改爲直接抽灌式、以山上之水池、作平均水力池之用、以增大水力、如此則有伸縮自如之利也、

籌備進行之程序

南京特别市自来水筹备概说

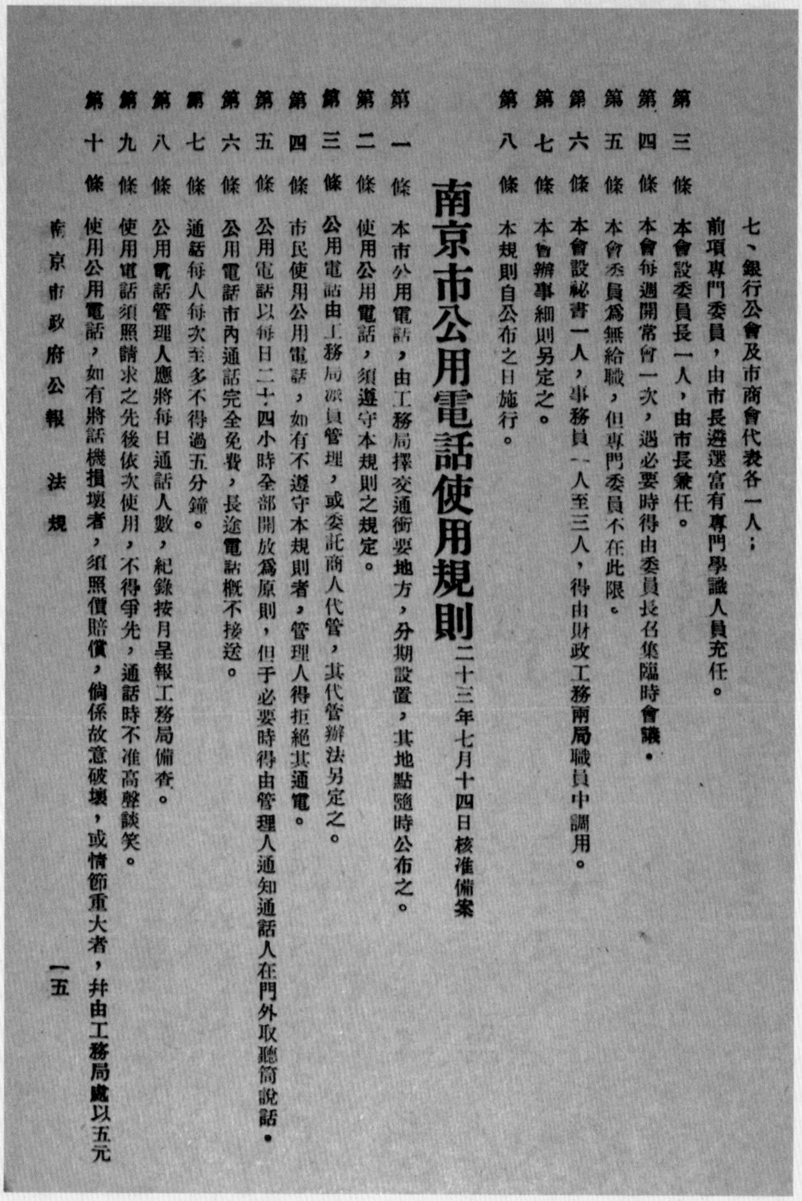

七、銀行公會及市商會代表各一人；

前項專門委員，由市長遴選富有專門學識人員充任。

第三條　本會設委員長一人，由市長兼任。

第四條　本會每週開常會一次，遇必要時得由委員長召集臨時會議。

第五條　本會委員爲無給職，但專門委員不在此限。

第六條　本會設祕書一人，事務員一人至三人，得由財政工務兩局職員中調用。

第七條　本會辦事細則另定之。

第八條　本規則自公布之日施行。

南京市公用電話使用規則

二十三年七月十四日核准備案

第一條　本市公用電話，由工務局擇交通衝要地方，分期設置，其地點隨時公布之。

第二條　使用公用電話，須遵守本規則之規定。

第三條　公用電話由工務局派員管理，或委託商人代管，其代管辦法另定之。

第四條　市民使用公用電話，如有不遵守本規則者，管理人得拒絕其通電。

第五條　公用電話以每日二十四小時全部開放爲原則，但于必要時得由管理人通知通話人在門外取聽筒說話。

第六條　公用電話市內通話完全免費，長途電話概不接送。

第七條　通話每人每次至多不得過五分鐘。

第八條　公用電話管理人應將每日通話人數，紀錄按月呈報工務局備查。

第九條　使用電話須照請求之先後依次使用，不得爭先，通話時不准高聲談笑。

第十條　使用公用電話，如有將話機損壞者，須照價賠償，倘係故意破壞，或情節重大者，并由工務局處以五元

南京市政府公報　法規　一五

南京市公用电话使用规则

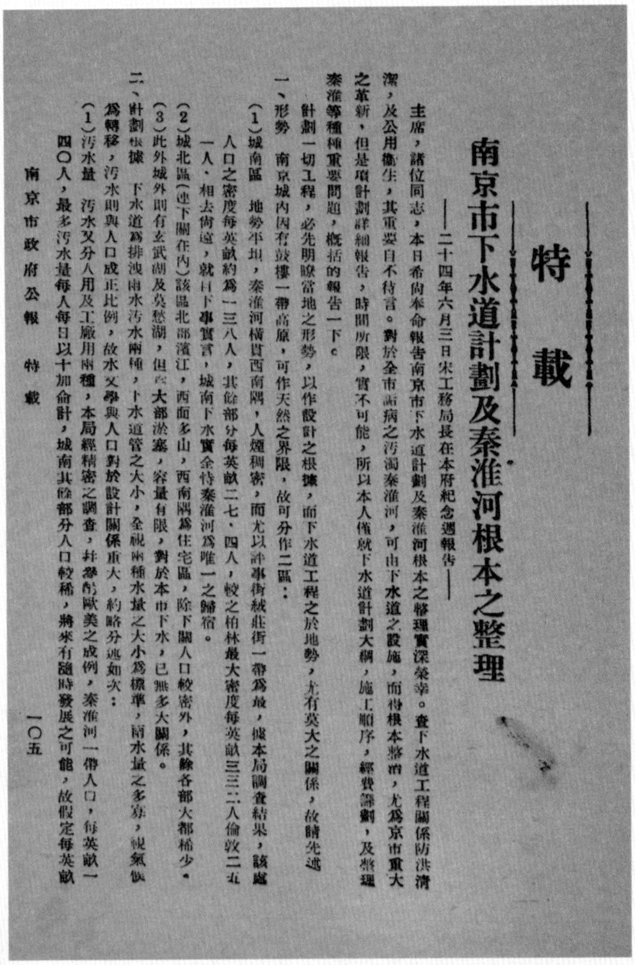

特載

南京市下水道計劃及秦淮河根本之整理

——二十四年六月三日宋工務局長在本府紀念週報告——

主席，諸位同志，本日希尙奉命報告南京市下水道計劃及秦淮河根本之整理實深榮幸。查下水道工程關係防洪淸潔，及公用衞生，其重要自不待言。對於全市詬病之汚濁秦淮河，可由下水道之設施，而得根本整治，尤爲京市重大之革新，但是項計劃詳細報告，時間所限，實不可能，所以本人僅就下水道計劃大綱，施工順序，經費籌劃，及整理秦淮等種種重要問題，概括的報告一下。

計劃一切工程，必先明瞭當地之形勢，以作設計之根據，而下水道工程之於地勢，尤有莫大之關係，故請先述

一、形勢　南京城內因有鼓樓一帶高原，可作天然之界限，故可分作二區：

(1)城南區　地勢平坦，秦淮河橫貫西南隅，人煙稠密，而尤以許事街絨莊街一帶爲最，據本局調查結果，該處人口之密度每英畝約爲一三八人，其餘部分每英畝二七．四人，較之柏林最大密度每英畝三三二人倫敦二五一人，相去尙遠，就目下事實言，城南下水實全恃秦淮河爲唯一之歸宿。

(2)城北區(連下關在內)該區北部濱江，西面多山，西南隅爲住宅區，除下關人口較密外，其餘各部大都稀少。

(3)此外城外則有玄武湖及莫愁湖，但因大部淤塞，容量有限，對於本市下水，已無多大關係。

二、計劃根據　下水道爲排洩雨水汚水兩種，下水道管之大小，全視兩種水量之大小爲標準，雨水量之多寡，視氣候爲轉移，汚水則與人口成正比例，故水文學與人口對於設計關係重大，約略分述如次：

(1)汚水量　汚水又分人用及工廠用兩種，本局經精密之調查，并參酌歐美之成例，秦淮河一帶人口，每英畝一四〇人，最多汚水量每人每日以十加侖計，城南其餘部分人口較稀，將來有隨時發展之可能，故假定每英畝

南京市政府公報　特載　一〇五

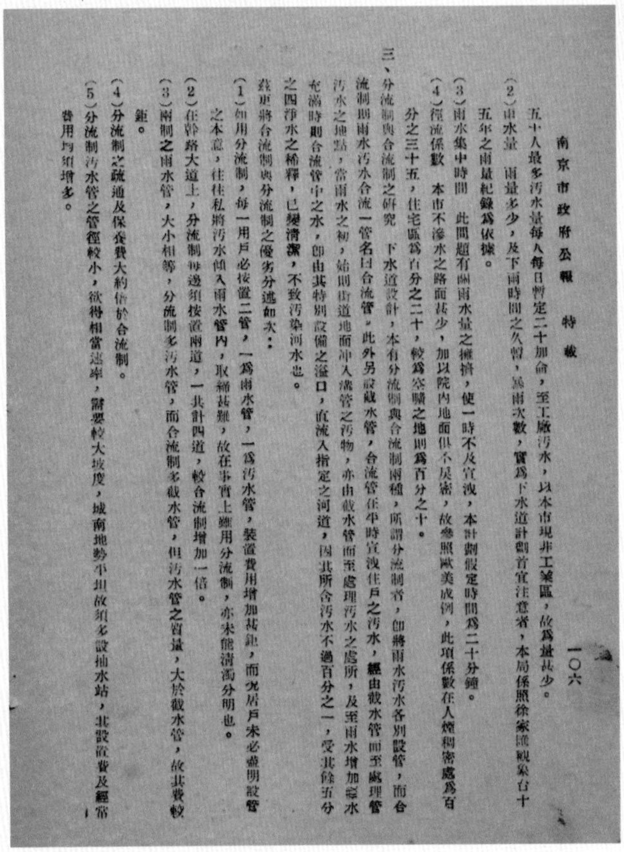

南京市政府公報　特載　一〇六

五十人最多汚水量每人每日暫定二十加侖，至工廠汚水，以本市現非工業區，故爲量甚少。

(2)雨水量　雨量多少，及下雨時間之久暫，暴雨次數，實爲下水道計劃首宜注意者，本局係照徐家匯觀象台十五年之雨量紀錄爲依據。

(3)雨水集中時間　此問題有關雨水量之擁擠，使一時不及宣洩，本計劃假定時間爲二十分鐘。

(4)徑流係數　本市不滲水之路面甚少，加以院內地面俱不是密，故參照歐美成例，此項係數在人煙稠密處爲百分之三十五，住宅區爲百分之二十，較爲空曠之地則爲百分之十。

三、分流制與合流制之研究　下水道設計，本有分流制與合流制兩種，所謂分流制者，卽將雨水汚水各別設管，而合流制則雨水汚水合流一管名曰合流管，此外另設截水管，合流管在平時宣洩住戶之汚水，經由截水管而至處理汚水之處所，及至雨水增加溢水汚水之地點，當雨水之初，始則街道地面沖入溝管之汚物，亦由截水管而至處理汚水之處所，及至雨水增加溢水充滿時則合流管中之水，卽由其特別設備之溢口，直流入指定之河道，因其所含汚水不過百分之一，受其餘五分之四淨水之稀釋，已變淸潔，不致汚染河水也。

玆更將合流制與分流制之優劣分述如次：

(1)如用分流制，每一用戶必按置二管，一爲雨水管，一爲汚水管，裝置費用增加甚鉅，而況居戶未必盡明設管之本意，往往私將汚水傾入雨水管內，取締甚難，故在事實上雖用分流制，亦未能淸濁分明也。

(2)在幹路大道上，分流制每邊須按置兩道，一共計四道，較合流制增加一倍。

(3)兩制之雨水管，大小相等，分流制多汚水管，而合流制多截水管，但汚水管之容量，大於截水管，故其費較鉅。

(4)分流制之疏通及保養費大約倍於合流制。

(5)分流制汚水管之管徑較小，欲得相當速率，需要較大坡度，城南地勢平坦故須多設抽水站，其設置費及經常費用均須增多。

南京市下水道计划及秦淮河根本之整理

四、處理污水之方法　處理污水之方法約略述之：

(1)江水稀釋法，

(2)養魚池法，

(3)養化泥法。

現在城南區擬採用江水稀釋法，將污水引至水西門與漢西門之間，用抽水機抽至三汊河，而達揚子江，查城南最多污水量爲每秒鐘〇．三二三立方公尺，而在南京揚子江之最大及最小流量爲每秒鐘七萬立方公尺及七千立方公尺，故其最低稀釋度爲一比二一〇〇〇，可見污水入江必受稀釋而消滅，至本市自來水進水口，則遠在江之上游，絕對不受任何影響。

五、城南下水道之擬定　城南下水道根據上述研究之結果、有下列二點根本之決定，卽

(1)採用合流制，

(2)污水採用江水稀釋法。

污水經由截水管而至水西門與漢西門之總管，在該處設抽水站，抽入三汊河，以達於江，精水則經由合流管而入秦淮河。

六、施工之程序　本市下水道就急切需要而言，城南先於城北，然城南雖爲全市之一部份，而工程浩大，决非短期間所能蕆事，現規定下列三項原則，以爲城南區施工之依據：

(1)需要最切者提前進行，

(2)幹路已築成者須卽埋設，

(3)此後新闢道路時，必須依照現今下水道計劃，埋置各項下水設備。

但下水排洩之整個系統，既爲合流制，凡各街道之下水管，均以截水管爲出口，故爲下水暢流計，爲整理秦淮河計，此項沿秦淮河截水管全部之建設，必須提前完成，而截水管最後之處置，有賴於抽水機及入三汊河之鐵管，

南京市政府公報　特載　一〇七

南京市政府公報　特載　一〇八

故二者之建築與埋設，實爲急不容緩者也。

茲擬定三年實施計劃如左：

第一年(民國二十四年)埋置笪橋至東水關秦淮河兩岸之截水管，及本年內新築各路之下水道。

第二年　埋置其餘之截水管，及入江之鐵管，幷建築近漢西門之抽水站，及埋設本年內新建築各路之下水道。

第三年　埋置其餘之下水道(假定所有之幹路均於本年內造竣)。

七、經費之估計與籌劃　城南區全部下水道及抽水站等預算共需洋五百六十六萬三千零五十五元(地價約一百三十萬元在外)，其中一百五十三萬元爲埋管截水管及抽水站與入江鐵管之用，業經中荷庚款董事會通過，幷决定全部工程費百分之七十五，由該會付給，至該款付完爲止，餘數由市府設法，此外四百餘萬，專爲新築道路埋設下水管之用，須視市府財力，按年推進，仍由受益住戶攤還，今後或發行公債，或商議借款，正在縝密考慮中。

八、秦淮河之整理　秦淮河整理問題，極爲各界所重視，有議開拓疏浚者，有議填塞築路者，騰載報章，不一而足。夫秦淮爲歷來名勝之區，且爲城南下水之總匯，祇以設備整理，未臻完善，以致河水污濁，爲世詬病，若一旦填塞，非特毀壞名勝，抑且虛糜鉅款，蓋秦淮兩岸，房屋櫛比，填出之地，爲數有限以之建屋，既不適用，而中間築路，更屬無需，故填塞之議，似覺得不償失。至於開拓疏浚，雖不無小補，然堆土需地，費既鉅且秦淮河底高於江床，冬季既不能放水流通，夏季江水位漲，防洪且不暇，更何能宣洩城內之水。爲今之計，分治標治本兩策，治標則擬在東關頭建一閘而可抽之抽水站，以調劑及通流江與秦淮之水，不使成爲死水。治本之策，卽採用下水道合流制，沿河兩岸修築道路，下埋截水管，使管中之淨水隨時流入秦淮河污水則抽入江中，如此則河水長流，可保永清，而河之兩岸，闢爲幹路，凡有機物之污物，皆無由得以再入秦淮，今日腥穢混濁之水，卽可澈底澄清，將來廣植花木、佈置河濱公園，不難與泰晤士河濱，及威納司媲美，實不勝企予望之也。

南京市下水道计划及秦淮河根本之整理

中山路破土典礼摄影一

中山路破土典礼摄影二

171

特載

爲興築中山大道告首都民衆

建設首都道路工程處處長劉紀文

自本工程處興築中山大道以來、沿路線之市民、因此而發生疑問者有之、起而向市政府請求變更路線者亦有之、衆口囂然、莫衷一是、本處長今願以至誠懇之意、極明瞭之詞、條例此舉所以求利於民與國者、爲不明眞相者告、並願全市人民共喻之也、

一，發達首都市政先在興築大道　市政云者、依各種組織方法、構成健全之都市、增進全市人民日常生活上之福利者也、而市政造端、則自整理路政始、所謂治始於道路是也、南京本江蘇省會、原有道路、雖非其他郡邑可及、然狹小确犖、行人車馬均不能暢行而無阻、是以市政之中汲汲以求發達者、如交通之整理、工商業之提倡、公共事業之勵行、教育之振興、均因道路之不良、而失之遲滯、此道築成之後、與原定之南北大道、成兩大幹線、然後全市道路、若網在綱、凡屬於市政府諸政謀市民永久福利者，一一於最短期間、見諸事實、且首都爲全國觀瞻所繫、首都既有完全大道、國中之有名城市及僻在一方者、必將以首都爲模範、而力求路政之改良、是本工程處之築此道、直接而爲首都市民謀福利者、間接則爲全國人民謀福利也、

二、大道成功始漸完成總理民生主義中行的問題　總理所著民生主義、衣食住行四者並重、而國民政府建國大綱第二項、亦謂修治道路運河以利民行、誠以道路爲人人所共由、其在國家、則猶血脈之在人身、血脈不流通則病、道路不整理則交通停滯、百政俱廢、國將不國、南京爲總理指定首都、建國方略中所以謀南京實業交通之發展者、至詳極盡、謂南京而無完善大道、不惟無以利行者、又將何以慰總理在天之靈、此次興築大道、實秉承總理遺志、建設藝

南京特別市市政公報　特載　一

为兴筑中山大道告首都民众

南京特別市市政公報　特載　二

術化之新南京、故卽以中山名之、示尊崇之意、亦使行此道者咸知先覺惠我於無窮也、

三、路綫不能變更理由　中山大道路綫、由中華民國建設委員會所規畫、而由本工程處執行、就全綫言之、可分四段、計自下關江濱由西而東、經復興橋直至海陵門、是爲第一段、自海陵門海軍司令部折而東南、斜貫薩家灣、東門街、十字街、鐘鼓樓、而至保泰街、是爲第二段、自保泰街正南直貫雙龍巷、尖角營、黃泥岡、薛家巷、吉兆營、同仁街、焦狀元巷、半邊街、而至新街口、是爲第三段、自新街口折而東、經膩政牌樓、大行宮、天津橋、西華門大街、西長安門、東長安門、直至中山門、是爲第四段、以上四段、第一第二兩段、人烟較稀、商鋪較少、故持異議者幾無其人、惟第三段及第四段之西端、人烟商鋪均較稠密、而第三段應折房屋尤多、故請變更路綫者遂相率而起、其請全綫變更者、謂三折綫不如斜直綫、而所謂斜直綫、卽從海陵門經過城北荒僻之區、直至中山門是也、其請變更第三段者、則謂爲避免多折民屋起見、須另擬新綫、自五條巷南行、經廟場、金陵大學西首、陰陽營外交部西首、至雙石鼓而止、就上兩說而觀、前者計畫與本工程處城市計畫幹路布置不相符合、且橫貫北極閣山崗、對於土方工程、太不經濟、後者所經山崗既多、因難適用、且地勢迂曲而偏西、不能與南北大道成一直綫、蓋本工程處擬築道路、先就全城形勢而規畫、此次所築中山大道、爲全城最長之幹路、尤不能不審愼將事、其第三段必與南北大道成一直綫者，將來延而長之，南北大道，便可繼中山大道而成功、此爲地勢便利計、爲市政前途計、由各重要機關、幾經策畫、幾經協議、始成此確定之路綫、初非本處貿然從事也、

四、築路時關於民宿事宜必求盡善　此次興築大道、住居路綫中之市民所引爲不滿者、一爲徵收土地、一爲折卸房屋、然市政府土地徵收章程、依據中央頒布土地徵收法第四十七條之規定查照南京特別市必要情形而定、除原爲官地外、凡屬民有者、無不照章給價、至地上建有房屋者、則又有拆卸遷移之費、若謂因徵收拆卸而不免痛苦、不知歐美各國收用民業、已爲數見不鮮之事、我國則北京收用房地章程、已於民國七年由內務部核准、而廣州市開闢馬路收用民業章程、寶山吳淞築路收地規則、亦無不於數年前見諸實行、蓋民爲國之民、民之所有、當國家需要時、果能依法處理、卽不難收之而爲國有、且就事實而論、不忍一時痛苦者、斷不能享永久之幸福、而謀多數人之利益、尤不能

133

南京特別市市政公報　特載　三

不犧牲少數人利益也、況路成之後、市面興盛、生利之方、日出而不窮、其足以補償今日損失者、固大有在耶、至於以上四者對於建築公屋以便民居、使全市無失所之人、則又早在市政府計畫中矣、興築大道諸問題皆本處長亟欲告諸市民、而期人人共曉者也、本處長抱大無畏之精神、凡事無益全市者、不肯妄有興作、重費民財、其有益者、亦決不願以浮言而遽變初旨、若夫不以一人之私、而廢黨國之公、則尤樂與全市市民共勉之已、

为兴筑中山大道告首都民众

費責籌集其經常費籌集不足時得由市政府量予補助凡捐款人捐資在法幣壹拾萬元以上者按其所捐數額分別依照　國民政府頒佈捐資興學褒獎條例或南京市捐資興學褒獎規程辦理

第七條　國民學校應直接受社會局管轄其校長由社會局委派或由區公所遴選兩倍合格人員薦請社會局核派之

第八條　國民學校最低設備應合左列標準

甲、校舍

1.教室　2.教職員辦公室一　3.男女廁所各一　4.運動場一

乙、校具

1.雙人課桌椅　2.黑板　3.辦公桌椅　4.課鈴一　5.時鐘一

丙、教具

1.風琴一　2.毛算盤一　3.必備之參考圖書

丁、表簿

應與一般國民學校同樣辦理

第九條　國民學校之學級應以單式編制爲原則必要時得用複式編制或二部編制

第十條　國民學校不得收取學費其他各費應依照社會局之規定辦理

第十一條　國民學校最低限度須辦理四級

第十二條　國民學校應於學期開始時開學

第十三條　國民學校自三十五年七月起每校須設立民教部

第十四條　本辦法呈奉　市政府核准並轉咨教育部備案後公布施行

【市政計劃】

南京市第二工業區初步計劃

三十五年三月

一、緣起

南京爲首都所在市區遼闊人口衆多長江橫貫東西鐵道縱貫南北對於原料及製品之運輸與供應實已得到地利上之便利惟是淪陷八載瘡痍滿目民生凋敝於今爲烈當此復員期間經緯萬端諸待措施尤以發展工業促進生產實爲當前解決民生問題之要圖端賴政府提倡策進實業界與人民協力合作庶於最短期間克底於成深信各工廠一旦完成後不但各項製品可以源源接濟而現在失業工人亦可大量容納既可減少人民痛苦且可安定社會秩序一舉數得莫過於此

本府於戰前曾劃定下關中山路以南惠民河以西揚子江以東三汊河以北之地區作爲第一工商業區並已將道路隄防規劃就緒惟該區三面環水幅員有限按照現時情形實不足以適應需要爰經勘定揚子江草鞋峽金陵鄉一帶西迄老虎山象山之地區擬闢作第二工業區以便建立紡織化學食品等輕工業該區濱臨長江輪船可以直達鐵路支線又展築至該區西部此外更將區內幹路與本市幹路相啣接如是則水陸交通俱稱便捷

二、計劃概述

區域及面積　該區北濱揚子江草鞋峽東至和記公司及虎邱山一帶堤埂西至水魚營及老虎山象山南迄水關橋面積共約二千三百六十市畝除濱江一帶地勢較低及沿堤濱沼須填土培高外其餘大致尚屬平坦

道路及地段　區內主要幹路有二一爲由下關車站經由寶塔橋通過該區而至上元門之幹路寬度定爲三十公尺一爲由蒙古路經水關橋通過該區而至上元門之幹路寬度定爲二十八公尺至於濱江堤路因係碼頭輪埠所在交通頻繁按照本市規定堤路寬度亦定爲三十公尺接通堤路與幹路之道路則視需要情形定爲二十四公尺及二十公尺其餘次要道路寬度均爲二十公尺各路寬路分配詳如附圖

全區除道路河渠及預留車站貨棧用地外共分作十六地段每一地段最長之一邊大致約在二百數十公尺之間（間有一二處特殊情形者除外）每一地段之面積自七十二市畝至一百三十二市畝不等（詳見總圖附表）

下水道及抽水站　該區下水道採用分流制即雨水污水分別設管平時雨水經由雨水管及涵洞直接流入附近江河涵洞均設活動閘門可以隨時啓閉當江水盛漲閘洞堵閉時區內雨水匯集一處在堤內適當處所設置抽水站排除雨水入江至於全區污水因係工業區污水質異而量多完全經由污水管藉抽水機之力引入總出水管而排至揚子江江底污水及所含物質爲大量江水所稀釋氧化決無問題且該處位於自來水水源及下關商埠之下游絕不致有何不良影響也

堤防及閘壩　沿江及河口一帶須築混凝土堤或水泥砂漿砌塊石堤堤頂高度以高出民國二十年最高洪水位一公尺爲準（即本市標高五五、七二公尺）堤埂通達碼頭之處爲便利交通起見應在規定高程以上（本市標高五四、〇〇公尺）預留缺口惟須構造堅固前後須設閘板兩道俾於洪汛閉閘時在兩閘板中間填築泥土以免漏水

通江各河應於尾閭適當處所建築水閘或橋閘藉以調節水位並防止洪水倒灌

渠道　就原有水道酌爲拓寬整理河面寬二十公尺通常水深一五〇〇公尺俾使小輪木船可以駛入且在揚子江平常水位時該渠亦作宣洩雨水之用此外對於工廠一部份給水及消防用水亦可取給於此渠

鐵道車站及貨站　該區西部擬由觀音山築一支線與京滬鐵路相啣接並建築車站及貨站此項工程當商請交通部辦理之。

碼頭及起重設備　在濱江一帶分期建築公用碼頭數處並附有電力起重設備

其他　此外如自來水及電力等當由自來水管理處及首都電廠察酌今後實需情形預爲規劃分別擴充以應需要至於地下埋設水管及電纜等工程亦須由有關機關預先會商確定俾於開闢道路時同時埋設或預爲準備而免日後周折有礙市容此外各工廠員工宿舍及醫院學校等可以設在象山之陽距離非遙僅一山之隔而可自成一村亦一合乎理想之境地也

三、開闢辦法

征收土地　該區內公有私有土地統由地政局依法征收其詳細辦法由地政局財政局擬訂呈准施行

開闢道路　該區道路均照規定寬度一次闢足以免日後周折反致耗費誤事惟初期路基尚未穩定且僅供建廠運料之用所有車道及人行道均暫築塘石路面即路牙路沿及陰井溝渠等亦均用塊石砌築因老虎山近在咫尺石料既堪取用又使初期建築費可以減省不少且此項石料將來改築柏油或水泥等路面時仍可儘量利用也

河渠堤閘及抽水站　此項工程至爲重要具如上述須與開闢道路同時舉辦否則該區低窪處所有被水淹之可能且下水道既與道路同時興築則抽水機站之設置實屬勢不容緩

經費籌劃　除建築鐵路車站貨棧容後與有關機關洽商再定外其餘所需一切工程費用均按地畝平均分攤由承領人繳付之

南京市第二工业区初步计划

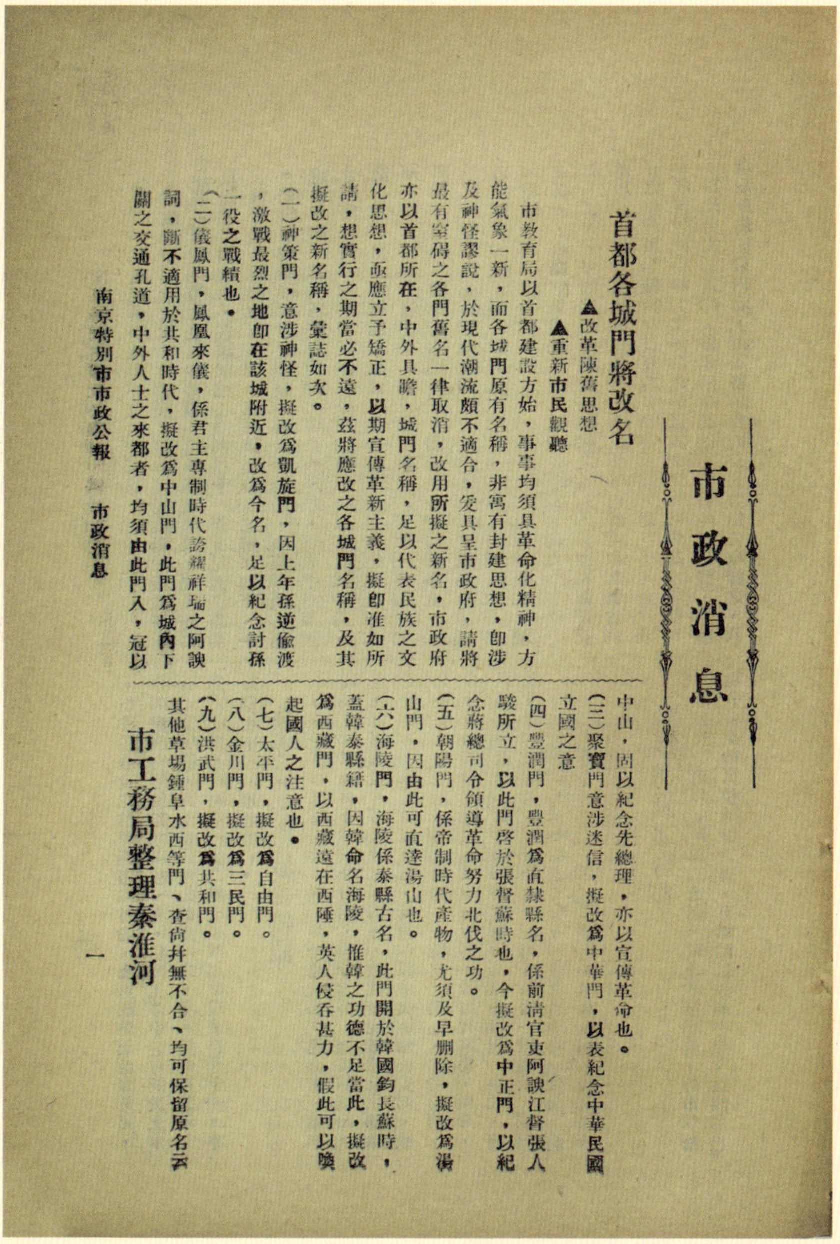

市政消息

首都各城門將改名

▲改革陳舊思想

▲重新市民觀聽

市教育局以首都建設方始，事事均須具革命化精神，方能氣象一新，而各城門原有名稱，非寓有封建思想，即涉及神怪謬說，於現代潮流頗不適合，爰具呈市政府，請將最有窒碍之各門舊名一律取消，改用所擬之新名，市政府亦以首都所在，中外具瞻，城門名稱，足以代表民族之文化思想，亟應立予矯正，以期宣傳革新主義，擬即准如所請，想實行之期當必不遠，玆將應改之各城門名稱，及其擬改之新名稱，彙誌如次。

(一)神策門，意涉神怪，擬改爲凱旋門，因上年孫逆偷渡，激戰最烈之地即在該城附近，改爲今名，足以紀念討孫一役之戰績也。

(二)儀鳳門，鳳凰來儀，係君主專制時代誇耀祥瑞之阿諛詞，斷不適用於共和時代，擬改爲中山門，此門爲城內下關之交通孔道，中外人士之來都者，均須由此門入，冠以中山，固以紀念先總理，亦以宣傳革命也。

(三)聚寶門意涉迷信，擬改爲中華門，以表紀念中華民國立國之意

(四)豐潤門，豐潤爲直隸縣名，係前清官吏阿諛江督張人駿所立，以此門啓於張督蘇時也，今擬改爲中正門，以紀念蔣總司令領導革命努力北伐之功。

(五)朝陽門，係帝制時代產物，尤須及早删除，擬改爲湯山門，因由此可直達湯山也。

(六)海陵門，海陵係泰縣古名，此門開於韓國鈞長蘇時，蓋韓泰縣籍，因韓命名海陵，推韓之功德不足當此，擬改爲西藏門，以西藏遠在西陲，英人侵吞甚力，假此可以喚起國人之注意也。

(七)太平門，擬改爲自由門。

(八)金川門，擬改爲三民門。

(九)洪武門，擬改爲共和門。

其他草場鍾阜水西等門、查尙幷無不合、均可保留原名云

市工務局整理秦淮河

市政消息：首都各城门将改名

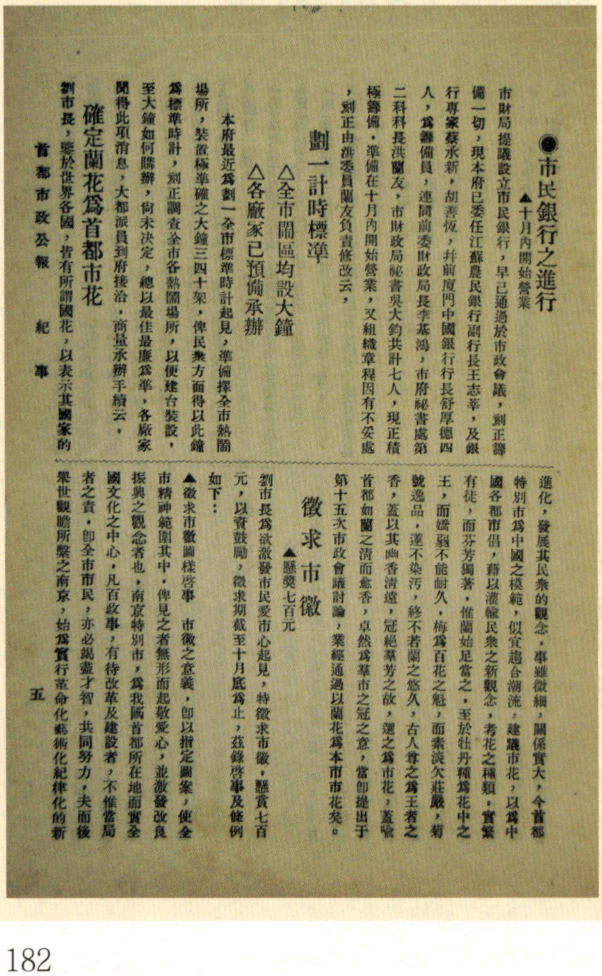

●市民銀行之進行

▲十月內開始營業

市財局提議設立市民銀行，早已通過於市政會議，劉正籌備一切，現本府已委任江蘇農民銀行副行長王志莘，及銀行專家蔡承新，胡善恆，并前廈門中國銀行行長舒厚德四人，爲籌備員，連同前委財政局長李基鴻，市府秘書處第二科科長洪蘭友，市財政局秘書吳大鈞共計七人，現正積極籌備，準備在十月內開始營業，又組織章程因有不妥處，劉正由洪委員蘭友負責修改云，

劃一計時標準

△全市鬧區均設大鐘

△各廠家已預備承辦

本府最近爲劃一全市標準時計起見，準備擇全市熱鬧場所，裝置極準確之大鐘三四十架，俾民衆方面得以此鐘爲標準時計，劉正調查全市各熱鬧場所，以便建台裝設，至大鐘如何購辦，尚未決定，總以最佳最廉爲準，各廠家聞得此項消息，大都派員到府接洽，商量承辦手續云，

確定蘭花爲首都市花

劉市長，鑒於世界各國，皆有所謂國花，以表示其國家的進化，發展其民衆的觀念，事雖微細，關係實大，今首都特別市爲中國之模範，似宜趨合潮流，建議市花，以爲中國各都市倡，藉以灌輸民衆之新觀念，考花之種類，實繁有徒，而芬芳獨著，惟蘭始足當之，至於牡丹稱爲花中之王，而嬌弱不能耐久，梅爲百花之魁，而素淡欠莊嚴，菊號逸品，達不染污，終不若蘭之悠久，古人尊之爲王者之香，蓋以其幽香清遠，冠絕羣芳之故，選之爲市花，蓋喻首都如蘭之清而愈香，卓然爲羣市之冠之意，當即提出于第十五次市政會議討論，業經通過以蘭花爲本市市花矣。

徵求市徵

▲懸獎七百元

劉市長爲欲激發市民愛市心起見，特徵求市徵，懸賞七百元，以資鼓勵，徵求期截至十月底爲止，玆錄啓事及條例如下：

▲徵求市徵圖樣啓事　市徵之意義，即以指定圖案，使全市精神範圍其中，俾見之者無形而起敬愛心，並激發改良振興之觀念者也，南京特別市，爲我國首都所在地而實全國文化之中心，凡百政事，有待改革及建設者，不惟當局者之責，即全市市民，亦必竭盡才智，共同努力，夫而後舉世觀瞻所繫之南京，始爲實行革命化藝術化紀律化的新

首都市政公報　紀事　五

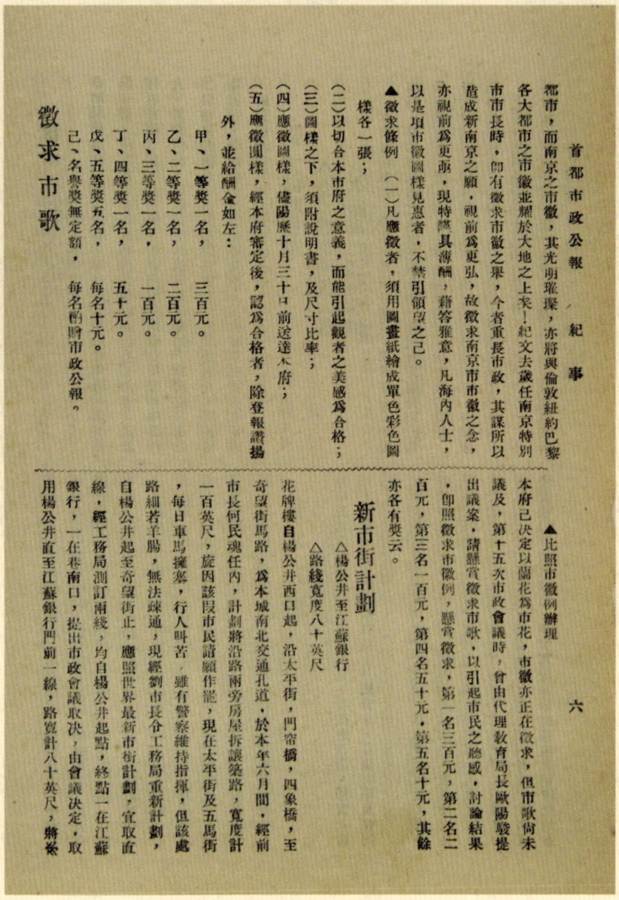

首都市政公報　紀事　六

都市，而南京之市徽，其光明璀璨，亦將與倫敦紐約巴黎各大都市之市徽並耀於大地之上矣！紀文去歲任南京特別市市長時，即有徵求市徽之舉，今者重長市政，其謀所以造成新南京之願，視前爲更弘，故徵求南京市市徽之念，亦視前爲更亟，現特謹具薄酬，藉答雅意，凡海內人士，以是項市徽圖樣見惠者，不禁引領望之已。

▲徵求條例　（一）凡應徵者，須用圖畫紙繪成單色彩色圖樣各一張；

（二）以切合本市府之意義，而能引起觀者之美感爲合格；

（三）圖樣之下，須附說明書，及尺寸比率；

（四）應徵圖樣，儘陽曆十月三十日前送達本府；

（五）應徵圖樣，經本府審定後，認爲合格者，除登報讚揚外，並給酬金如左：

甲、一等獎一名，　三百元。

乙、二等獎一名，　二百元。

丙、三等獎一名，　一百元。

丁、四等獎一名，　五十元。

戊、五等獎五名，　每名十元。

己、名譽獎無定額，　每名酬贈市政公報。

徵求市歌

▲比照市徽例辦理

本府已決定以蘭花爲市花，市徽亦正在徵求，但市歌尚未議及，第十五次市政會議時，曾由代理教育局長歐陽駿提出議案，請懸賞徵求市歌，以引起市民之聽感，討論結果，即照徵求市徽例，懸賞徵求，第一名三百元，第二名二百元，第三名一百元，第四名五十元，第五名十元，其餘亦各有獎云。

新市街計劃

△楊公井至江蘇銀行

△路綫寬度八十英尺

花牌樓自楊公井西口起，沿太平街，門簾橋，四象橋，至奇望街馬路，爲本城南北交通孔道，於本年六月間，經前市長何民魂任內，計劃將沿路兩旁房屋拆讓築路，寬度計一百英尺，旋因該段市民請願作罷，現在太平街及五馬街，每日車馬擁塞，行人叫苦，雖有警察維持指揮，但該處路細若羊腸，無法疏通，現經劉市長令工務局重新計劃，自楊公井起至奇望街止，應照世界最新市街計劃，宜取直線，經工務局測訂兩綫，均自楊公井起點，終點一在江蘇銀行，一在卷南口，提出市政會議取決，由會議決定，取用楊公井直至江蘇銀行門前一線，路寬計八十英尺，將來

征求市花、市徽、市歌

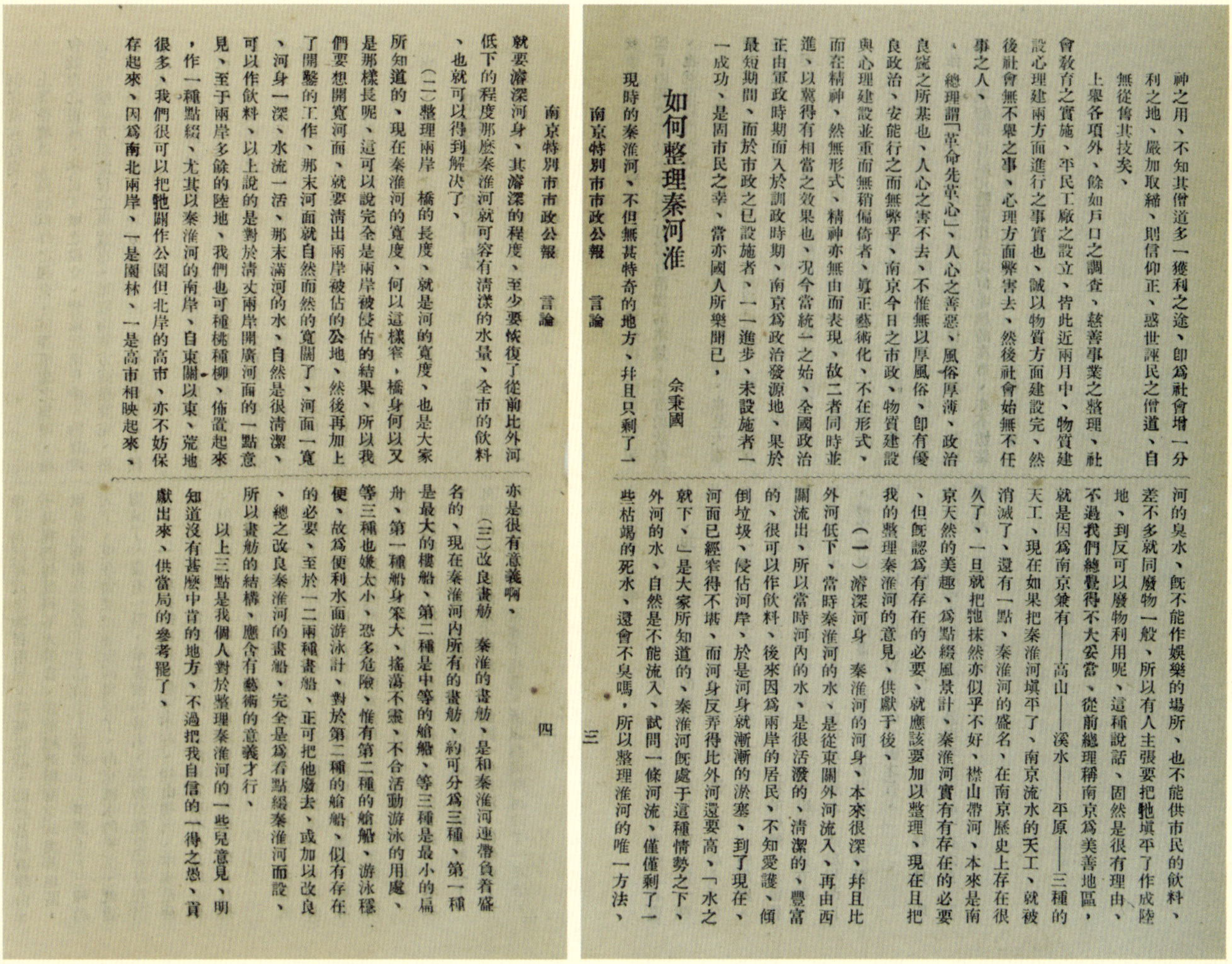

神之用、不知其僧道多一獲利之途、即爲社會增一分利之地、嚴加取締、則信仰正、惑世誣民之僧道、自無從售其技矣、

上舉各項外、餘如戶口之調查、慈善事業之整理、社會教育之實施、平民工廠之設立、皆此近兩月中、物質建設心理建兩方面進行之事實也、誠以物質方面建設完、然後社會無不舉之事、心理方面弊害去、然後社會始無不任事之人、

總理謂「革命先革心」、人心之善惡、風俗厚薄、政治良窳之所基也、人心之害不去、不惟無以厚風俗、即有優良政治、安能行之而無弊乎、南京今日之市政、物質建設與心理建設並重而無稍偏倚者、眞正藝術化、不在形式、而在精神、然無形式、精神亦無由而表現、故二者同時並進、以冀得有相當之效果也、況今當統一之始、全國政治正由軍政時期而入於訓政時期、南京爲政治發源地、果於最短期間、而於市政之已設施者、一一進步、未設施者一一成功、是固市民之幸、當亦國人所樂聞已、

如何整理秦河淮

佘秉國

現時的秦淮河、不但無甚特奇的地方、幷且只剩了一河的臭水、既不能作娛樂的場所、也不能供市民的飲料、差不多就同廢物一般、所以有人主張要把牠塡平了作成陸地、到反可以廢物利用呢、這種說話、固然是很有理由、不過我們總覺得不大妥當、從前總理稱南京爲美善地區、就是因爲南京兼有——高山——溪水——平原——三種的天工、現在如果把秦淮河塡平了、南京流水的天工、就被消滅了、還有一點、秦淮河的盛名、在南京歷史上存在很久了、一旦就把牠抹煞亦似乎不好、襟山帶河、本來是南京天然的美趣、爲點綴風景計、秦淮河實有有存在的必要、但既認爲有存在的必要、就應該要加以整理、現在且把我的整理秦淮河的意見、供獻于後、

（一）濬深河身　秦淮河的河身、本來很深、幷且比外河低下、當時秦淮河的水、是從東關外河流入、再由西關流出、所以當時河內的水、是很活潑的、清潔的、豐富的、很可以作飲料、後來因爲兩岸的居民、不知愛護、傾倒垃圾、侵佔河岸、於是河身就漸漸的淤塞、到了現在、河而已經窄得不堪、而河身反弄得比外河還要高、「水之就下、」是大家所知道的、秦淮河既處于這種情勢之下、外河的水、自然是不能流入、試問一條河流、僅僅剩了一些枯竭的死水、還會不臭嗎，所以整理淮河的唯一方法、

就要濬深河身、其濬深的程度、至少要恢復了從前比外河低下的程度那麽秦淮河就可容有清潔的水量、全市的飲料、也就可以得到解決了、

（二）整理兩岸　橋的長度、就是河的寬度、也是大家所知道的、現在秦淮河的寬度、何以這樣窄，橋身何以又是那樣長呢、這可以說完全是兩岸被侵佔的結果、所以我們要想開寬河面、就要清出兩岸被佔的公地、然後再加上了開鑿的工作、那末河面就自然而然的寬闊了、河面一寬、河身一深、水流一活、那末滿河的水、自然是很清潔、可以作飲料、以上說的是對於清丈兩岸開廣河面的一點意見、至于兩岸多餘的陸地、我們也可種桃種柳、佈置起來，作一種點綴、尤其以秦淮河的南岸、自東關以東、荒地很多、我們很可以把牠闢作公園但北岸的高市、亦不妨保存起來、因爲南北兩岸、一是園林、一是高市相映起來、亦是很有意義啊、

（三）改良畫舫　秦淮的畫舫、是和秦淮河連帶負着盛名的、現在秦淮河內所有的畫舫、約可分爲三種、第一種是最大的樓船、第二種是中等的艙船、等三種是最小的扁舟、第一種船身笨大、搖蕩不靈、不合活動游泳的用處、等三種也嫌太小、恐多危險、惟有第二種的艙船、游泳穩便、故爲便利水面游泳計、對於第二種的艙船、似有存在的必要、至於一二兩種畫船、正可把他廢去、或加以改良、總之改良秦淮河的畫船、完全是爲看點綴秦淮河而設、所以畫舫的結構、應含有藝術的意義才行、

以上三點是我個人對於整理秦淮河的一些兒意見、明知道沒有甚麽中肯的地方、不過把我自信的一得之愚、貢獻出來、供當局的參考罷了、

如何整理秦淮河

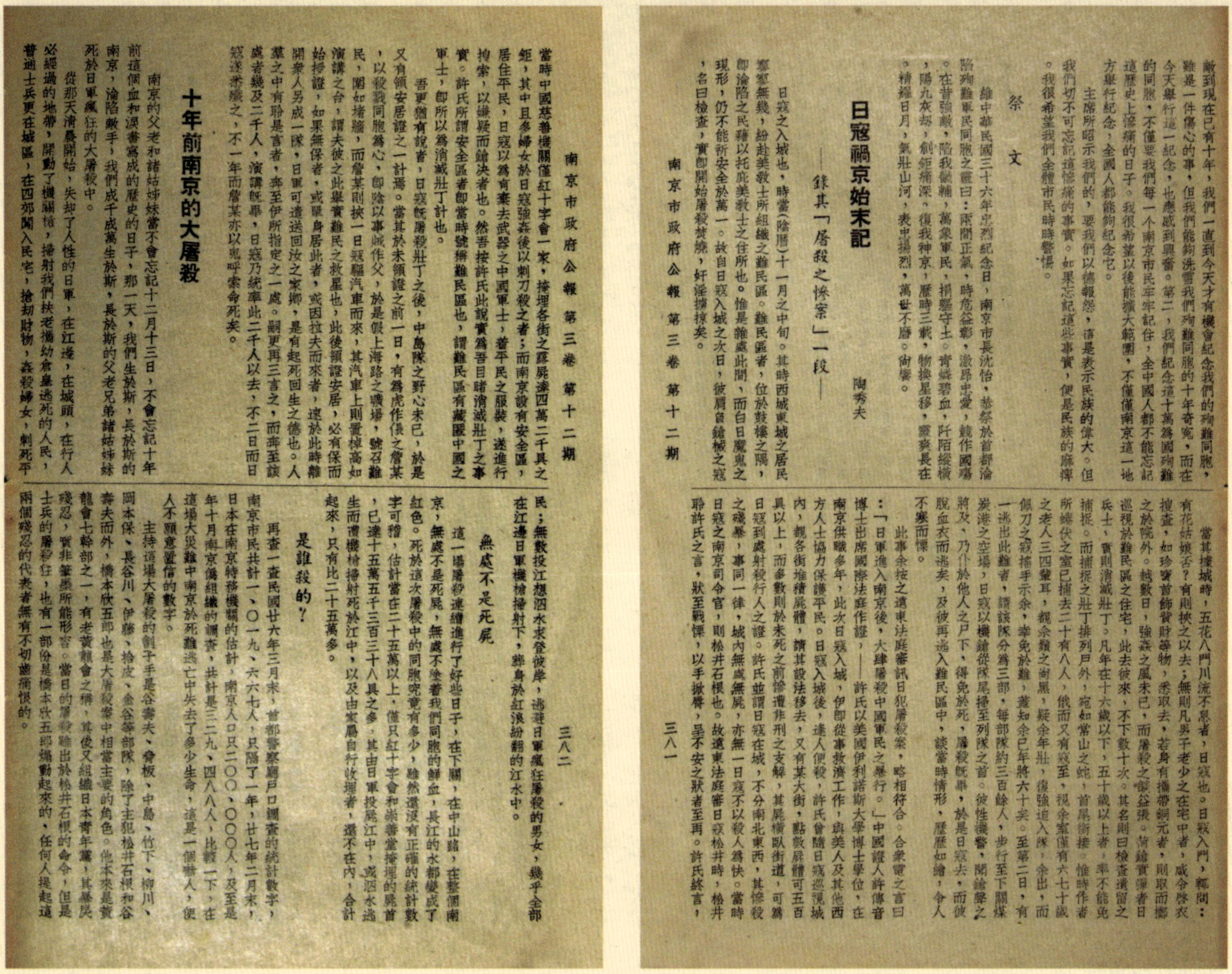

敵到現在已有十年，我們一直到今天才有機會紀念我們的殉難同胞，雖是一件傷心的事，但我們能夠洗雪我們殉難同胞的十年奇寃，而在今天舉行這一紀念，也應感到興奮。第二，我們紀念這十萬爲國殉難的同胞，不僅要我們每一个南京市民牢牢記住，全中國人都不能忘記這歷史上慘痛的日子。我很希望以後能擴大範圍，不僅僅南京這一地方舉行紀念，全國人都能夠紀念它。

主席所昭示我們的，要我們以德報怨，這是表示民族的偉大。但我們切不可忘記這慘痛的事實。如果忘記這些事實，便是民族的麻痺。我很希望我們全體市民時時警惕。

祭　文

維中華民國三十六年忠烈紀念日，南京市長沈怡，恭祭於首都淪陷殉難軍民同胞之靈曰：厥闡正氣，時危益彰，激昂忠愛，競作國殤。在昔強敵，陷我畿輔，萬象軍民，捐軀守土。青燐碧血，阡陌縱橫，陽九灰劫，創鉅痛深。復我神京，歷時三載，物換星移，靈爽長在。精耀日月，氣壯山河，表忠揚烈，萬世不磨。尙饗。

日寇禍京始末記

陶秀夫

——錄其「屠殺之慘案」一段——

日寇之入城也，時當（陰曆）十一月之中旬。其時西城東城之居民寥寥無幾，紛赴美敎士所組織之難民區。難民區者，位於鼓樓之隅，即淪陷之民藉以托庇美敎士之住所也。惟是雜處此間、而白日魔鬼之現形，仍不能祈安全於萬一。故自日寇入城之次日，彼肩負鎗械之寇，名曰檢查，實即開始屠殺焚燒，奸淫擄掠矣。

當其據城時，五花八門川流不息者，日寇也。日寇入門，輒問：有花姑娘否？有則挾之以去；無則凡男子老少之在宅中者，咸令啓衣搜查，如珍寶首飾貲財等物，悉取去，若身有攜帶銅元者，則取而擲之於院外。越數日，強姦之風未已，而屠殺之燄益張。荷鎗實彈者日巡視於難民區之住宅，此去彼來，不下數十次。其名則曰檢查遺留之兵士，實則消滅壯丁。凡年在十六歲以下，五十歲以上者，率不能免捕捉。而捕捉之壯丁排列戶外，宛如常山之蛇，首尾衔接。惟時作者所蟠伏之室已捕去二十有八人，俄而又有寇至，視余室僅有六七十歲之老人三四聾耳，覩余鬚之尙黑，疑余年壯，復強迫入隊，余出，而佩刀之寇搖手示余，幸免於難，蓋知余已年將六十矣。至第二日，有一逃出此難者，謂該隊分爲三部，每部隊約三百餘人，步行至下關煤炭港之空場，日寇以機鎗從隊尾掃至列隊之首。彼性機警，聞鎗聲之將及，乃仆於他人之戶下，得免於死，屠殺既畢，於是日寇去，而彼脫血衣而逃矣，及彼再逃入難民區中，談當時情形，歷歷如繪，令人不寒而慄。

此事余按之遠東法庭審訊日犯屠殺案，略相符合。合衆電之言曰：「日軍進入南京後，大肆屠殺中國軍民之暴行。」中國證人許傳音博士出席國際法庭作證，——許氏以美國伊利諾斯大學博士學位，在南京供職多年，此次日寇入城，伊即從事救濟工作，與美人及其他西方人士協力保護平民。日寇入城後，逢人便殺，許氏曾隨日寇巡視城內，覩各街堆積屍體，請其設法移去，又有某大街，點數屍體可五百具以上，而多數則於未死之前慘遭非刑之支解，其屍橫臥街道，可爲日寇到處射殺行人之證。許氏並謂日寇在城，不分南北東西，其慘殺之殘暴，事同一律，城內無處無屍，亦無一日寇不以殺人爲快。當時日寇之南京司令官，則松井石根也。故遠東法庭審日寇松井時，松井聆許氏之言，狀至戰慄，以手掀臂，呈不安之狀者至再。許氏終言，

當時中國慈善機關僅紅十字會一家，掩埋各街之露屍達四萬二千具之鉅，其中且多婦女於日寇強姦後以刺刀殺之者；而南京設有安全區，居住平民，日寇以爲有棄去武器之中國軍士，着平民之服裝，遂進行搜索，以嫌疑而鎗決者也。然吾按許氏此說實爲吾目睹消滅壯丁之事實。許氏所謂安全區者即當時號稱難民區也，謂難民區有藏匿中國之軍士，即所以爲消滅壯丁計也。

吾更猶有說者，日寇既屠殺壯丁之後，中島隊之野心未已，於是又有領安居證之一計焉。當其於未領證之前一日，有爲虎作倀之詹某，以殺我同胞爲心，即陰以事賊作父，於是假上海路之曠場，號召難民，閙如堵牆，而詹某則挾一日寇驅汽車而來，其汽車上則置棹高如演講之台，謂夫彼之此舉實難民之救星也，此後領證安居，必有保而始授證，如果無保者，或單身居此者，或因拉夫而來者，逮於此時離開衆人另成一隊，日軍可遣送回汝之家鄉，是有起死回生之德也。人羣之中有聆是言者，奔至伊所指定之一處。詞更再三言之，而奔至該處者幾及二千人，演講既畢，日寇乃統率此二千人以去，不二日而日寇遂悉殲之，不一年而詹某亦以鬼呼索命死矣。

十年前南京的大屠殺

南京的父老和諸姑姊妹當不會忘記十二月十三日，不會忘記十年前這個血和淚書寫成的歷史的日子，那一天，我們生於斯，長於斯的南京，淪陷敵手，我們成千成萬生於斯，長於斯的父老兄弟諸姑姊妹死於日軍瘋狂的大屠殺中。

從那天清晨開始，失却了人性的日軍，在江邊，在城頭，在行人必經過的地帶，開動了機關槍，掃射我們扶老攜幼倉皇逃死的人民，普通士兵更在城區，在四郊闖入民宅，搶刼財物，姦殺婦女，刺死平民；無數投江想泅水求登彼岸，逃避日軍瘋狂屠殺的男女，幾乎全部在江邊日軍機槍掃射下，葬身於紅浪紛翻的江水中。

無處不是死屍

這一場屠殺連續進行了好些日子，在下關，在中山路，在整個南京，無處不是死屍，無處不塗着我們同胞的鮮血，長江的水都變成了紅色。死於這次屠殺中的同胞究竟有多少，雖然還沒有正確的統計數字可稽，估計當在二十五萬以上，僅只紅十字會和崇善堂掩埋的屍首，已達十五萬五千三百三十八具之多，其由日軍投屍江中，或泅水逃生而遭機槍掃射死於江中，以及由家屬自行收埋者，還不在內，合計起來，只有比二十五萬多。

是誰殺的？

再查一查民國廿六年三月末，首都警察廳戶口調查的統計數字，南京市民共計一、〇一九、六六七人，只隔了一年，廿七年二月末，日本在南京特務機關的估計，南京人口只二〇〇、〇〇〇人，及至是年十月南京僞組織的調查，共計是三二九、四八八人，比較一下，在這場大災難中南京於死難逃亡中失去了多少生命，這是一個驚人，使人不願意置信的數字。

主持這場大屠殺的劊子手是谷壽夫、會板、中島、竹下、柳川、岡本保、長谷川、伊藤、拾皮、金谷等部隊，除了主犯松井石根和谷壽夫而外，橋本欣五郎也是大屠殺案中相當主要的角色。他本來是黃龍會七幹部之一，有老黃龍會之稱，其後又組織日本青年黨，其暴戾殘忍，實非筆墨所能形容。當日的屠殺雖出於松井石根的命令，但是士兵的屠殺狂，也有一部份是橋本欣五郎煽動起來的，任何人提起這兩個殘忍的代表者無有不切齒痛恨的。

日寇窃京始末记

民国南京工业档案

保管单位：南京市档案馆

内容及评价：

在中国近150年的工业化现代化进程中，南京留下了许多非常珍贵的工业遗产，这些工业遗产完整地记录了整个城市的发展轨迹，留存着古老城市变迁的历史文化记忆，是南京文化中一个重要的组成部分。很多工业遗产都属于我国最早、最大、最著名者，有的甚至独一无二，它们或官办或民营。如李鸿章创设的金陵机器制造局，建于清光绪三十四年（1908）的浦镇机厂，范旭东创建的号称“远东第一大厂”的永利铔厂，侯德榜参与主持的制碱厂、氮肥厂……

随着南京城市建设的进一步发展，根据城市规划，众多记录了南京工业发展历史的企业已经搬迁出城区，原厂房、老码头、旧仓库等工业建筑被闲置下来。这些废弃建筑是当时建筑技艺的集中体现，拥有独特的文化价值和历史意义，有些曾孕育过“蝙蝠”、“熊猫”、“跃进”等南京人深有感情的品牌，见证了南京几代产业工人艰苦创业的历程，被人们视为“工业遗产”。南京市档案馆馆藏有在我国工商业历史中具有重要地位的江南汽车公司、永利铔厂、江南水泥厂的档案，以及许多工业遗产的老照片等。

金陵机器制造局

金陵制造局全貌（1889年）

官员在验收金陵制造局制造的克鲁森式37mm口径2磅后装线膛架退炮（1884年）

金陵制造局生产车间

金陵制造局试制军火

金陵机器制造局（今南京晨光机器制造厂）创建于清同治四年（1865），是晚清洋务运动中开办较早、规模较大的工厂，被誉为“中国民族军事工业的摇篮”。1865年5月，两江总督李鸿章在南京聚宝门（今中华门）外扫帚巷东首西天寺的废墟上兴建厂房，筹建金陵机器制造局，简称宁局。翌年竣工，设机器厂、翻砂厂、熟铁厂和木作厂，制造开花炮弹、抬枪和铜帽等产品。随着洋务运动的不断推进，李鸿章积极发展近代机器工业，金陵机器制造局于1866年更名为金陵制造局，与江南制造局、天津机器局、福州船政局并称为中国四大军工企业，其生产的新式枪炮在产量和质量方面均居全国首位，从而结束了清军使用冷兵器的落后局面，进入了热兵器时代。该局更创造了诸多中国第一，如：1884年首次仿制成功德国克鲁森式37毫米2磅后膛炮和美式诺登飞多管排列机枪；1888年又仿制成功中国第一代马克沁单管重机枪；1889年制成的射程远、命中率高、穿透力强的德国新式步枪，成为金陵制造局的名牌产品。

永利錏厂

建设中的永利錏厂（1935年）

建成后的永利錏厂全景（1936年）

1934年9月18日永利錏厂开始办公

永利铔厂车间一角

永利铔厂合成氨部（1936年）

永利铔厂硫酸部（1936年）

范旭东

在南京扬子江北岸六合卸甲甸，从20世纪30年代建设第一座铔厂起，至今已形成绵延数十里的化学工业城，这里就是被誉为“中国化学工业的摇篮”和“远东第一大厂”的永利铔厂所在地。永利化学工业公司铔厂由近代著名爱国实业家范旭东先生创办，始建于1934年，设计规模为日产合成氨39吨、硫酸120吨、硫铵150吨、硝酸10吨，是中国第一座化学肥料厂，侯德榜任厂长。1937年1月26日，永利铔厂生产出了第一批硫酸；1月31日，铔厂又生产出纯度高达99.9％的氨；2月5日，中国人自己制造的第一袋肥田粉（硫酸铵）诞生。

中国水泥厂

中国水泥厂厂房（1928年）

中国水泥厂厂门（1928年）

中国水泥厂旋窑（1937年）

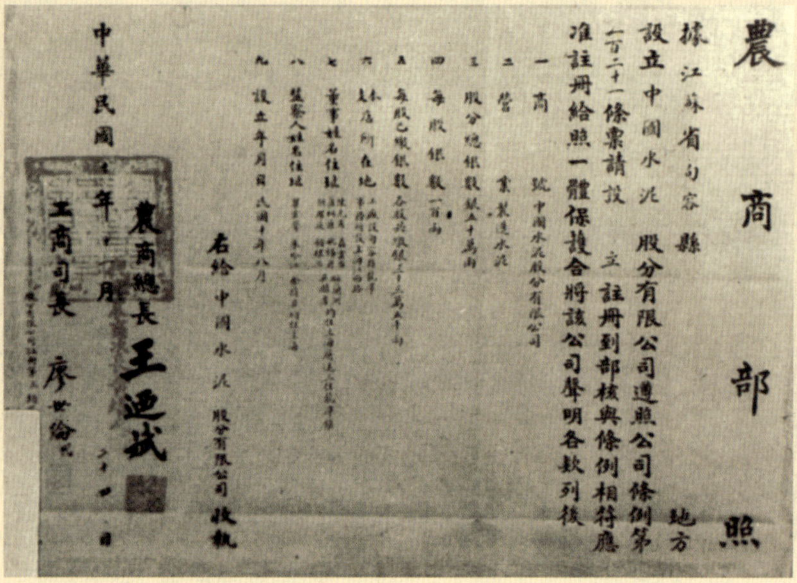

農商部照

據江蘇省句容縣地方設立中國水泥股分有限公司遵照公司條例第一百二十一條稟請設立註冊到部核與條例相符應准註冊給照一體保護合將該公司聲明各款列後

一 商號 中國水泥股分有限公司
二 營業 製造水泥
三 股分總銀數 銀五十萬兩
四 每股銀數 一百兩
五 每股已繳銀數
六 本店所在地
七 董事姓名住址
八 監察人姓名住址
九 設立年月日 民國十年八月

右給中國水泥股分有限公司收執

農商總長王迺斌
工商司長廖世綸

中華民國十年 月 日

中国水泥厂农商部照（1921年）

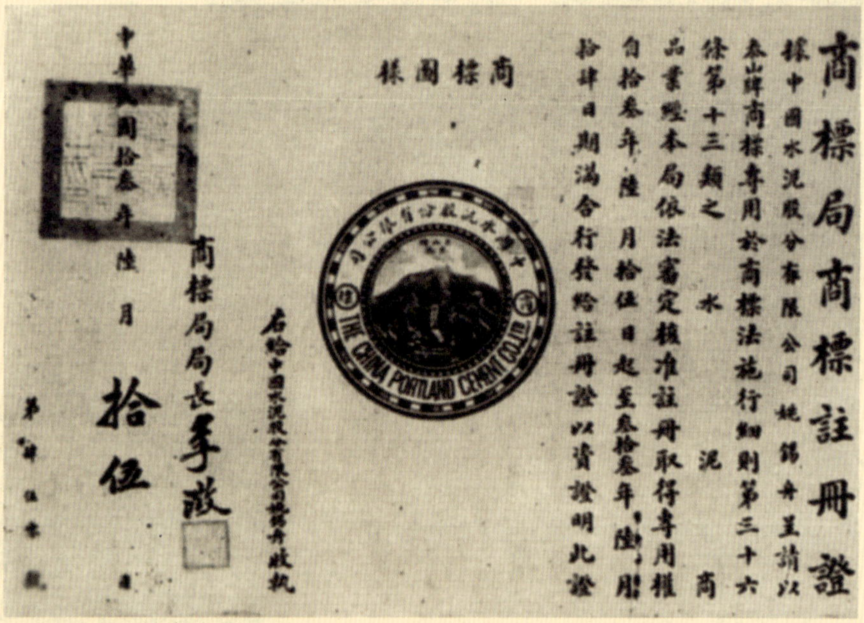

商標局商標註冊證

據中國水泥股分有限公司姚錫舟呈請以泰山牌商標專用於商標法施行細則第三十六條第十三類之水泥商品業經本局依法審定核准註冊取得專用權自拾叁年陸月拾伍日起至叁拾叁年陸月拾肆日期滿合行發給註冊證以資證明此證

商標圖樣

右給中國水泥股分有限公司姚錫舟收執

商標局局長

中華民國拾叁年陸月拾伍日

中国水泥厂商标注册证（1924年）

中国水泥厂创建于1921年9月，由上海实业家姚锡舟等人筹集白银50万两在南京龙潭镇兴建而成。1923年4月16日正式投产，至1936年中国水泥厂已拥有4套旋窑，年产水泥14万吨左右，成为仅次于唐山启新洋灰公司的中国第二大水泥企业。南京中山陵建造工程所用水泥多来自于该厂。

江南水泥厂

江南水泥厂董事长颜惠庆

鸟瞰江南水泥厂

1934年在江南水泥厂施工工地，左起：陈范有、赵庆杰、袁心武、王涛。

1935年5月江南水泥公司主要负责人与丹麦史密芝公司在天津利顺饭店签订主机设备合同，常务董事陈范有（前排左一），常务董事袁心武（前排中），常务董事王仲刘（前排右一），现场施工负责人庚宗溎（后排左二）。

1936年建设中的江南水泥厂

1937年建设中的江南水泥厂

1937年江南水泥厂建筑工程全影

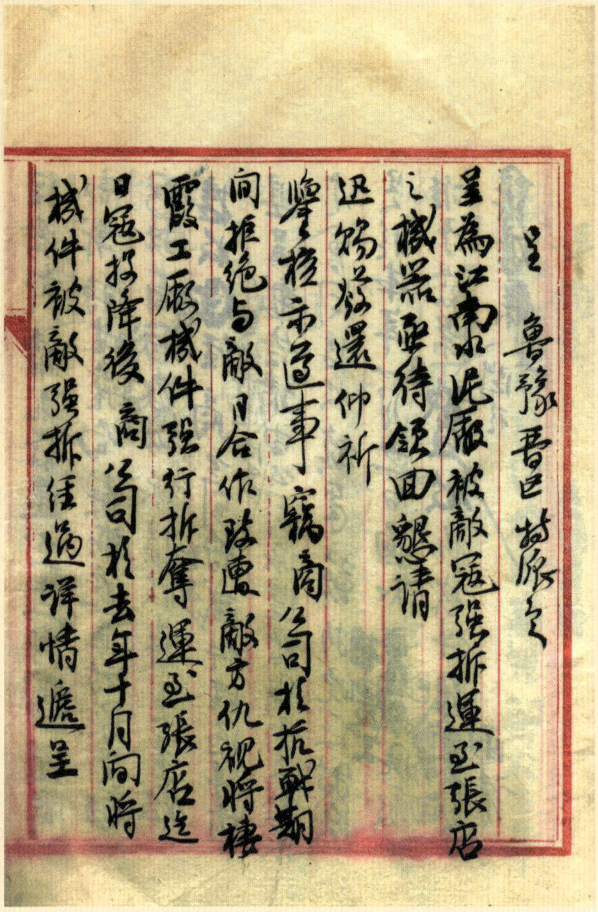

呈 魯豫晉區特派員

呈為江南水泥廠被敵寇強拆運至張店之機器亟待領回懇請迅賜發還仰祈鑒核示遵事 竊商公司於抗戰期間拒絕與敵日合作致遭敵方仇視將棲霞工廠機件強行拆奪運至張店迨日寇投降後 商公司於去年十月間將機件被敵強拆經過詳情遞呈

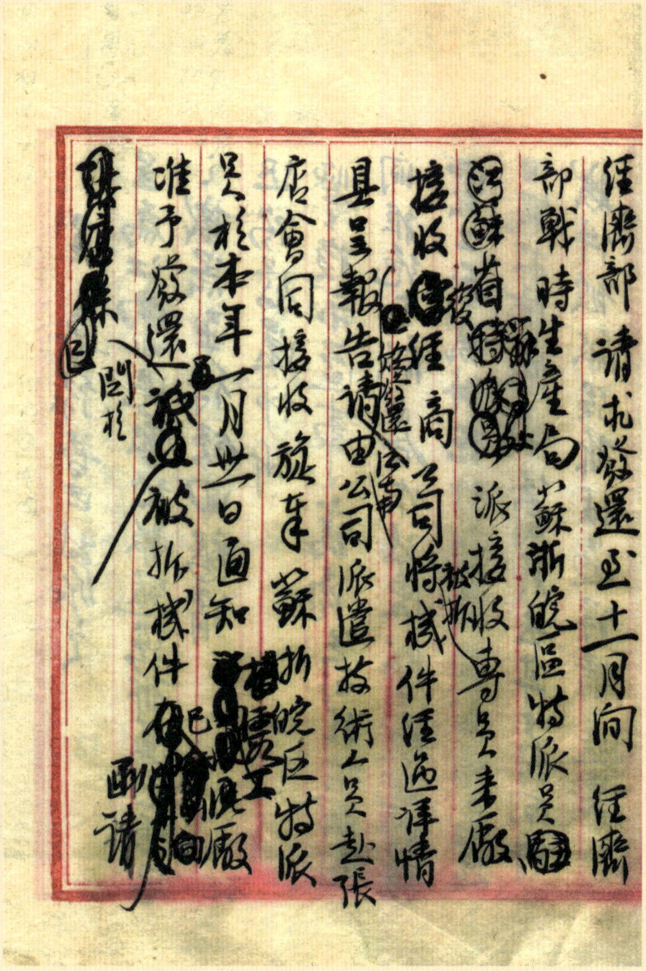

經濟部 請求發還迄十一月向 經濟部戰時生產局蘇浙皖區特派員辦 江蘇省 派接收專員來廠接收 經商公司將機件經過詳情具呈報告請由公司派遣技術人員赴張店會同接收 旋奉 蘇浙皖區特派員於本年一月廿日通知 廠准予發還 被敵拆機件 函請

江南水泥厂董事长颜惠庆手书“为江南水泥厂被敌寇强拆运至张店之机器亟待领回恳请迅赐发还呈文”底稿

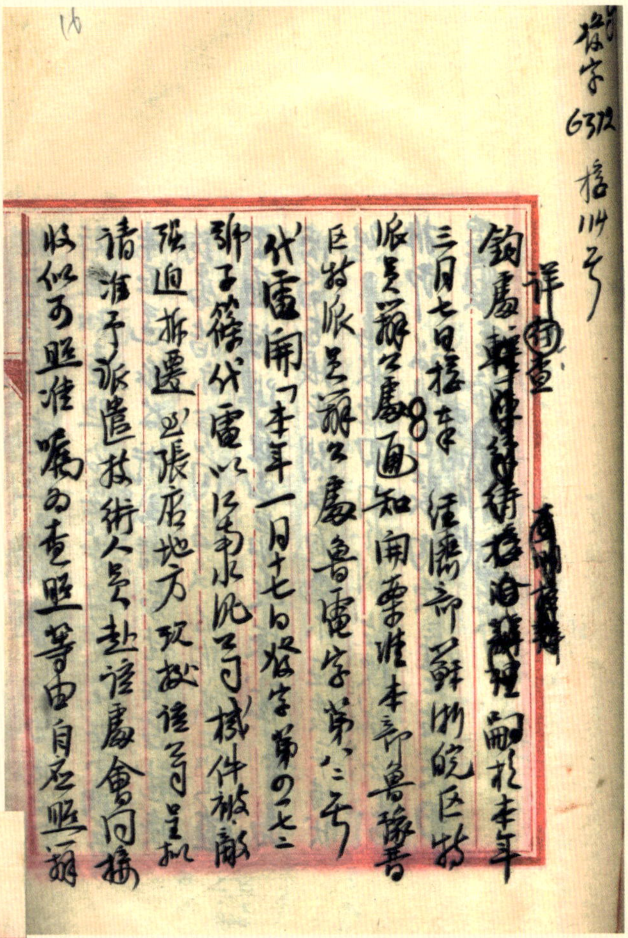
發字6372 播114號

詳查

鈞處[illegible]函於本年
三月七日接奉 經濟部蘇浙皖區特
派員辦公處函知關業準本部魯豫晉
區特派員辦公處魯電字第六二號
代電開：“本年一月十七日發字第○七二
號子篠代電以[illegible]機件被敵
強迫拆遷至張店地方，現擬請呈[illegible]
請准予派遣技術人員赴該處會同接
收，似可照准，囑為查照”等由，自應照辦

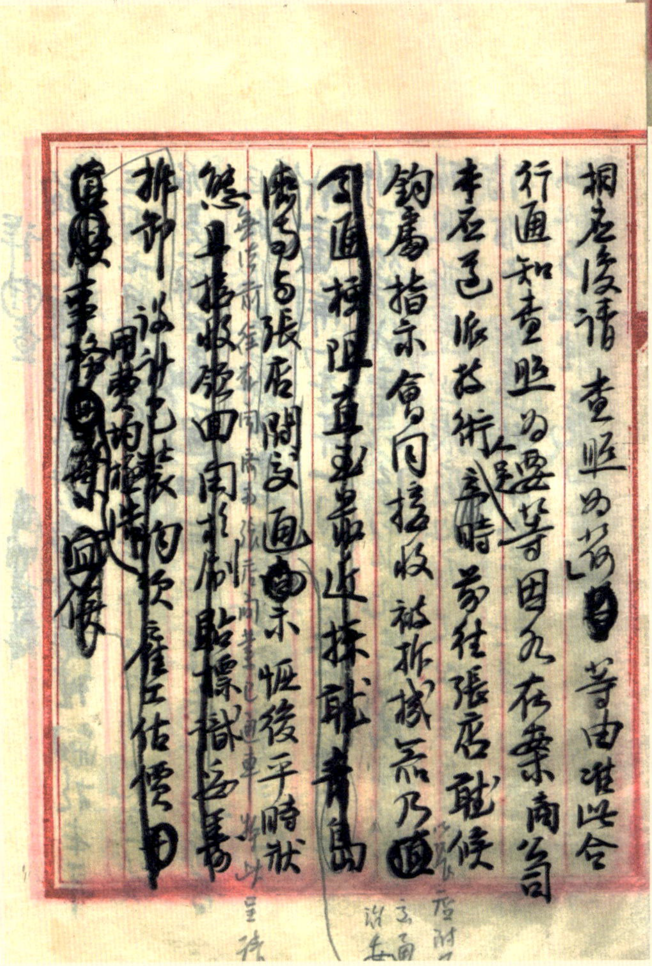
相應復請 查照為荷[illegible]等由。准此，合
行通知查照為要”等因。兹本公司
本應遵派技術人員[illegible]前往張店，駐候
鈞處指示會同接收，被拆機件乃[illegible]
[illegible]
[illegible]張店間交通[illegible]未恢復，平時狀
態且接收後[illegible]貼標識[illegible]
[illegible]
[illegible]

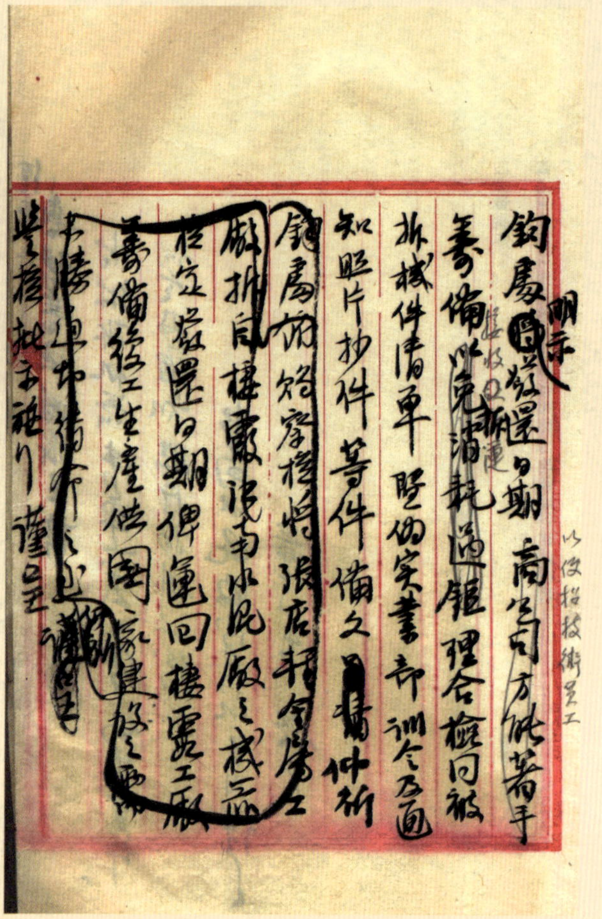

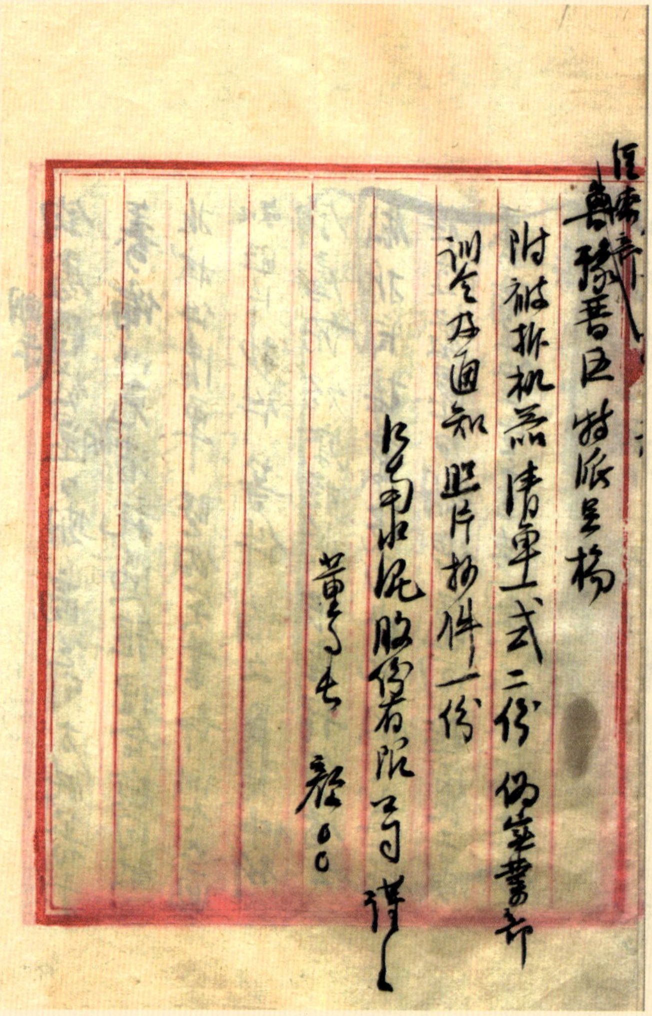

江南水泥厂董事长颜惠庆手书“为江南水泥厂被敌寇强拆运至张店之机器亟待领回恳请迅赐发还呈文”底稿

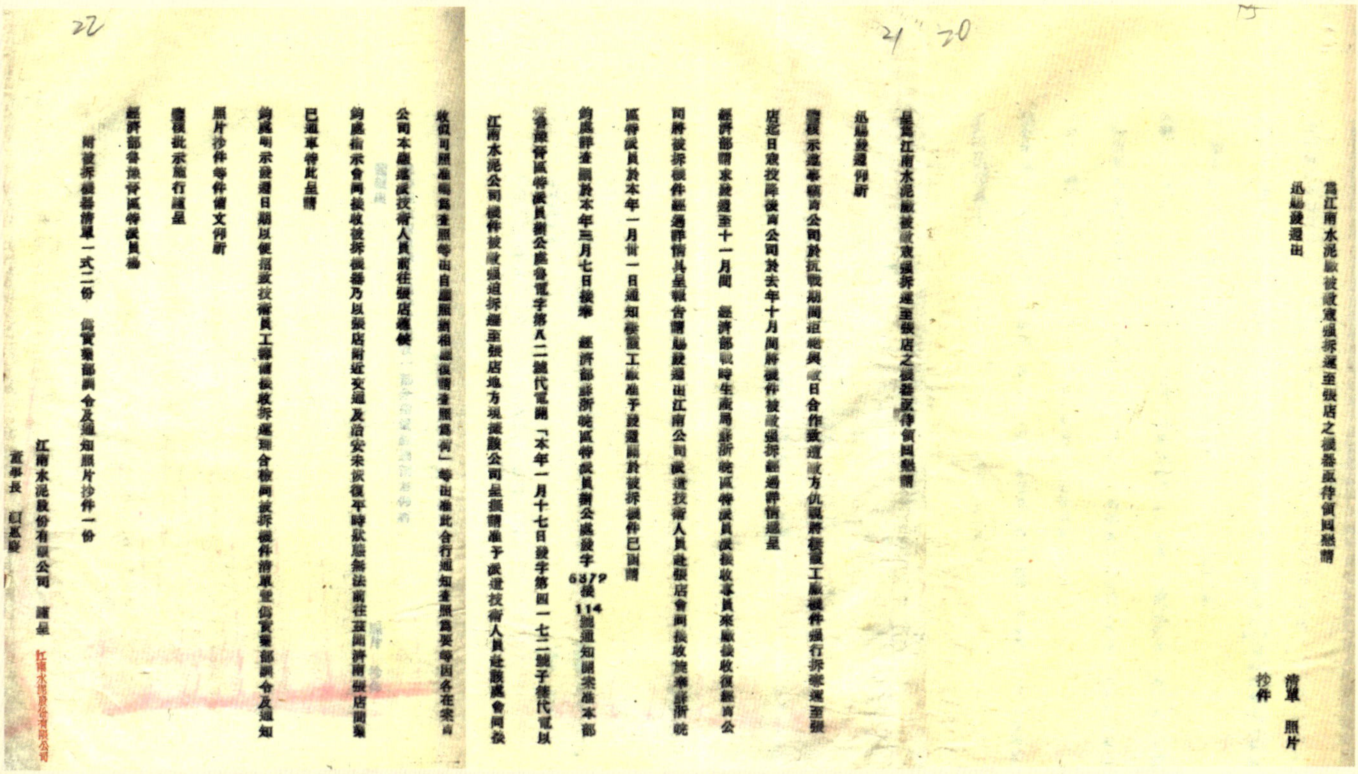
為江南水泥廠被敵寇強拆運至張店之機器亟待領回懇請
迅賜發還由
清單 照片
抄件

呈為江南水泥廠被敵寇強拆運至張店之機器亟待領回懇請
迅賜發還仰祈
鑒核示遵事竊商公司於抗戰期間拒絕與敵日合作致遭敵方仇視將該廠工廠機件強行拆卸運至張
店迄日寇投降後商公司於去年十月間將機件被敵強拆經過詳情述呈
經濟部請求發還至十一月間 經濟部戰時生產局蘇浙皖區特派員派接收專員來廠接收復經商公
司將被拆機件經過詳情具呈報告請賜發還由江南公司派遣技術人員赴張店會同接收旋奉蘇浙皖
區特派員於本年一月卅一日通知接管工廠准予發還關於被拆機件已詢請
鈞處詳查嗣於本年三月七日接奉 經濟部蘇浙皖區特派員辦公處發字6379號114號通知開案准本部
魯豫晉區特派員辦公處魯寬字第八二號代電開「本年一月十七日發字第四一七二號子筱代電以
江南水泥公司機件被敵強迫拆運至張店地方現據該公司呈請准予派遣技術人員赴該處會同檢
收似可照准希為查照等由自應照辦相應復請查照爲荷」等由准此合行通知查照為要等因各在案商
公司本擬遴派技術人員前往張店遵候
鈞處指示會同接收被拆機器乃以張店附近交通及治安未恢復平時狀態無法前往茲聞濟南張店間業
已通車特此呈請
鈞處明示發還日期以便招致技術員工轉運接收拆運理合檢同被拆機件清單並偽實業部訓令及通知
照片抄件等件備文仰祈
鑒核批示施行謹呈
經濟部魯豫晉區特派員楊
附被拆機器清單一式二份 偽實業部訓令及通知照片抄件一份
江南水泥股份有限公司 謹呈
董事長 顏惠慶
江南水泥股份有限公司

“为江南水泥厂被敌寇强拆运至张店之机器亟待领回恳请迅赐发还呈文”打印稿

江南水泥厂的前身是江南水泥公司，最早由唐山启新洋灰公司陈范有等部分股东集资建设，颜惠庆任董事长。厂址设在南京栖霞山东麓的摄山渡。1935年5月，水泥厂与丹麦史密芝公司签订水泥机械合同，电器设备则由德国禅臣洋行提供。1937年10月，水泥厂大多数设备已安装完毕，因战火迫近南京，董事会决定暂不开工，并在厂门口悬挂上“丹德国合营江南水泥厂”木牌，使得水泥厂成为了抗战时期南京最大的难民营。据不完全统计，从1937年12月至1938年4月，水泥厂共收容难民3万余人，最多的一天收容难民达1万多人。1943年12月23日，工厂的主要机器及附件被日军拆卸洗劫一空，直至解放方才重新恢复生产。

南京云锦、中兴源丝织厂

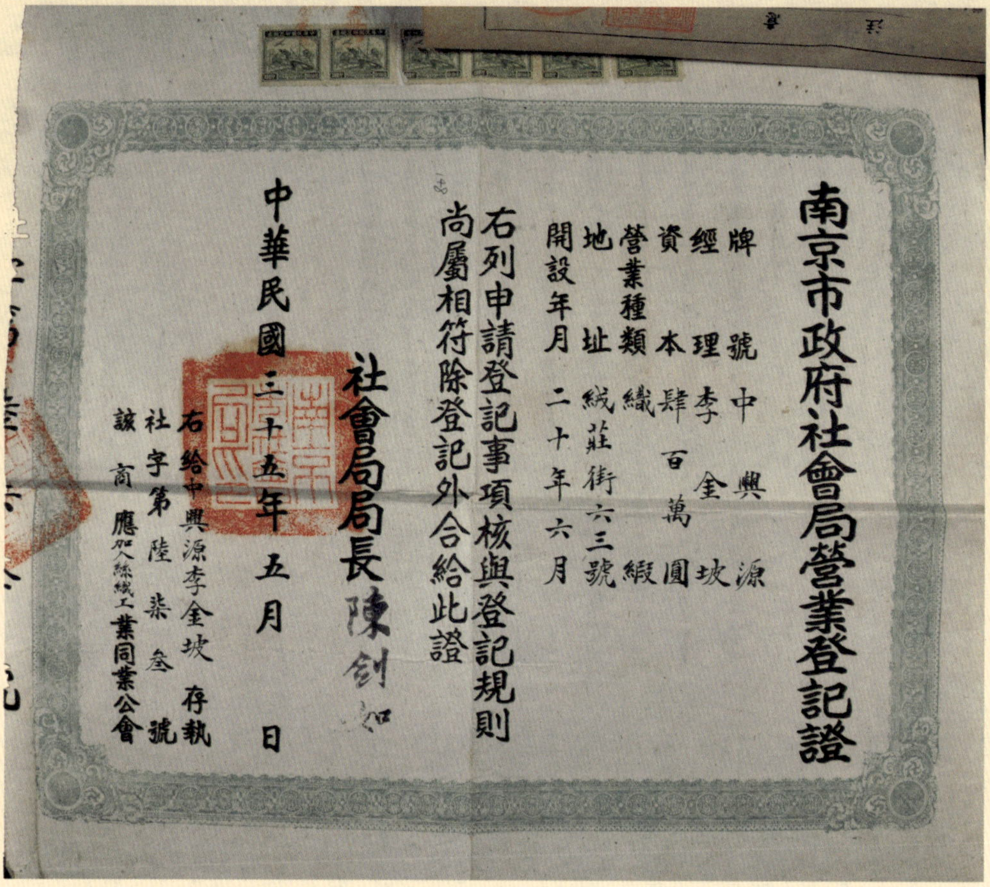
南京市政府社會局營業登記證
牌號 中興源
經理 李金坡
資本 肆百萬圓
營業種類 織緞
地址 絨莊街六三號
開設年月 二十年六月
右列申請登記事項核與登記規則
尚屬相符除登記外合給此證
社會局局長 陳劍如
中華民國三十五年五月 日
右給中興源李金坡 存執
社字第陸柒叁號
該商應加入絲織工業同業公會

民国时期工商登记（1946年）

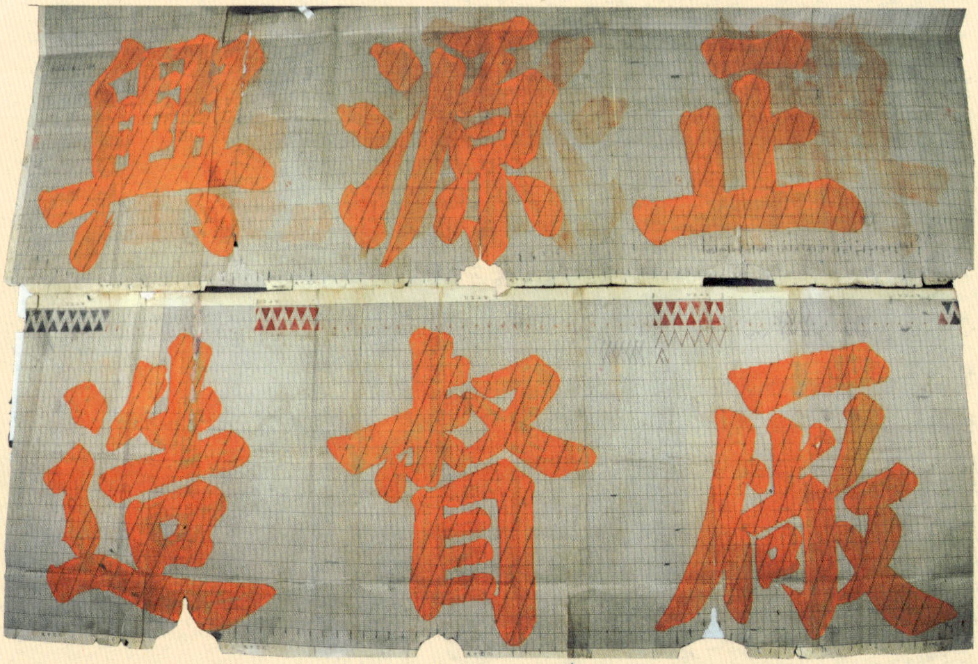

清末南京丝织业规模最大的企业字号

云锦图纸：狮子盘球

南京云锦老艺人吉干臣
教导学徒挑花（1958年）

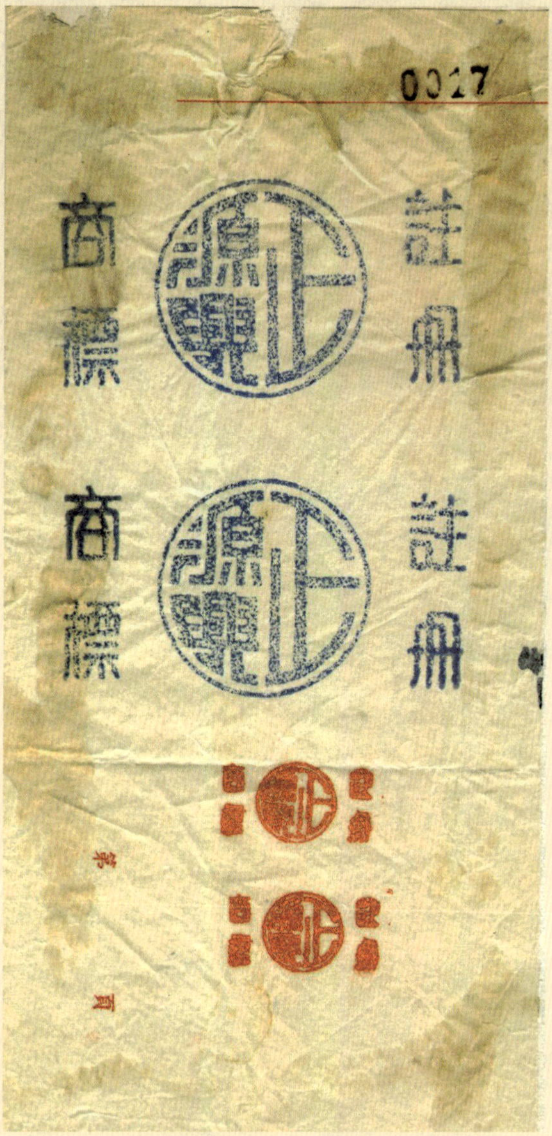

中兴源丝织厂注册商标

南京云锦是我国传统文化的杰出代表，因其绚丽多姿、美如云霞而得名，至今已有1580年历史。南京云锦与成都的蜀锦、苏州的宋锦、广西的壮锦并称“中国四大名锦”。在古代丝织物中，“锦”是代表最高技术水平的织物。而南京云锦则集历代织锦工艺艺术之大成，位列中国古代名锦之首，元、明、清三朝均为皇家御用贡品，因其丰富的文化和科技内涵，被称作是中国古代织锦工艺史上最后一座里程碑，公认为“东方瑰宝”、“中华一绝”。现为联合国教科文组织世界人类非物质遗产。

中兴源丝织厂是南京历史最悠久的工厂之一，也是我国丝绸工业中有相当影响的工厂，至今已有130多年的历史。它在南京云锦发展史上具有承上启下的重要地位，既承接南京云锦的辉煌，又在南京云锦濒临灭绝的时候，保留了云锦的“艺脉”，是民族工业的代表企业。

江南汽车公司

江南汽车公司总经理吴琢之

江南汽车公司开业时的办公楼（1935年摄）

市区公共汽车（1935年摄）

20世纪30年代的江南汽车公司

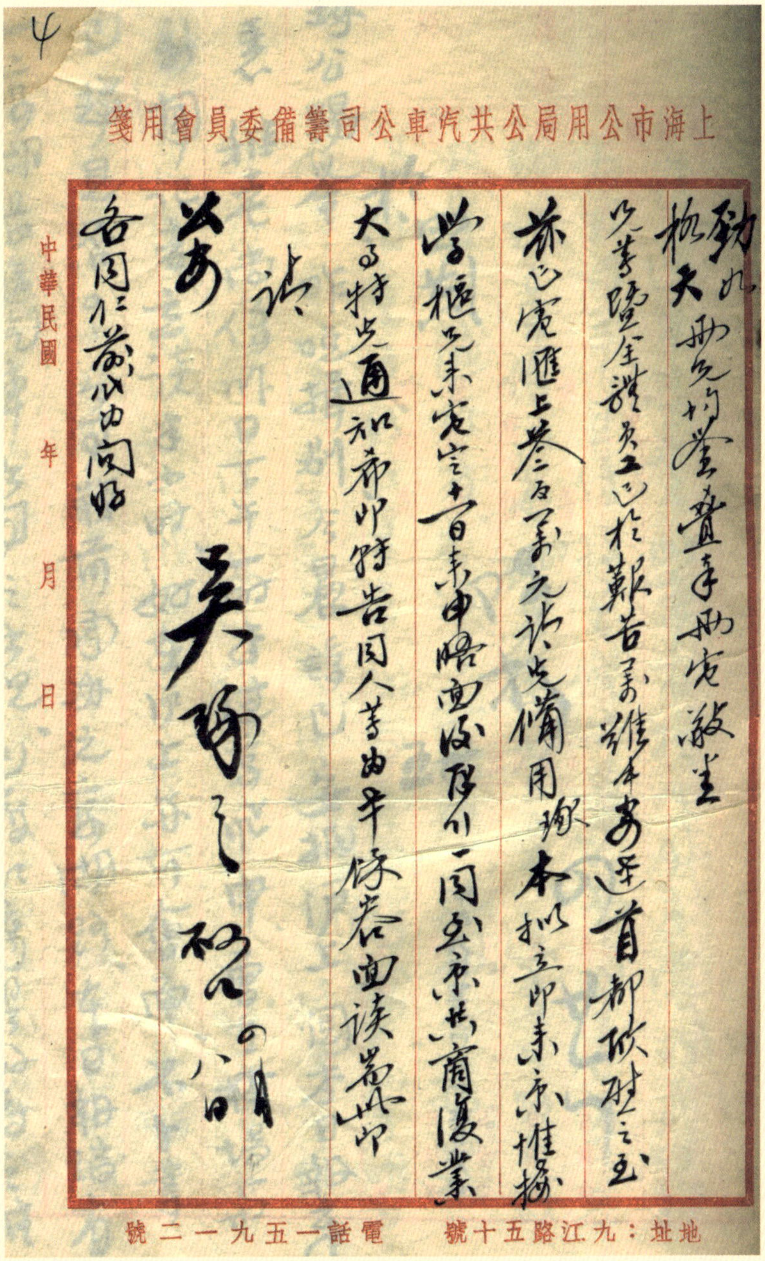

吴琢之信札

1931年5月5日，国民政府建设委员会委员长张静江，在南京创办了“江南汽车公司”，自任董事长，著名实业家吴琢之担任总经理。公司下设修造厂，专司车辆修理、装造和保养；在南京、无锡、上海设立办事处，管理各地营运业务。吴琢之在公司管理中积极借鉴欧洲先进的管理方法，制定各种严格的规章制度。至1937年，江南汽车公司的营运规模达到鼎盛时期，在南京市内开行夫子庙至下关等6条线路计64.8公里，东郊、西郊2条郊区线路17.5公里，长途线路有303.58公里。公司的资本也扩张为100万元，有客车约300辆，公司员工达1600余人，成为30年代我国商办运输业中规模最大的汽车公司。抗日战争期间，江南汽车公司迁至西南进行战地运输。1945年抗战胜利后，吴琢之返回南京恢复经营江南汽车公司的公共交通业务。

和记洋行

和记洋行专用办公楼旧影

和记洋行专用码头旧影

和记洋行英国总监办公楼

和记洋行车间

南京和记洋行是英国威廉·韦思典和爱德蒙霍尔·韦思典兄弟资本集团于1912年创办的，取名英商南京和记有限公司，简称和记有限公司，俗称和记蛋厂，即南京肉联厂的前身，现在的南京天环食品有限公司、金厨冷冻副食品市场。旧址位于下关区宝塔桥西街168号。

1913年，和记洋行由姚新记营造厂建造，大多数厂房保存至今，多为钢筋混凝土结构。其中四至六层建筑物有16座，占地面积13.5万平方米，建筑面积达14.6万平方米。1921年投产使用，成为南京最大的食品加工厂。和记洋行拥有屠宰、冷藏、加工、制蛋、制罐、运输、码头等配套设施，其雇佣的中国工人平时达5000余人，最高的1919年达10000多人。

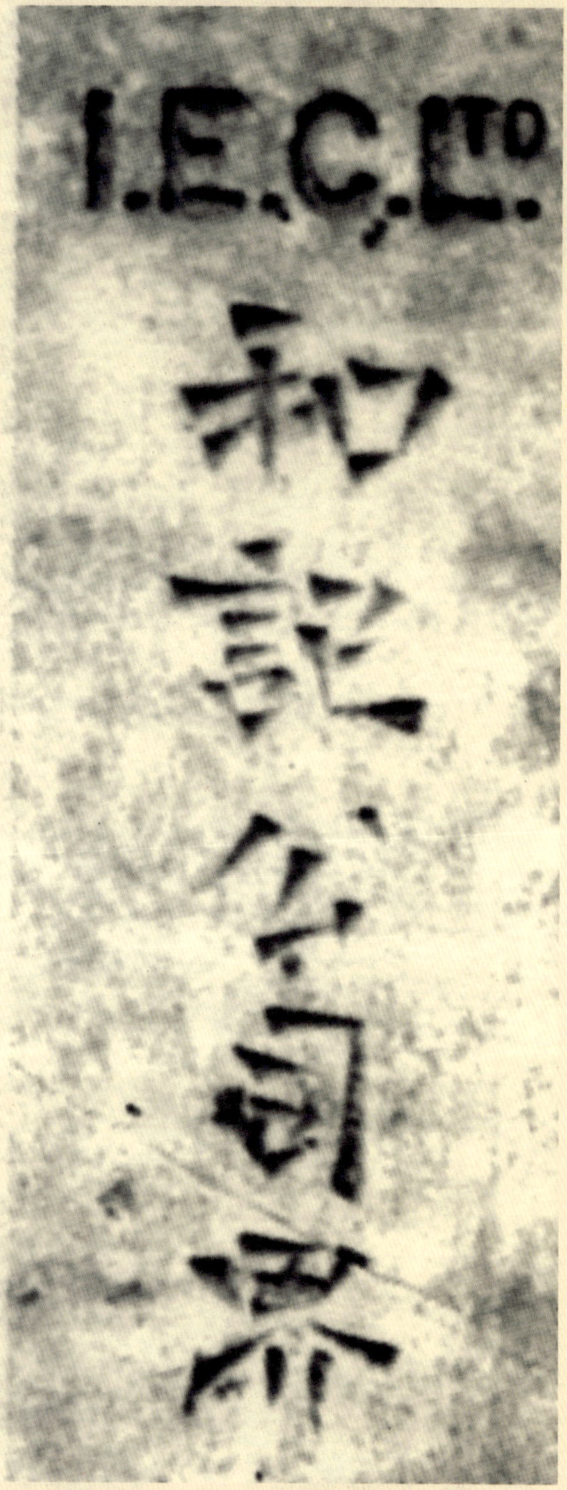

和记洋行界碑

南京造币厂

南京造币厂全厂图（1915年）

南京造币厂大门（原江苏官纸局江苏省立印刷厂大门）（1915年）

南京造币厂二门（原财政部江南造币厂大门）（1915年）

民国时期财政部南京造币厂大门

自广东、湖北两省开设造币厂以后，江宁（今南京）所需银元即向鄂厂调换，制钱则请粤厂附铸。光绪二十二年（1896）正月，两江总督刘坤一，按照户部“沿江沿海各省自行仿办”议案，筹建造币厂。令筹防局借银万两，勘定江宁西水关云台闸南岸，建东西两厂，东厂铸银元，西厂铸铜元。三月，启用“江南铸造银元制钱总局”关防。光绪二十三年（1897）秋后全部竣工，十月二十八日开铸。1912年1月，中华民国临时政府接收江宁造币分厂，改为“中华民国江南造币厂”，直属中央政府。1913年2月改为“财政部江南造币厂”。1914年9月，财政部以各厂关防颇不一致，特重刊颁用，改为“财政部南京造币厂”。1927年，国民政府奠都南京后，在上海建立中央造币厂，先后令各厂停铸，以统一币制，集中铸币事宜。南京造币厂于1929年6月停铸，由中央造币厂监理委员会接收。

中国人民解放军南京市军事管制委员会档案

保管单位： 南京市档案馆

内容及评价：

中国人民解放军南京市军事管制委员会档案是在中国人民解放军接管南京前后形成的。1949年4月23日南京解放，为保障人民生命财产的安全，维护社会秩序，于4月28日成立中国人民解放军南京市军事管制委员会。军管会内设秘书、交际、外侨事务、房地产管理、高等教育、新闻出版、文艺、敌伪物资清理八个处和公安部、供给部以及军事接管、政务接管、财经接管、交通接管、文化教育、房产管理等六个委员会，负责接收清理国民党在南京的中央机关和南京市各机关及官僚资本机构遗留的人员、财产、档案，肃清残余敌人，维护社会治安，恢复生产和交通。期间形成了大量档案，时间跨度为1949年4月到1951年，现存有档案2410卷、照片1册50张。馆藏军管会档案系统、完整地记载了在解放初期中央人民政府对接收原国民党首都及中央机关的指导原则和接收情况，南京市军管会成立的概况和在肃清残敌、维护社会治安、恢复生产及交通等方面所起的重要作用，真实反映了历史，均为原件。军管会档案中还有宋任穷、罗瑞卿等领导人的亲笔信。该档案具有较高的文物价值，对于研究中共南京党史，对下一代进行革命传统教育也具有重要的历史意义和现实意义。该档案入选《江苏省珍贵档案文献名录》。

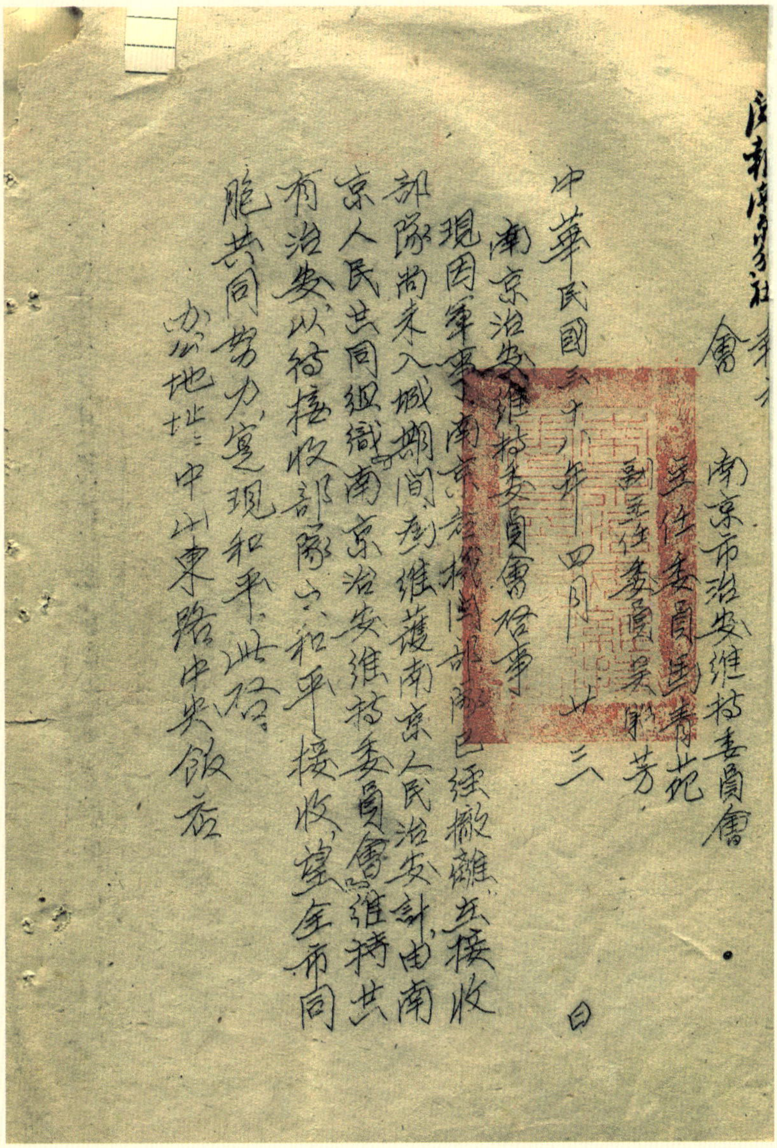
南京治安維持委員會啟事
現因軍事[illegible]南京各機關部隊已經撤離，共接收部隊尚未入城，期間為維護南京人民治安計，由南京人民共同組織南京治安維持委員會維持共有治安，以待接收部隊之和平接收，望全市同胞共同努力，寔現和平。此啟
公地址：中山東路中央飯店
南京市治安維持委員會
主任委員馬青苑
副主任委員吳[illegible]芳
中華民國三十八年四月廿三日

南京治安维持委员会成立启事

1949年4月23日南京解放，由于国民党各机关、部队仓促撤离，南京暂时出现权力真空，在解放军尚未入城期间，为维护南京治安，由南京各界人士共同发起组织“南京治安维持委员会”，办公地址设在中山东路中央饭店。南京治安维持委员会主任委员：马青苑；副主任委员：吴贻芳；委员：陈裕光、胡逸民、阎志远、马涤森、李旭旦、倪青原、钱贯之、吴裕后、穆华轩。南京治安维持委员会在南京市军管会成立的次日（4月29日）宣告结束。

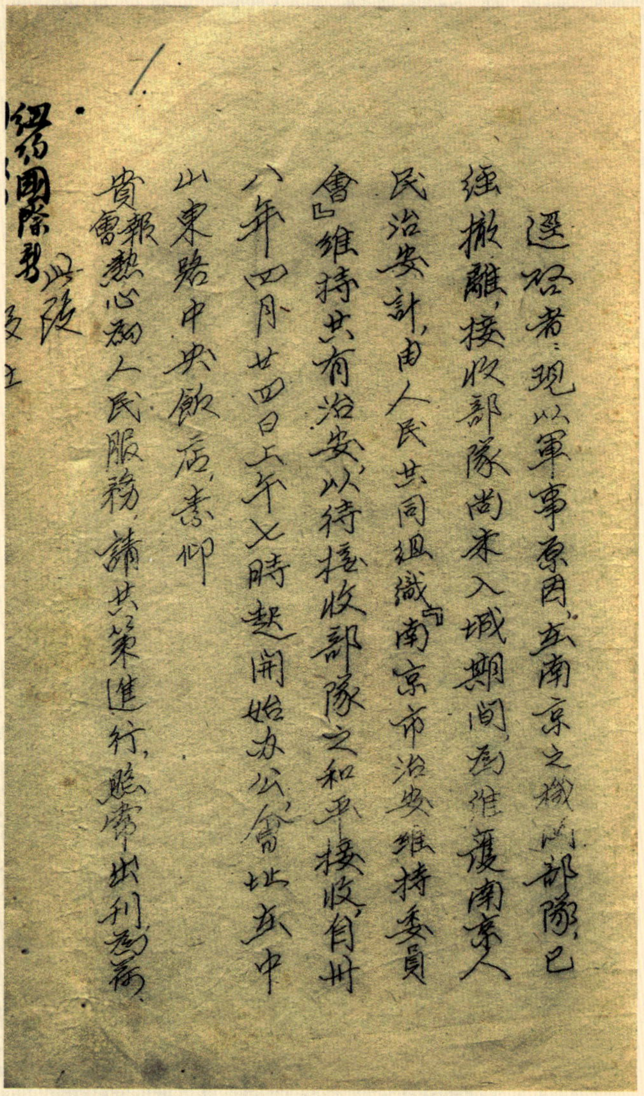
逕啓者：現以軍事原因，在南京之機關部隊已絡撤離，接收部隊尚未入城期間，為維護南京人民治安計，由人民共同組織「南京市治安維持委員會」維持共有治安，以待接收部隊之和平接收，自卅八年四月廿四日上午七時起開始办公，會址在中山東路中央飯店，素仰
貴報熱心為人民服務，請共策進行，賜予刊出為荷。

南京治安维持委员会成立启事

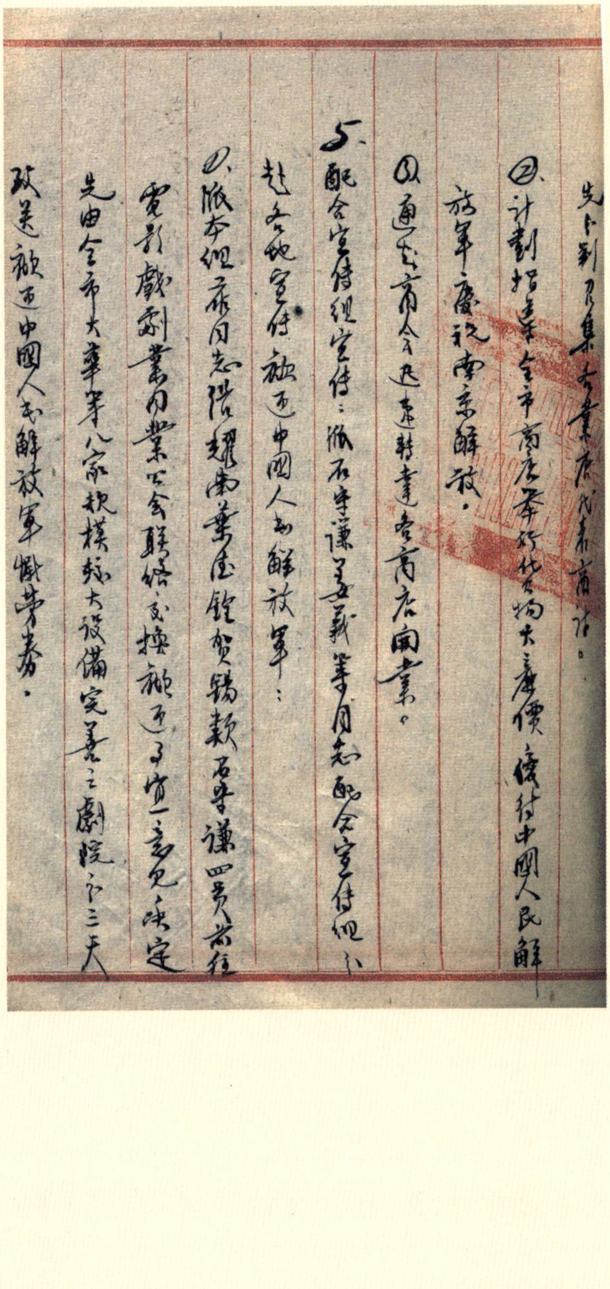

先分别召集各业店代表商订。

②、计划指导全市商店举行纪念物大廉价，优待中国人民解放军庆祝南京解放。

③通告商会迅速转知各商店周知。

5. 配合宣传组宣传：派名守谦等同志配合宣传组人赴各地宣传，欢迎中国人民解放军；

①、派本组各同志陪罗甫荣、贺锡款、名守谦四员前往电影戏剧业同业公会联络，交换欢迎意见，决定先由全市大华等八家规模较大设备完善之剧院于三天放送欢迎中国人民解放军慰劳券。

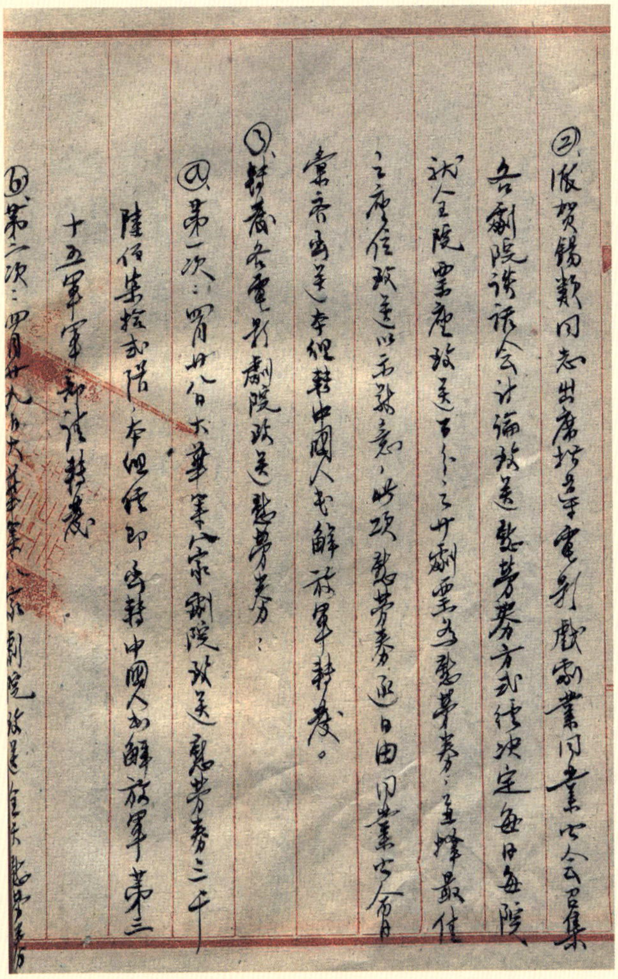

②、派贺锡款同志出席指导电影戏剧业同业公会召集各剧院谈话会讨论放送慰劳券方式，经决定每日每院、就全院票座放送百分之廿剧票之慰劳券，并择最佳之座位放送以示敬意，此项慰劳券送由同业公会汇齐后送本组转中国人民解放军转发。

③、转发各电影剧院放送慰劳券：

④、第一次：四月廿八日大华等八家剧院放送慰劳券三千陆佰张，经本组经手当转中国人民解放军第三十五军军部请转发。

⑤、第二次：四月廿九日大华等八家剧院放送全天慰劳券

南京治安维持委员会欢迎指导组工作报告（部分）

1949年4月23日，南京解放。为了更好地完成接管，中共中央早在进城之前的1949年3月5日就发布了《南京市军事管制委员会组织草案》，军管会成立后很快就通过发布公告的方式，对军事代表、各部负责人的电话住址予以公布。1949年4月28日，奉中国人民解放军总部电令，为保障南京全体人民生命财产安全、维护社会安宁、确立革命秩序，决定在南京市实行军事管制，成立中国人民解放军南京市军事管制委员会，明确其为当时军事管制时期的最高权力机关，统一全市军事、民政等管理事宜。由刘伯承为主任，宋任穷为副主任。军事管制委员会的成立，标志着南京市有针对性的接管工作正式开始。1949年5月7日，中国共产党南京市委员会成立，1949年5月10日，南京市人民政府成立，新生的革命政权在南京诞生。

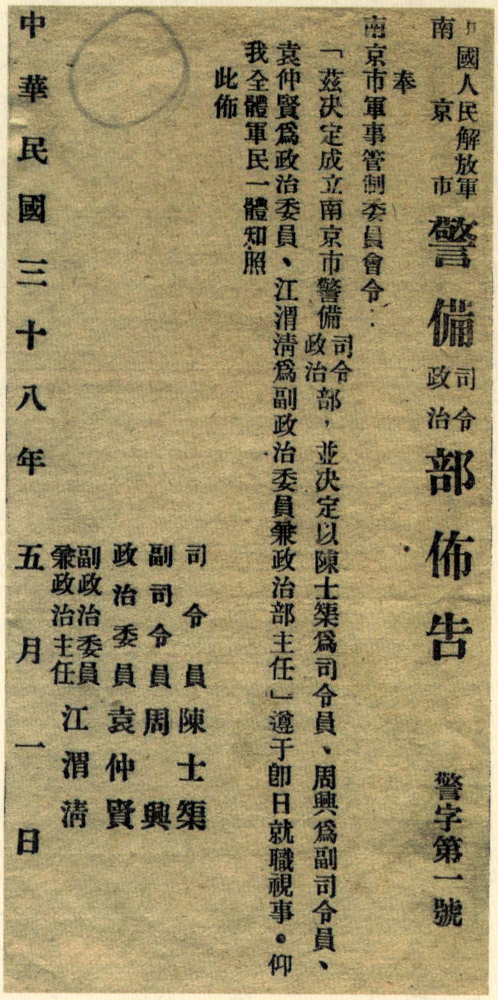
中國人民解放軍南京市警備司令部政治部佈告

警字第一號

奉

南京市軍事管制委員會令：

「茲決定成立南京市警備司令部政治部，並決定以陳士榘爲司令員、周興爲副司令員、袁仲賢爲政治委員、江渭清爲副政治委員兼政治部主任」遵于即日就職視事。仰我全體軍民一體知照

此佈

司令員 陳士榘

副司令員 周興

政治委員 袁仲賢

副政治委員兼政治部主任 江渭清

中華民國三十八年五月一日

中国人民解放军南京市警备司令部政治部成立布告

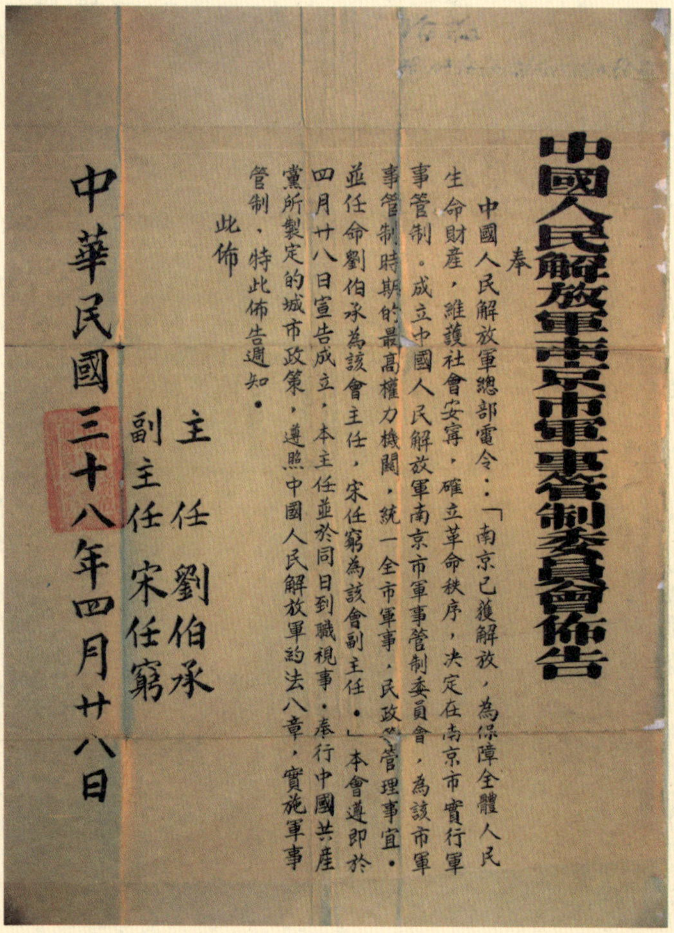
中國人民解放軍南京市軍事管制委員會佈告

奉

中國人民解放軍總部電令：「南京已獲解放，為保障全體人民生命財產，維護社會安寧，確立革命秩序，決定在南京市實行軍事管制。成立中國人民解放軍南京市軍事管制委員會，為該市軍事管制時期的最高權力機關，統一全市軍事、民政管理事宜。並任命劉伯承為該會主任，宋任窮為該會副主任。」本會遵即於四月廿八日宣告成立，本主任並於同日到職視事，奉行中國共產黨所製定的城市政策，遵照中國人民解放軍約法八章，實施軍事管制，特此佈告週知。

此佈

主任 劉伯承

副主任 宋任窮

中華民國三十八年四月廿八日

南京市军管会成立布告

通知 五月三日

茲頒發「軍事代表的任務」及「軍事代表的職權」各一份，仰各遵照執行爲要。

一、軍事代表的任務：

第一、保証上級命令之實行

第二、保障生產進行或恢復

第三、防止破壞或怠工清反動分子

第四、防止偷盜貪污及浪費

第五、對職工解釋政策教育與宣傳，從職工中挑選幹部

第六、協助職工組織工會及消費合作社

第七、瞭解企業中情況，學習管理生產

二、軍事代表的職權：

第一、有權了監督企業中的一切活動

第二、瞭解企業中的一切情形，挑選適當人員[illegible]，並在一切命令及指示上簽字

第三、生產的進行如有不好，或發生破壞、怠工等事，應即查明實情，追究責任，將進行破壞或怠工有據的分子送交人民法庭。

第四、企業中的共產黨的支部及黨員應受軍事代表之領導，協助軍事代表完善的達到上述各項任務。

第五、軍事代表不直接去管理生產，只監督原來的人員去管理生產，保證生產照常進行。

第六、軍事代表與經理代表之工作組長、企業中的支部書記共組成黨小組，以軍事代表為領導中心。

南京市軍事管制委員會

南京市军管会关于军事代表的任务与职责的通知

1949年5月3日，南京市军管会接管国民政府最高军事部门国防部，接收了其所属驻扎南京各地区的海、陆、空军和后勤部门的房产、人员及大批军备物资。

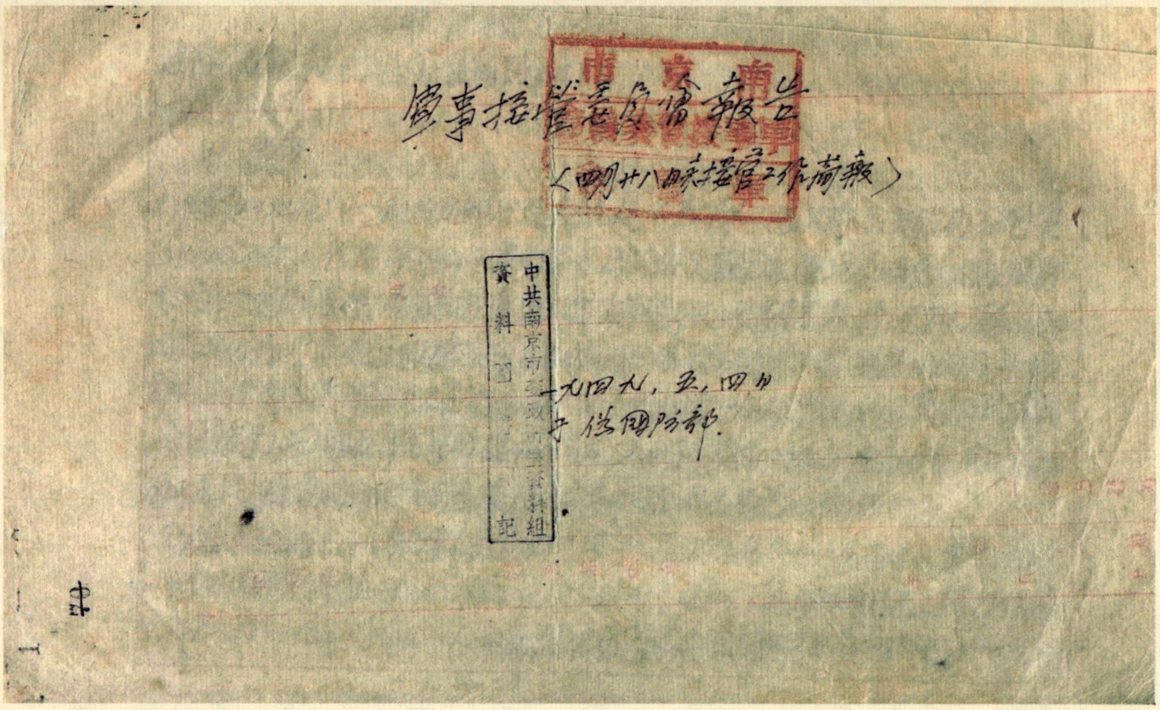

軍事接管委員會報告

（四月廿八日來接管工作簡報）

中共南京市……資料組

資料 記

一九四九，五，四日

于偽國防部

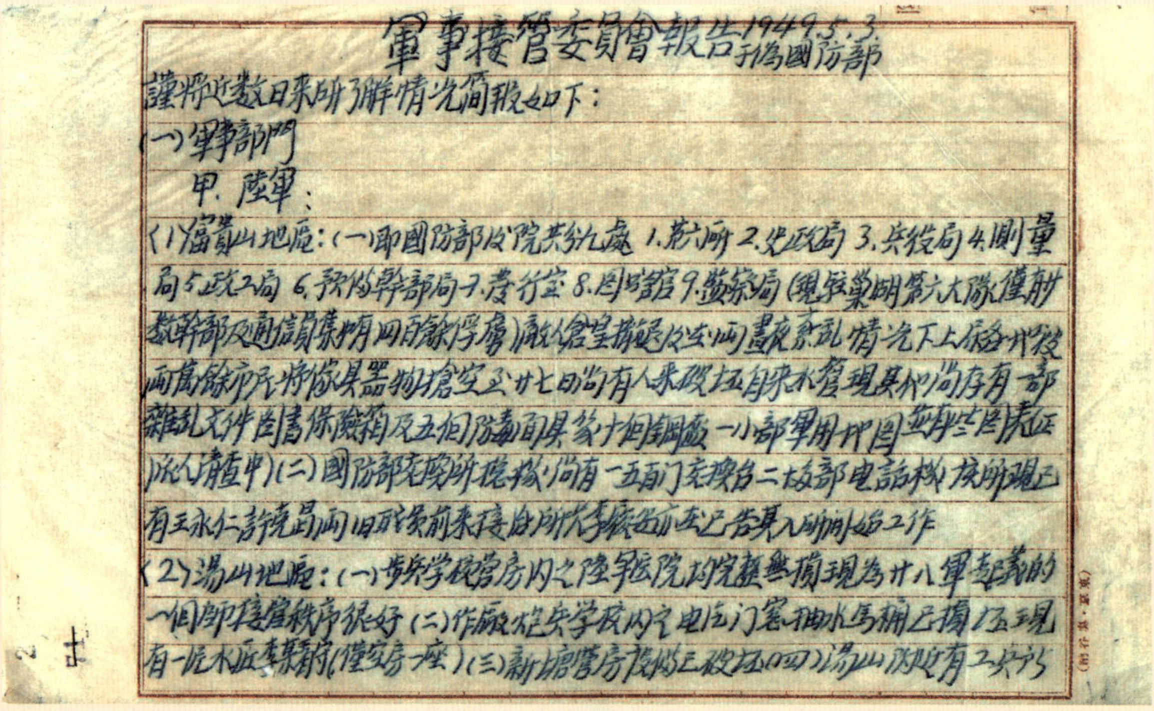

軍事接管委員會報告 1949.5.3. 于偽國防部

謹將近數日來所了解情況簡報如下：

（一）軍事部門

甲. 陸軍：

（1）富貴山地區：（一）即國防部及院共分九處 1.……所 2.史政局 3.兵役局 4.測量局 5.政工局 6.預備幹部局 7.……室 8.圖書館 9.……局 ……

（2）湯山地區：（一）步兵學校營房內之陸軍醫院……

接管国民党国防部报告（部分）

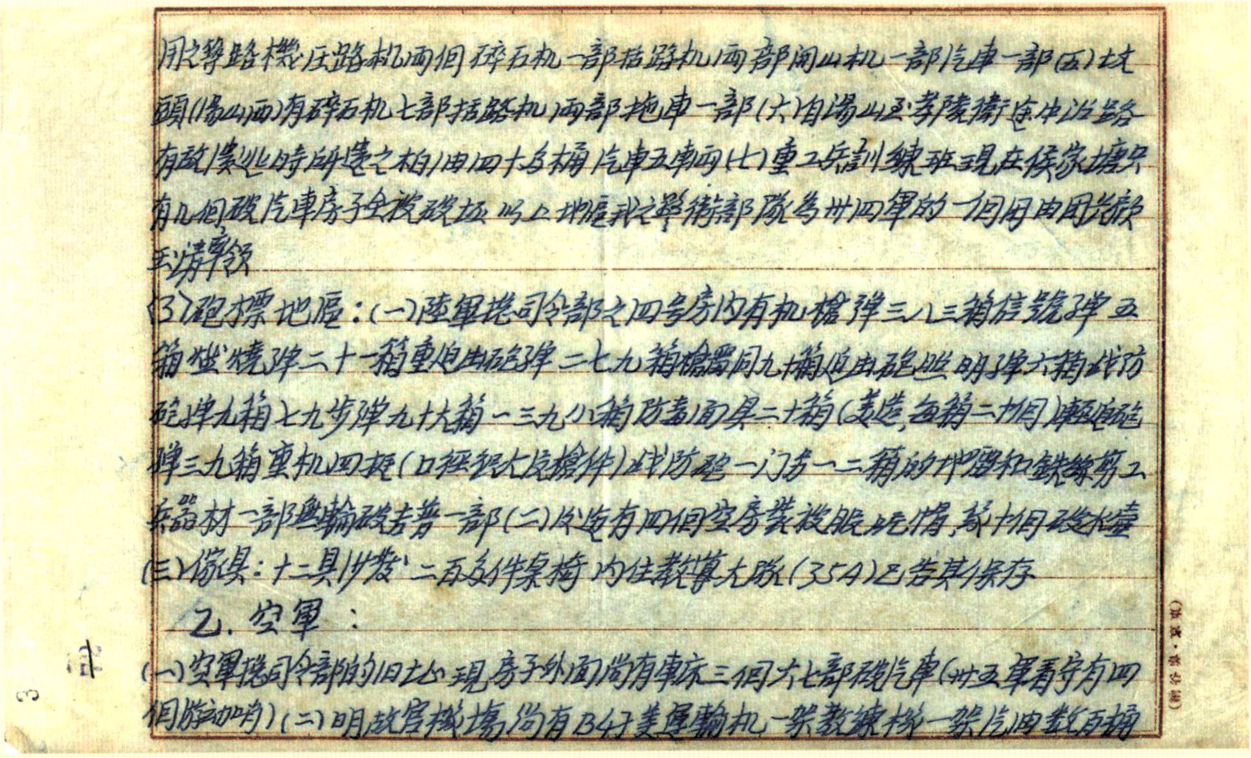
用之筑路机 压路机两個 碎石机一部 括路机两部 開山机一部 汽車一部(五)坟头(汤山西)有碎石机七部 括路机两部 拖車一部(六)自汤山至孝陵衛途中沿路有敌溃退时所遗之柏油四十多桶 汽車五辆(七)重工兵訓練班現在侯家塘只有九個破汽車房子全被破坏 以上地区我之警衛部隊為卅四軍的一個团由团长欧玉清率领
(3)炮標地區:(一)陸軍總司令部之四号房内有机槍弹三八三箱 信號弹五箱 燃燒弹二十一箱 重炮出砲弹二七九箱 槍弹四九箱 迫击砲照明弹六箱 战防砲弹九箱 七九步弹九大箱 一三九小箱 防毒面具二十箱(美造,每箱二十個) 山炮砲弹三九箱 重机四挺(口径钢大炮槍件) 战防砲一门 另一二箱的地雷和鉄絲剪工兵器材一部 運輸破舊車一部(二)後边有四個空房裝被服、蚊帳、幾十個破水壺
(三)傢俱:十二具沙發 二百多件桌椅 内住教導大隊(354)已告其保存
乙.空軍:
(一)空軍總司令部的旧址 現房子外面尚有車床三個 六七部破汽車(卅五軍看守有四個游动哨)(二)明故宫機場尚有B4?美運輸机一架 教練機一架 汽油數百桶

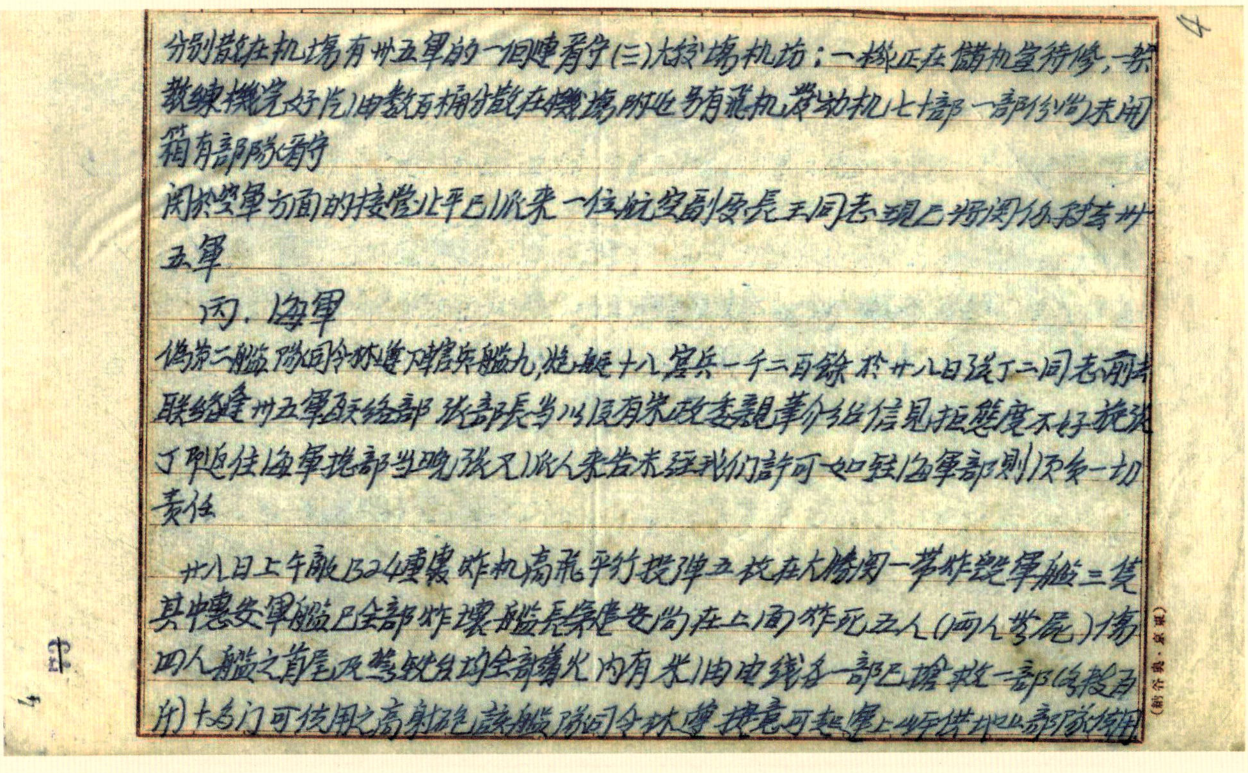
分别散在机场 有卅五軍的一個連看守(三)大校场机场:一機正在儲机室待修,一架教練機完好 汽油數百桶分散在機场附近 另有飛机發动机七十部 一部(分尚)未開箱 有部隊看守
关於空軍方面的接管北平已派来一位航空副處長王同志 現已将該分配给卅五軍
丙.海軍
偽第二艦隊司令林遵下轄兵艦九艘 炮艇十八 官兵一千二百餘 於廿八日發丁二同志前去联絡 逢卅五軍联络部張部長 当以該有案政委親筆介绍信見拒 態度不好 旋丁即返往海軍總部 当晚張又派人来告 未经我们許可如駐海軍部則須負一切责任

廿八日上午敌B24重轰炸机高飛平行投弹五枚 在大勝関一带炸毁軍艦三隻 其中惠安軍艦已全部炸壞 艦長吳建安尚在上面 炸死五人(两人尚屍)傷四人 艦之首尾及驾驶台均全部着火 内有米、油、电线各一部 已搶救一部(多数…)十多门可使用之高射砲 該艦隊司令林遵接意可起…

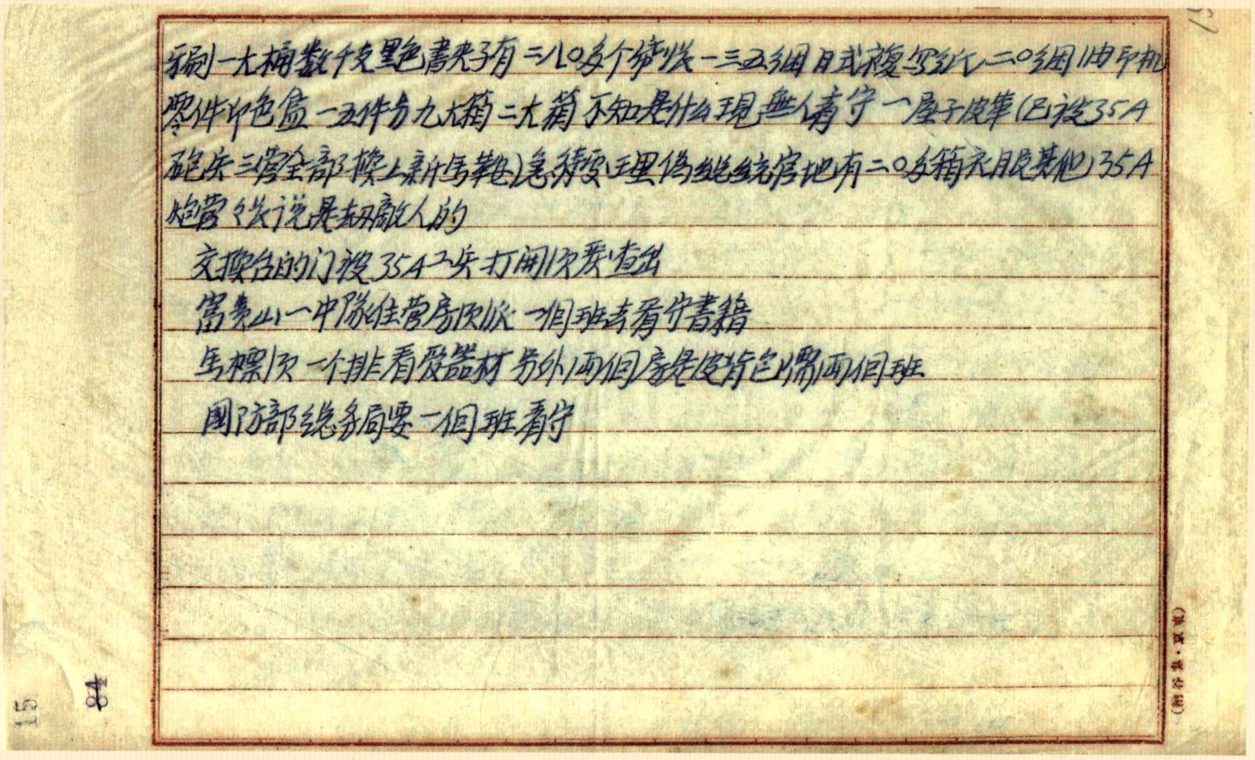

铜一大捆数千支黑色書夹子有二八〇多个管1类一三五個日式複写紙二〇個油印机零件印色盒一五件另九大箱二大箱不知是什么現無人看守一屋子皮革（已被35A砲兵三營全部換上新馬鞍）？總統官邸有二〇多箱衣服其他）35A炮營々长说是胡敵人的

交換台的门被35A工兵打開須要查出

富貴山一中隊住營房須派一個班去看守書籍

兵標須一个排看管器材另外兩個房是皮革也需兩個班

國防部總務局要一個班看守

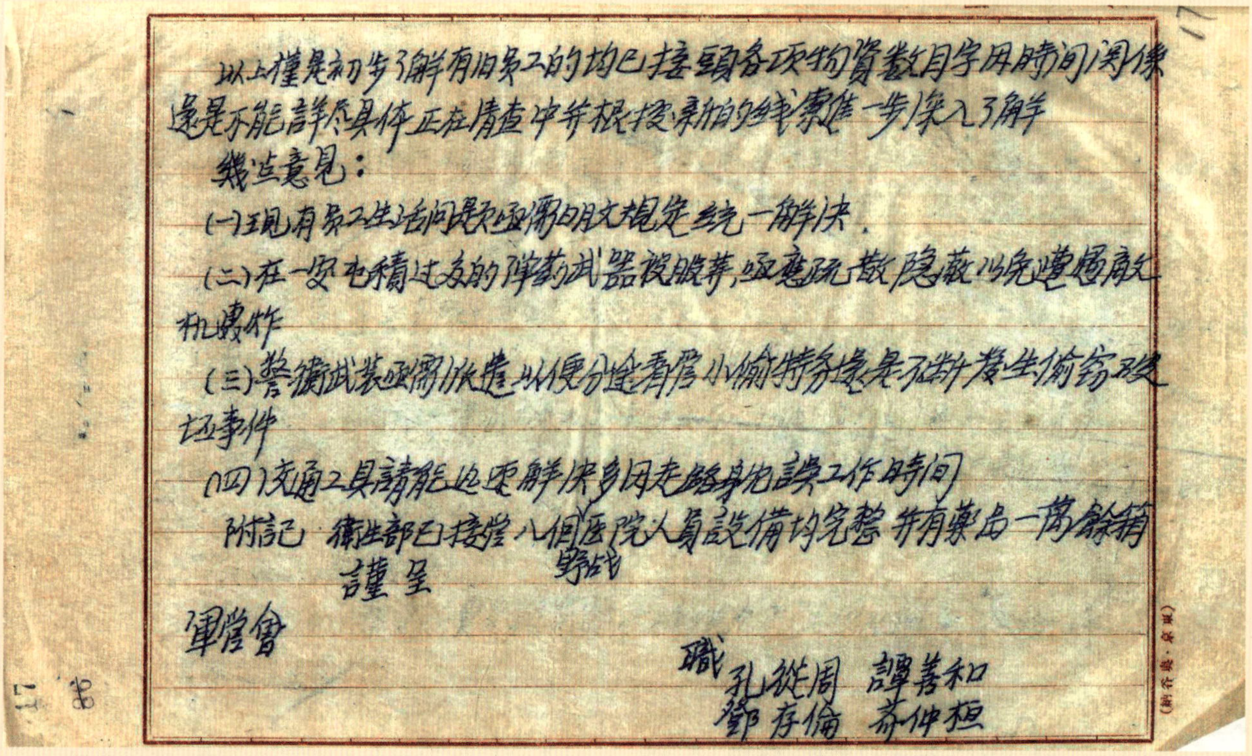

以上僅是初步了解有旧员工的均已接頭各項物資數目字因時间關係還是不能詳盡具体正在清查中并根據新的線索進一步深入了解

幾点意見：

（一）現有员工生活問題亟需明文規定统一解决.

（二）在一处屯積过多的弹药武器被服等，亟應疏散隐蔽以免遭遇敵机轟炸

（三）警衛武裝亟需派遣以便分途看管小偷特务还是不断发生偷窃破坏事件

（四）交通工具請能迅速解决多因走路耽誤工作時间

附記 衛生部已接管八個野战医院人員設備均完整并有药品一萬餘箱

謹呈

軍管會

職 孔從周 譚善和 鄧存倫 蒋仲桓

接管国民党国防部报告（部分）

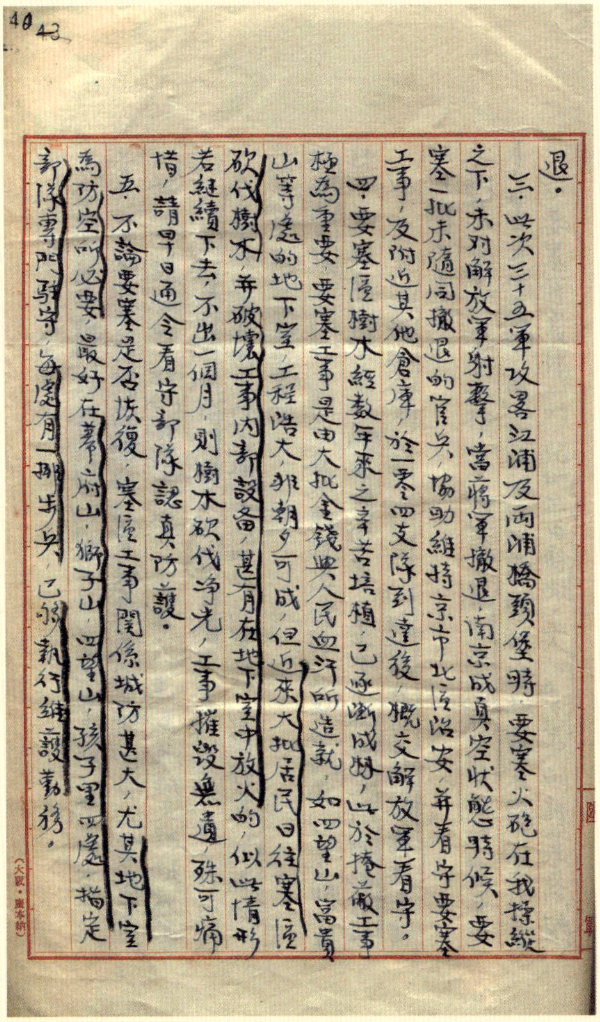

退。

三、此次三十五軍攻略江浦及兩浦橋頭堡時，要塞火砲在我操縱之下，未对解放軍射擊，當蔣軍撤退，南京成真空狀態時候，要塞一批未隨同撤退的官兵，協助維持京市北區治安，并看守要塞工事，及附近其他倉庫，於一零四支隊到達後，概交解放軍看守。

四、要塞區樹木經數年來之辛苦培植，已逐漸成林，以於掩蔽工事極為重要，要塞工事是由大批金錢與人民血汗所造就，如四望山、富貴山等處的地下室，工程浩大，非朝夕可成，但近来大批居民日往要塞區砍伐樹木，并破壞工事內部設备，甚有在地下室中放火的，似此情形若繼續下去，不出一個月，則樹木砍伐淨光，工事摧毀無遺，殊可痛惜，請早日通令看守部隊認真防護。

五、不論要塞是否恢復，要塞區工事関係城防甚大，尤其地下室為防空所必要，最好在幕府山、獅子山、四望山、孩子里四處，指定部隊專門駐守，每處有一排步兵，已夠執行維護勤務。

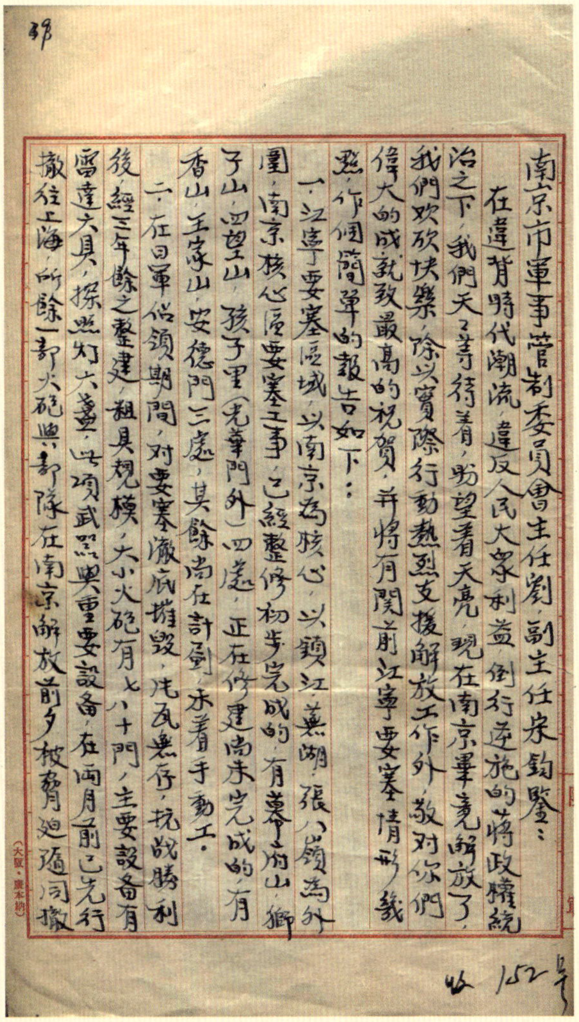

南京市軍事管制委員會主任劉、副主任宋鈞鑒：

在違背時代潮流，違反人民大家利益倒行逆施的蔣政權統治之下，我們天天等待着，盼望着天亮，現在南京畢竟解放了，我們欢欣快樂，除以實際行動熱烈支援解放工作外，敬对你們偉大的成就致最高的祝賀，并将有関前江寧要塞情形，几點，作個簡單的報告如下：

一、江寧要塞區域，以南京為核心，以鎮江、蕪湖、張八嶺為外圍，南京核心區要塞工事已經整修初步完成的，有幕府山、獅子山、四望山、孩子里（光華門外）四處，正在修建尚未完成的，有香山、王家山、安德門三處，其餘尚在計劃，未着手動工。

二、在日軍佔領期間，对要塞澈底摧毀，片瓦無存，抗战勝利後，經三年餘之整建，粗具規模，大小火砲有七八十門，主要設备有雷達六具，探照灯六盏，此項武器與重要設备，在兩月前已先行撤往上海，所餘一部火砲與部隊在南京解放前夕被脅迫隨同撤

收 152号

黄端为报告前江宁要塞情况致刘伯承、宋任穷函

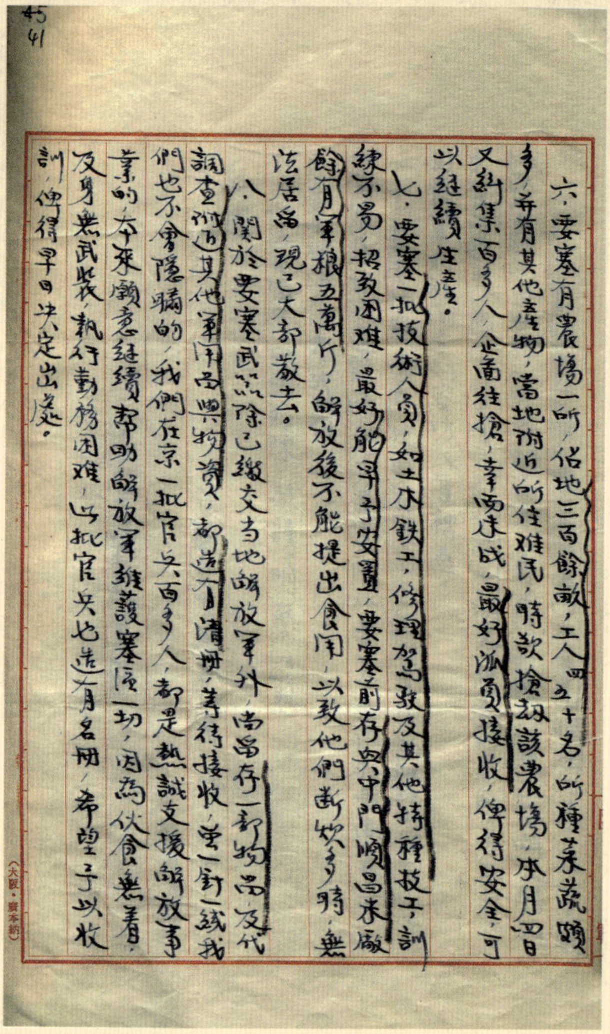

45
41

六、要塞有農場一所，佔地三百餘畝，工人四五十名，所種菜蔬頗多，并有其他產物，當地附近的住難民，時欵搶劫該農場，本月四日又糾集百多人企圖往搶，幸而未成，最好派員接收，俾得安全，可以繼續生產。

七、要塞一批技術人員，如土木鐵工，修理駕駛及其他特種技工，訓練不易，招致困难，最好能早予安置，要塞前存興中門順昌米廠餘有軍粮五萬斤，解放後不能提出食用，以致他們斷炊多時，無法居留，現已大部散去。

八、關於要塞武器除已繳交当地解放軍外，尚留存一部物品及代調查附近其他軍用品與物資，都造有清冊，等待接收，並有一錢我們也不會隱瞞的，我們在京一批官兵百多人，都是熱誠支援解放事業的，本來願意繼續幫助解放軍維護塞區一切，因為伙食無着，及身無武裝，執行勤務困难，此批官兵也造有名冊，希望予以收訓，俾得早日決定出處。

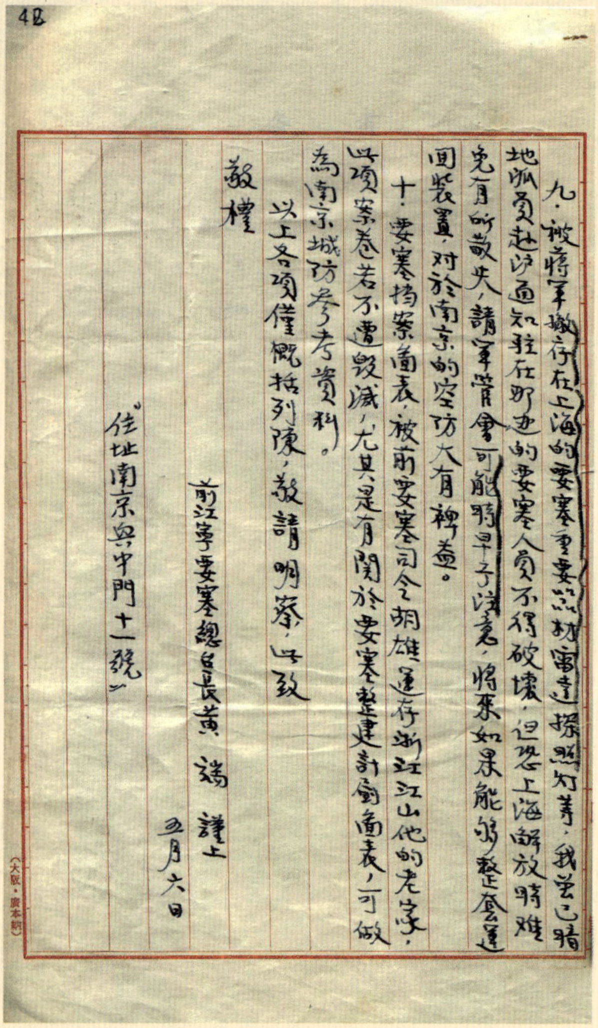

42

九、被蔣軍撤存在上海的要塞重要武器如雷達、探照灯等，我前已請地派員赴滬通知駐在那邊的要塞人員不得破壞，但恐上海解放時難免有所散失，請軍管會可能時早予注意，將來如果能夠整套運回裝置，对於南京的空防大有裨益。

十、要塞檔案圖表，被前要塞司令胡雄運存浙江江山他的老家，此項案卷若不遭毀滅，尤其是有關於要塞整建計劃圖表，可做為南京城防參考資料。

以上各項僅概括列陳，敬請明察，此致

敬禮

前江寧要塞總台長黃端 謹上

五月六日

"住址南京興中門十一號"

黄端为报告前江宁要塞情况致刘伯承、宋任穷函

南京市军管会成立后，在充分准备的基础上，根据中央和华东局的指示，采取“按照系统，原封不动，整套接收，调查研究，逐步改造”的方针，接管国民党军政、文教机关和官僚资本企业。这项工作从1949年5月1日开始，至5月底基本结束。接收关系国计民生的大小工矿38个（包括马鞍山矿场、中央电照厂、中央电瓷厂、皖南电厂、首都电厂、中央无线电公司南京厂、中央有线电厂公司、中央机械公司南京厂、中央化工厂、60兵工厂等），文教机关16个单位（中央地质调查所、雷达研究所、中央农业试验所、中央图书馆、中央博物馆、地质研究所、中央林业研究试验所等），大专学校13所（中央大学、金陵大学、戏剧专科学校、药专、音乐院等），中学14所，小学169所，医院15所。

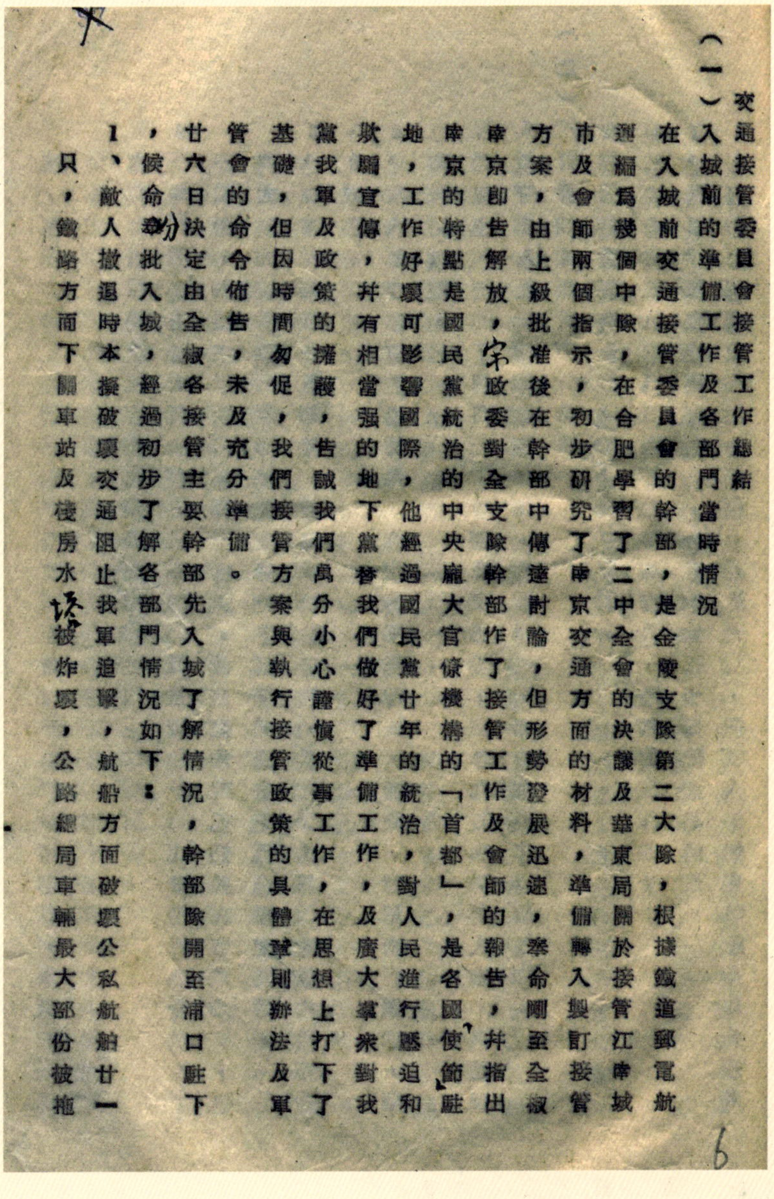

交通接管委員會接管工作總結

（一）入城前的準備工作及各部門當時情況

在入城前交通接管委員會的幹部，是金陵支隊第二大隊，根據鐵道郵電航運編為幾個中隊，在合肥學習了二中全會的決議及華東局關於接管江南城市及會師兩個指示，初步研究了南京交通方面的材料，準備轉入擬訂接管方案，由上級批准後在幹部中傳達討論，但形勢發展迅速，奉命剛至全椒南京即告解放，宋政委對全支隊幹部作了接管工作及會師的報告，并指出南京的特點是國民黨統治的中央龐大官僚機構的「首都」，是各國使節駐地，工作好壞可影響國際，他經過國民黨廿年的統治，對人民進行壓迫和欺騙宣傳，并有相當强的地下黨替我們做好了準備工作，及廣大羣衆對我黨我軍及政策的擁護，告誡我們萬分小心謹慎從事工作，在思想上打下了基礎，但因時間匆促，我們接管方案與執行接管政策的具體章則辦法及軍管會的命令佈告，未及充分準備。

廿六日決定由全椒各接管主要幹部先入城了解情況，幹部隊開至浦口駐下，候命分批入城，經過初步了解各部門情況如下：

1、敵人撤退時本擬破壞交通阻止我軍追擊，航船方面破壞公私航船廿一只，鐵路方面下關車站及棧房水塔被炸壞，公路總局車輛最大部份被拖

6

走，郵電方面除全國郵電總局二區分局有計劃被帶走者外，南京市電訊局因地下黨有計劃保護，檔案資材人員皆完整留京，水利部敵人撤退時大部物資被搶散至蘇州杭州南昌廣州湖州上海等地。

2、各偽機關上層人員走後，留下的職員及被疏散員工分別或混合組織了聯誼會，維持機關秩序，保護物資，故我們才到他們紛來要求接管，他們大部在廣播聽到黨的接管政策受了影響，思想上已作移交準備。

3、在國民黨軍隊退却時，貧民乘機搶東西，偽交通部招商局等機關被搶和破壞。

4、敵人臨走會有計劃佈置了特務份子進行潛伏活動，利用我們弱點，隨時造謠破壞。

經過以上情況的了解研究了幹部分配方案，在廿九日調幹部入城，又經過入城守則入城紀律的教育動員，分配下去，卅日開始了接管工作。

（二）接管步驟與接管方式方法

我們的接管工作分接、收、管三步驟。

自四月卅日至五月八日主要是接的階段，進行的工作是：

1、軍事代表宣佈接管命令，令各單位報告情況造具清冊。

2、召開職工開會講政治形勢，約法八章，對工人講無產階級是革命領導

7

十

階級，應負起領導責任及講工資政策，對職員講新民主主義經濟建設及技術人才的作用，今後要為人民服務，建設新南京，在方式上是兩種方式。

甲、黨和群衆有基礎的地方通過地下黨了解情況，召開各部門較大規模會議。

乙、黨和群衆無基礎地方，先開小型座談會了解情況後，再開較大規模會議。

3、令被接管機關造具清冊內容分三種：甲、概況報告。乙、物資詳細清冊。丙、了解情況後要他們造補充報告。

4、安定職工情緒，開始職工有三怕：一怕工資降低。二怕不快發薪。三怕失業。我們一方面在生產單位中宣佈原職原薪（但偽交通部公路總局未提此口號）進行解釋工作，一方面在五月七日發了工資預借，另一方面開始恢復業務，使職工情緒初步安定下來。

5、繼續深入了解情況，開始部份點收工作。

自五月九日至六月十日是點收和管理階段，進行的工作：

1、在清點工作開始前由黨委會討論佈置，各部門分別召開員工動員大會及小型座談會，反復說明工人在新國家中地位要愛護國家資材負責清點工

8

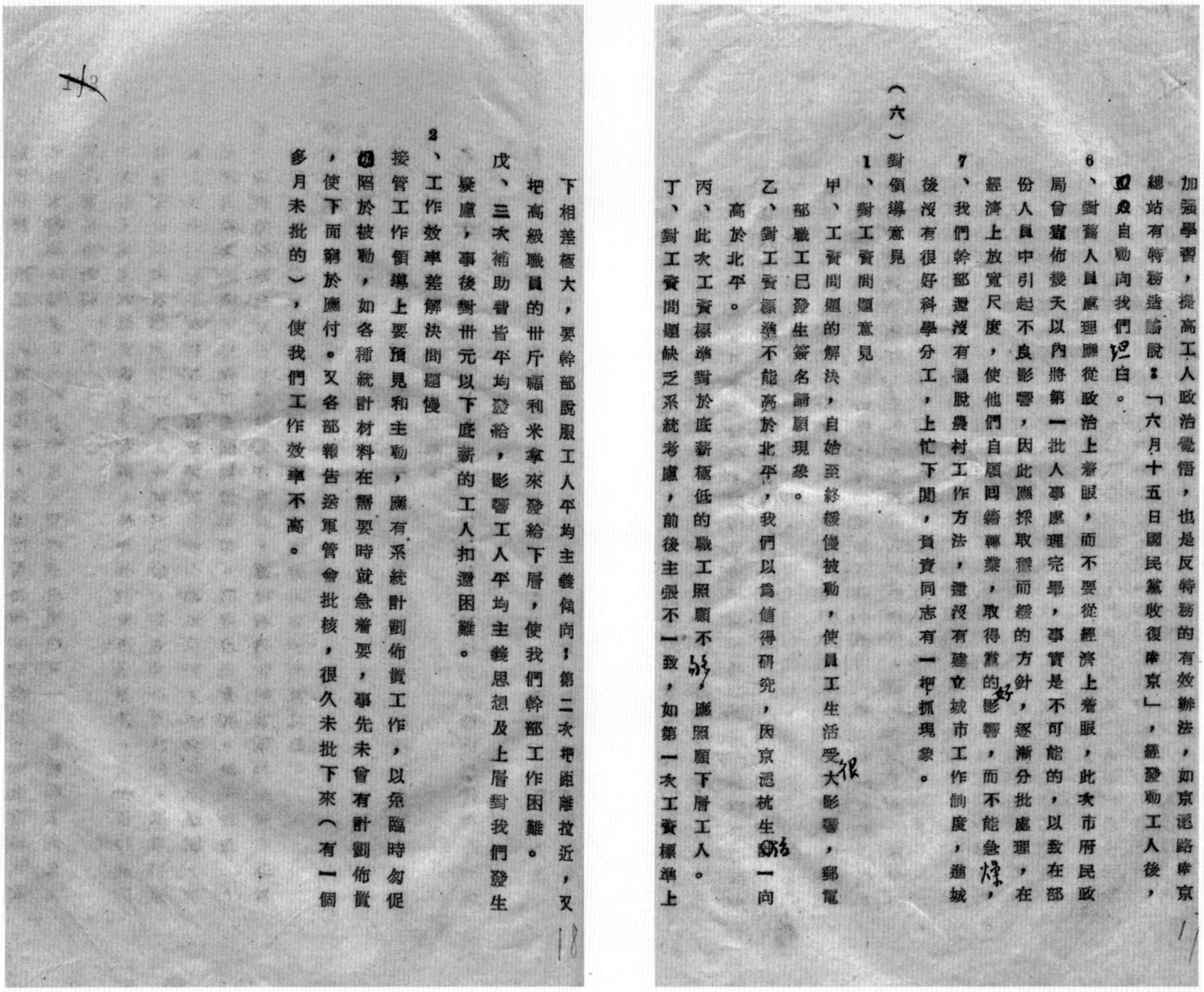
加強學習，提高工人政治覺悟，也是反特務的有效辦法，如京滬路南京總站有特務造謠說：「六月十五日國民黨收復南京」，經發動工人後，自動向我們坦白。

6、對舊人員處理應從政治上着眼，而不要從經濟上着眼，此次市府民政局曾宣佈幾天以內將第一批人事處理完畢，事實是不可能的，以致在部份人員中引起不良影響，因此應採取穩而緩的方針，逐漸分批處理，在經濟上放寬尺度，使他們自願回鄉轉業，取得黨的好影響，而不能急燥，

7、我們幹部還沒有擺脫農村工作方法，還沒有建立城市工作制度，進城後沒有很好科學分工，上忙下閒，負責同志有一把抓現象。

（六）對領導意見

1、對工資問題意見

甲、工資問題的解決，自始至終緩慢被動，使員工生活受很大影響，郵電部職工已發生簽名請願現象。

乙、對工資標準不能高於北平，我們以為值得研究，因京滬杭生活一向高於北平。

丙、此次工資標準對於底薪極低的職工照顧不夠，應照顧下層工人。

丁、對工資問題缺乏系統考慮，前後主張不一致，如第一次工資標準上下相差極大，要幹部說服工人平均主義傾向；第二次把距離拉近，又把高級職員的卅斤福利米拿來發給下層，使我們幹部工作困難。

戊、三次補助費皆平均發給，影響工人平均主義思想及上層對我們發生疑慮，事後對卅元以下底薪的工人扣還困難。

2、工作效率差解決問題慢

接管工作領導上要預見和主動，應有系統計劃佈置工作，以免臨時匆促，陷於被動，如各種統計材料在需要時就急着要，事先未曾有計劃佈置，使下面窮於應付。又各部報告送軍管會批核，很久未批下來（有一個多月未批的），使我們工作效率不高。

交通接管委员会接管工作总结（部分）

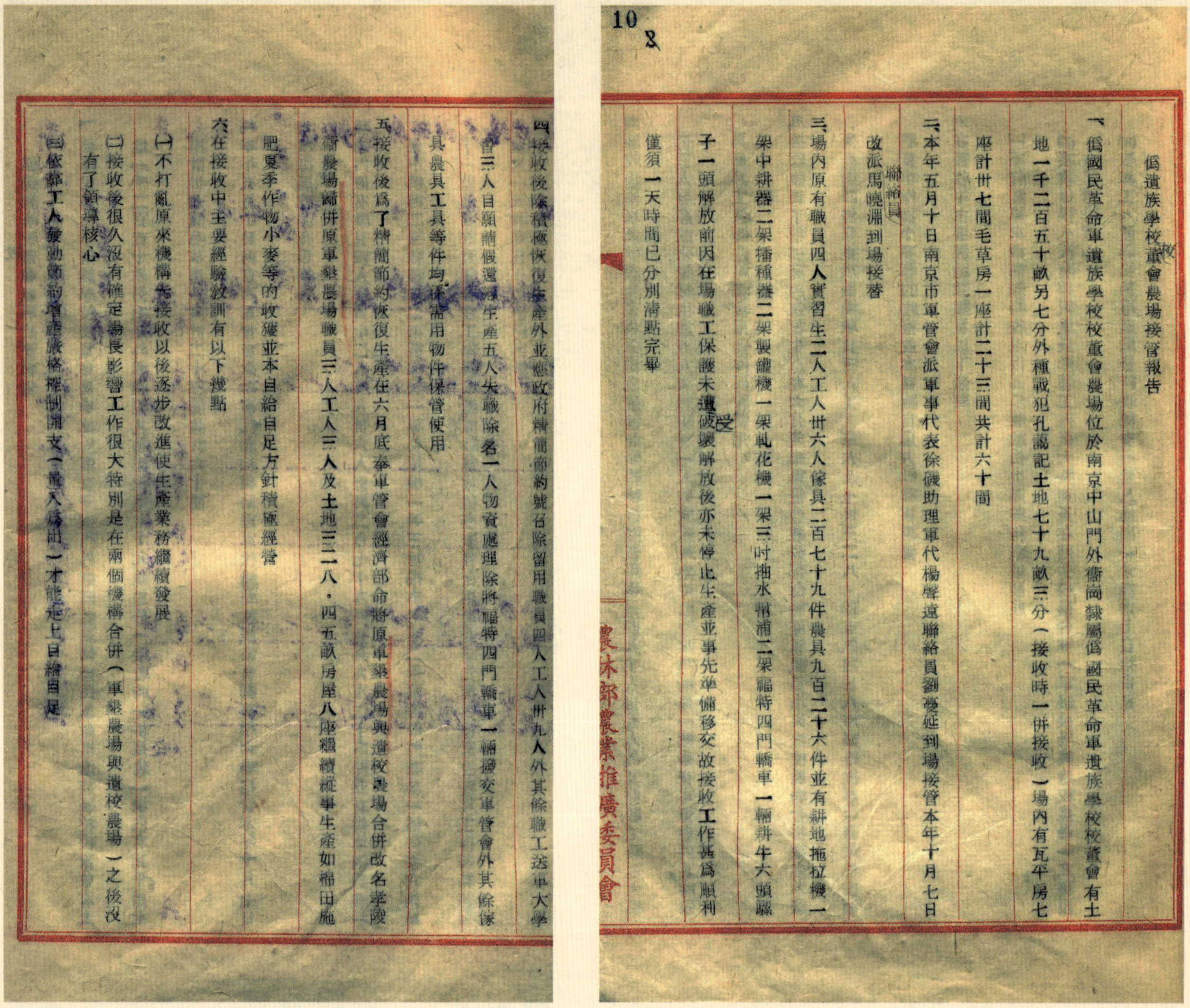

10 8

偽遺族學校校董會農場接管報告

一、偽國民革命軍遺族學校校董會農場位於南京中山門外衛崗隸屬偽國民革命軍遺族學校校董會有土地一千二百五十畝另七分外種戰犯孔議記土地七十九畝三分（接收時一併接收）場內有瓦平房七座計卅七間毛草房一座計二十三間共計六十間

二、本年五月十日南京市軍管會派軍事代表徐儀助理軍代楊聲遠聯絡員劉夢延到場接管本年十月七日改派聯絡員馬曉淵到場接替

三、場內原有職員四人實習生二人工人卅六人傢具二百七十九件農具九百二十六件並有耕地拖拉機一架中耕器二架播種器二架製罐機一架軋花機一架三吋抽水幫浦二架福特四門轎車一輛耕牛六頭騾子一頭解放前因在場職工保護未遭受破壞解放後亦未停止生產並事先準備移交故接收工作甚爲順利僅須一天時間已分別清點完畢

農林部農業推廣委員會

四、接收後除積極恢復生產外並響應政府精簡節約號召除留用職員四人工人卅九人外其餘職工送華東大學習三人自願請假還鄉生產五人失職除名一人物資處理除將福特四門轎車一輛撥交軍管會外其餘傢具農具工具等件均係需用物件保管使用

五、接收後爲了精簡節約恢復生產在六月底奉軍管會經濟部命將原軍聯農場與遺校農場合併改名孝陵衛農場歸併原軍聯農場職員三人工人三人及土地三二八·四五畝房屋八座繼續從事生產如棉田施肥夏季作物小麥等的收穫並本自給自足方針積極經營

六、在接收中主要經驗教訓有以下幾點

（一）不打亂原來機構先接收以後逐步改進使生產業務繼續發展

（二）接收後很久沒有確定場長影響工作很大特別是在兩個機構合併（軍聯農場與遺校農場）之後沒有了領導核心

（三）依靠工人發動節約增產嚴格控制開支（量入爲出）才能走上自給自足

接管国民革命军遗族学校农场概况

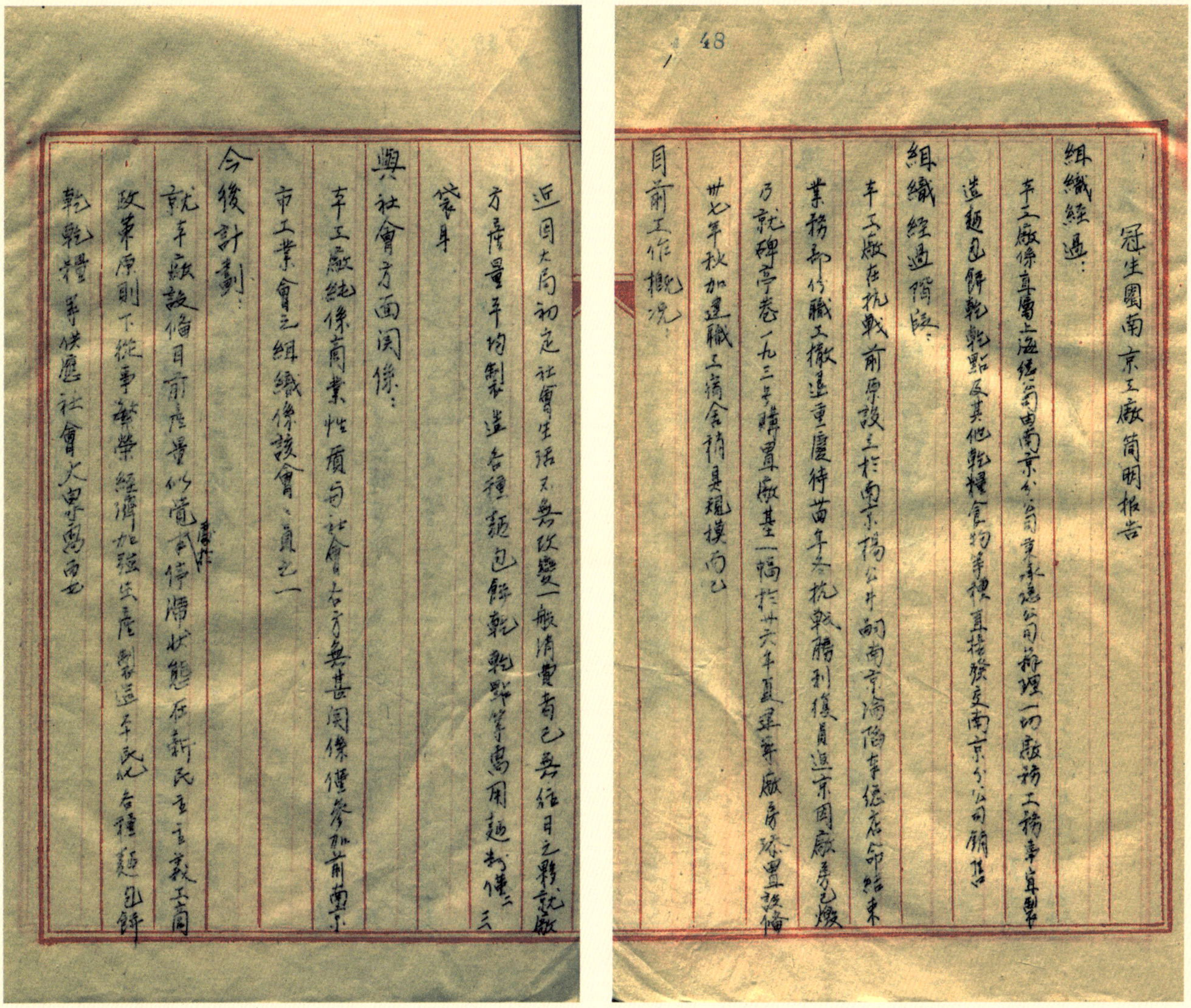
冠生園南京工廠簡明報告

組織經過：

本工廠係本屬上海總公司由南京分公司業承總公司辦理一切廠務工務本廠專製造麵包餅乾點及其他乾糧食物等俾直接發交南京分公司銷售

組織經過階段：

本工廠在抗戰前原設立於[illegible]南京淪陷本經店命結束業務部份職工撤退重慶待苗本抗戰勝利復員返京因廠房已毀乃就碑亭巷一九三號購置廠基一幅於卅六年夏建築廠房添置設備卅七年秋加建職工宿舍稍具規模而已

目前工作概況：

近因大局初定社會生活不無改變一般消費者已無往日之[illegible]就廠方產量平均製造各種麵包餅乾點等為用麵粉僅二三袋耳

與社會方面關係：

本工廠純係商業性質與社會各方無甚關係僅參加南京市工業會之組織係該會會員之一

今後計劃：

就本廠設備目前產量仍處於停滯狀態在新民主主義工商政策原則下從事繁榮經濟加強生產製造本廠各種麵包餅乾乾糧等供應社會大眾需要而已

接管南京冠生园工厂报告

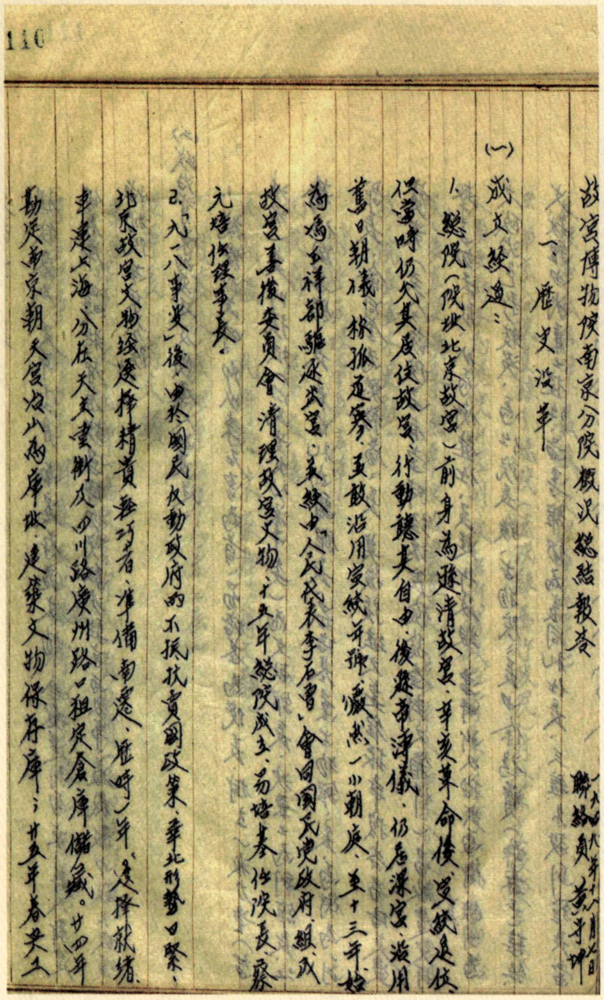
110

故宮博物院南京分院概況總結報告　聯絡員 黃壽坤

一、歷史沿革

（一）成立經過：

1. 總院（院址北京故宮）前身為遜清故宮，辛亥革命後，雖然退位，但當時仍欠其居住故宮，行動聽其自由，俟遜帝溥儀，仍居深宮，沿用舊日朝儀，稱孤道寡，互數沿用宣統年號，儼然一小朝庭。至十三年始為馮玉祥部驅逐出宮，並經由人民代表李石曾會同國民黨政府組成故宮善後委員會，清理故宮文物，十五年總院成立，易培基任院長，蔡元培任理事長。

2.「九一八事變」後，由於國民反動政府的不抵抗賣國政策，華北形勢日緊，北京故宮文物經選擇精貴要緊者，準備南遷，歷時一年，遷移就緒，車運上海，分存天主堂街及四川路廣州路口租定倉庫儲藏。廿四年勘定南京朝天宮冶山為庫址，建築文物保存庫，廿五年春夾工

接管故宫博物院南京分院概况（部分）

故宫博物院南京分院、中央博物院、中央研究院是重要的国家文物、学术研究机构，均保管着大批珍贵的图书、文物资料，在南京解放前夕，有相当一部分被抢运至台湾。南京解放后，市军管会及时组织力量对留在南京及大批转运至上海、西北返宁的文物、图书、设备进行清点，登记造册。故宫博物院南京分院接管了南迁大部文物11178箱；中央研究院接管了7个研究所的仪器、300箱文物及西北文物2023件。

組織落成，是年十二月，南遷存滬文物，全數運到南京，存入新建保存庫。同時將原有故宮博物院駐滬駐京兩辦事處裁撤，而設立故宮博物院南京分院。

（二）政治背景的變遷及領導人的變遷：

1. 總院成立時，即以李石曾為首，易培基為院長，樹立一派力量（留法派）。其時張繼（同是老同盟會中委）為文獻館長，沈兼士為副館長，江翰任圖書館長，袁同禮為副館長，易培基兼古物館長，馬衡為副館長，俞同奎為總務處處長。其後張繼又聯合崔振華控告易培基盜賣（至今該院尚有當時移交院檢總委封之箱件），易派遭受打擊，易去職，以馬衡繼任，並延行政組，當時所以始終為馬衡，主要因為之政治色彩較淡。馬任院長後，古物館長由徐鴻寶（號森玉）接任，文獻館由沈兼士接任，圖書館仍為袁同禮任館長，三館不設副館長。當時理事長仍為蔡元培，後理事長改為多人，由理事會推舉

201

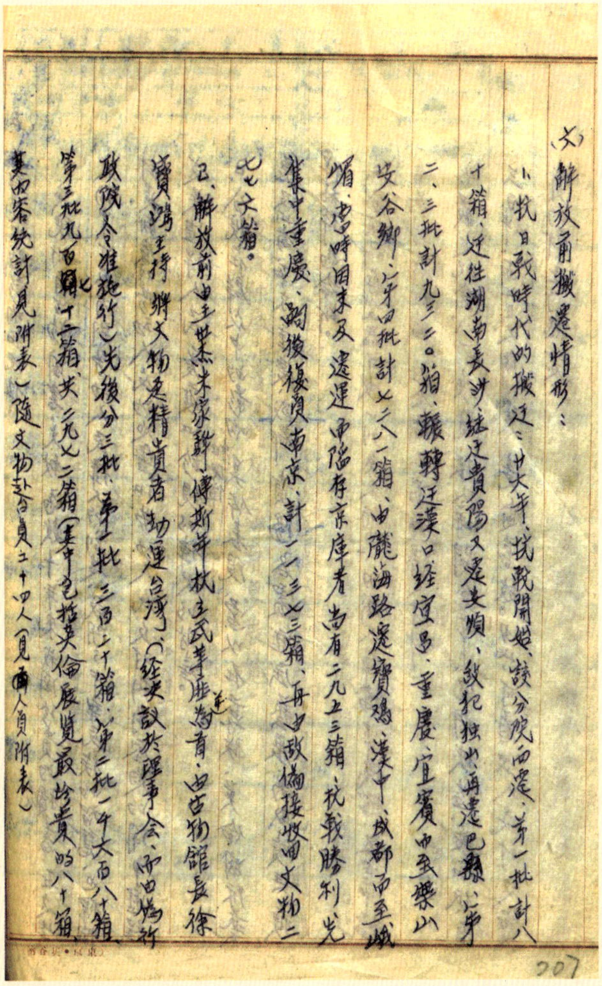

（六）解放前搬遷情形：

1、抗日戰時代的搬遷：廿六年，抗戰開始，該分院西遷，第一批計八十箱，遷往湖南長沙，繼遷貴陽又遷安順，繼犯獨山，再遷巴縣。第二、三批計九三二〇箱，輾轉遷漢口經宜昌、重慶、宜賓而至樂山安谷鄉。第四批計七二八一箱，由隴海路遷寶鷄、漢中、成都而至峨嵋。當時因來不及遷運而留存京庫者尚有二九五三箱。抗戰勝利先集中重慶，勝後復員南京，計一一三七三箱，再由敵偽接收回文物二七七六箱。

2、解放前由王世杰、朱家驊、傅斯年、杭立武等為首，由古物館長徐鴻寶主持將文物選精貴者劫運台灣，（經決議於理事会、而由偽行政院令准施行）先後分三批，第一批三百二十箱，第二批一千六百八十箱，第三批九百七十二箱，共二九七二箱（其中包括英倫展覽最珍貴的八十箱，其回寄統計見附表）隨文物赴台員工十四人（見南人員附表）

207

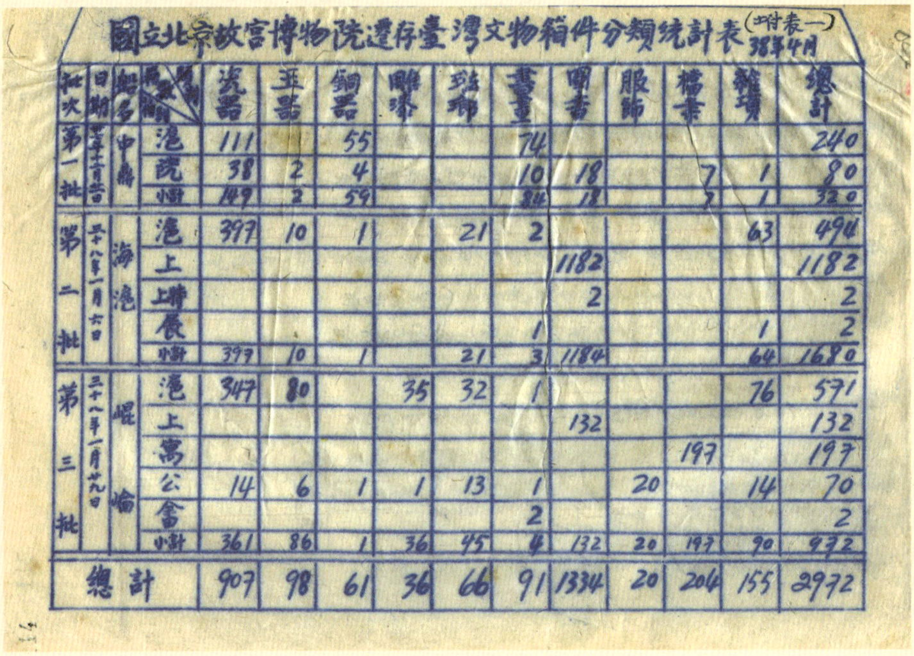

國立北京故宮博物院遺存臺灣文物箱件分類統計表（附表一）38年4月

批次	日期	船名	箱數／類別／館別	瓷器	玉器	銅器	雕漆	珐瑯	書畫	圖書	服飾	檔案	雜項	總計
第一批	三十七年十二月廿二日	中鼎	滬	111		55			74					240
			院	38	2	4			10	18		7	1	80
			小計	149	2	59			84	18		7	1	320
第二批	三十八年一月六日	海滬	滬	397	10	1		21	2				63	494
			上							1182				1182
			上博							2				2
			展						1				1	2
			小計	397	10	1		21	3	1184			64	1680
第三批	三十八年一月廿九日	崑崙	滬	347	80		35	32	1				76	571
			上							132				132
			萬									197		197
			公	14	6	1	1	13	1		20		14	70
			會						2					2
			小計	361	86	1	36	45	4	132	20	197	90	972
總計				907	98	61	36	66	91	1334	20	204	155	2972

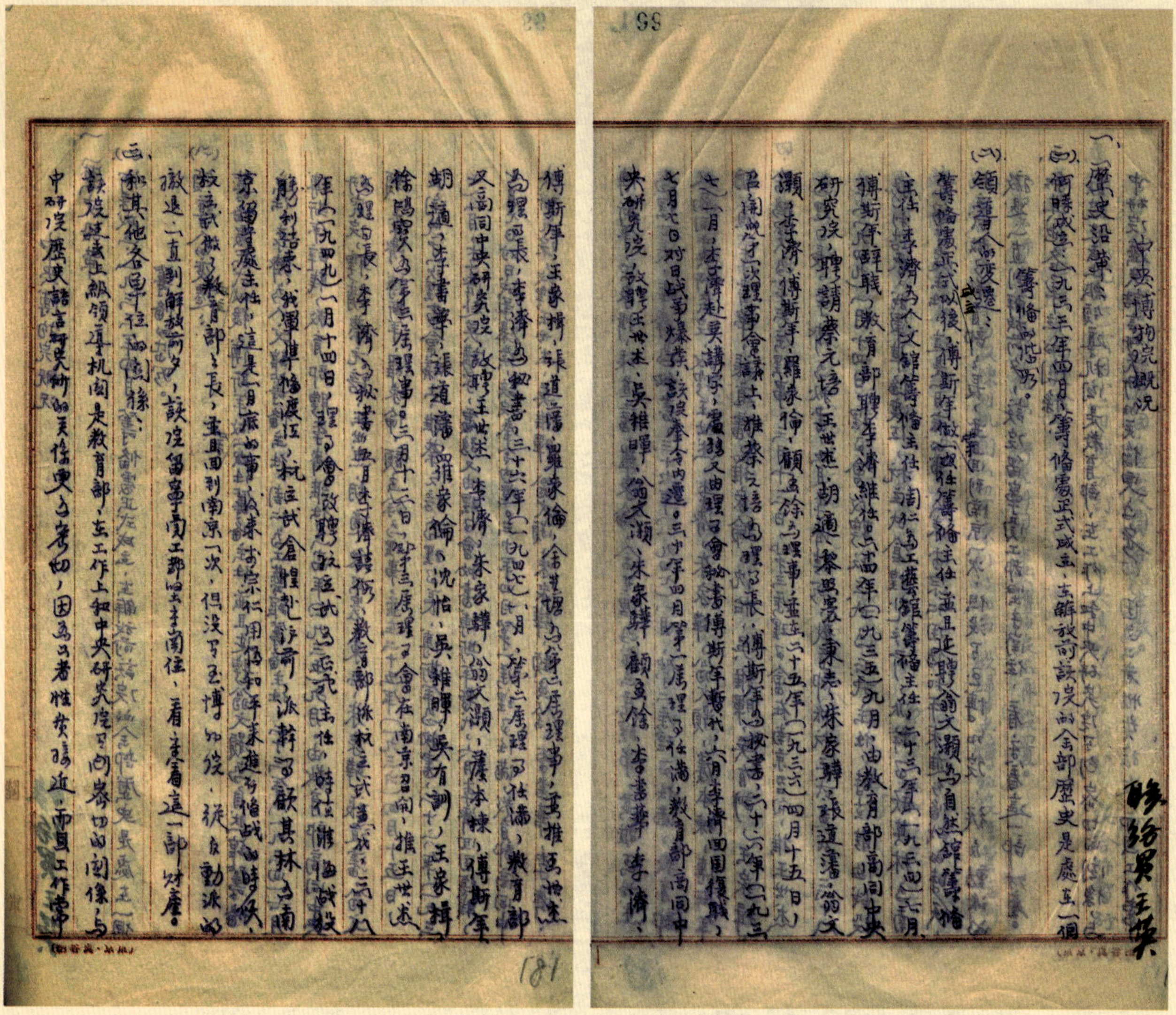

中央博物院概况

一、历史沿革：

(一)何时成立：一九三三年四月，筹备处正式成立，在解放前该院的全部历史是处在一个筹备的时期。

(二)领导人的变迁：

筹备处正式成立以后，傅斯年做〔兼任〕筹备主任，并且延聘翁文灏为自然馆筹备主任，李济为人文馆筹备主任，周仁为工艺馆筹备主任，二十三年（一九三四）七月，傅斯年辞职，教育部聘李济继任。二十四年（一九三五）九月由教育部商同中央研究院，聘请蔡元培、王世杰、胡适、黎照寰、秉志、朱家骅、张道藩、翁文灏、李济、傅斯年、罗家伦、顾孟馀为理事，并在二十五年（一九三六）四月十五日召开第一次理事会议，推蔡元培为理事长，傅斯年为秘书。二十六年（一九三七）七月七日对日战争爆发，该院奉令内迁。三十四年四月第一届理事任满，教育部商同中央研究院，改聘王世杰、吴稚晖、翁文灏、朱家骅、顾孟馀、李书华、李济、傅斯年、王家楫、张道藩、罗家伦、〔舍我〕为第二届理事，并推王世杰为理事长，李济为秘书。三十六年（一九四七）一月，第二届理事任满，教育部又商同中央研究院，改聘王世杰、李济、朱家骅、翁文灏、萨本栋、傅斯年、胡适、李书华、张道藩、罗家伦、沈怡、吴稚晖、吴有训、王家楫、徐鸿宝为第三届理事。三月十二日第三届理事会在南京召开，推王世杰为理事长，李济为秘书。五月李济辞职，教育部派杭立武（?）……三十八年（一九四九）一月十四日理事会改聘杭立武为主任，时值淮海战役胜利结束，我军准备渡江，杭立武仓惶赴沪，派韩寿萱为南京留守处主任，这是一月底的事。敌李宗仁用伪和平来进行阴谋的时候，杭立武（?）教育部长，並且回到南京一次，但没有去博物院，从反动派的撤退一直到解放前夕，该院留守处主任看守着这一部财产。

三、和其他各单位的关系：

(一)该院过去上级领导机关是教育部，在工作上和中央研究院有密切的关系，与中研院历史语言研究所的关系更为密切，因为二者性质接近，而且工作常

联络员王荣（?）

接管故宫博物院南京分院概况（部分）

1949年6月2日，南京市军管会宣布解散敌特组织和反动党团组织，并通过自首登记、宣传攻势和组织侦察，先后破获了一批潜伏特务案件。至1950年12月底，共破获各种特务案件214起，摧毁各系统潜伏组（站）台41个，逮捕特务分子913人，收缴潜特电台25部；破获重大武装匪特组织案件60起，逮捕匪徒472人，并公开镇压了首恶分子，有力地打击了各种敌特分子的嚣张气焰。同时，开展了收容国民党散兵游勇的工作，采取负责的态度，以极大的热情教育他们，使其有所感动，或成为良好公民，或为人民服务。在处理上，凡能力所及，尽量予以便利；如不能办到的事，向其说明道理。主动给以安置，或有组织遣散回籍，达到了恢复社会秩序、巩固治安的目的。

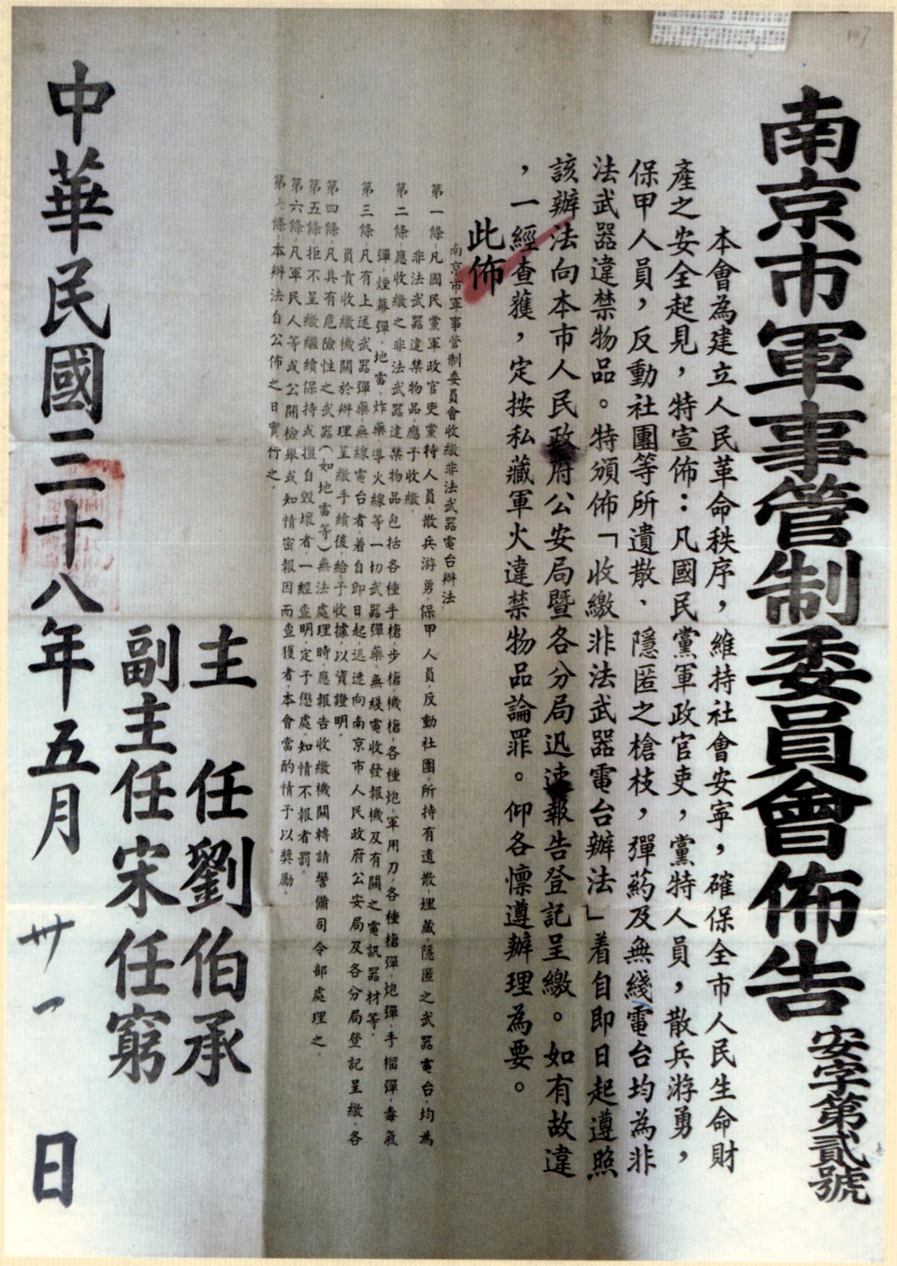

南京市軍事管制委員會佈告

安字第貳號

本會為建立人民革命秩序，維持社會安寧，確保全市人民生命財產之安全起見，特宣佈：凡國民黨軍政官吏，黨特人員，散兵游勇，保甲人員，反動社團等所遺散、隱匿之槍枝，彈葯及無綫電台均為非法武器違禁物品。特頒佈「收繳非法武器電台辦法」着自即日起遵照該辦法向本市人民政府公安局暨各分局迅速報告登記呈繳。如有故違，一經查獲，定按私藏軍火違禁物品論罪。仰各懔遵辦理為要。

此佈

南京市軍事管制委員會收繳非法武器電台辦法

第一條：凡國民黨軍政官吏、黨特人員、散兵游勇、保甲人員、反動社團，所持有遺散、埋藏、隱匿之武器電台，均為非法武器違禁物品，應予收繳。

第二條：應收繳之非法武器違禁物品包括各種手槍、步槍、機槍、各種炮、軍用刀、各種槍彈、炮彈、手榴彈、毒氣彈、煙幕彈、地雷、炸藥、導火線等一切武器彈藥、無綫電收發報機及有關之電訊器材等。

第三條：凡有上述武器彈藥、無線電台者，着自即日起，迅速向南京市人民政府公安局及各分局登記呈繳，各負責收繳機關於辦理呈繳手續後，給予收據，以資證明。

第四條：凡具有危險性之武器（如地雷等）無法處理時，應報告收繳機關轉請警備司令部處理之。

第五條：拒不呈繳繼續保持或擅自毀壞者，一經查明，定予懲處，知情不報者罰。

第六條：凡軍民人等或公開檢舉或知情密報因而查獲者，本會當酌情予以獎勵。

第七條：本辦法自公佈之日實行之。

主　任　劉伯承

副主任　宋任窮

中華民國三十八年五月廿一日

市军管会关于收缴武器、电台之布告

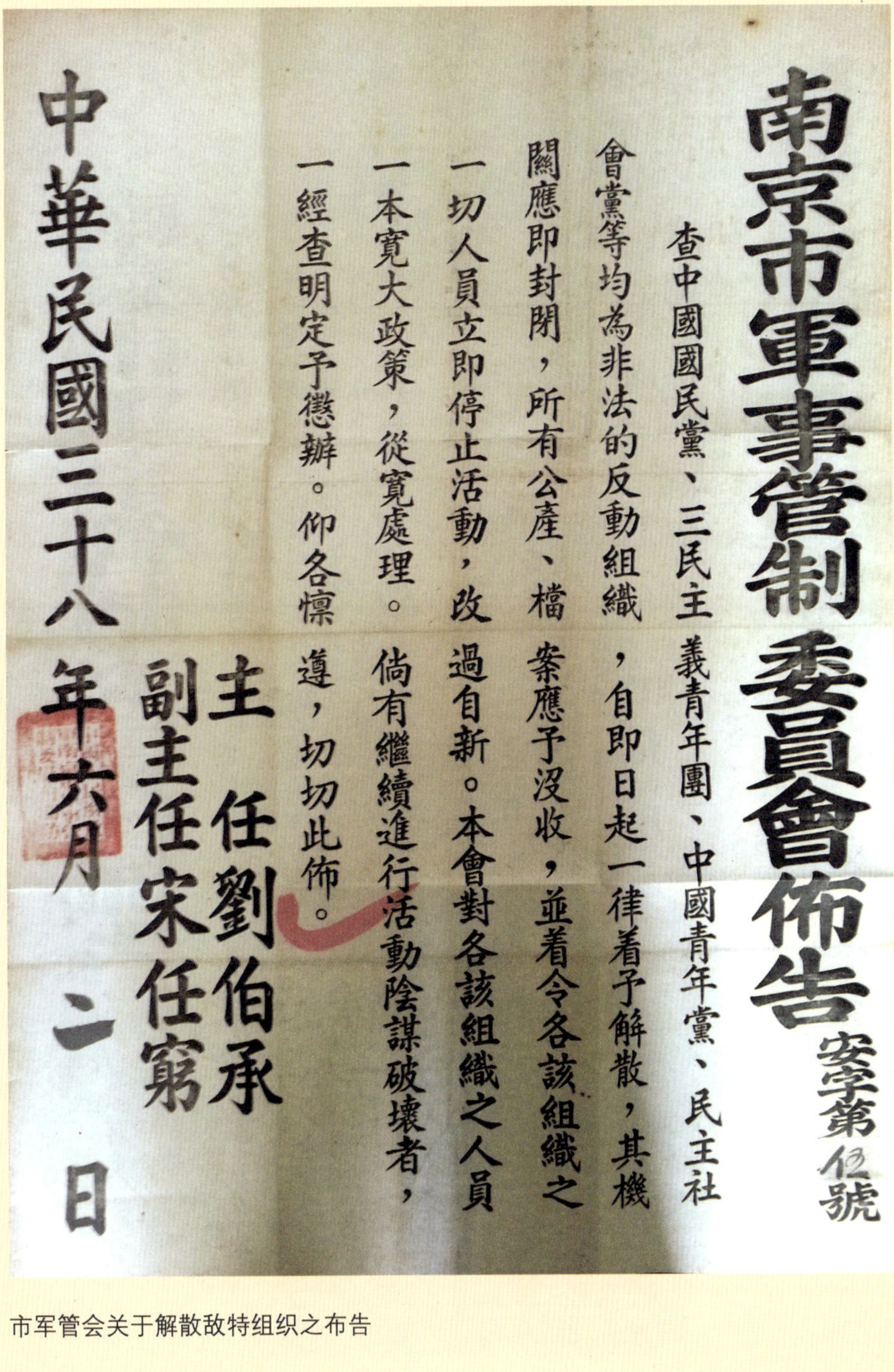

南京市軍事管制委員會佈告

安字第伍號

查中國國民黨、三民主義青年團、中國青年黨、民主社會黨等均為非法的反動組織，自即日起一律着予解散，其機關應即封閉，所有公產、檔案應予没收，並着令各該組織之一切人員立即停止活動，改過自新。本會對各該組織之人員一本寬大政策，從寬處理。倘有繼續進行活動陰謀破壞者，一經查明定予懲辦。仰各懔遵，切切此佈。

主　任　劉伯承

副主任　宋任窮

中華民國三十八年六月二日

市军管会关于解散敌特组织之布告

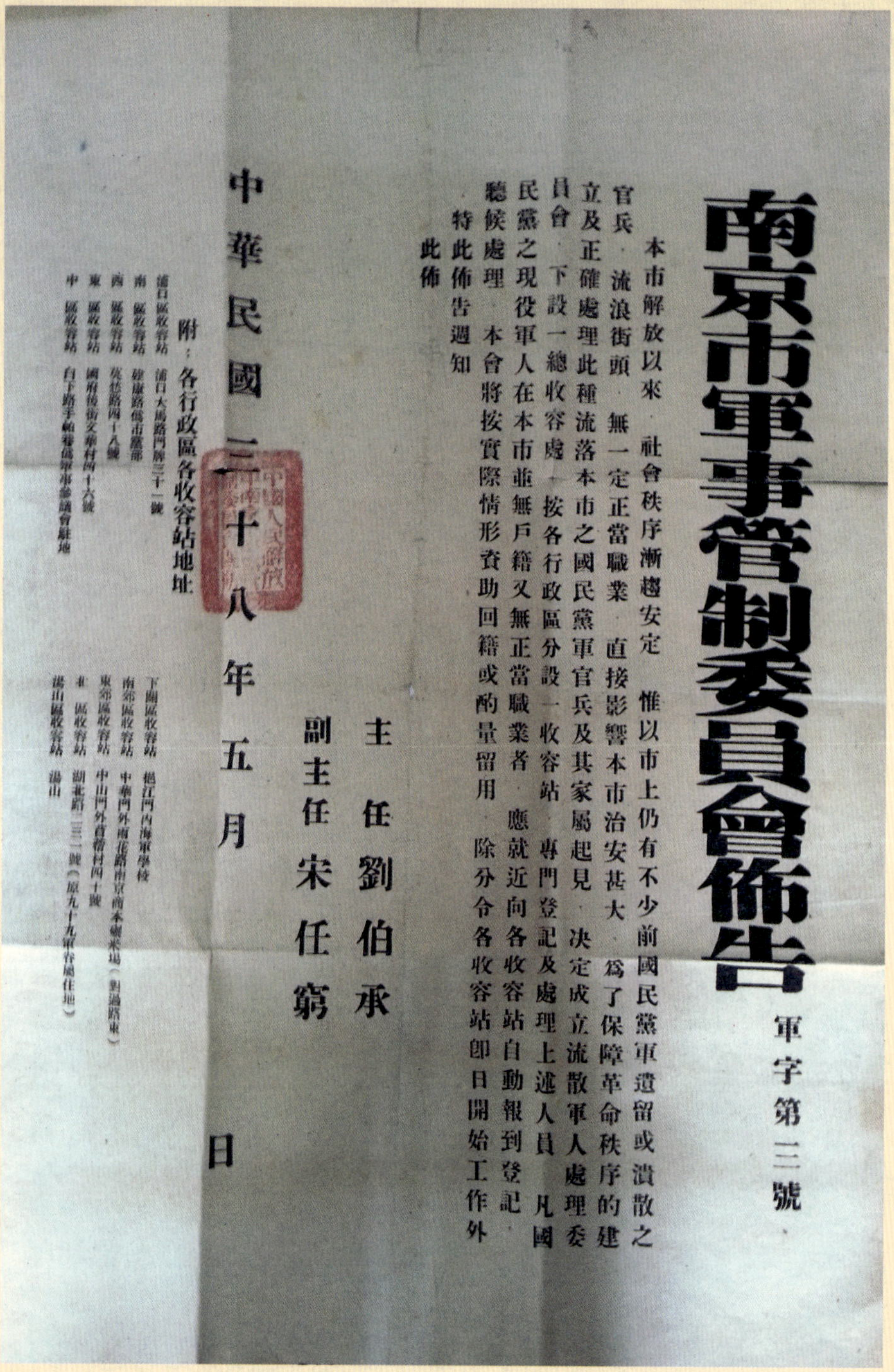

南京市軍事管制委員會佈告

軍字第三號

本市解放以來，社會秩序漸趨安定，惟以市上仍有不少前國民黨軍遺留或潰散之官兵，流浪街頭，無一定正當職業，直接影響本市治安甚大，爲了保障革命秩序的建立及正確處理此種流落本市之國民黨軍官兵及其家屬起見，決定成立流散軍人處理委員會，下設一總收容處，按各行政區分設一收容站，專門登記及處理上述人員，凡國民黨之現役軍人在本市並無戶籍又無正當職業者，應就近向各收容站自動報到登記，聽候處理，本會將按實際情形資助回籍或酌量留用，除分令各收容站即日開始工作外，特此佈告週知

此佈

主　任　劉伯承

副主任　宋任窮

中華民國三十八年五月　日

附：各行政區各收容站地址

浦口區收容站　浦口大馬路門牌三十一號
南　區收容站　健康路偽市黨部
西　區收容站　莫愁路四十八號
東　區收容站　國府後街文華村四十六號
中　區收容站　白下路手帕巷偽軍事參議會駐地
下關區收容站　挹江門內海軍學校
南郊區收容站　中華門外雨花路南京南本碾米場（對過路東）
東郊區收容站　中山門外蒼稽村四十號
北　區收容站　湖北路三三一號（原九十九軍眷屬住地）
湯山區收容站　湯山

市军管会关于成立流散军人处理委员会之布告

南京市军管会成立后，为保护公产、清理物资、维护工商业政策并防止官僚资本隐匿逃避，先后出台了各种办法，以缓解国家财政困难，增强国家物资力量，防止国家财产的损失。同时加强了对中山陵园等名胜古迹的保护。

此外，中国人民银行南京分行在解放的第二天开始对外营业，限期限额收兑部分金圆券。南京市人民政府根据《华东区金银管理暂行办法》，从1949年5月20日开始，在新街口、大行宫、中华路、下关四个地区进行禁用银元的宣传，并对银元贩子实行登记。市人民政府还分别召开商民、店员职工代表大会和妇女座谈会，广泛宣传拒用银元。6月以后，银元交易转为全面动员、全面禁用。通过拒用银元，使物价渐趋平衡，逐步建立起金融市场的新秩序。

在处理无业、失业人员方面，除少数人外，其他均依照“一律包下来”和“三个人饭五个人吃，房屋挤着住”的政策分别留用或作适当安置。为顺利接管城市，恢复生产，团结、教育、改造旧军政人员，创造了有利条件。对大量无业人员和灾民，则大力疏导，动员回乡生产；对失业工人和在农村没有投靠对象的无业人员，则给予救济，帮助就业或以工代赈；积极介绍就业，当时规定，一切国营、私营工商企业雇用工人、职员时，除公营企业由政府管理机关任免人员以及私营企业的资方代理人由资方选择外，均由劳动行政部门所属的调配机关统一介绍。

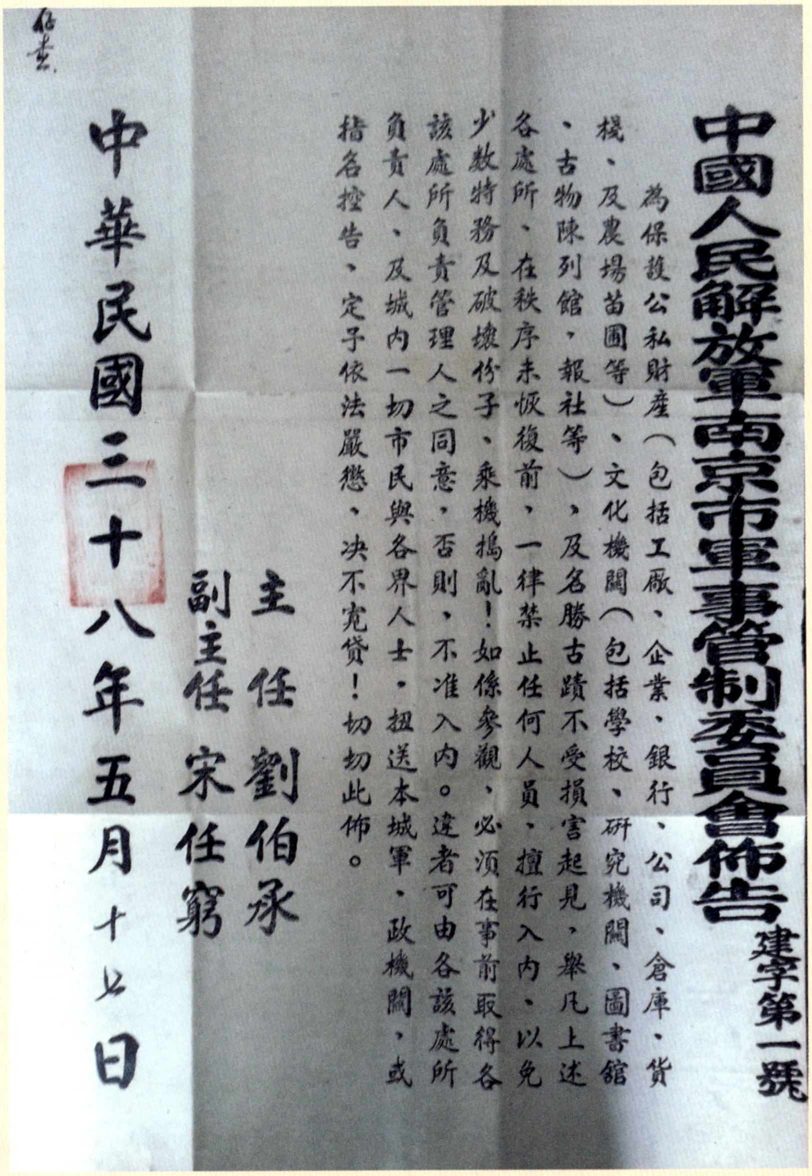

中國人民解放軍南京市軍事管制委員會佈告 建字第一號

為保護公私財產（包括工廠、企業、銀行、公司、倉庫、貨棧、及農場苗圃等）、文化機關（包括學校、研究機關、圖書館、古物陳列館、報社等），及名勝古蹟不受損害起見，舉凡上述各處所、在秩序未恢復前，一律禁止任何人員，擅行入內，以免少數特務及破壞份子，乘機搗亂！如係參觀，必須在事前取得各該處所負責管理人之同意，否則，不准入內。違者可由各該處所負責人、及城內一切市民與各界人士，扭送本城軍、政機關，或指名控告，定予依法嚴懲，決不寬貸！切切此佈。

主任 劉伯承
副主任 宋任窮

中華民國三十八年五月十七日

市军管会关于保护公私财产、名胜古迹之布告

南京市軍事管制委員會佈告

字第　　號

本市自解放以來，官僚資本及敵偽戰犯財產物資之被我接管者固屬不少，但化形轉移，隱匿吞沒，及被盜竊變賣者，為數尚多，經市民檢舉告發，迭有查獲。茲為保護人民財富，澈底清查官僚資本及敵偽戰犯財產物資，獎勵檢舉有功者及予隱匿不報者以應有之懲處，特製訂檢舉官僚資本及敵偽戰犯財產物資獎懲辦法公布於後，仰我全體市民認真執行為要。此佈

主任　劉伯承

副主任　粟裕　唐亮

附檢舉官僚資本及敵偽戰犯財產物資獎懲辦法

一九四九年九月二十九日

市军管会关于保护工商业、防止官僚资本隐匿逃避之布告

后记

2011年，江苏省档案局决定并组织全省13个市档案部门合作编纂《江苏省明清以来档案精品选》，根据该丛书编纂委员会的工作部署，南京市档案局于2012年启动《江苏省明清以来档案精品选·南京卷》（以下简称《南京卷》）的编纂工作。

《南京卷》编纂工作启动后，南京市档案局先后几次组织了全市珍贵档案资源调查工作，基本摸清了南京市辖区内各个单位珍贵档案资源的家底。在此基础上精心挑选了一批珍贵档案供《南京卷》编纂之用。在此，谨对为《南京卷》编纂工作做出突出贡献的各个单位表示衷心的感谢！

江苏省档案局对《南京卷》编纂工作给予了大力关心和指导，宗来纲同志对本书进行了审阅。南京市档案局（馆）的领导十分重视档案文化建设工作，对该书的编纂出版在人力、财力上给予了大力支持。雨花台烈士陵园管理局、南京房地产档案馆以及11个区档案局都为此书的编纂出版给予了支持帮助。刘峰、万云青、李兆梅、王伟、吕永明、丁枫、丛伟、汤爱琴、蒋明华、程薇薇、袁茵茵、徐梅、童庆、夏蓓等为此书的编纂出版付出了辛勤的劳动，在此书问世之际一并表示感谢！

因体量所限，尚有很多档案精品未能收入此书，即使收录在内的档案精品，有的也未能反映全貌，美中不足。书中也难免存在一些不足或错误之处，敬请大家批评指正。

编　者

2013年10月

图书在版编目（CIP）数据

江苏省明清以来档案精品选·南京卷 / 江苏档案精品选编纂委员会编. --南京：江苏人民出版社，2013.10
ISBN 978-7-214-10840-1

Ⅰ.①江… Ⅱ.①江… Ⅲ.①档案资料—汇编—南京市 Ⅳ.①K295.3

中国版本图书馆CIP数据核字（2013）第240128号

书　名	江苏省明清以来档案精品选·南京卷
编　者	江苏档案精品选编纂委员会
责任编辑	韩鑫　朱超　石路
责任监制	王列丹
出版发行	凤凰出版传媒股份有限公司 江苏人民出版社
出版社地址	南京市湖南路1号A楼，邮编：210009
出版社网址	http://www.jspph.com http://jspph.taobao.com
经　销	凤凰出版传媒股份有限公司
照　排	江苏凤凰制版有限公司
印　刷	江苏凤凰新华印务有限公司
开　本	880毫米 × 1230毫米　1/16
总印张	227.5　插页56
总字数	1800千字
版　次	2013年10月第1版　2013年10月第1次印刷
标准书号	ISBN 978-7-214-10840-1
总定价	1500.00元（全14卷）